타인의 얼굴

레비나스의 철학

지은이 **강영안**은 한국외국어대학교에서 네덜란드어와 철학을 공부하고 1978년 벨기에 정부 초청 장학생으로 벨기에로 건너가 루뱅 대학교에서 철학을 공부하였다. 학부 및 석사 과정을 루뱅에서 마치고 1981년 네덜란드 암스테르담 자유대학교 철학부로 옮겨 1985년 칸트 철학에 관한 논문으로 박사학위를 받았다. 네덜란드 레이든 대학교 철학부 전임강사로 1년간 인식론과 형이상학을 강의하였고, 1986년부터 89년 말까지 계명대학교 철학과 교수를 역임하였으며 1990년 이래 현재 서강대학교 철학과 교수로 재직 중이다. 1996년에는 루뱅 대학교 초빙교수로 1년간 레비나스를 집중적으로 연구했고 2003년과 2004년 초까지는 미국 칼빈 칼리지 철학과 초빙 정교수 자격으로 서양 철학과 중국 고대 철학 강의를 하였다.

저서로는 *Schema and Symbol. A Study in Kant's Doctrine of Schematism* (Amsterdam: Free University Press, 1985), 『주체는 죽었는가―현대철학의 포스트모던 경향』(문예출판사, 1996), 『자연과 자유 사이』(문예출판사, 1998), 『도덕은 무엇으로부터 오는가―칸트의 도덕철학』(소나무, 2000), 『강교수의 철학 이야기―데카르트에서 칸트까지』(IVP, 2001), 『우리에게 철학은 무엇인가―근대, 이성, 주체를 중심으로 살펴본 현대 한국철학사』(궁리, 2002; 2005년 프랑크푸르트 도서전 '한국의 책 100'에 선정, 『韓國近代哲学の成立と展開―近代, 理性, 主体概念を中心に』[東京: 世界書院, 2005]), 『인간의 얼굴을 가진 지식―인문학의 철학을 위하여』(소나무, 2002)가 있으며, 역서로는 반퍼슨의 『몸 영혼 정신―철학적 인간학 입문』(손봉호 공역, 서광사, 1985), 『급변하는 흐름 속의 문화』(서광사, 1994), 에마뉘엘 레비나스의 『시간과 타자』(문예출판사, 1996)가 있다.

타인의 얼굴―레비나스의 철학

제1판 제 1쇄 2005년 12월 9일
제1판 제15쇄 2025년 4월 29일

지은이 강영안
펴낸이 이광호
펴낸곳 ㈜문학과지성사
등록번호 제1993-000098호
주소 04034 서울 마포구 잔다리로7길 18 (서교동 377-20)
전화 02)338-7224
팩스 02)323-4180(편집) 02)338-7221(영업)
전자우편 moonji@moonji.com
홈페이지 www.moonji.com

ⓒ 강영안, 2005. Printed in Seoul, Korea.

ISBN 89-320-1655-0

* 이 책의 판권은 지은이와 ㈜문학과지성사에 있습니다.
 양측의 서면 동의 없는 무단 전재 및 복제를 금합니다.

타인의 얼굴

레비나스의 철학

강영안 지음

문학과지성사
2005

일러두기 8
감사의 말 9

서론

1장 레비나스, 그는 누구인가?
　1. 레비나스의 지적, 종교적 배경　19
　2. 레비나스 철학의 배경　25
　3. 레비나스 철학의 프로그램: '주체성의 변호'　29
　4. 주체의 의미에 대한 새로운 규정　40

2장 주체의 물음: 데카르트에서 레비나스까지
　1. 근대에 관한 반성과 주체의 문제　46
　2. 주체의 형성과 근대 형이상학　47
　3. 근대 주체와 힘에의 의지　53
　4. 근대적 주체의 이중성: 데카르트와 칸트　58
　5. 탈근대적 주체: 니체, 푸코, 라캉　64
　6. 윤리적 주체: 근대성과 탈근대성을 넘어서　74

3장 존재, 주체, 타자
　—『존재에서 존재자로』『시간과 타자』를 통해 본 레비나스의 초기 철학
　1. 존재론적 분리와 익명적 존재　87
　2. 주체의 출현과 존재 가짐: '여기'와 '지금'　93
　3. 존재의 무거움과 초월의 욕망　101
　4. '존재 너머로'의 초월: 고통과 죽음　104
　5. 시간과 타자: 타자와의 만남　109
　6. 타자성과 여성성　112
　7. 타자성의 철학으로　116

4장 향유, 거주, 얼굴
─『전체성과 무한』을 통해본 레비나스의 중기 철학

1. 삶에 대한 사랑과 향유 125
2. 요소 세계 128
3. 향유와 주체의 주체성 130
4. 요소 세계의 무규정성과 내일에 대한 불안 133
5. '여성적인 것'과 집과 거주 136
6. 노동과 소유 140
7. 얼굴의 현현 146
8. 인간 존재와 죽음 153
9. 죽음 저편: 에로스와 출산성 156

5장 책임과 대속적 주체
─『존재와 다르게 또는 존재 사건 저편에』를 통해 본 레비나스의 후기 철학

1. 존재와 다르게 또는 존재 사건 저편에 164
2. 나의 책임과 존재 모험 166
3. 존재 유지 노력과 타인과의 관계 170
4. 타인의 얼굴 176
5. '타인에 의한, 타인에 대한 책임'과 대속(代贖)의 의미 184
6. 대속적 책임의 실현과 비움의 주체 188
7. 제삼자와 책임: 정의와 국가 제도 193
8. 응답으로서의 윤리학 197

6장 고통과 윤리

1. 고통과 철학 207
2. 레비나스 철학과 고통의 문제 210
3. 고통은 쓸모 없는 것인가? 213
4. 고통의 현상학 216
5. 변신론의 몰락 218
6. 고통, 윤리, 주체성 224
7. 윤리와 고통, 대속적 고통, 나의 고통 229

7장 결론: 레비나스는 철학에 어떤 새로움을 가져다주었는가?

1. 서양 철학 비판과 비판철학의 가능성 239
2. 제일철학으로서의 윤리학 251
3. 신과 종교의 문제 259

본문에 인용된 문헌 277

부록 1_레비나스의 저작과 2차 문헌 286
부록 2_국내 번역된 레비나스 문헌과 2차 연구 문헌 및 학위 논문 313

찾아보기(용어 및 인명) 322

아내와 두 아들에게

일러두기

1. 레비나스의 저서는 본문에 처음 나올 경우에만 원명과 출판 연도를 밝혔다.
2. 인명의 경우 처음에만 본문 혹은 각 장의 후주를 통해 원명을 밝혔고 잘 알려진 이름의 경우에는 원명을 따로 병기하지 않았다. 다만 '베르그송' '뒤르깽' '베이유' '키르케고르' 등의 경우 학회에서 널리 통용되는 표기를 따라 '베르그손' '뒤르케임' '베이으' '키에르케고어' 등으로 표기했다.
3. 인용문 가운데 텍스트의 뜻을 분명히 하는 데 도움이 될 경우 〔 〕 안에 이해를 돕는 설명을 삽입하고 원저자가 본문 가운데 따옴표를 한 것은 인용에도 그대로 따옴표로 하되, 이탤릭체로 한 원저자의 강조는 굵은 글씨체로 표시했다.
4. 이 책에서 한국어 제목으로 자주 인용하게 될 레비나스 저서의 프랑스어 제목은 다음과 같다.

> 『시간과 타자』 *Le temps et l'autre*(Montpellier: Fata Morgana, 1979).
> 『신, 죽음 그리고 시간』 *Dieu, la mort et le temps*(Paris: Grasset & Fasquelle, 1993).
> 『앎과 다르게』 *Autrement que savoir*(Paris: Osiris, 1988).
> 『어려운 자유』 *Difficile liberté. Essais sur le judaïsme*(Paris: Albin Michel, 1976).
> 『우리 사이』 *Entre nous. Essais sur le penser-à-l'autre*(Paris: Grasset, 1991).
> 『윤리와 무한』 *Éthique et infini*, Dialogues avec Philippe Nemo(Paris: Fayard/Culture France, 1982).
> 『자유와 명령』 *Liberté et commandament*(Paris: Fata Morgana, 1994).
> 『전체성과 무한』 *Totalité et Infini. Essai sur l'extériorité*(La Haye: Martinus Nijhoff, 1961).
> 『존재에서 존재자로』 *De l'existence à l'existant*(1947)(Paris: J. Vrin, 1990)
> 『존재와 다르게 또는 존재 사건 저편에』 *Autrement qu'être ou au-delà de l'essence* (La Haye: Martinus Nijhoff, 1974).
> 『타인의 인간주의』 *Humanisme de l'autre homme*(Montpellier: Fata Morgana, 1972).
> 『후설과 하이데거와 더불어 존재를 발견하면서』 *En découvrant l'existence avec Husserl et Heidegger*(Paris: J. Vrin, 1967).
> 『후설 현상학에서의 직관 이론』 *Théorie de l'intuition dans la phénoménologie de Husserl*(Paris: V. Vrin, 1930, 1970).

감사의 말

이 책이 나오기까지 여러 가지로 빚진 분들께 감사를 드리고자 한다. 무엇보다 레비나스의 존재를 가르쳐준 손봉호 선생님께 감사를 드린다. 손봉호 선생님은 나에게 그 어느 분보다 강하게 지적, 도덕적 자극을 준 분이다. 루뱅에서 공부할 때 형이상학 시간에 레비나스를 강의했던 반드빌르Van de Wiele 교수, 레비나스 철학에 관해 여러 차례 토론을 같이했던 로제 부르흐라브Roger Burggraeve, 루돌프 베르넷Rudolf Bernet 교수, 고통의 문제를 다룰 때 생각을 같이 나눈 루디 비스커Rudi Visker, 아르노 부름스Arnold Burms 교수, 암스테르담 자유대학 시절 세미나에 참여해 함께 토론할 수 있는 기회를 마련해준 테오 드부르Theo de Boer 교수, 그리고 지금은 고인이 되었으나 레비나스를 포함해 철학과 신학에 관한 온갖 얘기를 나눈 은사 반퍼슨C. A. van Peursen 선생님, 그리고 우연한 기회에 레비나스에 관한 글을 쓰도록 부추긴 백종현 교수, 학문의 모범을 보이시는 박창해 교수와 김형효 교수, 지적 대화를 종종 나눈 고려신학대학원 유해무 교수, 서강대 철학과 선배, 후배 교수들께 감사를 드린다. 여러 제자들에게도 고마움의 정을 표시하고 싶다. 서동욱 교수는 원고 전체를 읽고 여러 가지 제안과 조언을 해주었다. 서교수의 제안을 거의 수용하였고 초고 난외에 던진 질문에 대해 가능하면 답을 하고자 애썼다. 본문 속에 있을 오류나 부족은 물론 나의 책임이다. 박지연 선생도 원고 전체를 읽고 잘못된 단어나 문장을 고치는 일에 기여하였다. 대학원 석사 과정의 박준영은 본문에 인용된 참고 문헌을 만드는 일과 국내 문헌을 찾는 일을 도와주었고 김동규는 색인 만드는 일을 도와주었다. 책 만드는 일에 정성을 쏟으신 김수영 문학과지성사 주간과 편집부 김정선, 이근혜 씨에게도 감사의 말을 전한다. 그간 삶을 함께 나눈 아내 최희숙(崔姬淑)과, 두 아들 지하(智河)와 지인(知仁)에게 이 책을 헌증한다.

서론

 1995년 12월 25일 아침 나는 아내와 두 아들을 태우고 당시 우리가 머물고 있던 루뱅에서 로테르담으로 가고 있었다. 로테르담 '사랑의 교회'에서 네덜란드에 체류하는 한인들과 크리스마스 축하 예배를 드리기 위해서였다. 벨기에 국경에 이르렀을 때였다. 라디오 뉴스를 통해 프랑스 철학자 에마뉘엘 레비나스 Emmanuel Levinas가 그날 새벽 파리의 보종 병원에서 세상을 떠났다는 소식을 듣게 되었다. 당시 그의 나이가 89세였으니까 고령의 철학자의 부음은 그렇게 크게 놀랄 일은 아니었으나 그 소식을 듣는 순간 나는 '아차, 늦었구나!' 하는 생각을 했다. 그 이듬해 한 해 동안 레비나스를 집중적으로 연구해서 책을 한 권 완료하겠다는 계획을 가지고 루뱅에 온 지 닷새밖에 되지 않았고 만일 사정이 허락한다면 레비나스를 직접 찾아가 만나볼 생각을 가지고 있었기 때문에 그의 부음은 나에게 작은 충격이었다. 유럽 각 나라 신문은 레비나스의 사망 소식을 알리고 연일 그의 철학에 관한 장문의 기사를 실었다. 50년 동안 거의 무명의 철학자로 살았던 레비나스가 생애 후반 40년간 유럽 지성계에 얼마나 큰 영향력을 행사했는가를 실감할 수 있었다.

 철학 공부를 본격적으로 하기 전, 나는 이미 레비나스 철학에 매료되어 있었다. 석사와 박사 논문을 칸트 철학을 주제로 썼기 때문에 지금은 칸트 학자로 사람들에게 알려져 있지만 칸트를 알기 전 레비나스에게서 받은 지적 충격은 나에게 상당히 오래 남아 있었다.

　레비나스와의 만남은 1970년대 초로 거슬러 올라간다. 네덜란드에서 공부를 마치고 돌아와 외대에서 네덜란드어와 철학을 가르치기 시작하셨던 손봉호 선생님이 계간지 『문학과지성』 1974년 봄호에 「레비나스의 철학—'다른 이'의 얼굴」이란 글을 실었다.[1] 레비나스 철학을 국내에 소개한 최초의 글이었고 레비나스에 관해서 선생님이 쓴 글로는 유일한 것이다. 10월 유신 후 정치적으로 매우 암울한 시기에, 손봉호 선생님을 통해 소개받은 레비나스는 나에게 어떤 정치적인 사상보다 급진적이며 전복적인 사고를 감행한 철학자로 보였다. 그러다가 1978년 벨기에 정부 장학생으로 루뱅으로 유학을 떠났고 이듬해 봄 루뱅 대학교 대강당에서 입추의 여지 없이 꽉 찬 청중들 속에서 레비나스의 강의를 처음 듣게 되었다. '책임' 문제를 다룬 강의였는데 당시 나는 반복되는 몇몇 핵심 개념 외에는 그의 프랑스어를 거의 알아들을 수 없었다. 하지만 그를 직접 보고 듣게 된 것이 그의 철학에 다시 관심을 갖게 된 계기가 되지 않았던가 생각한다.

　어떤 의미에서 내 자신이 크리스천일 뿐 아니라 네덜란드 언어권에서 공부한 것이 레비나스 철학에 비교적 일찍 관심을 갖게 된 이유가 될 것이다. 레비나스를 세계적 철학자의 반열에 올려준 『전체성과 무한』(1961년)은 네덜란드 덴하그(헤이그)의 마르티누스 네이호프 Martinus Nijhoff 출판사를 통해 발간되었다.[2] 이 책에 대한 서평과 연구 등 활발한 논의가 진행된 곳 역시 네덜란드와 벨기에였다. 알베르 돈데이느 Albert Dondeyne 교수가 1963년에 『전체성과 무한』을 전체적으로 개관하는 글을 루뱅에서 네덜란드어로 발행되는 철학 학술지에 발표했고 나와 손봉호 선생님의 지도교수였던 케이스 반퍼슨 교수가 1964년 『전체성과 무한』 서평을 독일 철학 잡지에 독일어로 게재하였다.[3] 지금은 시카고 로욜라 대학 교수로 활동하는 아드리안 페이프르작Adriaan Peperzak이 레비나스의 주요 논문을 네덜란드어로 번역해 자세한 주를 붙여 출판한 것이 1969년이었으니 이 당시 벌써 네덜란드 언어권에서는 레비나스에 대한 대중적 관심이 있었음을 말해 준다.[4] 1978년에는 레비나스 철학 전체를 매우 치밀하게 연구한 책이 네덜란드 네이메이흔 대학 교수 슈테판 슈트라서Stephan Strasser의 손을 통해 나왔다.[5] 레비나스 연구는 네덜란드 언어권에서 가장 먼저 시작된 다음, 영어권과 독어권에 이어 마침내 프랑스에서 뒤늦게 진행된다.[6]

지금도 그렇지만 루뱅에서 공부할 때 루뱅 대학 철학과에는 레비나스 철학을 잘 아는 교수들이 여럿 있었다. 그래서 그의 사상과 접할 기회가 여러 번 있었다. 하지만 내가 레비나스의 저작을 붙잡고 직접 씨름하면서 읽기 시작한 것은 루뱅에서 철학 학사와 석사를 마친 뒤 암스테르담 자유대학교로 옮겨 박사 학위 논문을 준비하던 중 테오 드부르 교수의 레비나스 세미나에 참석하면서부터였다. 드부르는 원래 후설 사상의 발전 과정에 대해 매우 치밀한 책을 쓴 학자인데 나중에는 하이데거의 후설 비판에 관심을 가지고 연구하다가 다시 20세기 철학자 가운데 매우 드물게 반(反)하이데거 노선을 걸었던 레비나스에 심취하게 되었다. 내가 레비나스를 읽을 때 굳이 그의 저작 연대와 시기, 그리고 발전 단계를 중요하게 고려하는 것도 모두 슈트라서와 드부르의 발전사적 방법론의 영향이 남아 있기 때문이라 생각한다. 레비나스를 읽을 때 나는 전기 작품을 후기 작품과 뒤섞어 논의하지 않는다. 왜냐하면 분명하게 선을 긋기는 어렵지만 1940년대의 초기 사상은 그것대로 하나의 체계를 가지고 있고 1950년대와 60년대 초반의 중기 사상은 그런 대로 또 하나의 완결된 체계를 완성하고 있으며 60년대 후반부터 70년대까지의 후기 사상은 또 그 나름의 독특한 하나의 체계를 갖는다고 생각하기 때문이다. 주요 저작을 중심으로 말하자면 『존재에서 존재자로』(1947)와 『시간과 타자』(1947)가 초기 철학을 대표한다면, 『전체성과 무한』(1961)은 중기 철학을, 그리고 『존재와 다르게 또는 존재 사건 저편에』(1974)는 후기 철학을 대표한다.

레비나스에 관해서 내가 글을 쓰기 시작한 것은 1989년 말 계명대에서 가르치고 있을 때로 거슬러 올라간다. 89년 가을 서강대 철학과 학생회 초청으로 공개 강의를 하였는데, 그때 내가 했던 강의 제목이 '실천 이성의 수위성—칸트와 레비나스'였다. 이듬해 2월 수안보에서 '현상학과 포스트모더니즘'을 주제로 한 신춘 세미나가 있었다. 당시 한국현상학회 총무를 맡고 있던 백종현 교수가 나에게 레비나스 철학에 관한 발표를 부탁하였다. 이때 준비한 논문이 레비나스의 『전체성과 무한』을 다룬 「레비나스 철학에서 주체성과 타자」였다.[7] 그후, 때로는 전문적인 논문을 쓰기도 하고 때로는 레비나스 철학을 간략하게 소개하는 글을 신문이나 잡지에 종종 쓰게 되었다. 나중에 깨닫게 된 일이지만 레비나스에 대해서 내가 쓴 글들은 거의 모두 주체와 타자 문제에 집중되어 있었다. 그래서 간단한 소개 성격의 글은 모두 제외하고 주체와 타자 문제를 중심으로 레비나스의 초기 철학에서 후기 철학에 이르기까지 주요 저작의 텍스트를 세밀하게 파고든 글을 다듬어 필요한 부분에는 새로 덧붙여 한 권의 책을 만들었다. 이 책에 담긴 내용은 지난 20년간 레비나스를 읽고 공부한 것 가운데 지극히 작은 한 부분에 지나지 않는다. 이제는 어느 정도 마무리 지어야 할 단계라 생각해서 부족한 줄 알면서도 이렇게 내어놓는다. 책 쓰기란 나에게 지금까지 한 작업을 일단 정리하면서 그것으로부터 거리 두기를 실행하는 일이다.

이 책에 실린 글 가운데 6장 「고통과 윤리」는 학술진흥재단 지원으로 1996년 교수 해외 파견 연구비를 받아 1년간 루뱅대 초빙 교수로 머물면서 레비나스를 다시 집중적으로 공부할 수 있는 기회를 얻어 쓴 글이다. 당시 루뱅대 철학과의 연속 강좌 '목요 특강Thursday Lectures'의 한 강좌로 1996년 12월 5일 메르시에 추기경 강당에서 했던 강연이기도 하다. 이듬해 루뱅에서 나오는 『철학 연구Tijdschrift voor Filosofie』에 영문 원고가 게재되었다.[8] 「책임과 대속적 주체」(5장)는 2001학년도 서강대학교 특별연구비 지원을 받아 연구한 것이다. 2003년과 2004년 미국에 머물면서 쓴 글로 한국철학회에서 발간하는 『철학(哲學)』지 2004년 겨울호에 「책임으로서의 윤리」란 제목으로 게재하였다.

레비나스 스스로 자신의 철학을 '주체성의 변호'라고 표현했듯 주체의 문제는 레비나스 철학의 핵심 문제임에 틀림없다. 그러나 주체와 타자 문제에 집중했기 때문에 나의 레비나스 읽기에는 예컨대 시간, 역사, 신체성, 언어, 여성성, 예술, 종교, 신 등 중요한 철학적 문제들이 그 중요성에 알맞은 분량으로 충분히 거론되지 못했다. 플라톤과 데카르트, 칸트와 헤겔, 후설과 하이데거, 베르그손과 로젠츠바이크Franz Rosenzweig 등 레비나스에게 영향을 주었거나 레비나스가 극복을 위해 씨름한 철학자들과의 관계도 거의 논의하지 못했다. 예컨대 데리다와 리쾨르처럼 레비나스와 영향을 주고받으면서 대결한 철학자도 제대로 다루지 못했다. 레비나스 철학의 여러 주제들을 개별적으로 다루는 일이나 다른 철학과의 역사적 영향 관계를 비판적으로 다루는 일은 또 다른 작업이라 생각하고 만일 내가 못 한다면 다른 젊은 학자들이 해낼 것이라 기대한다. 나는 이 책에서 레비나스 철학을 처음부터 끝까지 관통하는 핵심 주제인 '주체' 개념이, 그의 초기 철학에서 중기 철학 그리고 후기 철학에 이르기까지 어떤 방식으로 변화, 발전하는지를 철저하게 그의 텍스트를 중심으로, 레비나스의 입을 통해 듣고자 한다. 여기에는 물론 나의 관점이 들어 있고 레비나스 텍스트를 읽는 나의 방식이 반영되어 있음은 물론이다. 일단 이것을 감안하고 이 책을 읽어주길 바란다.

 1장에서는 레비나스의 삶과 철학에 대해 개략적인 그림을 그릴 것이다. 그의 성장과 지적 훈련의 배경, 유대인으로서의 그의 삶과 철학적 배경, 그리고 무엇보다도 이 책 전체를 일관하는 주제인 주체 개념을 중심으로 레비나스 사상의 핵심을 일목요연하게 정리할 것이다. 1장이 총론에 해당한다면 나머지는 각론으로 보아도 좋다. 2장에서는 레비나스 철학의 핵심 주제인 주체 문제가 서양 근대 철학에서 논의된 배경을,' 3장에서는 레비나스 초기 철학을 다룰 것이다. 익명적 존재 사건에서 주체의 출현으로, 주체의 출현에서 다시 타자와의 만남으로 이행해 가는 과정이 드러날 것이다. 이 과정을 레비나스는 '존재론적 모험'이라 부른다. 존재론적 모험을 통해 서로 환원할 수 없는 삶의 세 차원이 그려진다. 타자성을 대변하는 고통, 죽음, 에로스의 차원이 이 단계에서 처음으로 모습을 드러낸다. 4장에서는 레비나스 작품 가운데서 가장 유명한 『전체성과 무한』을 중심으로 주체 문제를 다루었다. 향유, 거주, 노동, 타인의 얼굴 등 레비나스 철학의 핵심 개념들이 등장한다. 5장은 후기 철학을 대변하는 『존재와 다르게 또는 존재 사건 저편에』를 중심으로 이 책의 핵심 개념인 대속적(代贖的) 책임의 문제를 다루는 데 할애했다. 책임 개념의 여러 면을 살펴보기 위해 초기와 중기 철학에서 드러난 주체의 여정을 간략하게 서술하고 다시 그곳으로부터 타자의 고통을 대신하는 책임적 주체의 출현으로 이행하는 과정을 보여줄 것이다. 6장에서는 초기부터 후기까지 레비나스 철학 전체를 관통하는 또 하나의 핵심 문제인 '고통'을 통하여 주체와 윤리 문제를 다시 한 번 그려 보았다. 마지막 결론 부분에서는 레비나스가 철학에 가져다준 새로움이 무엇인가를 다루었다. 서양 철학 비판과 제일철학으로서의 윤리학, 신과 종교 문제에 대한 새로운 시각, 이 세 가지 주제를 중심으로 레비나스의 기여를 간략하게 다루었다. 또한 국내외의 레비나스 관련 서지를 뒷부분에 정리해두었다. 현재로서 미흡한 것은 앞으로 보충할 기회가 있을 것이다.

그러면 이 책을 어떤 순서로 읽는 게 좋을 것인가? 먼저 1장을 읽기를 권한다. 1장에는 레비나스의 지적, 종교적, 철학적 배경이 서술되어 있을 뿐만 아니라 레비나스 철학의 핵심 주제라 할 '주체' 문제를 그의 초기 철학에서 후기 철학에 이르기까지 간략하게 서술해두었다. 치밀하지는 않지만 느슨한 방식으로 레비나스 철학의 핵심을 포착할 수 있을 것이다. 그 다음은 물론 순서대로 읽는 것이 좋을 것이다. 3장과 4장 그리고 5장을 통해 레비나스의 초기, 중기, 후기 사상을 맛볼 수 있을 것이다. 때로는 지나칠 정도로 레비나스의 텍스트를 밀착해서 읽기 때문에 지루하게 여겨질 수도 있다. 하지만 이 부분을 통해 레비나스에 대한 피상적 이해를 벗어나 좀더 심층적인 이해가 가능할 것이다. 1장을 읽은 뒤 혹시 조금 더 읽고 싶지만 3, 4, 5장을 통틀어 읽기가 쉽지 않은 경우에는 5장만을 읽기를 권한다. 5장에서는 초, 중기 철학이 다시 간략한 형태로 논의되어 있기 때문에 이 한 편을 통해서라도 레비나스의 인간 존재론을 이해할 수 있을 것이다. 데카르트에서 레비나스까지 주체 문제를 다루고 있는 2장은 근대 철학과 현대 철학에서의 주체 문제 전개를 전체적으로 이해해보고자 하는 분께 도움이 될 것이다. 6장은 고통의 문제를 통해 레비나스의 주체 철학과 윤리학이 전통 철학과 신학과 어떻게 결별하는지, 어떻게 새로운 대안을 제안하는지 보여줄 것이다. 결론 부분은 레비나스 철학의 의미를 되새겨보는 일에 도움이 될 것이다.

주

1 손봉호,「레비나스의 철학—'다른 이'의 얼굴」,『文學과知性』15호(1974년 봄호), pp. 61~72. 이 글은 같은 제목으로 손봉호,『現代精神과 基督敎的 知性』(서울: 성광문화사, 1978), pp. 152~67에 실려 있다.
2 *Totalité et Infini. Essai sur l'extériorité*(La Haye: Martinus Nijhoff, 1961). 앞으로『전체성과 무한』으로 인용.
3 A. Dondeyne, "Inleiding tot het denken van E. Levinas," in *Tijdschrift voor Filosofie* 25(1963), pp. 555~84. C. A. van Peursen, "Philosophie der Kontingenz," in *Philosophische Rundschau* 12(1964), pp. 1~12. 반퍼슨의 이 글은 테브나즈의『인간과 그의 이성』과『철학적 이성의 조건』(1956), 리쾨르의『유한성과 죄책성』(1960), 레비나스의『전체성과 무한』(1961)에 관한 일종의 서평 성격의 논문이다.
4 E. Levinas, *Het menselijk gelaat. Essays van Emmanuel Levinas*, Gekozen en ingeleid door Ad Peperzak(Bilthoven: Ambo, 1969, 1975³).
5 S. Strasser, *Jenseits von Sein und Zeit*(Den Haag: Martinus Nijhoff, 1978).
6 프랑스 바깥의 레비나스 수용에 대해서, 그리고 특별히 벨기에와 네덜란드에서 활동한 기독교 철학자들의 레비나스 수용에 대해서는 케임브리지 대학 출판부에서 나온 레비나스에 대한 책에 실린 크리츨리의 서론을 참조하라. S. Critchley, "Introduction," in Simon Critcheley & Robert Bernasconi, *The Cambridge Companion to Levinas*(Cambridge: Cambridge University Press, 2002), pp. 3~4.
7 이때 발표한 논문 묶음이『후설과 현대철학』(서울: 서광사, 1990)으로 나왔다.
8 이때 한 특강은 "Levinas on Suffering and Solidarity"란 제목으로 *Tijdschrift voor Filosofie* 59(1997), pp. 482~504에 실려 있다.
9 좀더 자세한 논의는 강영안,『주체는 죽었는가?—현대철학의 포스트모던 경향』(서울: 문예출판사, 1996)을 보라.

1장 레비나스, 그는 누구인가?

유대인 철학자 레비나스는 당시 통용되던 율리아나 역으로는 1905년 12월 30일, 요즘 사용되는 그레고리안 역으로는 1906년 1월 12일 리투아니아 코우노(카우나스)에서 태어나 1995년 12월 25일 새벽 프랑스 파리에서 세상을 떠났다. 독일 신학자 본회퍼 Dietrich Bonhoeffer의 표현대로 '타인을 위한 존재'로 오신 예수의 탄생을 기념하는 날 우리 모두가 '타인을 위한 존재'임을 증언하는 일을 자신의 철학적 소명으로 삼았던 레비나스가 마지막 숨을 거두었다. 프랑스 일간 신문 『리베라시옹』(1995년 12월 26일자)은 레비나스를 '네 문화의 철학자'라 불렀다. 리투아니아의 유대인 가정에서 태어나 히브리어 성경과 러시아 문학을 읽으면서 자랐고 독일 철학자 후설과 하이데거의 현상학에 정통하였으며 1923년 스트라스부르 대학 철학과에 입학해서 1930년 프랑스에 귀화한 뒤 줄곧 프랑스 철학과 함께 숨 쉬고 생각해왔다. 히브리어와 러시아어, 독일어와 프랑스어로 책을 읽고 그 문화와 함께 숨을 쉬면서 작업한 철학자였기에 '네 문화의 철학자'라 부른 것이다. 먼저 레비나스의 지적, 종교적 배경을 살펴보자.

1. 레비나스의 지적, 종교적 배경

레비나스는 코우노에서 서점을 운영하던 예힐 레비나스Yehiel

Levinas와 드보라 구르비치Deborah Gurvitch의 세 아들 가운데 장남으로 태어났다. 남동생 보리스(1909년생)와 아미나답(1913년생)은 2차 대전 때 나치에 의해 살해되었다. 러시아어가 레비나스의 모국어가 되었지만 여섯 살부터 히브리어를 집에서 개인 교습을 받아 어릴 때부터 히브리어 성경을 읽기 시작했다. 그가 처음 읽은 책은 성경이었다. 성경 속에 등장하는 인물들, 그 속을 메우는 윤리, 신비할 정도로 다양하게 여러 가지로 해석할 수 있는 가능성, 이와 같은 읽기의 경험은 그에게 현실을 뛰어넘는 '초월'의 경험이었다.[1] 자신의 철학적 관심이 히브리어 성경과 톨스토이, 그리고 무엇보다도 도스토예프스키와 푸슈킨을 읽으면서 형성되었다고 말하는 데서 보듯이 성경과 더불어 문학 작품도 철학적 사유로 이끌어준 바탕이 된다.[2] 만일 철학이 '인간적인 것의 의미' 또는 '삶의 의미'를 추구하는 행위라면 톨스토이나 도스토예프스키, 셰익스피어와 같은 위대한 작가들의 작품을 읽는 일은 칸트와 플라톤을 공부하는 데 더할 나위 없이 좋은 준비가 될 수 있다고 레비나스는 말한다.[3] "철학은 모두 셰익스피어에 관한 명상에 지나지 않는다"는 말은 이를 배경으로 이해할 수 있다.[4]

레비나스의 사상 형성에 책이 미친 영향은 유대교 배경과 관련이 있다. 레비나스가 영향받은 전통은 '반대자들'이란 뜻을 가진 미트나게딤Mitnagedim의 유대교였다.[5] 이들이 반대한 것은 그 당시 동유럽 전역에 큰 영향을 미쳤던 '하시디즘Hasidism'이라 알려진 경건한 사람들의 운동이었다. 이 운동은 바알 셈 톱Baal Shem Tov(좋은 이름의 주인)으로 더 잘 알려져 있는 이스라엘 벤 엘리에제르Israel Ben Eliezer(1700~1760)가 주도했는데 우크라이나 지역의 무지한 농부들이 주된 추종자였다. 바알 셈 톱은 유대 전통의 경전이나 해석서를 읽는 것보다 하나님을 진실되고 기꺼이 사랑하는 마음이 중요하다고 가르쳤다. 그리하여 '하나님 안에 있는 사람'이 되는 것이 이 운동이 겨냥하는 것이 되었다. 이들을 가리켜 '차디킴Zaddikim' 곧 '의로운 사람들'이라 하였는데 이들의 지도를 받아 신앙 생활을 충실히 하는 사람들을 일컬어 '하시딤Hasidim' 곧 '경건한 사람들'이라 불렀다. 의로운 사람이 되고자 애쓰는 경건한 사람들이 자신들의 일상적인 일자리나 뜨거운 기도 가운데서 추구해야 할 것은 하나님의 임재(臨在)를 몸으로 체험하는 일이었다.

이 운동은 그러나 레비나스가 태어난 리투아니아와 벨로루시 유대인들에게서는 반대에 부딪쳤다. 이곳은 탈무드 연구를 토대로 이성적이고 지성적인 유대교가 주류를 이루었다. 하시디즘 운동이 거세어지자 엘리아 벤 솔로몬Eliah Ben Solomon(1720~1797)은 탈무드 연구 학교인 예시바를 중심으로 체계적으로 이 운동을 반대했다. 하시딤은 내면성이나 감정, 하나님 체험을 강조한 반면 미트나게딤은 외적이고, 객관적이며, 정확한 텍스트 강독과 이해를 강조한다. 불교에 비유해 말하자면 미트나게딤이 경전 공부를 중시하는 교종(敎宗)에 가까운 사람들이라면 하시딤은 직접적인 깨달음을 강조하는 선종(禪宗)에 가까운 사람들이다. 벤 솔로몬이 가장 아낀 제자였던 볼로지너Chaim Voloziner(1789~1821)에 관한 글 「랍비 볼로지너가 본 '신의 형상으로'」란 글에 미트나게딤 전통에 대한 레비나스의 친화가 드러나 있다.[6]

레비나스는 그러나 어릴 때는 특별히 탈무드 공부에 시간을 보내지 않았다. 본격적으로 탈무드를 파고든 것은 1947년, 블랑쇼와 더불어 둘도 없는 친구로 지낸 산부인과 의사 앙리 네르송 Henri Nerson의 소개로 쇼샤니Chouchani를 알게 되면서부터였다. 레비나스는 지중해 연안 유대인 학교 교사 양성을 목적으로 1867년에 설립된 (줄여서 ENIO라고 부르는) '동방 이스라엘 사범 학교'의 교장으로 1946년부터 일하고 있었다. 쇼샤니는 레비나스가 보기엔 당대 최고의 탈무드 선생이었고 유대교의 정수를 대변한 학자였다.⁷ 레비나스는 쇼샤니와 함께 탈무드를 히브리어와 아람어에서 한 문장 한 문장을 번역하면서 같이 읽어나갔다. 레비나스는 쇼샤니를 "그의 천재성과 학식과 대화 능력 앞에서는 어떤 것도 빛을 바래고 만다"고 표현할 정도였다.⁸ 쇼샤니의 창조적이고 지성적인 탈무드 읽기는 레비나스가 유대인으로서 겪은 경험을 서구 철학의 언어로 옮기는 일에 결정적인 도움이 된다.

레비나스는 1957년부터 해마다 파리에서 유대 지식인들에게 탈무드 강의를 하게 된다. 『탈무드 4강』(1968), 『신성함에서 거룩함으로: 새로운 탈무드 5강』(1977), 『성구(聖句) 저편에: 탈무드 강의 및 담론』(1982), 『이방 민족의 시대에』(1988) 그리고 『탈무드 신강(新講)』(1995) 등이 그 결과 나온 것들이다. 레비나스는 탈무드를 현자들의 작품으로 읽는다. 이 점에서 성경도 마찬가지다. 계시된 진리의 총체로 보기보다는 소크라테스 이전 철학자나 호메로스, 트라클, 횔덜린의 시처럼 사유의 터전이 될 수 있는 문헌으로 레비나스는 성경을 읽는다. 성경과 탈무드는 그러므로 그냥 그대로 읽고 외울 것이 아니라 그 속에 담긴 생각을 철저히 자신의 이성으로 사유해야 할 대상이다. 레비나스는 자신의 철학 작업과 탈무드 읽기를 엄격히 구분하지만 실제로 두 작업은 긴밀하게 연관되어 있다.

레비나스 철학에는 20세기에 그 극에 달한 인종 박해가 밑바탕에 깔려 있다. 리투아니아 코우노에서 태어나 자랐으나 1917년 러시아 혁명이 일어날 때는 우크라이나로 피신해야 했으며 전쟁과 박해를 피해 다니느라 레비나스는 "어린 시절이 매우 짧았다"고 말한다.⁹ 러시아 혁명 초기 레닌과 볼셰비키들은 유대인들에 대해 우호적이었으며 유대인들도 기꺼이 혁명에 참여했으나 벨로루시와 우크라이나 중심으로 반혁명 운동이 일어나면서 유대인들에 대한 적대적 행위가 자주 일어나기 시작한다. 그래서 레비나스는 러시아 혁명을 일컬어 그 이후 일어난 일들의 시작이었다고 말한다. 유대인 말살은 제2차 세계대전이 일어나기 전부터 히틀러와 국가사회주의의 등장으로 이미 본격적으로 진행되었다. 자신의 전기를 짧게 서술하는 자리에서 레비나스는 "나의 삶에 대한 기록은 나치 공포에 대한 예감과 그것에 대한 기억이 지배한다"고 쓴다.[10] 레비나스는 1934년 「히틀러주의 철학에 대한 몇 가지 반성」을 통해 전면 전쟁을 감행하고자 하는 히틀러주의자들의 철학이 안고 있는 위험을 노출시킨다.[11] 이 배경에서 보면 레비나스의 사유는 폭력과 인종주의의 뿌리를 노출시키고 '다르게 사유함'을 통해 이 악을 극복해보려는 치열한 노력이었다. '다르게 사유함'은 나와 다른 이, 내가 아닌 이, 곧 타자를 전혀 다른 방식으로 생각하는 것이다. 타자에 대한 다른 사유를 전쟁과 폭력, 타민족 말살의 대안으로 들고 나온 까닭은 이들 모두 타자를 거부하는 데 공통점이 있기 때문이다. 반셈족주의, 곧 반유대주의는 유대인을 적대적 타자로 보고 그 타자를 제거하고자 하는 사상이며 이런 의미에서 반유대주의는 타자 배제 이데올로기의 특수한 한 형태에 지나지 않는다. 타자 배제는 나의 '존재'와 존재 유지를 최고의 가치로 삼는 데서 비롯된다. 나의 '존재'를 내세우면서 타자를 거부하고 말살하는 것은 레비나스가 보건대 악이요, 모든 다른 악의 근원이 되는 '근본 악'이다. 레비나스 철학은 이 근본 악과의 투쟁이다. 근본 악은 타자를 수용하고 환대하며 타자에게 선을 행하는 일로서만 극복될 수 있다고 본다. 선은 그러므로 타자를 수용하고 환대하며 타자를 위해 책임지는 일을 통해 실현된다. 그러나 타자를 향해 눈을 돌리는 일은 저절로, 자연적으로, 우리의 일상적 사고와 태도를 가지고서는 쉽게 일어나지 않는다. 여기에는 니체의 말을 빌려 표현하자면 그야말로 '모든 가치의 가치 전도'가 일어나야 한다. 나의 존재 유지를 포기하고 고통받는 타인을 위해 고통조차 감수하고자 할 때 가능하다.

1919~1920년 사이 러시아 정권을 잡은 공산당 정부는 시온주의와 유대인들의 종교 교육을 금지시켰다. 이것이 당시 18세이던 레비나스를 위시해 다른 유대인들이 리투아니아를 떠난 이유 중의 하나였다. 레비나스는 가족을 떠나 1923년 프랑스 스트라스부르에 정착했고 여기서 1년간 프랑스어와 라틴어를 배운 뒤 스트라스부르 대학에 입학해 철학 공부를 시작한다. 이곳에서 레비나스는 자신보다 3년 늦게 스트라스부르로 온 모리스 블랑쇼 Maurice Blanchot를 만난다. 블랑쇼는 레비나스와 같은 유대인으로 뒤에 소설가와 비평가로 프랑스 문단에서 활동한다. 제2차 세계대전이 일어났을 때 레비나스의 부인과 딸을 돌봐준 사람이 블랑쇼였다. 레비나스와 블랑쇼는 워낙 가깝게 지냈기 때문에 비록 두 사람은 정치 이념을 달리했지만 여러 면에서 사상적 유사성을 보인다. 레비나스는 1975년 블랑쇼에 관해 썼던 세 편의 글을 묶어 『블랑쇼에 관해서 Sur Maurice Blanchot』란 책을 낸다.[12] 스트라스부르는 그에게 지적 고향이었다. "내가 정말 철학 책이라고 할 만한 것을 읽게 된 곳은 스트라스부르"라고 말하는 대목에서 레비나스가 스트라스부르에서 받은 영향이 엿보인다.[13] 레비나스는 여기서 샤를르 블롱델, 모리스 알바하, 모리스 프라딘느 그리고 앙리 카트롱 교수를 만난다. 필립 네모와의 대화에서 레비나스는 그의 철학 선생님들과의 만남을 이렇게 묘사한다.

정말 대단한 분들이었습니다! 그 풍성했던 시절, 내 생애에서 전혀 실망해본 적이 없던 그 시절을 생각할 때마다 [그 분들에 대한] 감탄이 절로 나옵니다. 모리스 알바하 교수는 독일군 점령 시에 순교자로 죽었지요. 그 네 분 선생님을 통해 저는 지적 고결함

과 지성이 지닌 큰 덕과 프랑스 대학의 명료성과 우아함을 배웠습니다.[14]

프랑스는 레비나스에게 자유와 평등과 형제애의 나라였고 인권 존중의 나라였다. 이 나라 철학과 문화의 영향을 받으면서 레비나스는 먼저 베르그손 철학을 접한다. 베르그손을 통해 레비나스는 영원과 실체성보다 시간과 지속의 중요함을, 공시성보다는 통시성의 중요성을, 존재와는 다른, 존재 저편의 초월 개념을, 그리고 시간이란 '절단된 영원' 또는 '실종된 영원'이 아니라 우리 속에 있는 무한성의 사건이요, 선한 것의 탁월성 자체임을 배웠다고 토로한다.[15] 그러나 스트라스부르에서 레비나스는 당시 프랑스에는 거의 알려지지 않은 후설 철학에 서서히 관심을 갖기 시작한다. 후설의 현상학과 그뒤 프라이부르크에서 알게 된 하이데거 철학은 레비나스의 또 다른 지적 배경을 형성한다.

2. 레비나스 철학의 배경

앞에서 잠깐 언급했듯이 레비나스는 유대적 배경을 가졌지만 집에서는 러시아어를 말하고 러시아 문학을 배웠다. 후설과 하이데거 철학을 접하기 전 레비나스는 러시아 문학을 통해 유럽 문화에 이미 입문했다고 할 수 있다. 여기서 무엇보다 중요한 것은 책의 문화였다. 필립 네모가 사유는 어떻게 시작되는가 하는 질문을 던졌을 때 레비나스는 정확히 말로 표현할 수 없는 무슨 충격이나 망설임, 예컨대 폭력 장면이나 지루함의 경험에서 사유가 시작하지만 이것들이 비로소 물음이 되고 문제가 되는 것은 책을 읽을 때라고 말한 데서 벌써 책의 중요성이 드러난다. 책은 단순한 정보 창고나 지식을 얻는 도구가 아니라 "우리의 존재 양식"이다.[16] 사람은 하이데거의 말처럼 "세계 안에 있는 존재in-der-Welt-Sein"일 뿐 아니라 "책으로 향한 존재Zum-Buch-Sein"라고 말할 정도로 레비나스는 책의 존재에 의미를 부여한다.[17] 레비나스 사상 발전에 중요한 영향을 끼친 책은 히브리 전통의 성경과 탈무드, 어릴 때부터 읽었던 러시아 문학, 그리고 이제부터 간단히 살펴보고자 하는 후설과 하이데거의 책이었다.

레비나스는 1927년 스트라스부르에서 석사 과정을 마치고 장 에링Jean Hering(1890~1966) 아래 들어가 현상학 공부를 시작한다. 에링은 1925년 『현상학과 종교철학』이라는 제목의 박사 논문을 쓰고 갓 교수가 된 사람이었다. 에링의 논문은 프랑스에서 현상학에 관한 연구로는 처음 나온 것이었다. 에링이 프랑스에서 최초의 현상학 소개자가 될 수 있었던 것은 후설뿐만 아니라 20세기 초반 현상학 운동의 중심에 있었던 여러 인물들(모리츠 가이거, 테오도어 콘라드, 디트리히 폰 힐데브란트, 알렉산드르 코이레, 로만 잉가르든, 프리츠 카우프만, 에디트 슈타인)을 접할 수 있었기 때문이다. 레비나스는 에링을 통해 입문한 현상학에 대해 매우 깊은 인상을 받는다. 그래서 1916년부터 프라이부르크 대학에서 가르치고 있던 후설에게서 직접 배우고자 하는 마음으로 독일 프라이부르크로 가 1928년 여름 학기와 1928년과 1929년 겨울 학기 동안 체류한다. 레비나스는 후설의 마지막 학기 강의를 들을 수 있었을 뿐 아니라 종종 후설의 집을 방문할 수 있는 기회를 얻기도 했다. 프라이부르크에 머무는 동안 레비나스는 1929년 3월 18일부터 30일까지 요즘은 세계 경제인 포럼으로 유명한 스위스 다보스에서 열린 프랑스 철학자와 독일 철학자의 만남에 참석한다. 독일 측에서는 오이겐 핑크Eugen Fink와 프란츠 로젠츠바이크, 하이데거와 에른스트 카시러가 참석하고 프랑스 측에서는 레옹 브룅슈빅Leon Brunschvicg과 그외 몇몇 철학자들이 참석한다. 이 자리에서 레비나스는 그 유명한 하이데거와 카시러의 공개 토론을 목격한다. 이들이 주고받은 토론은 하이데거의 『칸트와 형이상학의 문제』 부록으로 읽을 수 있다. 레비나스는 이 토론에서 카시러를 통해 대변된 휴머니즘, 곧 과학적 합리성에 근거한 휴머니즘의 종말과 하이데거를 통해 대변된, 과학적 합리성에 앞선 인간 존재 이해에 기반을 둔 존재 사유의 출현을 목격한다. 레비나스는 하이데거에게 깊이 매료되었지만 하이데거가 3년 뒤 히틀러 편에 서게 될 것을 미리 예감할 수 있었다고 말한다.[18]

레비나스는 후설과 비교적 친밀한 관계를 유지한다. 1929년 후설은 소르본 대학에서 현상학 강의를 하도록 초청받는다. 그래서 부인 말비나Malvina가 레비나스에게서 프랑스어 과외를 받도록 주선한다. 이런 방식으로 후설 부부는 학생 레비나스를 경제적으로 도울 수 있었다. 레비나스는 가브리엘 페이페르Gabrielle Pfeiffer와 함께 후설이 소르본에서 했던 강의를 번역한다. 이 책은 『데카르트적 성찰: 후설이 [직접] 소개하는 현상학Méditations cartésiennes. Introduction à la phénoménologie par Edmund Husserl』이란 제목으로 1931년 프랑스에서 출판된다. 레비나스는 1929년, 후설이 1913년에 출판한, 보통 『이념 I』로 알려진 『순수 현상학에 대한 이념과 현상학적 철학Ideen zu einer reinen Phänomenologie und phänomenologische Philosophie』에 관해서 36쪽짜리 서평을 쓴다. 1930년에는 「후설 현상학에서의 직관 이론La théorie de l'intuition dans la phénoménologie de Husserl」으로 스트라스부르 대학에서 박사 학위를 받는다. 이 논문은 프랑스 연구소Institut de France의 상을 받아 1930년 단행본으로 출판되면서, 후설 철학에 대한 최초의 깊이 있는 연구서로 프랑스어권에서 영향력을 크게 미치게 된다. 사르트르도 이 책을 통해 후설을 처음 알게 되었다고 토로하였다. 그후 레비나스는 후설 철학에 관해 꾸준히 논문을 쓴다. 이 글들은 1949년에 초판이 나오고 1967년 개정 증보판이 나온 『후설과 하이데거와 더불어 존재를 발견하면서En découvrant l'existence avec Husserl et Heidegger』에 묶여 출판된다. 레비나스는 후설로부터 자신의 철학을 펼칠 수 있는 방법을 배웠다. 현상학은 삶의 잊혀진 경험을 드러내고 그 의미를 성찰하는 작업에 그치는 것이 아니라 보다 근본적인 차원에서 삶을 지탱해주고 있는 타자 및 그 타자에 대한 책임을 보여주는 작업으로 이해되었다. 『존재에서 존재자로L'existence à l'existant』(1947), 『시간과 타자Le temps et l'autre』(1947), 그리고 『전체성과 무한Totalité et infini』은 현상학적 훈련 없이는 기대할 수 없는 작품들이다.

　레비나스가 독일 프라이부르크로 간 까닭은 후설에게서 직접 배우기 위한 것이었지만 그곳에서 그는 뜻밖에도 다른 대가를 만나게 된다. 그가 바로 하이데거였다. 하이데거는 공식적으로는 1929년 후설 후임으로 교수가 되지만 이미 1928년부터 강의를 하고 있었다. 레비나스를 강하게 이끈 것은 그 한 해 전인 1927년에 출판된 하이데거의 『존재와 시간』이었다. 당시 학생들은 후설과 하이데거의 차이를 조금씩 의식하기 시작했고 후설의 직관 이론을 다룬 레비나스의 박사 논문에도 하이데거적 경향이 엿보인다. 그러나 레비나스는 하이데거 사상으로부터 곧 거리를 두기 시작한다. 그 뒤로 레비나스는 결코 포기하지 않고 하이데거 철학과 끊임없이 대결하게 된다.

　1930년부터 32년까지 레비나스는 소르본 대학에서 철학 공부를 계속한다. 같은 유대인이면서 새로운 관념론을 주장한 레옹 브룅슈빅이 그의 선생 중에 한 사람이었다. 무엇보다 레비나스에게 중요한 것은 당시 실존철학적 경향을 띤 장 발Jean Wahl과 가브리엘 마르셀Gabriel Marcel을 만난 것이었다. 발은 1947년 그의 철학 학교에 레비나스를 초대해 '시간과 타자'를 주제로 특강을 몇 차례 하게 했고 1961년에는 『전체성과 무한』으로 국가 박사 학위를 받을 때 레비나스의 지도교수가 되어주었다. 마르셀은 1930년대에 한 달에 한 번 토요일 저녁 자기 집에서 당시 파리의 전위 철학자들의 모임을 주선했는데 레비나스도 그 자리에 참석하였다. 이때 늘 거론된 것이 마르틴 부버의 '나와 너'의 관계였다. 자아와 타자 문제를 철학의 중심 주제로 삼는 계기가 여기서 비롯되었다고 해도 지나친 추측은 아닐 것이다. 레비나스는 1935년 프란츠 로젠츠바이크의 1921년 작품 『구원의 별*Der Stern der Erlösung*』을 깊이 공부한다. 『전체성과 무한』에서 레비나스는 전체성의 이념에 대항하는 로젠츠바이크의 사상을 직접 인용하지는 않지만 그렇게 하기에는 너무 많을 정도로 그 영향이 자신의 저작에 깊이 퍼져 있다고 토로한다.[19] 레비나스는 1963년 푸아티에 대학 철학 교수로 임명된다. 1967년에는 파리-낭테르 대학에 교수가 되어 주로 철학사를 가르치다가 1973년부터 소르본 대학 교수가 되어 1976년 정년퇴임한다. 소르본에서 했던 그의 마지막 강의가 제자 자크 롤랑Jacques Rolland의 손으로 편집되어 『신, 죽음 그리고 시간*Dieu, la Mort et le Temps*』(1993)이란 제목으로 뒤늦게 출판되었다. 이제 레비나스 사상의 핵심을 좀더 구체적으로 개관해보자.

3. 레비나스 철학의 프로그램: '주체성의 변호'

비록 간단하게 살펴보았지만 레비나스의 삶의 경험은 그의 철학에 근본적인 원천이자 배경이다. 앞에서 보았듯이 히틀러와 독일 국가사회주의의 출현과 제2차 세계대전, 유대인 학살이라는 참혹한 사건은 비록 그가 말을 아꼈지만 그의 철학에 깔려 있는 근본 경험이다. 그 자신이 독일군 포로수용소 생활을 겪었을 뿐 아니라 그의 부모와 두 남동생이 모두 나치에 의해 학살되었다. 레비나스는 러시아어와 독일어 통역관으로 프랑스 군으로 참전했다가 포로가 되어 독일 하노버 근처의 포로수용소에 수용되었다. 유대인임에도 가스실로 이송되지 않은 것은 오직 군복 덕분이었다고 그는 한 인터뷰에서 술회한 바 있다. 나치들은 군인들만은 가스실로 보내지 않았기 때문이다. 전쟁의 경험은 그에게 서양 철학 자체에 대해 반성할 수 있는 계기를 마련해주었다.

레비나스는 유럽의 전체주의는 유럽 철학 자체가 빚어낸 파국이었다는 것을 보여주고자 한다. 앞에서 몇 번 언급한 적이 있던 그의 주저『전체성과 무한. 외재성에 관한 연구*Totalité et Infini. Essai sur l'extériorité*』에서 레비나스는 "전쟁 가운데 스스로 내미는 존재의 얼굴은 서양 철학을 지배하는 전체성이라는 개념 속에 고착되어 있다"고 말한다.[20] 전쟁의 폭력과 서양 철학은 다 같이 전체주의적이다. 둘 다 인간의 인격을 하나의 체계에 종속시킨다는 것이다. 전체 체계 속에 들어맞지 않는 부분은 어떤 권리도 누리지 못하고 결국에는 제거된다. 전쟁의 폭력은 미리 설정한 전체 속에 맞지 않는 부분을 없애버리는 것이다. 이러한 폭력은 근원적으로 인간의 절대적, 인격적 가치를 부인하고 전체성을 우선적으로 생각하는 철학으로부터 흘러나온다. 인간이 전체에 의해 지배될 수 있는 방식은 여러 가지다. 인간은 역사의 힘에 지배되거나, 자연의 한 부분이거나, 사회 경제적인 산물이거나, 복합적인 구조의 한 계기 혹은 우주의 한 요소일 수 있다. 역사든, 자연이든, 사회 구조든 인간을 포괄하는 이런 전체성의 체계가 인간과 현실의 의미를 규정할 때 인간은 그 개체로서 자신의 가치를 유지할 수 없다. 레비나스는 인간을 전체의 한 부분으로 보는 전체주의적 철학에 대하여 인간의 존엄성과 책임의 이름으로 대항한다.

전체주의에는 개인의 인격과 존엄성에 대한 인식이 없다. 개체는 전체의 한 부분일 때, 전체와의 연관 속에서 존재 의미를 가질 수 있다. 설사 이 가운데 다양성이 있을지라도 이것은 단지 수적 다양성을 뜻할 뿐, 어떤 무엇으로도 환원할 수 없는 개별적, 질적 다양성이 아니다. 수적 다양성은 집합의 또 다른 구성원으로 쉽게 대치될 수 있다. 그러므로 전체주의 속에서는 한 개체의 고유성이 존재하지 않는다. 레비나스는, 서양 철학은 대체로 질적 다양성 또는 다원성을 수적 다양성으로 대치하고 이것을 또다시 일원성 또는 단일성으로 환원하는 철학이었다고 본다. 여기에는 나와 다른 것, 또는 나와 구별되는 다른 이의 다름 l'altérité의 성격이 무시된다. 나와 다른 것, 나와 다른 이는 다름 자체로 인정받고 존경받기보다는 나의 세계로 환원되거나 아니면 나와 다르다는 이유로 제외된다. 다른 이의 존재를 인정하더라도 다른 이는 나와 나란히, 나와 함께 존재하는 존재자나 아니면 나를 감시하는 시선일 뿐 나의 존재 형성에는 무관한 존재에 지나지 않는다. 레비나스는 이러한 철학적 흐름에 대항해서 다른 이, 즉 타인의 존재가 인간 존재에 차지하고 있는 자리를 드러내 보이고자 한다.

레비나스는 '다른 이L'Autrui,' 즉 타인은 결코 '나'로 환원될 수 없는 사람임을 강조한다. 다른 이의 존재를 그토록 강조한 까닭은 주체의 주체성을 올바르게 드러내기 위한 것이다. 그는 주체의 존재를 절대화한 근대 관념론 전통에 대해서 비판적이었지만 '주체의 죽음' 또는 '인간의 죽음'을 운위한 현대 프랑스 철학자들에 대해서도 비판적이다. 주체를 절대화하고, 그런 의미에서 존재 전체를 주체의 권력에 귀속시키는 철학은 물론, 주체를 해체하고 파괴하는 철학도 앞의 것과 마찬가지로 개인의 인격성과 타자성, 인간 존재의 윤리적 의미를 제대로 알아주지 않는다. 그러므로 레비나스는 전체 속에 귀속될 수 없는, 이른바 '무한자'의 이념을 바탕으로 '주체성의 변호'를 시도한다.

레비나스 철학의 궁극적 지향점은 주체성을 다시 세우는 것이다. 『전체성과 무한』 서두에서 그의 책은 "무한자의 이념에 바탕을 둔 주체성의 변호"이며[21] 무한자의 이념에 근거한 주체성이란 타자를 받아들이는 주체성임을 밝히고 있다.

> 이 책은 타자를 받아들이는 것으로서, 환대hospitalité로서의 주체성을 드러낼 것이다. 이 가운데서 무한의 이념이 그 완성에 도달한다. 지향성 속에서 사유는 대상과 **일치**한다. 그런데 이 지향성은 의식을 그 근본 차원에서 규정하지 않는다. 지향성으로서의 모든 앎은 이미 최상의 **불일치**인 무한의 이념을 전제한다.[22]

후기 저작에 속하는 두번째 주저 『존재와 다르게 또는 존재 저편에 Auterment que'être ou au delà de l'essence』(1974)에서 주체성 변호는 더욱더 심화되어 나타난다. 여기서 주체성은 '타자를 위한 존재l'un pour l'autre' '대리la substitution' 혹은 타자를 위한 '볼모l'otage'로 표현된다.

레비나스는 주체의 주체성, 즉 주체가 주체로서 자신의 모습을 갖출 수 있는 조건을 이론적 활동이나 기술적, 실천적 활동에서 찾기보다는 오히려 타인과의 윤리적 관계를 통해서 찾고자 한다. 주체가 주체로서 의미를 갖는 것은 지식 획득이나 기술적 역량에 달린 것이 아니라 타인을 수용하고 손님으로 환대하는 데 있다고 본다. 헐벗은 모습으로, 고통받는 모습으로, 정치적, 경제적, 사회적 불의에 의해 짓밟힌 자의 모습으로 타인이 호소할 때 그를 수용하고 받아들이고, 책임지고, 그를 대신해서 짐을 지고, 사랑하고 섬기는 가운데 주체의 주체됨의 의미가 있다는 것이다.

향유의 존재로서의 나의 존재

타인과의 윤리적 관계를 통해 주체성을 규정한다면 그것은 나의 나됨을 타인의 존재로 환원하는 것이 아닌가? 나의 존재를 '타인을 위한 존재' '타인에 대해 책임지는 존재'로 규정한다면 '나'라는 것은 완전히 포기되는가? 만일 '나'라는 것이 완전히 포기된다면 윤리적 관계가 어떻게 가능한가? 레비나스는 나의 나됨, 즉 나의 '자기성'의 성립 없이 윤리적 관계는 가능하지 않다고 본다. '관계'란 개념 자체가 벌써 어느 하나로 환원될 수 없는 두 항의 '분리'를 전제한다. 그러면 이러한 분리가 어디서 발생하는가? 레비나스는 자기성의 성립, 또는 개체성의 성립 없이는 타인의 영접과 타인에 대해 책임지는 윤리적 관계가 가능하지 않다고 본다. 자기성 또는 개체성은 먹고 마시고, 삶을 즐기는 가운데 발생한다는 것이 그의 생각이다. 한 개인이 먹고 마시고, 잠자는 것은 어떤 누구에게도 환원될 수 없는 개별적인 행위다. 먹을 것을 가져다줄 수 있고, 잠을 잘 수 있도록 배려해줄 수 있지만 아무도 남을 대신해서 먹어줄 수 없고, 잠을 자줄 수도 없다. 이것은 모두 한 개인의 신체를 통해 가능하다. 이러한 존재 방식을 레비나스는 '향유jouissance'라고 부르고 향유, 즉 즐김과 누림을 통해 하나의 개체가 개체로서 자기성을 확보한다고 본다.

향유는 인간이 세계와 접촉하는 가장 근원적인 방식이다. 지적인 측면보다 감성적, 신체적 측면이 여기서 강조된다. 인간은 감성적인 느낌을 통해, 즉 세계 내에서 편안하게 아무런 걱정 없이 존재한다는 느낌을 통해 세계와 관계한다는 것이다. 주변 환경을 즐기고 향유하는 가운데 인간은 자기 자신을 확인한다. 물을 마시고, 공기를 들이켜는 것은 누구도 대신할 수 없다. 그러므로 이 즐김 가운데에서 자기성, 또는 주체성의 모습이 최초로 드러나는 것으로 레비나스는 보고 있다. 하지만 향유는 순간적인 것에 불과하다. 만족감을 맛보는 순간, 늘 위험과 내일에 대한 불안이 고개를 내민다. 물과 공기와 바람과 흙은 나의 자유에 의존하는 것이 아니라 나의 뜻과 상관없이 나에게 은택을 베풀기도 하고 나의 생활을 위협하기도 한다. 삶의 요소는 이런 의미에서 나를 떠받치고 있는 기반이지만, 다른 한편으로는 익명성으로, 무규정성으로, 나의 힘으로 어찌할 수 없는 세력으로 남아 있다. 여기에 대한 반응이 거주와 노동이다.

거주는 삶의 젖줄이요 동시에 삶을 위협하는 '요소 세계'(물, 바람, 공기, 바다, 땅, 하늘, 음식)와의 직접적인 접촉을 단절하고 세계의 위협에서 벗어날 수 있는 다른 영역을 가능케 한다. 거주를 통해 인간은 자기의 독립성, 자기의 자립성을 되찾으며, 자기 자신이 되어 그곳으로부터 세계를 지배하고 요소를 다스릴 수 있는 설 자리를 얻게 된다. 거주는 그러나 되돌아옴, 자기 자신에의 은둔만을 뜻하지 않는다. 거주는 집의 친밀성으로 돌아오는 것이다. 집은 타인의 따스함과 가까움을 맛보는 곳이다. 노동은 주변 세계를 정복하고 지배하는 방식이다. 노동은 인간의 삶에 있어서 지배와 소유의 차원을 열어준다. 환경 세계가 지닌 무규정성과 익명성은 노동을 통해 해제되고 사물은 이제 분명한 의미와 기능을 갖게 된다. 사물은 노동을 통해 인간의 생존 수단으로, 도구로서 취급되며 사회적 관계에서 교환 가능한 것으로 전환된다.

타자의 존재와 윤리적 관계

인간은 신체적 존재로서 세계 안에 거주하는 존재이고 근본적으로 경제적 존재이다. 이것을 레비나스는 인간 존재의 '욕구 besoin'의 차원으로 이해한다. 욕구는 '결핍'을 전제로 하고, 결핍은 인간의 집단적 노력과 경제 활동을 통해 충족될 수 있다. 욕구의 질서는 그 자체 하나의 전체성을 형성한다. 이러한 전체성이 깨어지고 삶의 무한성을 가능하게 하는 차원을 레비나스는 '욕망le désir' 또는 '형이상학적 욕망'으로 본다. 욕망은 개체를 넘어서 타자 또는 무한자와의 관계에 대한 욕망이다. 이러한 욕망은 전체주의, 민족주의, 종교적 광신주의, 또는 쾌락주의나 세속주의를 통해 충족될 수 있는 것처럼 보인다. 하지만 레비나스는 인간의 욕망은 타자와의 열린 관계를 통해 그 의미를 발견할 수 있다고 본다.

타인은 나에게 어떤 의미가 있는가? 레비나스의 철학적 사유는 타인의 존재가 우리의 삶에 어떤 의미가 있는가를 밝히는 데 집중되어 있다. 그는 타자와의 관계를 "얼굴의 현현l'épiphanie du visage"을 통해 접근한다. 얼굴의 현현은 일상적으로 만나는 사물과는 전혀 다른 새로운 차원, 즉 참된 인간성의 차원을 열어준다.[23] 얼굴은 일종의 계시이다. 레비나스가 여기서 '계시'라는 종교적 언어를 사용한 까닭은, 얼굴의 현현은 내 자신의 노력을 통해서 나타나는 것이 아니라 스스로 자기 자신으로부터 나타나는 절대적 경험이라는 것을 강조하기 위한 것이다. 얼굴은 나의 입장과 위치와 상관없이 스스로 자기를 표현하는 가능성이다. 얼굴의 현현은 일종의 윤리적 호소이다. 얼굴은 나에게 명령하는 힘으로 다가온다. 이 힘은 강자의 힘이 아니라 상처받을 가능성, 무저항에서 오는 힘이다. 예컨대 궁핍 속에 있는 이웃은 우리에게 윤리적 명령에 직면하게 한다. 그의 궁핍과 곤궁은 하나의 명령으로 나에게 다가온다. 나는 얼굴의 호소를 거절할 수 있다. 하지만 그때 나는 불의를 저지르는 셈이 된다.

타자의 얼굴로부터 오는 윤리적 저항은 강자보다 더 강하게 우리의 자유를 문제삼는다. 강자는 나의 자유를 제한할 수 있고 박탈할 수 있지만 자유 자체를 문제시할 수 없다. 그러나 힘없는 타자의 호소를 인정할 때 그때 나의 자유, 나의 실현은 문제시된다. 타인의 곤궁과 무력에 부딪힐 때 나는 내 자신이 죄인임을, 부당하게 나의 소유와 부와 권리를 향유한 사람임을 인식한다. 타자의 경험은 내 자신의 불의와 죄책에 대한 경험과 분리할 수 없다. 죄책은 그러나 실패나 좌절을 초래하지 않는다. 실패와 좌절은 내가 나의 계획과 야망을 실현하지 못한 것 때문에 오는 것이지 타자가 당하는 곤궁에 대한 의식, 나의 무책임에 대한 의식에서 오는 것이 아니기 때문이다.

레비나스가 말하는 타자는 나와 너의 친밀한 관계 속에 용해될 수 있는 자가 아니다. 타자는 나에게 '낯선 이'로 남아 있다. 타자의 얼굴은 친밀성으로 환원할 수 없는 측면을 보여준다. 타자는 나에 대해서 완전한 초월과 외재성이다. 레비나스의 타자는 내가 완전히 파악할 수 없는 무한성이다. 무한성은 내가 다른 모든 사람과, 지금 여기에 부재하는 제삼자와 맺는 구체적인 결속을 뜻한다. 가까이 있는 타자는 다른 모든 사람과 결속되어 있기 때문에 타자는 나와 마주한 너가 아니라 제삼자, 즉 '그'이다. '낯선 이'로서, '고아'와 '과부'로서의 타자의 얼굴은 보편적인 인간성을 열어주는 길이다. 타자의 얼굴에 직면할 때 나는 그곳에서 모든 사람들을 만날 뿐만 아니라, 나의 재산과 기득권을 버림으로써 타자와 동등한 사람이 된다. 타자의 얼굴을 받아들임으로써 나는 인간의 보편적 결속과 평등의 차원에 들어간다.

윤리적 요구는 일반적인 생각에 따르면 동등한 관계를 전제한다. 레비나스는 그러나 진정한 윤리적 평등과 형제애는 인간 사이의 대칭적 관계를 통해 구축되는 것이 아니라고 생각한다. 타자는 나와 동등한 자가 아니다. 가난과 고통 속에서 있는 타자는 나의 주인이다. 나는 내 자신을 벗어나 그를 모실 때 비로소 그때 그와 동등할 수 있다. 타자를 처음부터 나와 동등한 자로 생각할 때 그는 나에게 아무것도 요구하지 않고 나와 마찬가지로 자기 실현을 추구하는 사람으로 보게 된다. 이 경우, 나는 나의 풍요 가운데 남아도는 것을 그에게 나누어주거나 동정이나 반대 급부 때문에 그를 돕게 된다. 그러므로 레비나스는 타자와의 비대칭성, 불균등성이 인간들 사이의 진정한 평등을 이룰 수 있는 기초이고, 이런 의미의 평등만이 약자를 착취하는 강자의 법을 폐기할 수 있다고 생각한다.

타인의 얼굴은 나의 자발적인 존재 확립과 무한한 자기 보존의 욕구에 도덕적 한계를 설정한다. 타인은 거주와 노동을 통해 이 세계에서 나와 내 가족의 안전을 추구하는 나의 이기심을 꾸짖고 윤리적 존재로서, 타인을 영접하고 환대하는 윤리적 주체로서 내 자신을 세우도록 요구한다.[24] 타인은 나의 존재를 위협하는 침입자가 아니라 오히려 내면성의 닫힌 세계에서 밖으로의 초월을 가능케 해주는 존재이다. 이러한 모습은 '분리'를 주체성의 가능 조건으로 보는 데서도 나타난다. 자아는 그를 에워싸고 있는 세계로부터 자신을 분리할 뿐만 아니라 타자로부터도 자신을 분리함으로써 스스로 개별적인 자기성을 확립할 수 있다. 그러나 진정한 주체성은 레비나스에 따르면 타인의 존재를 자기 안으로 받아들이고 타인과 윤리적 관계를 형성할 때 비로소 가능하다.

윤리적 관계를 넘어서: 에로스의 의미

그러나 만일 죽음이 삶의 끝이라면 윤리적 관계는 무슨 의미가 있는가? 왜냐하면 죽음은 인간의 무력과 부자유를 경험하는 사건이기 때문이다. 죽음에 대항해서 인간은 주도권을 상실한다. 그렇지만 죽음은 나에게 언제나 연기되어 있다. 나는 지금 당장 죽음을 맛보지 않는다. 죽음은 그 정체를 알 수 없는 것으로, 내가 이해할 수 없는 타자로 남아 있다. 바로 이 때문에 죽음의 의미는 변경될 수 있다고 레비나스는 생각한다. 타자는 그의 초월성으로 인해 나의 자유를 위협하는 존재이지만 동시에 그의 상처받을 수 있는 가능성과 무력성 때문에 나에게 죽임을 당할 수 있는 존재이다. 따라서 타자는 살기 위해서 나의 관심과 보살핌이 필요한 존재이다. 타자의 무력성과 상처받을 수 있는 가능성 때문에 나는 죽음의 한계를 넘어서서 그를 섬겨야 한다는 요청을 받는다.

타자를 선대(善待)하고 보살필 때, 힘없는 타자를 내가 죽이지 않을까 하는 두려움과 타자에 대한 사랑이 생기게 되고 죽음에 대한 불안은 사라진다. 죽음에 대한 불안은 이기적인 자기 세계에 머물러 있을 때 일어나는 것이다. 타자에 대한 선한 행위를 통해 나는 나의 존재의 무게 중심을 나에게서 타자에게로, 타자의 미래로 옮겨놓게 된다. 나의 유한한 존재는 '타자를 위한 존재'로 바뀌고 죽음의 무의미성과 비극성은 상실된다. 죽음은 삶의 마지막 지평이 아니다. 왜냐하면 나의 존재 의미는 내 자신 속에 있는 것이 아니라 타자와 그의 미래에 있기 때문이다. 자기 중심적인 존재 의미 부여에서 필연적으로 야기되는 죽음에 대한 불안은 타자를 위한 선행(善行)을 통하여 사라지고 만다는 것이다.

그러나 만일 타자가 죽는다면 나의 선행은 그의 죽음과 함께 끝나고, 타자로 향한 초월도 하나의 환상으로 끝나고 마는 것이 아닌가? 레비나스는 이러한 귀결로부터 벗어날 수 있는 길을 타자에 대한 우리의 사랑이 지닌 매우 중요한 측면인 출산성 la fécondité에서 찾아보아야 한다고 생각한다.[25] 출산성은 남자와 여자의 성 관계를 통한 아이의 수태 가능성을 뜻한다. 남녀간의 사랑이 여기에 등장한다. 사랑은 여성적인 것의 출현과 더불어 시작된다. 여성적인 것은 신비와 매혹을 지닌다. 여성적인 것은 이론적인 인식을 통해 접근될 수 없는 타자성의 특성을 가진다. 이 타자성이 여성적인 것의 본질이다. 여성은 스스로 감추고, 어떤 지배로부터도 벗어난다. 바로 이 가운데서 여성적인 것이 지닌 상처 입을 가능성, 이해 불가능성이 여성의 특징으로 드러난다. 그러나 여성은 성애를 통해 어떤 다른 것과도 비할 수 없는 매력을 발산한다. 성 관계를 통하여 여성적인 것은 감추어진 것, 전적으로 타자적인 것을 경험하게 만든다.

레비나스는 이 감추어진 것을 찾는 몸짓을 에로스라고 본다. 에로스는 구체적으로 애무로 나타난다. 애무는 손에 잡으려 하지만 계속 미끄러지는 어떤 것을 만지는 행위이다. 성 관계에서 이 행위는 더욱더 고조된다. '감추어진 것,' 그것은 무엇인가? 놀랍게도 레비나스는 이 감추어진 것, 전적으로 타자적인 것의 발견은 아이의 출산을 통해서 실현된다고 본다. 감추어진 것은 이제 그 익명성에서 해방되어 이름이 주어지고 구체적인 얼굴을 가진다. 그리고 아이의 출산으로 나와 타자 사이에 일어난 분리와 결합의 끊임없는 운동이 멈추게 된다. 아이는 "타자가 된 나"이다. 나는 아버지가 됨으로써 나의 이기주의, 나에게로의 영원한 회귀로부터 해방된다. 자아는 이제 타자와 타자의 미래 속에서 자신의 한계를 초월한다. 레비나스는 이러한 미래와의 관계를 '출산성'이라 부른다.

성을 통해 인간은 자기 자신의 유한성으로부터 구원받는다. 아이의 출산으로 완전히 새로운 미래, 전혀 예상할 수 없는 새로운 가능성이 열리게 된다. 내가 홀로 미래를 체험할 때는 내 자신의 존재 가능성의 테두리를 벗어나지 못하고 마치 오디세우스가 오랜 여행 끝에 자기의 고향 이타카로 돌아오듯이 나는 나의 테두리로 돌아와 결국 늙고 만다. 그러나 에로스를 통해 나는 비로소 나에게 감추어진 미래를 찾아 나서고 이 미래를 아이와의 관계에서 구체적으로 체험한다. 아이를 통해서 과거는 절대성을 잃게 되고 새로운 미래의 차원이 열린다. 이런 의미에서 시간은 용서요, 과거를 새롭게 할 수 있는 가능성이다. 용서란 과거를 망각하는 것이 아니라 아이의 출산을 통해 또다시 현재와 미래로 새롭게 시작될 수 있다는 것이다. 이렇게 시간은 다시 젊어지고 푸르름을 띠게 된다.

4. 주체의 의미에 대한 새로운 규정

레비나스는 그 어떤 철학자보다 일상적 경험이 인간의 존재 질서에서 지닌 심대한 의미를 밝혀준다. 잠, 불면, 음식, 노동, 거주, 타인의 존재, 여자와 아이가 인간 존재를 규정하는 요소들이라는 것이다. 레비나스의 철학은 매우 유물론적인 것으로 보일 수 있으나 유물론과 유심론, 정신과 물질의 대립은 의미를 잃고 만다. 인간은 신체적인 존재면서 동시에 타자와 윤리적, 사회적 관계를 갖는 정신적 존재이다. 신체적 존재가 체험하는 존재의 무의미, 잠과 불면은 인간이 단순히 물질적 존재가 아니라 의미를 찾고 의미를 지향하는 정신적 존재임을, 타인과의 윤리적 관계는 타인에 대한 사회, 경제적인 관계를 떠나서는 생각할 수 없음을 레비나스는 누구보다 더 잘 보여주고 있다.

레비나스는 적어도 두 가지 의미로 인간 주체성을 규정한다. 주체성은 즐김과 누림, 곧 향유를 통해 형성되는 주체성이다. 세계를 향유하고 즐기는 가운데 인간은 '자기성'의 영역을 확보한다. 물과 공기와 햇볕 등을 즐길 때 인간은 '자기'에게 돌아가고 전체로부터 자기를 분리하여 '내부성(내면성)'을 형성한다는 것이다. 그러므로 레비나스는 향유를 개체의 '개별화의 원리'로 본다. 거주와 노동을 통해 삶의 지속성과 안전을 확보할 때 내면성으로서의 주체성은 세계를 소유하고 지배함으로써 자기 자신을 무한히 확장하려는 욕망, 즉 전체화에 대한 욕망을 보여준다. 이런 의미의 주체성은 본질적으로 '이기주의적'이고 자기 자신의 삶에만 관심을 갖는다. 여기에서는 초월이 불가능하다.

이런 의미의 주체성과 구별해서 레비나스는 타자와의 윤리적 관계를 통해 얻어지는 주체성을 말한다. 여기서 타자는 나와 똑같은 위치에 있지 않고 거주하며 노동하는 나에게 윤리적 요구로서 임하는 무한자로, 내가 어떠한 수단을 통해서도 지배할 수 없는 절대적 외재성으로 묘사된다. 타자의 출현과 더불어 내가 타자를 영접하고 대접할 때 진정한 의미의 주체성, 즉 '환대로서의 주체성'이 성립된다는 것이다. 레비나스는 타자의 출현으로 향유의 주체성, 곧 '자기성' 또는 '내재성'이 상실되는 것이 아니라는 것을 분명히 한다. 타자를 받아들이는 나는 다른 주체가 아니라 세계를 즐기고 거주하며 노동하는 주체이다. 그러나 바로 이 주체가 타자의 출현을 통해서 이기적인 욕망을 포기하고 타자에 대한 책임적인 주체로 설 수 있다고 본다.

레비나스는 그러나 인간 존재의 애매성에 대해서 누구보다 열린 눈을 가진 철학자이다. 욕구의 질서와 욕망의 질서, 독립성과 의존성, 선택의 자유와 불가피성, 나의 개인적 향유와 타인의 개입, 존재 유지 경향과 자기 포기, 이와 같이 인간 존재를 가능케 하는 것들 사이에는 언제나 애매성과 이중성이 있음을 보여준다. 그러나 자기 자신의 이익을 위해 사는 삶이 아니라 타인의 고통을 고려하고 이웃을 사랑하는 책임적인 삶이야말로 인간을 진정으로 인간 되게 한다는 것이 그의 철학 속에서 줄곧 반복되는 메시지이다. 이러한 의미에서 레비나스는 현대 철학자 가운데서도 독특하게 위대한 종교 전통과 가까이 서 있는 철학자이다.

1장 주

1 E. Levinas, *Éthique et infini*, Dialogues avec P. Nemo(Paris: Fayard/Culture France, 1982), p. 13. 한국어 번역판은 『윤리와 무한』, 양명수 옮김(다산글방, 2000), p. 26. 이 책은 앞으로 『윤리와 무한』으로 인용한다.
2 E. Levinas, *Difficile liberté. Essais sur le judaïsme*(Paris: Albin Michel, 1976³), p. 405 참조. 앞으로 『어려운 자유』로 인용한다.
3 『윤리와 무한』, pp. 12~13.
4 E. Levinas, *Le temps et l'autre*(Montpellier: Fata Morgana, 1979), p. 60: "...Toute la philosophie n'est pas qu'une méditation de Shakespear." 이 책은 앞으로 『시간과 타자』로 인용한다.
5 푸아리에와의 인터뷰에서 레비나스는 자신이 살았던 리투아니아는 유대교와 관련해 매우 중요한 지역이었음을 강조한다. 그곳에는 유대인들만이 특별히 따로 모여 사는 게토가 없이 일반 주민들과 이웃해서 유대인들이 자신들의 집을 소유하며 살았으며 특별히 탈무드 연구 수준이 높았고 지적인 활동을 매우 강조했기 때문에 전혀 '신비적인 유대교' 전통과는 다른 전통을 가지고 있었다고 말한다. F. Poirié, *Emmanuel Levinas, Qui êtes-vous?*(Lyon: La Manufacture, 1987), p. 64 참조. 미트나게딤에 대한 직접적인 언급은 말카와 했던 대담에서 볼 수 있다. S. Malka, *Lire Levinas*(Paris: Les Édition du Cerf, 1984), p. 103 참조. 이 두 인터뷰는 영어로도 읽을 수 있다. J. Robbins(ed.), *Is It Righteous to Be. Interviews with Emmanuel Levinas*(Stanford, California: Stanford University Press, 2001) 참조.
6 E. Levinas, "'A l'image de Dieu', après Rabbi Haïm Volozine," *L'au-delà du verset*, pp. 182~200 참조.
7 쇼샤니를 처음 만났던 날 레비나스는 저녁부터 새벽까지 그와 이야기를 나누었다. 그를 만난 뒤 레비나스는 "내가 알고 있는 것은 무엇이든 그도 알고 있었다"고 토로한다. 쇼샤니는 탈무드 전체를 암기하고 있었고 끊임없는 질문을 통해 알고 있는 것을 의심하고 다시, 새롭게 생각하도록 충동한 학자로 알려져 있다. 고대 유대 전통, 탈무드, 철학, 수학, 현대 과학에 통달한 인물로 출생지나 출생 연도, 교육 배경에 대해서는 알려진 것이 거의 없다. 1965년 우루과이에서 죽었다. 그의 묘비에는 "그의 출생과 삶은 신비로 봉인되어 있다"는 문구만 적혀 있다. 말카가 쓴 *Monsieur Chouchani: L'énigme d'un maître du XXe siècle*(Paris, Editions Jean Claude Lattes, 1994)이라는 전기가 있다. 인터넷을 통해 쉽게 접근할 수 있는 자료 가운데는 http://www.haaretz.com/hasen/pages/ShArt.jhtml?itemNo=344474이 비교적 자세하게 쇼샤니에 관해서 안내해준다.

8 S. Malka, 앞의 책, 같은 곳.
9 F. Poirié, 앞의 책, p. 23.
10 『어려운 자유』, p. 406.
11 1934년에 발표했던 이 글 "Quelques réflexions sur la philosophie de l'Hitlérisme"는 E. Levinas, *Les imprévues de l'histoire* (Montpellier: Fata Morgana, 1994), pp. 25~41에 실려 있다.
12 E. Levinas, *Sur Maurice Blanchot* (Montpellier: Fata Morgana, 1975). 이 책은 동문선을 통해 한국어 번역판이 나왔다.
13 『윤리와 무한』, p. 15.
14 같은 책, p. 16.
15 F. Poirié, 앞의 책, pp. 72~73.
16 『윤리와 무한』, pp. 12, 26.
17 E. Levinas, *Entre nous. Essais sur le penser-à-l'autre* (Paris: Grasset, 1991), p. 127. 이 책은 앞으로 『우리 사이』로 인용한다.
18 F. Poirié, 앞의 책, pp. 76~78 참조. 다보스 모임에 대한 자세한 서술은 M.-A. Lescourret, *Emmanuel Levinas* (Paris: Flammarion, 1994), pp. 74~83 참조.
19 『전체성과 무한』, p. xiv. 레비나스와 로젠츠바이크 사이의 관계에 대해서는 V. Kal, *Levinas en Rosenzweig* (Zoetermeer: Meinema, 1999)를 보라.
20 같은 책, p. x.
21 같은 책, p. xiv.
22 같은 책, p. xv.
23 같은 책, p. 188: "L'épiphanie de visage comme visage, ouvre l'humanité."
24 같은 책, pp. 147~48 참조.
25 같은 책, p. 244 이하 참조.

2장 주체의 물음: 데카르트에서 레비나스까지

　레비나스 철학을 세부적으로 들어가 그의 텍스트를 토대로 자세하게 논의하기 전에 주체 문제가 어떻게 철학적으로 논의, 전개되었는지 먼저 살펴보자. 지난 세기 후반, 그 가운데서도 7, 80년대 이르러 주체 문제는 현대 유럽 철학의 중심 주제 가운데 하나로 등장한다. 비교적 유행에 둔감한 독일 철학계도 예컨대 헤르타 나글-도체칼과 헬무트 베터가 편집한『주체의 죽음?』(1987)이나 만프레트 프랑크가 편집한『주체에 대한 물음』(1988)은 주체가 문제된 배경과 더불어 근대 철학자들의 이론을 검토한다. 발터 슐츠의『형이상학 이후 시대의 주체성』(1992)은 독일 관념론 전통에 서서 주체성 문제를 다룬다. 하버마스는『현대성의 철학적 담론』(1985)에서 헤겔 이후 유럽 철학계에서 주체 문제를 다룬 철학자들의 계보를 작성하고 자신의 의사소통적 주체 이론을 하나의 대안으로 제시한다.[1] 주체 문제에 대한 독일 철학계의 관심은 프랑스 철학계의 이른바 '주체의 죽음'에 대한 논의로 유발된 면이 없지 않다. 최근의 논의에는 미셸 푸코의 예컨대『말과 사물』(1966), 자크 데리다의「인간의 종말」(1968)이 그 바탕에 깔려 있다. 하지만 독일이건 프랑스이건 주체에 관한 논의는 '근대'라는 시대에 대한 반성과 함께 진행된다는 사실을 염두에 두어야 한다.

1. 근대에 관한 반성과 주체의 문제

유럽 철학은 주체를 중심으로 인식과 행위, 사회적 질서를 논의해왔다. 하지만 독일 고전 철학만큼 주체 문제에 집착해온 전통은 없다. 독일 철학은 유럽 철학 가운데서도 주체의 절대화를 유일하게 경험해본 철학이다. 영국 철학은 예컨대 흄을 통해 형이상학적 주체의 해체를 이미 경험했고 프랑스 철학도 사정은 그렇게 다르지 않다. 프랑스 철학에는 정신주의적인 면이 거의 언제나 한쪽 주류로 흐르고 있었지만 예컨대 피히테나 셸링에서 보듯이 주체가 절대화되어본 경험이 없다. 프랑스 철학 전통에서 주체를 강조한 것은 한때 프랑스 철학을 지배했던 장-폴 사르트르와 같은 실존주의자들이었다. 그러나 사르트르의 주체는 휴머니즘의 틀 속에서 사유된 주체이기는 하지만 관념론적 전통의 옷을 이미 벗어버린 주체였다.

독일 철학 전통만이 유일하게 주체의 절대화를 경험했다는 것은, 뒤집어 생각해보면 독일 철학이야말로 '주체의 죽음'에 관한 논의가 발생할 수 있는 자리라는 말이다. 독일 철학은 실로 두 차례나 주체의 절대화를 경험한다. 한 번은 칸트에서 시작하여, 칸트 극복을 기치로 내걸었던 피히테, 셸링, 헤겔의 독일 고전 철학에서였고, 또 한 번은 자연주의와 역사주의를 비판하면서 초월론적 주체를 내세운 후설에게서였다. 주체 비판은 이 두 철학에 대한 비판으로 나타난다. 하나는 니체를 통해서 진행된다. 니체는 독일 관념론과 더불어 관념론적 철학의 출발점이 된 데카르트, 그리고 이와 관련해 플라톤 전통과 기독교 전통을 동시에 비판한다. 다른 하나는 후설 현상학의 초월론적 주체를 해체한 하이데거의 비판적 작업을 통해 진행된다. 하이데거의 주체 비판은 후설에 한정되지 않고 데카르트 이후의 철학 전통, 아니 좀더 거슬러 가서는 플라톤 이후의 형이상학 전통 자체를 문제삼는다. 이 점에서 하이데거는 니체의 후예였다. 푸코나 데리다의 주체 비판은 니체와 하이데거를 통하지 않고서는 불가능한 것이었다. 현대 주체 비판의 선구자가 된 니체와 하이데거를 먼저 살펴보자.

2. 주체의 형성과 근대 형이상학

니체는 '주체의 죽음' 논의의 선구자답게 "주체는 주어진 것이 아니다. 만들어져 첨가된 것, 그 뒤에 숨겨진 것"이라고 말한다.[2] 좀더 단호하게 "'주체Subjekt'는 허구다'라고 하기도 한다.[3] 니체는 피히테나 셸링의 절대 자아, 헤겔의 절대 정신의 주체를 거부하는 데 그치지 않고 이것들의 시발이 된 데카르트적 인식 주체를 부인한다.

> 나는 논리학자들의 미신에 관하여, 또한 이러한 미신가들이 결코 인정하려 하지 않는 아주 사소하면서도 간단한 사실을 되풀이해서 끊임없이 강조하고 싶다. 그 사실이란, 말하자면 생각은 '내Ich'가 원해서 나오는 것이 아니라 '그er'가 원해서 나온다는 것이다. 따라서 '나'라는 주어가 '생각한다'라는 술어의 조건이라고 말하는 것은 사실의 왜곡이 된다. '그것이 생각한다Es denkt'라고 할 때 '그것'이 바로 저 유명한 '자아'라는 주장은, 부드럽게 표현해서 하나의 가정이거나 주장에 지나지 않으며 조금도 '자명한 확실성'을 갖고 있지 않다.[4]

니체는 행위 주체도 부인한다.

일반 민중이 섬광을 번개라고 불리는 주체Subjekt의 '행위'이며 작용이라고 생각하는 것처럼 민중 도덕도 또한 강한 것을 강한 것의 표출에서 분리하여 마치 강한 것을 나타내거나 나타내지 않거나 '자유롭게 할 수 있는' 중성적인 기체(基體)Substratum가 강자의 배후에 있는 것처럼 생각한다. 그러나 그와 같은 기체는 존재하지 않는다. 행위, 작용, 생성의 배후에는 어떠한 '존재'도 없다. '행위자'란 행위에 덧붙여진 단순한 상상의 허구일 뿐이다. 행위가 전부인 것이다.[5]

니체는 인식 주체와 행위 주체뿐만 아니라 인간과 동물을 구별할 수 있는 표지로 생각되던 이른바 '정신적인 것'들의 존재마저 부인한다.

'정신'도, 이성도, 사고도, 의식도, 영혼도, 의지도, 진리도 없다. 이들 모두는 쓸모 없는 허구이다.[6]

"'주체'는 허구"라는 선언에는 주체의 발생 과정을 보여주는 일종의 계보학이 뒷받침되어 있다. 니체는 인간이 주체로 허구화되는 과정의 발단을 데카르트에게서 찾는다. 데카르트는 "나는 사유한다, 그러므로 나는 존재한다"는 명제를 '절대, 부동의 진리의 기초'로 삼았다. 이것은, 어떤 다른 것은 의심할 수 있다고 하더라도 나는 사유하고 있고, 따라서 내가 존재한다는 사실만은 의심할 여지가 없는 확실한 사실이라는 믿음이다. 내가 존재한다는 것은 전혀 의심할 수 없는 사실이다. 그런데 내가 존재한다는 것은 내가 그렇게 의식하고 있다는 것, 즉 내가 사유하고 있다는 사실과 함께 주어진다. 따라서 사유한다는 것은 '나'와 나의 존재를 뒷받침해주는 근거가 된다. 만일 사유 자체가 가능하지 않다면 존재는 자명하지 않다. 그러므로 데카르트는 나는 누구인가 하는 물음에 대해 "나는 엄밀히 말해서 생각하는 것, 즉 하나의 정신, 하나의 지성, 또는 하나의 이성 외에 다름이 아니다"라고 답한다. '나' 또는 '나 자신'이라고 부를 수 있는 것은 정신, 지성, 또는 이성으로 환원된다. 왜냐하면 나는 사유하는 실체이고, 사유는 정신, 지성 또는 이성의 작용이기 때문에 나를 나되게 하는 것은 다름 아닌 정신, 지성 또는 이성이기 때문이다. 구체적으로 신체로서 존재하는 개체는 여기서 시야에 등장하지 않는다.

니체는 바로 이 지점에서 데카르트와 대결한다. "나는 생각한다"는 진술이 그렇게 자명한 것인가? 니체는 이렇게 묻고 있다. 생각하는 사람은 나라는 것, 생각하는 어떤 것이 필연적으로 존재해야 한다는 것, 생각이란 그것의 원인이 되는 존재 쪽에서의 움직임이요 작용이라는 것, '자아'라는 것이 존재한다는 것, 생각이 무엇인가를 내가 '안다'는 것, 이런 것들이 과연 그렇게 자명한가?" 니체에 따르면 "나는 생각한다, 그러므로 나는 존재한다"는 명제는 이미 많은 것을 전제하고 있다. 그러므로 그 자체 자명한 명제가 아니다. '생각한다'는 것과 '존재한다'는 것에 대한 선행된 이해가 있어야 데카르트가 확보하고자 하는 자명성이 보장된다. 내가 '생각한다'는 것이 무엇을 뜻하는지, 그것이 무엇인지 알지 못한다면, '존재한다'는 것이 무엇인지 알지 못한다면 데카르트가 주장하듯 "나는 생각한다, 그러므로 나는 존재한다"고 말하는 것은 무의미하다.[8] 존재 이해와 자기 이해가 선행될 때 데카르트의 진술이 가능하다. 만일 데카르트가 철저하게 회의하고, 철저하게 근거를 찾는 형이상학자라면 이와 같은 질문에 답을 했어야 했다고 니체는 생각한다. "나는 어디에서 사유의 개념을 얻게 되는가? 어째서 나는 원인과 결과의 개념을 믿는가? 무엇을 근거로 하여 나는 자아, 원인으로서의 자아, 그리고 최종적으로 사고의 원인으로서의 자아에 관해 말하는가?"하는 것에 답할 수 있어야 한다고 본 것이다. 니체가 보기에는 데카르트는 이와 같은 물음을 던질 생각조차 하지 않았다.

데카르트의 잘못은 "사유하는 것은 하나의 행위이며 모든 행위에는 행위 주체가 있다"는 사실로부터 사유하는 주체도 존재한다고 믿은 데 있다. 사유 작용이 있을 때 사유 작용을 영위하는 '그 무엇'인가가 있어야 한다고 생각한 것이다. 그 자체 어떤 다른 것에 의존하지 않으면서 존재하는 '사유하는 실체'는 다른 모든 것 아래서 그것들을 뒷받침해주는 기체substratum로서의 주체subjectum로 등장한다. 단적으로 말해 니체는 이와 같은 추론은 '문법적 관습'에서 비롯된 것이라 본다.⁹ 문법적 관습은 판단과 관련되어 있다. 판단은 예컨대 "이 방은 덥다"고 말할 때처럼 주어와 술어로 결합되어 있다. 방이 덥다면 방을 덥게 하는 원인이 있다는 믿음이 판단에 자리 잡고 있다고 니체는 생각한다. 발생하는 모든 것에는 무엇인가의 주어, 즉 주체가 있다는 생각이 판단에 내재해 있다는 것이다. 따라서 이와 같은 신앙에 따르면 무엇을 탐구한다는 것은 하나의 주체를, 사건 배후의 활동자를 찾아내는 것이고 그것은 결국 그 배후에 있는 '어떤 의도'를 찾아내는 행위를 뜻한다. 이렇게 주어와 술어의 문법적 형식에 대한 신앙은 결국 주체에 대한 신앙을 생산하고 그 결과, 사람들은 인간 행위에서뿐만 아니라 자연 안에 일어나는 사건에 대해서도 작용인과 목적인을 찾게 된다.¹⁰

'문법적 관습'은 니체에 따르면 이미 '논리학적, 형이상학적 요청' 또는 매우 '강한 신앙'에 의해 주도되고 있다.¹¹ 서양 논리학과 형이상학에는 끊임없는 생성 변화를 거듭하는 세계 속에서 이 세계를 떠받쳐주는 실체, 곧 존재하는 것 배후 또는 그 아래에서 존재하는 것들을 지탱하는 실체를 요청하고자 하는 욕망이 표현되어 있다. 그 결과, 현상계와 구별되는 예지계 또는 물자체 세계가 상정되고 예지계 또는 물자체의 세계만이 진정한 세계라는 생각이 서양 형이상학에 깊이 깔려 있게 된다. 니체의 주체 비판은 서양 형이상학과 도덕 비판을 위한 전략이고 여러 전략 가운데서도 가장 중요한 전략이다. 왜냐하면 서양 형이상학과 도덕철학에서는 실체 개념과 영혼 개념, 인과성 개념 등이 언제나 중요한 자리를 차지해오고 있고 실체 개념은 주체 개념에 뿌리를 두고 있다고 니체는 보고 있기 때문이다. 니체는 이렇게 말한다. "실체 개념은 주체 개념의 결과이지, 그 반대가 아니다. 우리가 영혼을, '주체'를 포기하면 실체 일반에 대한 전제도 없어진다."[12]

서양 형이상학은 니체에 따르면 하나의 거대한 이집트주의이다. 생생한 현실을 개념의 박제로 만들어버린 것이 형이상학이다.[13] 형이상학은 생성을 부인하고, 감각을 부인하며, 역사를 부인하고 신체를 부인한다. 형이상학은 힘의 본질과 권력에의 의지를 부인한다. 이러한 형이상학은 소크라테스와 플라톤 이래 '비극적 인간'과 대립되는 '이론적 인간'의 출현과 함께 시작되고 19세기 독일 이상주의에서 그 극에 도달한다. 형이상학은 모든 것을 정신과 개념과 불변하는 존재 속에 가두어버리고, 모든 것을 도덕화해버린다. 따라서 생생한 삶과 구체적인 현실은 이념과 사유에 종속된다. '주체' '실체' '원인과 결과' '존재,' 이와 같은 개념들은 생생한 존재를 미라로 만드는 도구들이다. 여기에는 니체에 따르면 강한 것에 대한 저항, 약자들의 부정적인 권력 의지가 숨겨져 있다. 예컨대 강한 것을 생각해보자고 니체는 제안한다. 강한 것은 그것이 강한 힘을 가졌기 때문에 강할 수밖에 없는 것이다. 다시 말해 "어떤 양의 힘은 그것과 같은 양의 충동, 의지, 활동 작용에 지나지 않는다." 그럼에도 "언어의 유혹 때문에" 충동, 의지, 활동 작용 배후에 그와 같은 힘을 가진 어떤 '주체'가 있다고 생각하고 그로 인해 힘과 힘을 가진 주체, 행위와 행위자, 행위 결과와 행위 원인을 구별하는 관행이 생겼다고 니체는 보고 있다. 만일 행위 결과와 행위 원인을 구별할 수 있다면 자유로운 행위와 자유로운 주체를 구상해낼 수 있고 자유로운 삶의 의도와 목표를 논의할 수 있다. 자유, 의도, 목표, 이와 같은 것은 행위와 원인을 분리할 때 가능하다. 이것이 세계에 그대로 투영되면 세계 내에 발생하는 사건도 인간의 행위와 마찬가지로 원인이 있고, 목적이 있고, 방향이 있는 것처럼 해석한다. 따라서 행위와 행위 원인, 즉 행위와 주체의 이원화는 두 가지 결과를 가져온다. 첫째, 행위와 행위 주체, 힘과 힘의 주체를 서로 구별할 수 있다면 그리고 그 주체가 스스로 자신의 행위를 통제할 수 있는 주체가 될 수 있다면 약자 스스로 약함을 은폐하고 그것이 스스로의 선함과 겸손의 결과인 것처럼 위장할 수 있다. 따라서 니체는 이렇게 말한다.

> 이런 유형의 인간은, 모든 거짓을 신성화하는 자기 보존과 자기 긍정의 본능에서 초연하며 자유로운 '주체'를 믿을 '필요'가 있다. 이러한 주체(또는 좀더 통속적으로 말하자면 영혼)가 이제까지 지상에서 최상의 믿음의 원리가 된 것은, 이런 종류의 대다수 인간들, 모든 약자와 피압박자에게 약한 것 그 자체를 자유로 해석하고 그들의 약함과 압박받음을 공적(功積)으로 해석하는 저 숭고한 자기기만을 가능케 하였기 때문이다.[14]

근대 주체철학은 니체의 논리에 따르면 첫째, 강자에 대한 약자의 '원한'에서 비롯된 것으로밖에 볼 수 없다. 둘째, 행위 결과와 행위 원인으로 구별하고 원인이 되는 주체를 상정한 결과 자연도 마치 인간과 마찬가지로 사건 배후에 원인이 있고, 의도와 목적이 있는 것처럼 보게 된다. 이것은 자연을 의인화하는 결과를 가져온다.[15]

3. 근대 주체와 힘에의 의지

하이데거도 니체와 마찬가지로 근대 주체철학을 데카르트를 출발점으로 다룬다. 하지만 하이데거는 니체가 본 것처럼 강자에 대한 약자의 반란의 결과로 보지 않고 오히려 근대적 권력 주체의 등장으로 본다. 하이데거가 보기에는 니체 철학이야말로 근대 주체철학의 종결이자 완성이었다. 하이데거는 과학과 기술, 그리고 자연 지배로 표상되는 현대 문화는 결국 근대 형이상학에 뿌리박고 있고 근대 형이상학은 데카르트로부터 니체에 이르기까지 존재를 인간 주체의 권력에 종속시킨 '주체성의 철학'이었음을 주장한다. 하이데거는 '주체성의 철학'을 극복함으로써 새로운 존재 사유의 길을 여는 데 철학적 기획의 목적을 두고 있다. 이 점에서 '탈현대'의 철학 또는 포스트 모던의 철학은 하이데거의 시대 비판과 형이상학 비판에서 출발하여 니체를 통해 현대를 지양하려는 철학적 프로그램이라고 할 수 있다.

하이데거는 '근대'의 특징을 한마디로 '세계상의 시대Die Zeit des Weltbildes'로 요약한다. 현대성은 자연과 역사를 포함한 존재자 전체가 하나의 '상Bild'으로, 즉 '앞에 세우고,' 생산하는 인간의 대상, 즉 '표상Vorstellung'으로 전락해버린 데 그 본질이 있다.[16] 세계는 관조의 대상이나 신의 피조물, 또는 나를 에워싼 환경 세계가 아니라 내가 세우고 짜 맞추고 필요할 때는 언제나 마음대로 바꿀 수 있는 대상에 지나지 않는다. 따라서 사물의 의미

('존재자의 존재')는 인간에게 표상되고 짜 맞춰지는 가운데, 다시 말해 대상으로 등장하는 가운데 비로소 확인될 수 있다. 이와 같은 현대의 특징은 수학화된 자연과학과 기계 기술, 감성적 미학의 영역에 한정된 예술, 인간 행위로 파악된 문화, 탈신화 등 다섯 가지 분야에서 현상적으로 나타나는 것으로 하이데거는 해석한다.[17] 현대의 현상들은 고대나 중세에는 찾아볼 수 없는 객관주의를 생산했고 이 객관주의는 인간의 자기 이해와 무관한 것인 양 생각되었다. 그러나 객관주의 배후에는 그것을 가능케 한 주관주의, 곧 주체의 등장이 도사리고 있다. 다시 말해 객관주의는 주체와 대립되는 객관을 실재 세계의 기초로 생각하지만 주객 분리가 이미 여기에 전제되어 있고, 주객 분리와 주체의 대상 지배는 "인간이 주체가 됨으로써" 가능했다고 하이데거는 이해한다.[18]

우리가 흔히 '주체'라고 번역하는 독일어 'das Subjekt'나 영어의 'subject,' 프랑스어의 'le sujet'는 라틴어 수브엑툼subjectum에서 온 말이다. 이 말은 '무엇에 종속된 것' '어떤 다른 것에 깔려 있는 것'을 뜻한다. 이 점에서 라틴어 수브엑툼은 그리스어 휘포케이메논ὑποκείμενον과 곧장 연결된다. 휘포케이메논을 하이데거는 '앞에 놓여 있는 것' '근거로서 모든 것을 자기에게로 모으는 것'을 뜻한다고 해석한다. 말의 연원을 볼 때 주목할 것은 근대 이후 철학의 용법과는 전혀 달리 수브엑툼과 휘포케이메논은 '자아'나 '인간'을 특별히 지칭하는 말이 아니었다는 사실이다. 그런데 이 말은 근대 철학에 와서 처음으로 존재하는 모든 것을 근거짓는 기반이 되고 서서히 인간 또는 자아를 가리키는 말로 굳어지게 된다.[19] 이런 배경에서 볼 때 인간이 수브엑툼, 곧 '주체'가 되었다는 것은 인간이 모든 존재자를 자기 자신의 존재와 자기 자신의 진리에 근거짓는 존재자가 되었다는 뜻이다. 인간 존재의 최상의 형태는 세계를 관조하고 명상하는 관조적 삶이 아니라 현실을 가공하고 노동하는 실천적 삶이고 현실 지배와 이용이 현대 합리성의 본질이 되었다는 것이다. 달리 말해, 현대의 이성은 현실을 관조하는, 현실의 소리에 귀 기울이는 수용적 이성이 아니라 현실을 지배하고 자기의 욕구에 따라 마음껏 이용하는 능동적 이성 혹은 권력의 이성이고 '주체'는 다름아닌 권력 이성의 형이상학적인 표현이다.[20] 권력 이성의 출현 또는 '인간의 주체화'에 절대적으로 기여한 사람은 데카르트였다. 데카르트는 '주체성의 철학,' 예컨대 라이프니츠와 칸트 철학, 독일 관념론 그리고 심지어 니체 철학을 형성시킨 일종의 패러다임 역할을 했다.

하이데거는 데카르트 철학을 철저히 해체해보고자 애쓴다. 데카르트 철학의 과제는 스스로 자신의 행위 법칙을 입법하는 인간에게 형이상학적 근거를 제공함으로써 인간을 새로운 자유로 향해 해방시키는 데 있다고 하이데거는 규정한다.[21] 새로운 자유의 확고한 기초, '절대로 확고부동한 기초,' 즉 형이상학의 근거를 데카르트는 인간 자신이 스스로 자신을 정립하는 행위에서 보았고 이것은 "내가 생각한다 그러므로 내가 존재한다"는 명제를 통해 구체적으로 표현된 것으로 하이데거는 일단 확인한다.[22] 하이데거는 '내가 생각한다cogito'와 '내가 존재한다sum'의 해석을 통해 근대적 사유의 특징과 근대적 지배와 권력 이성의 본질을 보여준다. "내가 생각한다"는 '무엇을 소유함' '어떤 사태를 붙잡음per-capio' '자기 앞에 세움Vor-stellen,' 즉 대상화를 뜻한다. 무엇을 생각한다는 것은 '앞에 가져올 수 있는 것'(대상화 가능한 것)을 소유함이다.[23] 그러므로 '손을 뻗어 움켜쥠capere'이 "내가 생각한다"는 명제의 본질적인 계기이다. 이 움켜쥠 가운데 인간은 사물을 자기 앞에 세우고 움켜쥐는 자로서, 닦달하는 자로서 스스로 서게 된다.[24] 이뿐 아니라 "내가 생각한다"는 곧 회의함

dubitare이다. 회의함은 무엇에 대해 의심을 품은 채 망설이고 있는 심적 상태를 말하는 것이 아니다. 회의함은 의심함으로써 대상을 '앞에 세움' 곧 '확실하게 세움' '확실하게 만듦'을 의미한다.[25] 끝으로 "내가 생각한다"는 명제는 '내가 생각함을 생각한다 cogito me cogitare'는 말이다. 대상을 내 앞에 세워 움켜잡을 때, 나는 거기에 부수적으로 덧붙여지는 것이 아니라 대상과 '함께' 세워진다. 내가 어떤 것을 사유할 때, 그 어떤 것은 나의 '앞에 세움'을 통해 어떤 것으로 등장한다. 이때 나는 어떤 것을 어떤 것으로 대상화한 다음, 그 이후에 또다시 나의 반성적 사유의 대상으로 등장하는 것이 아니라 대상화하는 그 가운데 이미 함께 현존한다.[26] 그러므로 대상을 앞에 세우는, 대상화하는 나를 사유하기 위해 또다시 나에게로 돌아올 필요가 없다. 자기의식은 대상의식과 함께 항상 현존한다. 요컨대 의식은 본질적으로 자기의식이고 내 자신에 대한 의식인 자기의식은 사물에 대한 의식에 첨가되는 것이 아니다. 오히려 역으로 대상의식은 그 본질에 있어 무엇보다도 자기의식이며 오직 자기의식으로서만이 자기와 '마주 서 있는' 것으로서의 대상에 관한 의식이 가능하다.[27]

이처럼 하이데거는 "내가 생각한다"는 데카르트 명제의 의미를 캐낸 다음 "내가 생각한다 그러므로 내가 존재한다"는 명제가 담고 있는 의미를 묻는다. 하이데거에 따르면 "내가 생각한다 그러므로 내가 존재한다"는 데카르트의 명제는 나의 사유로부터 나의 존재가 추론된다는 사실을 말하는 것이 아니라 나는 대상을 '앞에 세우는 자'로서 대상을 닦달하고 문초하는 자로서 존재하며 존재하는 것들은 나에게 표상되고 문초받는 대상으로서 그 존재 의미를 가짐을 말해준다. 이렇게 보면 존재자에 관한 진리는 앞에 세우고 닦달하는 자가 스스로 설정한 확실성에 지나지 않는다는 결론밖에 얻을 수 없다.[28]

하이데거는 데카르트가 '나'의 사유와 존재 본질을 '앞에 세움' '닦달함' '문초함'으로 이해한 것은 물질 세계를 '앞에 세워 닦달하는 대상'으로 이해하는 기초가 되었다고 본다. 코기토, 곧 "내가 생각한다"의 주어인 자아는 존재하는 모든 것의 '근거,' 곧 '주체'가 되고 수학적 접근이 가능한 물질 세계는 주체의 힘에 따라 지배할 수 있는 공간적 존재로 이해된다. 이렇게 보면 존재하는 것들의 본질은 인간 앞에 세워져 닦달되는 데 있다.[29] 하이데거는 그러므로 존재를 '앞에 세워짐'으로 파악한 데카르트의 존재 이해는 현대 '주체성의 형이상학'의 효시가 되었고 이것은 동시에 자연을 지배하고 관리하는 근대 과학 기술의 형이상학적인 기초가 되었다고 주장한다.[30] 따라서 데카르트적 주체 해체는 단지 형이상학의 관심사가 아니라 현대 기술 문명의 위기를 진단하고 그 위기로부터 벗어나는 길을 찾기 위해 매우 긴급한 과제로 등장한다.[31]

하이데거의 데카르트 해석은 데카르트의 실천학이 겨냥한 '자연 지배를 통한 인간 복지 실현의 이념'에 부합한 해석으로 보인다.[32] 데카르트는 『방법 서설』에서 이렇게 말한다. "이것[실천학]에 의해서 우리가 물, 불, 공기, 별, 하늘 및 우리를 둘러싸고 있는 다른 모든 물체들의 힘과 작용을 마치 장인들의 갖가지 재주를 알듯이 판명하게 알고서, 장인들처럼 이것들을 모두 적절한 용도에 사용하고, 그리하여 우리를 자연의 주인이요 소유자les maîtres et posseseurs de la nature가 되게 할 수 있다."[33] 그리고 이어서 "이것은 그저 아무 힘도 들이지 않고 땅의 소산과 또 그 모든 편의를 얻게 하는 무수한 기술의 발명을 위해서 바람직할 뿐만 아니라 또한 주로, 분명히 이 세상에서의 생의 첫째가는 선이요, 다른 모든 선의 기초가 되는 건강의 유지를 위해서 바람직하다"고 말한다.[34] 자연은 여기서 더 이상 그리스적 의미의 '퓌시스'나 중세적 '피조물'이 아니라 수학적으로 해명할 수 있는 "물체들의 힘과 작용"의 담지자이며 인간은 자신의 생존과 복지를 위해 자연을 지배할 수 있는 자연의 "주인이요, 소유자"로 이해된다.[35] 데카르트는 현대 기술 문명의 철학적 기틀을 마련한 철학자이고 기술 문명은 하이데거의 해석에 따르면 인간을 존재자의 근거, 바탕, 기초로 보는 '주체성의 철학'에 그 핵심이 있다.[36]

4. 근대적 주체의 이중성: 데카르트와 칸트

그러나 데카르트를 막상 자세히 읽어보면 자아는 그렇게 일의적(一義的) 존재가 아님이 드러난다. 자아는 두 얼굴을 하고 있다. 한편으로 보편적 회의의 요구에 따라 명석 판명한 이념으로, 흔들리지 않는 절대 근거의 모습으로 나타난다. 무한한 의지의 욕구에 따라 모든 선입견과 전통을 파괴하고 완전히 새롭게 시작할 수 있는 능력으로 표상된다. 그러나 다른 한편으로 자기 존재 주장과 자기 확실성의 테두리를 벗어날 때 삶의 우연성과 악의 존재에 직면해서 자기보다 더 큰 타자에게 의존하는 모습을 보인다.[37] 여기서 우리는 '실체' '기체' 혹은 '주체'로 번역되는 라틴어 수브엑툼subjectum의 이중적 의미를 상기할 수 있다. 수브엑툼은 앞에서 잠깐 언급했듯이 아리스토텔레스 철학의 휘포케이메논으로 거슬러 올라가는 개념이다. 아리스토텔레스 이후부터 이 말은 논리적인 의미와 존재론적 의미를 동시에 가지고 있었다. 논리학에서 수브엑툼은 술어를 통해 무엇이라고 진술되는 문법적 주어의 의미를 갖는다. 술어에 의해 서술되고 규정되는 것은 술어적 규정에 종속되기 때문에 수브엑툼은 '종속된다'는 의미를 가지고 있다. 논의의 '대상'과 '주제'도 마찬가지로 수브엑툼이란 용어로 표현된다. 수브엑툼의 존재론적 개념은 이와 유사한 의미를 갖는다. 중세 철학(특히 토마스 아퀴나스)에서는 수브엑툼은 실체substantia와 같은 의미를 가지지만 완전한 실체인 신(순수 실체)에 대해서는 이 말을 적용할 수 없었다. 신은 문장 속의 '주어'나 신학적 논의의 '대상'이 되는 경우를 제외하고는 존재론적인 의미에서 결코 수브엑툼이 될 수 없다. 왜냐하면 신은 어떤 무엇이나 누구에게 종속되어 있지 않기 때문이다. 이와 반대로 순수 질료는 실체란 이름을 가질 수 없다. 왜냐하면 질료는 거의 무에 가까운prope nihil 존재이기 때문이다. 순수 질료는 실체가 아니라 완전히 수동적 의미에서 수브엑툼이다. 중세 형이상학에서 자신의 존재에 있어서 오직 자신을 통해 규정될 수 있는 존재자, 자신의 존재와 본질에 있어 어떤 다른 것에도 의존하지 않는 존재자가 실체이며, 반면 자신의 존재와 본질에 있어서 어떤 다른 것에 의존하는 존재자를 수브엑툼이라고 불렀다. 실체는 '자존성'을 뜻한다면 수브엑툼은 '의존성'을 뜻한다.[38] 절대 근거로서의 주체는 그 홀로 스스로 존재하는 실체로서의 수브엑툼(주체)이다. 그러나 그것은 타자에 의존하는 한, 다른 것에 종속되는 수브엑툼(의존체)이다. 데카르트 이후의 철학은 코기토의 주체, 즉 절대 시작, 제1원리로서의 주체만을 데카르트가 발견한 진정한 주체로 파악하고 그것이 지닌 가능성을 더욱 치밀하고 철저하게 드러냈다고 하겠다.

칸트 철학은 데카르트적 유산을 그대로 물려받았다. 주체와 대상, 주관과 객관, 자아와 세계, 또는 인식과 존재의 분리를 극복하고 인식과 행위의 보편적 근거를 어디에선가 찾아야 할 과제를 칸트는 떠맡는다. 칸트의 해결은 이른바 '사고방식의 혁명'을 통해 획득된다. 사고방식의 혁명이란 주체의 관점에서 세계를 보는 것이다. 인식의 세계든 실천적 행위의 세계든 간에 세계는 주체,

즉 나의 활동에 의해 규정되고, 생산되고, 실현되는 세계이다. 하지만 주체는 그렇게 절대적인 것이 아니다. 존재 세계의 인식과 관련해서는 비록 주체 자체가 공간과 시간의식을 통한 무엇의 주어짐의 형식적 조건이라 하지만 그 '무엇'은 주체 자체가 생산해 낸 것이 아닐뿐더러 도덕적 실천과 관련해서는 그러한 '무엇'을 따로 전제할 필요는 없다 하더라도 도덕적 세계관을 가능케 하는 최고 선의 세계 또는 목적의 왕국을 도덕적 주체 너머 하나의 이념의 세계로 전제해야 한다. 칸트는 주체를 인식과 행위의 중심에 두면서도 그것의 유한성에 대한 의식과 더불어 무한하게 실현해야 할 과제임을 철저히 의식한다.³⁹ 칸트 철학의 핵심적 요소는 피히테와 셸링에 의해 계승된다. 피히테와 셸링은 근대 철학자 가운데 어쩌면 그들만큼 그렇게 집요하게 주체, 즉 자아 문제에 관여한 사람이 없었다고 할 정도로 자아 문제를 그들의 철학적 주제로 삼는다. 칸트는 모든 것을 자기의식에 근거지움으로써 결과만 제공했을 뿐, 그 결과를 가능케 한 전제 자체는 결여되어 있다는 것이 셸링의 생각이다. 셸링은 그러므로 칸트의 '결과(자기의식)'를 가능케 한 '전제'를 찾아내는 것을 자신의 과제로 삼는다. 그 전제란 자기의식조차 가능케 한다고 본 '절대 자아'이다. '절대 자아'는 피히테나 셸링에게 다 같이 인식과 존재를 근거짓는 절대적 근거이다.⁴⁰

독일 관념론 전통이 주체를 절대화했다면 이러한 절대화에는 스피노자의 영향이 자리하고 있음을 놓쳐서는 안 된다. 스피노자는 '자기 자신 안에 존재하며 자신을 통해 파악되는 것'을 일컬어 '실체'라고 부른다. 실체는 동시에 '그 본질이 실존을 포함하는,' 즉 '자기 원인'의 존재이며 존재하는 것은 모두 자기 원인적인 실체의 속성으로 또는 그것의 구체적인 실현으로 존재한다. 그러므로 어떠한 것도 이 실체를 떠나 따로 존재할 수 없다.⁴¹ 독일 관념론은 이러한 실체 개념을 '주체' 개념으로 전환하였다. 따라서 칸트 이후의 주체는 스피노자의 실체를 '주체화'한 까닭에 사실상 신적 존재에 다를 바 없는 것처럼 보인다. 이 점에서 독일 관념론은 가장 극단화된 형태에서 하나의 신학(세속화된 신학)이었다고 보아도 크게 잘못이 없을 것이다. 칸트와 칸트의 후예들은 바로 이 점에서 구별된다. 칸트는 그것이 실체이든, 주체이든, 이성이든 또는 신이든 어떤 하나의 개념이나 이념으로 세계 전체를 일원론적으로 통합하고자 하지 않았다. 칸트 이후 철학자들이 칸트를 계승하면서도 칸트에 대해 불만을 가진 것은 바로 이 점이었다고 할 수 있다. 칸트는 주체의 자기의식을 모든 것의 '최고 점'이라고 생각하면서도 그것을 통해 전체를 결코 하나로 묶지 않았다. 그러나 독일 관념론 전통이 단지 하나의 흐름으로만 존재하는 것도 아니고 주체의 절대화로만 치달은 것이 아님을 기억할 필요가 있다. 셸링만 보더라도 자아는 다시 자연과 나란히 서게 되고 이 둘은 또다시 절대적 무차별자에 의해 포섭되며, 결국 끝에는 인간의 실존적 존재에 대한 의식에 이르기까지 그의 철학이 변형, 발전된다. 독일 관념론 전통에서 전개된 주체의 문제는 그렇게 일의적인 것도, 그렇게 투명한 것도 아니다. 그러므로 이 전통 안에서의 주체의 문제는 여전히 면밀한 검토가 필요하다.

코기토의 자아가 존재와 인식을 근거짓는 절대적 아르키메데스의 점으로 해석될 때, 이것은 해석의 차이와 비판에도 불구하고 칸트에서부터 키에르케고어, 후설에 이르기까지 현대 주체성 철학의 기본 토대를 이루었다. 주체성의 철학은 서양의 형이상학을 존재 우선의 형이상학에서 의식 우선의 형이상학으로 전환시켰고, 의식 주체인 인간을 중심점으로 한 새로운 담론 체계를 생산하였다. 이때 의식은 자기와의 관계를 갖는 자기의식이며, 그것의 본질은 다름아닌 자유로 이해되었다. 이렇게 이해된 의식은 사물과 본질적으로 구별되며, 셸링의 표현을 따르면 결코 사물이 될 수 없는unbedingbar, 그럼에도 불구하고 사물을 사물되게 bedingen 규정하는 조건으로 파악되었다.[42] 데카르트는—하이데거의 해석과는 달리—그 자신이 결코 인간을 문자 그대로 '주체'로 이해한 적은 없었지만 그 자신의 의도와는 상관없이 이와 같은 주체 중심 혹은 의식 중심의 철학을 형성시킨 장본인이었다는 것은 의심의 여지가 없다. 데카르트가 주체성 철학의 선구자가 된 까닭이 무엇인가 물을 수 있지만 그것에 대한 어떤 해답도 만족스러울 수 없다. 하지만 데카르트의 주체성의 이론은 수학을 통해 자연 질서의 이성적 구조를 해명하고, 동시에 자연에 대한 인간의 지배를 가능케 하려는 "상반된 두 목표two incompatible goals"의 산물이라고 보는 로젠의 관점은 흥미로운 지적이다.[43]

근대성의 문제와 관련해서 데카르트의 위치를 논의할 때 간과할 수 없는 것은 자아의 자기 분열과 주객 분리를 초래했고 이것은 극복되어야 할 문제로서 현대의 주체철학에 수용되었다는 점이다. 데카르트의 '자아'는 세계와 분리함으로써, 그리고 오직 사유 속에서 자신의 존재를 확인함으로써 자신과의 직접적인 관계, 즉 자기 자신에의 현존을 보장할 수 있었다. 신체와 세계 내의 현존은 초월적 관점에서 볼 때 자아의 구성 요소에서 제외된다. 그러나 데카르트는 경험적 관점에서 자신의 신체적 존재를 다시 확인하고 자신의 유한성을 인정한다. 자아는 욕망과 결핍의 존재이며 타자에 의해 자신의 삶을 지탱한다. 이 두 주체가 어떻게 서로 관계하며, 어떤 것이 어떤 것에 의해서 지배되고 조종되는가 하는 것에 대한 논의가 데카르트에게는 사실상 결여되어 있다. 사유하는 자아와 현존하는 신체적 자아의 이분화는 칸트와 독일 관념론 철학에 하나의 숙제로 넘겨졌다. 만일 현대성의 출현 근거를 자아의 절대화에서 찾는다면, 이때 자아는 옹근 모습을 갖춘 자아이기보다 이미 분열된 가운데 '자기'를 중심으로 자기와의 완전한 일치를 꾀하는 자아라고 해야 할 것이다. 자기 분열 가운데서 '자기'를 통해 분열을 극복하려는 운동이 근대성의 두드러진 특징이라고 할 수 있다.

그러면 과연 어떤 주체가 죽었는가? '주체의 죽음'을 선언하는 철학자들이 이제는 죽었다고 말하는 주체는 다름아니라 절대적 명증성을 띤 주체, 자기 자신에게 현존하는 주체, 절대 기원의 신화를 만들어낸 주체, 현실을 완전히 독점하고 지배하는 주체이다. 이것은 분명히 데카르트의 코기토 주체의 모습이다. 그러나 이러한 명증적인 주체가 데카르트 자신을 통해 벌써 해체되는 모습을 우리는 보았다.⁴⁴ 데카르트를 위시한 서양의 이른바 주체성의 철학자 중에서 어느 한 철학자도 처음부터 끝까지 이런 의미의 주체를 내세운 적이 없다는 것을 우리는 그들의 철학적 발전 과정을 훑어보면 별로 어렵지 않게 확인할 수 있다. 실천적 자아의 자기 정립을 절대적으로 보았던 피히테도 후기에 가서는 타자로서의 신을 절대 근거로 삼았고 셸링도 후기에 가서 다시 인식과 존재의 통합 근거로서 신을 얘기하고 있으며, 헤겔도 데카르트적 코기토나 칸트의 통각 주체를 넘어서서 역사 내재적으로 생성 발전하는 절대 정신에 관해서 논의하고 있다.

문제는 여기에 있다. '주체의 죽음'에 관한 논의는 단지 데카르트적 코기토의 죽음을 선언하는 데 그치지 않고 절대 근거 혹은 최종 근거(하이데거가 이해하는 의미의 '주체')의 추구, 이성의 계몽을 통한 무한한 진보의 신화, 그리고 세계사를 신의 자기 생성 과정으로 보는 역사신학에 종지부를 찍자는 움직임이다.⁴⁵ 이렇게 볼 때 '주체의 죽음'에서 문제시되는 '주체'는 하나의 개별자를 지칭하는 말이 아니라 '근대성' 혹은 '근대'의 기획 자체와 인간에게 부여된 자리를 일컫는 말이다. 그럼에도 주체성의 이념

자체를 완전히 포기해야 할 것은 아니다. 그것은 마치 목욕물을 버리면서 아이까지 버리는 것과 다를 바 없다. 우리는 주체를 말할 수 있고 또다시 주체의 모습을 새롭게 그려보아야 한다. 근대적 주체 비판의 선구자라 할 수 있는 니체가 '주체는 허구'라고 말하면서도 다수성으로서의 주체, 몸의 주체를 또다시 말하고 있는 것도 바로 이 때문이다.

5. 탈근대적 주체: 니체, 푸코, 라캉

앞에서 본 것처럼 니체는 기독교적 전통을 포함해서 '생'을 혐오한 형이상학적 전통 전체를 해체하고자 시도한 철학자였다. "주체는 허구"라는 말도 이러한 맥락에서 이해하는 것이 옳다. 현상과 실재, 이승과 저승을 갈라놓고 현상과 이승의 의미를 실재와 저승을 통해 읽고 해석하는 형이상학적 사고 자체를 니체는 문제삼고자 한 것이다. 물리적 현상 배후에, 현상을 가능케 한 어떤 '원인'이 있다는 생각이나, 행위 배후에 행위를 하는 어떤 행위 '주체'가 있다는 생각이나, 신체 배후에 신체를 움직이는 '정신'이 있다는 생각이나, 세계를 초월해 세계를 창조하고 섭리하는 '신'이 있다는 생각은 다 같이 동일한 근원에서 나온 생각에 지나지 않는다. 니체의 전략은 이러한 사고방식 자체를 깨뜨리는 것이었다고 할 수 있다. 전통적 의미의 '주체의 죽음'은 '신의 죽음'의 당연한 귀결임은 두말할 필요 없다. 이제 남은 것은 힘의 그물 속에 처한 개개의 주체와 개개의 주체에게 주어진 삶뿐이다.

그렇다면 니체의 대안은 무엇인가? 주체와 자아 자체를 소멸시켜버리는 것인가? 주체를 완전히 없애는 것이 니체의 대안은 아니었다. 주체는 하나의 허구라는 사실에 우리는 먼저 맞부딪쳐야 한다. 주체가 허구라는 사실을 알 때 우리는 주체를 모형으로 사물성을 날조하고, 그것을 잡다한 의미로 해석해왔음을 알게 된다. 원인으로 작용한다고 생각한 주체를 더 이상 믿지 않는다면 원인으로 작용하는 사물도, 우리가 사물이라고 이름짓는 저 현상들 사이의 상호작용(원인과 결과)도 믿지 않게 된다. '사물 자체' 또한 없어진다. 사물 자체란 '주체 자체'에 대한 입장에 지나지 않기 때문이다.[46] 주체는 허구에 불과하다는 사실은 근본적으로 서양 형이상학과 도덕의 해체를 뜻한다. 세계를 논리적으로 설명하고 지배하는 '논리적, 형이상학적 주체' 개념을 포기하면 이와 동시에 사물, 인과성, 세계의 최소 단위로서의 원자, 사물 자체, 현상, 그리고 주체의 결과로서 야기되는 객체, 주체와 객체가 함께 지니고 있는 속성으로 추정되던 지속, 자기 동등성, 존재, 그리고 실체, 물질, 정신, '질료의 영원한 불변성,' 이와 같은 개념도 모두 포기된다. 진리 자체, 참된 세계, 신, 이 모든 것도 포기된다. 그러나 니체는 여전히 이렇게 말한다. "우리는 알고 있다. 하나의 환상이 파괴되었다고 하더라도 여전히 어떠한 진리도 생기지 않으며 한 조각의 무지를 더하는 데 불과하며, 우리의 '공허한 공간'이 확대되고 우리의 '사막'이 증대되는 데 지나지 않는다는 것을."[47]

니체의 대안은 우리가 우리 자신이 되어야 한다는 것이다. "너의 양심은 뭐라고 말하는가? 너는 너 자신인 바 그것이 되어야 한다Du sollst der werden, der du bist."[48] "나 자신이 된다"는 것은 지금까지 한 논의를 통해 보면 논리적, 보편적 주체가 되라는 말이 아님은 분명하다. 그와 같은 주체는 허구에 지나지 않는다. 하나의 단일한 주체, 하나의 통일성을 이룬 자아를 찾는다는 것은 니체의 논지에 어긋난다. "나 자신인 바, 그것이 된다"고 할 때

'나 자신'은 선험적으로 주어져 있지 않다. 내가 찾을 수 있는 나는 어디에도 없다. "우리는 그러나 우리 자신인 바 그것이 되고자 한다—새로운 사람, 단 한 번의 존재, 비교할 수 없는 자, 자기 스스로 입법하는 자, 자기 스스로 창조하는 자!"[49] 논리적, 보편적 주체가 해체된 뒤, 내가 되고자 해야 할 주체는 내가 창조해야 할 주체이며, 그 주체는 자신을 스스로 창조하는 자율적 주체여야 한다. 그런데 자기 자신을 스스로 창조하는 주체는 어떤 주체인가? 창조적 주체는 '유일한 주체' 또는 칸트의 초월적 자기의식의 주체처럼 '지속적 통일성'을 지닌 주체가 아니다. 그렇다면 어떤 주체인가?[50]

영혼을 불멸하고 영원하며 분할할 수 없는 단자나 원자인 것으로 믿는 '이' 신앙은 학문에서 추방되어야 한다. 우리끼리 하는 이야기지만 그렇다고 해서 '영혼'을 제거함으로써 가장 오래되고 가장 소중한 가설의 하나를 버릴 필요는 전혀 없다. 흔히 미숙한 자연주의자들은 '영혼'의 문제를 건드리자마자 제정신을 잃어버리곤 한다. 하지만 영혼의 가설을 새롭게 해석하고 좀더 세련시킬 길은 열려 있다. 그러므로 '사멸하는 영혼' '다수 주체로서의 영혼 Seele als Subjekts-Vielheit' '충동과 정념의 사회 구조로서의 영혼'과 같은 개념들은 가까운 장래에 학계의 시민권을 얻을 필요가 있다.[51]

니체의 '영혼'은 주체 개념으로 쉽게 대치될 수 있다.[52] 니체의 의도는, 전통적인 주체를 포기한다고 하더라도 주체의 '가설' 자체는 포기할 필요가 없다는 것이다. 변하는 사건과 사물 아래에서, 그것을 떠받쳐주는, 영원하고 불변하는 단 하나의 주체는 추방하더라도 그 대신 '사멸하며' '다수'로서 존재하며, 동시에 '충동과 정념의 사회 구조'를 반영하는 주체의 가설은 여전히 유효한 것을 유지할 수 있다는 것이다.

니체가 대안으로 생각하는 주체, 즉 스스로 자기를 창조할 수 있는 자율적 주체는 신체성의 원리에 따라 몸으로서 존재하는 신체적 주체이다. 몸Leib은 한 개별 주체의 통일 원리가 된다. 니체는 몸을 심지어 "하나의 공동체의 정점을 차지하는 통치자"로 말하기도 하고 몸을 길잡이로 삼을 것을 권하기도 한다.[53] 몸이야말로 새로운 창조적 주체임을 니체는 『차라투스트라는 이렇게 말했다』에서 차라투스트라의 입을 빌려 말한다. 몸은 다양함(다수성), 전쟁과 평화, 가축의 무리와 목자, 갈등과 조화, 피지배와 지배의 구조로 그려진다. 몸은 다양한 힘의 관계, 곧 지배하는 힘과 복종하는 힘의 복합체이다. 다시 말해 몸은 화학적, 생물학적, 사회적, 정치적 힘들의 총합 관계이다.[54] 그래서 몸은 상호 적대적이면서 동시에 협조적인 권력 관계라 할 수 있는 정치 체제에 비유되기도 한다.

몸을 하나의 통일체로 표상한다고 하더라도 전통 철학의 '하나의 주체'처럼 다양한 현상 이전에 선험적으로 주어진 통일성을 생각할 수 없다. 정치적 은유('귀족 정치')에서 보듯이 만일 몸으로서의 주체에게 통일성이 있다면 그것은 주체의 여러 활동, 예컨대 인식하고 욕망하고, 행위하는 것의 총합으로서의 통일성 외에 어떤 다른 것일 수 없다. 그러므로 주체에게 돌릴 수 있는 것은 주체의 행위와 행위 내용의 총체밖에 없다. 이것을 네하마스는 이렇게 적절하게 표현한다. "각 주체는 그것이 생각하고, 원하고 행위한다는 사실뿐만 아니라 그것이 생각하고 원하고 행위하는 내용에 따라 구성된다."[55] 주체 구성에서 내용을 고려한다는 말은 갈등의 역할을 고려한다는 말이고 이것은 곧 주체를 구성하는 요소 가운데는 욕망, 욕구, 기대뿐만 아니라 갈등, 모순, 비일관성과 같은 것이 들어 있다는 말이 된다. 그러므로 신체를 주체의 중심으로 삼는다고 하더라도 신체는 고정된 점으로 존재하지 않고 끊임없이 상황과 조건에 따라 변화하면서 신체-주체의 존재를 유지한다.

그런데 몸을 중심으로 한 지배와 예속, 또는 힘의 증대와 감소는 자기 자신을 통제할 수 있는 힘과 관련이 있다. 이런 의미에서 창조적, 자율적 주체의 권력에의 의지는 타인을 지배하기보다는 자신을 지배하고 통제할 수 있는 힘을 가지고자 하는 의지이다. 그런데 이때 자신에 대한 권력을 갖고자 하는 주체는 고정된 주체도, 일정한 통일성을 갖춘 주체도 아니다. 이 주체는 자신의 힘을 증대하거나 감소하면서 끊임없이 변화하고 있는 주체이다. 그러므로 '나 자신이 된다'고 할 때 내가 되어야 할 '그것'이 선험적으로 주어져 있지 않다. '그것'은 내가 의욕하는 것, 나의 삶으로 표현되고 실현된 것, 그외에 다른 것이 아니다. "결과, 곧 그것이 나이다 L'effect, c'est moi."[56]

가장 강하게 대립되는 본능을 가지고 있으면서 동시에 그것을 버텨낼 강한 힘을 가진 사람이야말로 자신을 스스로 창조해내는 사람이다. 가장 위대한 사람, 모든 종류의 무력과 연약성을 극복할 수 있는 인간은 최대의 충동과 욕망을 갖되, 그것을 최대한 통제할 수 있는 힘을 동시에 가진 사람이다. 이런 사람이야말로 자신을 창조할 수 있는 사람이다. 그런 유형의 대표적인 사람으로 니체는 괴테를 꼽는다. 괴테는 18세기의 가장 강한 본능들인 다감성, 자연 숭배, 반역사성, 이상주의, 비현실적인 것 등을 지니고 있었고, 소심하기보다는 많은 것을 짊어지고 있었고, 모든 것, 전체가 되고자 했다. 이성과 감성과 감정, 의지의 분열과 투쟁했고 자신을 창조한 사람이다. 약한 것을 제외하고는 어떤 것도 그에겐 금지된 것이 없었다. 그는 부정하지 않고 언제나 긍정한 디

오니소스적 인간이었다.⁵⁷

니체가 생각하고 있던 자기 창조, 곧 자기 자신이 된다는 것은 이렇게 상호 모순적인 내용을 품고 있으면서도 자신의 과거, 자신의 행위, 자신의 욕망, 자신에게 속한 모든 것을 그대로 인정하고 수용하는 것이다. 자신을 스스로 창조하는 사람은 자신의 경험과 행위를 하나도 가감 없이 자기 것으로 수용하며, 자기 자신에 대해 스스로 책임진다. 여기에 '자유'의 진정한 뜻이 있고, '권력에의 의지'의 본질이 있다.⁵⁸

빼거나 제외하거나 선별하는 일 없이, 있는 그대로의 세계를 디오니소스적으로 긍정하는 것—그것은 영원한 순환을 원한다. [⋯] 철학자가 이를 수 있는 최고의 상태, 즉 생존에 대해 디오니소스적으로 관계하는 것. 이것에 대한 나의 정식(定式)은 운명을 사랑하는 일 amor fati이다.⁵⁹

인간에게 있는 위대함에 대한 정식은 운명에 대한 사랑이다. 앞으로도, 뒤로도, 영원히, 자기의 현재 모습과 다른 무엇이 되길 원하지 않는 것이다. 그것은 또한 필연적인 것을 인내할 뿐 아니라 더구나 그것을 은폐하지 않으며—모든 이상주의는 필연적인 것 앞에서는 허위이다—오히려 그것을 '사랑'하는 것이다.⁶⁰

자신이 된다는 것은 따라서 자신이 아닌 다른 무엇이 되지 않는 것이고 자신에게 주어진 것, 그것을 수용하고 사랑하는 것이다. 이러한 인간, 자기 긍정 및 세계 긍정, 그러면서도 끊임없는 자기 창조로 이행할 수 있는 인간을 니체는 '위버맨쉬 Übermensch,' 즉 '넘어가는 인간'이라 부른다.⁶¹

니체의 대안은 더 급진적이고 반종교적이다. 자신이 살고 있던 시대, 과거의 낡은 세계가 무너지고 있는 시대를 건질 수 있는 길은 '힘에의 의지'밖에 없다고 생각하였다. 힘에의 의지는 니체에게서는 인간 존재뿐만 아니라 인간을 포함한 세계 전체를 설명하는 원리였다. 니체의 '힘에의 의지'는 쇼펜하우어의 경우처럼 단지 '삶에 대한 의지'가 아니라 삶을 증진하고, 극대화하는 힘 그 자체에 대한 의지이다. 세계와 인간을 지배하는 원리가 '힘에의 의지'라는 것은 플라톤과 칸트의 이른바 '예지적 세계'의 부정뿐만 아니라 의식(정신)의 우월성에 대한 부정을 함축한다. 의식은 신체의 거울에 불과할 뿐, 신체야말로 의식을 좌우하는 주체이다. 의식이란 신체의 작용에 불과하다. 따라서 신체를 가진 또 다른 주체('정신' '영혼')가 따로 있을 수 없다. 니체가 볼 때 사람은 곧 신체이다. '힘에의 의지'의 관점에서 볼 때 신체가 곧 진정한 자신이고 주체이다. 몸은 세포와 유기적 기능의 집합체이고 힘의 소재지이기도 하다. 그러므로 몸으로 존재하는 자아는 힘에의 의지에 따라 움직일 뿐, 그외 다른 존재 원리가 있을 수 없다.

    니체는 어떤 철학자보다 서양 근대 철학의 실체화된 '자아'를 비판한다. 사유하는 행위가 있다는 전제로부터 그러한 행위를 수행하는 주체(실체)가 있다는 결론을 추론해내는 것을 거부할 뿐만 아니라(이 점에서 니체는 칸트와 쇼펜하우어와 맥을 같이한다) 전제 자체, 곧 사유하는 행위 자체란 사유 주체와 마찬가지로 하나의 허구에 지나지 않는다고 비판한다. 사유는 서로간의 충동의 관계에 지나지 않고 삶의 전체 과정 가운데서 한 요소를 선별하고 다른 것은 모두 배제한 결과 도달한 인위적인 허구에 불과하다. 의식 활동은 끊임없이 변화하는 힘들의 상호 연속 작용에 불과한 것으로 본다. 그러므로 하나의 개체를 형성하는 몸을 떠나 주체가 따로 있을 수 없다. 그런데 몸의 주체는 결국 사멸하고 또다시 다른 생명이 출현한다. 이와 같이 우주는 같은 것이 영원히 또다시 되돌아오는 과정의 연속이다.

이렇게 볼 때 주체와 개인으로서의 인간은 우주 안에서 어떤 특별한 위치를 가지고 있지 않다. 신체적 주체는 결국 동물과 무생물과 마찬가지로 존재하는 세계의 영원한 원 운동 속에 귀속된다. 존재하는 것은 자신의 에너지를 영원토록 보존하는 자연뿐이고 사람은 자연 속에 태어났다가 사라지는 일시적 생명체에 지나지 않는다. 그러므로 존재 밖으로의 초월적인 세계로의 초월이 있을 수 없다. 니체의 주체와 개인은 초월적 주체, 또는 자신을 초월하여 자기에게로 복귀하는 주체가 아니다. 그것은 모든 초월의 거부이며 오히려 사람으로서는 완전히 파악할 수도 이해할 수도 없는 자연으로의 복귀가 있을 뿐이다. 그러므로 니체는 운명을 사랑할 것을 권한다. 아무런 의미 없이 돌고 도는 이 세계를 긍정하고 이 세계 안에서 주어진 삶을 즐기라는 충고이다. '놀이하는 어린이'로 표상되기도 하는 니체의 운명 사랑은 허무주의이면서도 현실을 긍정하는 낙관주의를 동시에 포함하고 있다. 여기서 독일 관념론의 주체 개념은 완전히 해체되고 만다. 19세기 말 서양 근대 철학의 주체 개념은 이제 하나의 잔해로 남아 있을 뿐 어떤 내용도 없다. 존재를 근거짓는 절대 주체(신 또는 절대 자아)의 몰락과 함께 빚어진 현상이다. 포이어바흐의 감성적·신체적 주체, 마르크스의 생산 계급, 키에르케고어의 단독자, 그리고 마침내 니체의 '넘어가는 인간'에 이르면서 더 이상 존재를 떠받치는 주체가 있을 수 없고 사람 자신도 그와 같은 의미의 주체일 수 없게 되었다.

현대 철학에서 '주체의 죽음'을 유행시킨 장본인인 푸코의 경우를 보자. 그가 말년에 자신의 문제는 결국 '주체'의 문제였음을 토로하면서 그리스적 '자기의 돌봄 souci de soi'이 주체의 삶에 대안적 사유를 터줄 수 있다는 믿음을 표현한 것도 그의 사유가 끝내 니체적 사유의 틀 안에서 반복된 움직임을 하고 있었음을 보여준다. 니체와 마찬가지로 하나의 덩어리로 실체화된 주체가 문제일 뿐, 주체 자체를 배격하는 것이 그의 의도가 아니었음은 말년의 인터뷰에서도 분명히 나타난다. "주체 일반에 대한 질문을 당시은 늘 '거부'하지 않았습니까?"라는 질문자의 물음에 대해 푸코는 주체 자체를 거부한 것이 아니라 현상학이나 실존주의처럼 주체에 대한 선험적인 이론을 가지고 주체의 형식에 관해 물음을 던지는 것을 거부했다고 답한다. 그의 관심은 '진리의 게임' '권력 적용' 등 실천과 관련해서 특정 형식의 주체가, 예컨대 정신 이상적 주체로 또는 정상적 주체로, 주체가 각각 자신을 구성하는 방식에 관한 것이었다. 주체는 푸코에 따르면 어떤 불변하는 '실체'가 아니라 자신과의 관계에서 완전히 자신과 일치할 수 없는 여러 가지 형식으로 나타날 뿐이다. 투표장에 가서 투표하고 자신의 정치적 의견을 표현할 때 자신과 관계하는 방식은 성적 욕망을 충족할 때 자신과 관계하는 방식과는 다른 형식을 가진다는 것이다. 푸코는 주체를 거부하는 것이 아니라 이러한 각각 다른 형식의 주체가 어떻게 역사적으로 구성되는가 하는 것을 알고자 하였다고 토로한다.[62] 한 개인에게조차도 다수의 주체를 말할 수 있다고 생각한 것이나 이러한 각각의 주체는 힘(권력)과의 관계에서 구성된다고 본 것은 완벽하게 니체적 착상이다. 푸코의 '계보학'이 니체에게서 유래한 것도 우연이 아니다.[63]

 푸코가 주체의 존재를 역사적으로 구성해보고자 했다면 라캉은 정신분석학적 통찰을 통해 주체의 존재를 그려보고자 한 사람이다. 라캉의 주체는 시니피앙(記表)의 결과로서 구성된 주체라는 점에서 푸코의 비실체적 주체와 동일한 모습을 띤다. 상상적 질서와 상징적 질서의 구별은 여기서 주체 구성 과정을 이해하는 데 중요한 역할을 한다. 라캉이 보여준 것은 주체는 자기 자신과의 소외 과정을 통해 구성된다는 점이다. 상상적 질서에서는 타자와의 동일시를 통해 자신이 구성된다면 이러한 상상적 자아는 상징적 질서에 진입함으로써 사회적 자아를 획득하게 된다. 일상적 주체는 상상적 질서에서 상징적 질서로 진입할 때 비로소 주체로서 구성된다. 상징적 단계로의 진입에는 자신과 다른, 자신보다도 큰, 초월적 질서, 즉 언어를 통해서 형성된 명령과 금지의 체계의 수용이 필연적으로 수반된다. 만일 이 과정에서 실패하면 건강한 주체 구성이 불가능하다.[64]

라캉이 보는 주체 구성의 계기를 우리는 세 가지로 세분해서 볼 수 있다. 첫째, 나는 즉각적 욕망 충족을 연기할 때 주체가 될 수 있다. 필요한 것이 모두 있을 때(이것은 현실적으로 불가능하다), 그때는 욕망이 없다. 욕망은 모자람이 있을 때 발생할 수 있고, 문화의 규칙은 즉각적 욕망 충족을 제약한다. 그러므로 주체는 문화적 규칙의 산물로 해석될 수 있다. 둘째, 나는 타자와 구별할 수 있을 때 그때 주체로 설 수 있다. 상징적 질서는 언어를 통해 짜여진 질서이고 언어는 나와 타자를 서로 분리시킨다. 언어는 동시에 나와 너를 서로 연결시킨다. 언어를 통한 분리와 연결은 욕망이 욕망으로 자리 잡도록 해준다. 셋째, 허용과 금지를 명시하는 법이 있는 곳에 그때 비로소 주체가 있을 수 있다. 허용과 금지를 통해 타자를 의식하고 타자를 통해 나는 나의 존재와 나의 욕망을 의식한다. 허용과 금지의 법이 있기 때문에 나는 타자와 타자의 인정을 욕망할 수 있고, 이러한 욕망 가운데 나는 나로서의 존재를 유지한다.

라캉의 주체는 타자의 욕망과 관련해서 욕망의 주체로서 존재한다. 주체는 타자를 통해서, 타자의 담론에 관여함으로써 주체가 된다. 타자는 나와 맞서 있는 타자뿐만 아니라, 그와의 상호주관성, 즉 상호 인정, 그리고 금지와 허용을 담고 있는 문화의 규칙, 때로는 무의식과 상징적 질서일 수 있다. 마치 주체의 존재가 라캉에게서 고정된 실체가 아니듯이 타자도 고정된 어떤 실체적 존재가 아니다. 타자는 언제나 다른 얼굴로, 다른 목소리로 주체의 욕망을 야기시킬 수 있다. 그러나 그러한 타자는 결코 나의 결핍을 채울 수 없다. 그러므로 나의 욕망은 끊임없이 욕망으로 존속할 수 있다. 나의 존재는 타자에 의해 존재하지만 그렇다고 해서 나의 존재가 타자에 의해 완전히 충족되거나 소진되지 않는다.[65]

6. 윤리적 주체: 근대성과 탈근대성을 넘어서

레비나스는 라캉과 더불어 타자를 주체 구성에서 중요한 계기로 생각한 철학자였다. 레비나스는 '타자의 사유'만이 진정한 주체를 회복할 수 있는 길이라고 생각한다. 1장에서 개괄적으로 본 것처럼 레비나스에 따르면 서양 전통 철학은 대부분 전체성의 철학 또는 전쟁의 철학이었다. 모든 것을 '자기' 또는 '자아'의 영역으로 환원하는 철학이었다는 것이다. 여기서 타자, 즉 나와 다른 것과 나와 다른 사람은 배제되거나 나의 틀 속에 한 부분으로 포섭된다. 타자는 기껏해야 나에게 필요한 사람이거나 아니면 나와 함께 사는 사람에 지나지 않는다. 타자로서 타자의 타자성은 서양 철학 전통에서는 인정받지 못했다는 것이 레비나스의 생각이다. 이러한 전통에 대해 레비나스는 하나의 대안으로 타자의 사유를 자신의 철학으로 제안한다.

레비나스는 '다른 이,' 즉 타인은 결코 '나'로 환원될 수 없는 사람임을 강조한다. 다른 이의 존재를 그토록 강조한 까닭은 주체의 주체성을 올바르게 드러내기 위한 것이었다. 그는 주체의 존재를 절대화한 근대 관념론 전통에 대해 매우 비판적이었지만 '주체의 죽음' 또는 '인간의 죽음'을 운위한 구조주의 전통의 프랑스 철학자들에 대해서도 비판적이었다. 주체를 절대화하고, 그런 의미에서 존재 전체를 주체의 권력에 귀속시키는 철학은 물론, 주체를 해체하고 파괴하는 철학도 앞의 것과 마찬가지로 개인의 인격성과 타자성, 인간 존재의 윤리적 의미를 제대로 알아주지 않는다. 그러므로 레비나스는 전체 속에 귀속될 수 없는, 이른바 '무한자'의 이념을 바탕으로 '주체성의 변호'를 시도하였다.

주체의 주체성, 즉 주체가 주체로서 자신의 모습을 갖출 수 있는 조건을 이론적 활동이나 기술적, 실천적 활동에서 찾기보다는 오히려 타인과의 윤리적 관계를 통해서 찾고자 한다. 그는 주체가 주체로서 의미를 갖는 것은 지식 획득이나 기술적 역량에 달린 것이 아니라 타인을 수용하고 손님으로 환대하는 데 있다고 본다. 헐벗은 모습으로, 고통받는 모습으로, 정치적·경제적·사회적 불의에 의해 짓밟힌 자의 모습으로 타인이 호소할 때 그를 수용하고 받아들이고, 책임지고, 그를 대신해서 짐을 지고, 사랑하고 섬기는 가운데 주체의 주체됨의 의미가 있다는 것이다. 그런데 타인과의 윤리적 관계를 통해 주체성을 규정한다면 그것은 나의 나됨을 타인의 존재로 환원하는 것이 아닌가? 나의 존재를 '타인을 위한 존재' '타인에 대해 책임지는 존재'로 규정한다면 '나'라는 것은 완전히 포기되는가? 만일 '나'라는 것이 완전히 포기된다면 윤리적 관계가 어떻게 가능한가? 사실 레비나스는 나의 나됨, 즉 나의 '자기성'의 성립 없이 윤리적 관계는 가능하지 않다고 본다. '관계'란 개념 자체가 벌써 어느 하나로 환원될 수 없는 두 항의 '분리la séparation'를 전제한다. 그러면 이러한 분리가 어디서 발생하는가? 이런 물음을 우리는 레비나스에게 던질 수 있다(이 물음에 대해서는 4장에서 다시 자세하게 다룰 것이다).

레비나스의 타자의 사유는 서양 철학 전통에 대한 비판을 담고 있다. 우선 무엇보다도 서양 철학은 '존재론'이었다는 것이 그의 생각이다. 존재론은 존재하는 것의 존재에 관한 논의로 '존재'란 개념은 사물들이 사물로서 나타나고 의미를 얻을 수 있는 가장 보편적인 지평이다. 이 존재 지평을 어떤 사람은 물질로, 다른 사람은 역사로, 국가로, 민족으로, 또 다른 사람은 익명적 사건으로 이해한다. 존재 지평을 어떤 무엇으로 확인하는 데는 철학자의 의견이 서로 다르지만 이러한 존재론적 사유에 공통된 것은 사물의 의미를 그것이 들어 있는 전체 속에서 파악, 이해하려고 하는 점이다. 이러한 뜻에서 존재론은 언제나 전체성을 지향한다. 그런데 존재론은 단지 철학 과목 또는 철학자의 책이름을 지칭하는 것에 그치지 않고 "인간 자체가 존재론"이라고 레비나스는 말한다.[66] 인간 자체가 곧 존재하는 것을 전체 틀 속에 집어넣고 이용하는 경향을 가지고 있다는 것이다. 타자는 여기에 동일자 또는 타자에 의해 언제나 지배된다.

서양 철학은 인간의 인격성을 상대화하는 경향이 있다는 것이 서양 철학에 대한 레비나스의 비판이다. 개개인은 역사의 계기(헤겔, 마르크스)로, '신 또는 자연'의 양태(스피노자)로, 운동의 한 부분(홉스)으로, 구조나 체계의 부분(구조주의자)으로 종종 환원된다. 서양 근대 철학자 가운데는 칸트를 위시한 몇몇 철학자를 제외하고는 대체로 인간의 인격성을 부정하는 방향으로 나아갔다. 20세기 초반의 논리실증주의자들이나 구조주의의 영향을 받은 이른바 '인간과학자'도 같은 노선을 걸었다. 가능하면 인간의 얼굴을 배제하고 그 자리에 객관적 계기, 예컨대 자연, 구조, 언어 등을 자리 잡게 하려는 경향이 결국에는 '인간의 죽음' '주체의 죽음'에 대한 논의를 가져오게 되었다고 레비나스는 생각한다. 레비나스는 마이클 폴라니Michael Polanyi와 더불어 서구 문

화와 철학에 깊이 깔려 있는 탈인격화의 경향, 즉 '얼굴 없는 사유'의 정체를 폭로한 철학자다.⁶⁷

얼굴 없는 사유의 대표적 경우를 레비나스는 하이데거에서 찾고 있다. 하이데거 철학은 하나의 대안적 사유 실천이었음은 틀림없다. 계산하고, 표상하고, 지배하는 과학적·형이상학적 사유에 대한 대안으로 하이데거는 한 걸음 물러나 존재를 마음속에 간직하고 자각하는 사유를 제안한다. 기술과 형이상학을 떠나, 그것과 상관없이, 저 건너편에서 또 다른 사유를 펼치는 것이 아니라 한 걸음 물러서서, 기술과 형이상학의 본질 자체를 물음에 회부하는 사유이다. 이러한 변화를 하이데거는 '전향'이라고 부른다. 하이데거는 철학의 종말, 그리고 이것과 연관된 '인간의 죽음,' 또는 '주체의 죽음'을 부정적으로 보지 않는다. 1960년대부터 유행한 이러한 논의는 거의 하이데거를 반복한 것에 지나지 않는다. 존재 자체를 사유하는 것, 존재의 감춤과 드러냄을 생각하는 것, 이것은 철학의 종말에 직면해서 비로소 가능하게 되었다고 하이데거는 생각한다. 이러한 의미에서 하이데거 철학은 서양 전통 철학과 문화에 대한 근본적 반성을 담고 있다. 서양 문화란 과학과 기술 문화였고 과학과 기술은 우리가 무엇을 해낼 수 있다는 생각, 즉 우리가 현실을 관리하고 만들 수 있다는 생각에 기초하고 있음을 하이데거는 누구보다도 분명하게 보여주었다. 우리가 무엇을 해낼 수 있다는 생각, 현실을 우리 스스로 만들 수 있다는 생각은 사실 서양 기술 사상의 핵심이고 동시에 '주체' 사상의 근간이다. 플라톤과 토마스 아퀴나스, 데카르트와 라이프니츠, 칸트와 헤겔, 그리고 니체에 대한 그의 관심은 어떤 의미에서 이러한 기술적 사유와 주체의 본질을 캐내는 작업이었다고 할 수 있다. 하이데거의 대안은 이러한 사유 태도와는 다른, 우리가 스스로 은인자중하고, 침잠하고, 그냥 내버려두는 사유 태도라고 할 수 있다. 이것은 그의 말을 빌리자면 존재에 대한 열림, 존재에 대한 개방성을 뜻한다. 하이데거는 『존재와 시간』에서부터 이미 인간을 내면성으로 규정하는 것에 반대한다. 인간은 내면적, 영적 존재가 아니라 이미 세계 안에 던져진 존재요, 세계 안에 있는 존재임을 역설하였다. "세계 안에 있다"는 것은 인간이 이미 자기 바깥에, 자기를 떠나 세계와의 연관성 속에 있다는 뜻이다. 이것을 하이데거는 '열림' 또는 '개방성'으로 표현한다.

레비나스가 후기 하이데거를 문제삼는 것은 이 대목이다. 하이데거는 누구보다 기술적 사유, 지배적 사유의 본질을 꿰뚫은 사람이지만 그의 사유는 탈윤리적이며, 탈인격적이었기 때문이었다. 물론 하이데거의 사유는 오히려 그러한 방식으로 진정한 윤리와 인격을 가능케 하는 것이라고 변호할 수 있지만 그의 사유가 초개인성이나 익명성을 지향하고 있다는 것은 부인할 수 없다. '바깥에 섬'으로서의 인간, 존재에 대해 열려 있는 존재(개방성)로서의 인간은 존재의 진리로 이르는 하나의 우회로에 불과하다. 그러므로 인간에게는 '순전히 수단적이고 임시적인 역할'만이 있을 뿐이다.[68] 진리를 발견하고 소유해야 할 과제가 인간에게 있는 것이 아니라 오히려 진리가 인간을 키우고 지탱한다. 여기서 주체성은, 설사 그것이 의미가 있다 하더라도 존재의 구조를 드러낸 뒤, 스스로 물러가기 위해 등장할 뿐이다. 그래서 그 결과, 인간의 신화가 깨어진 자리에, 이제 인간적인 것도, 비인간적인 것도 아닌, 익명적 존재 질서가 자리 잡는다고 레비나스는 본다. "만일 인간이 한 번이라도 존재의 가까움에 있으려면 익명적인 것 안에 머무는 것을 먼저 배워야 한다"는 하이데거의 권고처럼 우리는 익명적인 것에 기대를 걸어야 할 것인가?[69] 주체가 '바깥에 서 있음'으로써, 그의 주체성이 과연 사물들의 세계에 완전히 흡수되어버리는가? 주체성이란 진정한 의미에서 '안으로부터 자기를 닫을 능력이 없음'을 뜻하지 않는가? 하고 묻는다. 레비나스는 이와 같은 물음과 함께 '밖으로 열려 있음' 또는 '개방성'의 의미를 다시 생각해봄으로써 주체성의 의미를 새겨보고자 한다.

   레비나스는 그의 후기 철학에서 발전시킨 주체성의 의미, 즉 '수동성보다 더 수동적인' 주체, 타인의 짐을 대신 질 수 있는 책임적 주체를 하이데거의 '개방성'에 대한 하나의 대안으로 제안한다. 레비나스는 '개방성'이 전혀 다른 것일 수 있음을 보여준다. 개방성이란 상처(傷處)나 상해(傷害)에 대해서 아무런 방비 없이 노출된 살갗의 상태를 가리킬 수 있다. 개방성은 노출된 살갗이 상처받을 수 있음la vulnérabilité d'une peau을 말한다. 상처받을 수 있다는 것은 마치 아무런 방비 없이 적의 침입에 노출된 도시처럼 감성이 열려 있음을 뜻한다. 상처받을 수 있다는 것은 하지만 단지 외적 자극을 받을 수 있다는 뜻이 아니다. 상처받을 수 있다는 것은 충격을 수용할 수 있는 수동성과 구별된다. 오히려 이것은 '매맞을 수 있는 능력'을 뜻한다. 이런 의미에서 레비나스는 「예레미아 애가」 3장 30절을 인용한다. "때리려는 사람에게 뺨을 대주고, 욕을 하거든 기꺼이 들어라." 이것은, 그렇다고 해서 일부러 고난을 받거나 낮아지라는 것이 아니라 긍정도 부정도 하지 않았음에도 불구하고 동의할 수밖에 없을 경우 그와 같은 자리에 처할 수 있으리라는 뜻이라고 레비나스는 해석한다.[70] 상처받을 수 있다는 것은 한마디로 타인에 의해 사로잡히고, 타인을 위해 고통받고, 타인을 위해 대신 설 수 있다는 뜻이다. 타인을 위해 고통받는다는 것은 타인의 짐을 짊어지고, 그를 관용하고, 그의 자리에 선다는 것을 뜻한다. 이러한 의미에서 상처받을 수 있다는 것, 타인을 위해 책임질 수 있다는 것, 타인을 대신해서 고통받을 수 있다는 것, 이것이 주체성의 '의미'라고 레비나스는 강조한다.[71]

레비나스 철학은 '타자의 사유' '타자의 철학' 또는 '타자의 형이상학'임이 틀림없다. 하지만 다른 한편으로는 자아 또는 주체를 또 다른 계기를 통해 해소하거나 소멸시키는 것에 대해 그는 강력하게 반대한다. 하이데거를 비판할 때, 주체가 밖에 설 수 있으려면, 먼저 안으로의 복귀, 내면성의 구성이 선제되어야 함을 강조한 데서도 그와 같은 모습을 찾아볼 수 있다. 내면성을 지닌 주체의 성립 없이 안과 밖, 내재성과 외재성의 구별이 무의미하며, 초월에 대한 논의도 가능하지 않다는 것이 그의 생각이다. 성적(性的) 관계를 타자와의 관계의 전형으로 든 것도, 주체는 그 속에서 유아론의 망령으로부터 벗어나 자신의 자유를 희생하지 않으면서 타자와의 관계가 가능하다고 보았기 때문이다. 진정한 휴머니즘이야말로 타인을 위해 책임질 수 있는 주체가 성립될 때 그때 비로소 가능하다고 생각한다. 그러므로 그는 자유를 근거로 도덕적 책임을 근거지은 칸트와 정반대로 '자유에 앞선,' 다시 말해 나의 자율과 능동적 행위에 앞서 나에게 부과된 책임의 의미를 드러내고자 한다. 이러한 책임을 그는 '볼모' '대리'라는 말로 표현한다. 대리는 타인을 대신해서 자율적으로 짐을 짊어지는 능동성을 가리키기보다 '타인의 자리에 놓이는' 수동성을 가리킨다. 타인을 위해, 타인 아래서, 타인의 짊을 짊어지는 수동적, 윤리적 주체는 타인 아래 종속되어 타인을 아래에서 떠받쳐줌sub-jectum으로써 주체가 된다. 이제 레비나스의 주체철학의 발전을 먼저 그의 초기 사상부터 차근히 살펴보자.

2장 주

1 H. Nagl-Docekal & H. Vetter(eds.), *Tod des Subjekts?* (Wien/ München: Oldenburg, 1987); M. Frank(ed.,) *Die Frage nach dem Subjekt* (Frankfurt a.M.: Suhrkamp, 1988); W. Schulz, *Subjektivität im nachmetaphysischen Zeitalter* (Pfullingen: Günther Neske, 1992); J. Habermas, *Der philosophische Diskurs der Moderne* (Frankfurt a.M.: Suhrkamp, 1985).
2 F. W. Nietzsche, *Der Wille zur Macht. Versuch einer Umwertung aller Werte*, Ausgewählt und geordnet von Peter Gast unter Mitwerkung von Elisabeth Förster-Nietzsche, Mit einem Nachwort von Alfred Bäumler(Stuttgart: Alfred Kröner Verlag, 1964), § 481.
3 같은 책, § 485.
4 F. W. Nietzsche, *Jenseits von Gut und Böse*, § 17.
5 F. W. Nietzsche, *Zur Genealogie der Moral*, I, 13.
6 F. W. Nietzsche, *Wille zur Macht*, § 480.
7 F. W. Nietzsche, *Jenseits von Gut und Böse*, § 16.
8 하이데거도 '생각하는 나ego cogitans의 존재 방식,' 좀더 정확하게는 '나는 존재한 다sum는 것의 존재 의미'가 의미가 규정되어 있지 않기 때문에 데카르트의 제1원 리는 철학의 철저한 시작으로 보기에 부족하다는 비판을 하고 있다. Martin Heidegger, *Sein und Zeit*, § 6. 이 부분에 대한 좀더 자세한 논의는 Guy Planty-Bonjour, "Nietzsche und das 'Cogito' des Descartes," in *Bewusstsein und Zeitlichkeit*. H. Busche, G. Hefferman, D. Lohmar(ed.)(Würzburg:Königshausen und Neumann, 1990), pp. 160~72 참조.
9 F. W. Nietzsche, "Der Vernunft in der Philosophie" § 5, in *Götzen-Dämmerung*, Schlechta II, pp. 959~60 참조. 여기서 니체는 언어를 통한 잘못된 실체화의 경향 을 '언어 형이상학'이란 이름으로 매도한다.
10 F. W. Nietzsche, *Wille zur Macht*, § 550, § 551 참조.
11 같은 책, § 484 참조.
12 같은 책, § 485.
13 F. W. Nietzsche, *Götzen-Dämmerung*, II, p. 957 이하 참조.
14 F. W. Nietzsche, *Zur Genealogie der Moral*, I, § 13.
15 자연의 의인화에 대한 자세한 논의는 Jin-Woo Lee, *Politische Philosophie des Nihilismus. Nieztsches Neubestimmung des Verhältnisses von Politik und Metaphysik* (Augsburg-Dissertation, 1988), p. 145 이하.

16 M. Heidegger, "Die Zeit des Weltbildes," in *Holzwege* (Frankfurt a.M.: Klostermann, 1972⁵), pp. 81~83.
17 M. Heidegger, 같은 글, pp. 69~80 참조.
18 M. Heidegger, 같은 글, p. 81.
19 M. Heidegger, 같은 글, pp. 81, 98; M. Heidegger, *Nietzsche: Der europäische Nihilismus*, Gesamtausgabe Bd. 48(Frankfurt a.M.: Klostermann, 1986), p. 211.
20 M. Heidegger, "Wissenschaft und Besinnung," in *Vorträge und Aufsätze* (Neske, 1978⁴), pp. 41~66 참조.
21 M. Heidegger, *Nietzsche: Der europäische Nihilismus*, p. 186.
22 M. Heidegger, 같은 책, p. 188.
23 M. Heidegger, 같은 책, pp. 190~91.
24 M. Heidegger, 같은 책, p. 217. 하이데거의 Vor-stellen이란 용어는 라틴어의 re-praesentare, 즉 사물을 하나의 상으로 자신 앞에 재현하는 것을 뜻한다. Vor-stellen은 이미 존재하는 사물을 의식의 대상으로 표상한다는 것보다 더 강한 의미를 가지고 있다. 그것은 마치 피고에게 질문을 던지고 질문에 답하도록 요구하고 문초하듯이 사물을 앞에 세우고 문초한다는 의미가 들어 있다. H. Vetter, "Welches Subjekt stirbt?," in *Tode des Subjekt?* (앞의 책 참조), p. 27 참조.
25 M. Heidegger, 같은 책, pp. 191~92, 217~18.
26 M. Heidegger, 같은 책, pp. 193~94, 218.
27 여기서 '자기das Selbst'는 하이데거의 해석에 따르면 앞세워지는 대상 앞에, 그 아래 근거로서 놓여 있는 것das zum Grunde Liegende, 대상에 대해 항상 현전하는 '주체sub-jectum'이다. M. Heidegger, 같은 책, pp. 194~95 참조.
28 M. Heidegger, 같은 책, pp. 200~02.
29 M. Heidegger, 같은 책, p. 206.
30 M. Heidegger, 같은 책, pp. 204~05.
31 J. Rogozinski, "Wer bin ich, der ich gewiss bin, daß ich bin?," in *Tod des Subjekt?*, p. 90 참조.
32 R. Descartes, "Lettre de l'auteur à celui qui a traduit le livre," *Principia Philosophiae*, A.T., IXB, pp. 2~4 참조.
33 R. Descartes, *Discours de la Méthode*.VI, A.T.,VI, pp. 61~62.
34 R. Descartes, 같은 책, p. 62.
35 하이데거가 '수학적인 것das Mathematische'을 어떻게 이해하는가는 여기서 논외로 한다. 자세한 것은 M. Heidegger, *Die Frage nach dem Ding. Zu Kants Lehre von den transzendentalen Grundsätzen*, Zweite unveänderte Auflage(Tübingen: Max Niemeyer, 1975), pp. 50~73. 특히 데카르트의 '주체' 개념과 관련해서는 pp. 79~82 참조.
36 M. Heidegger, *Nietzsche: Der europäischen Nihilismus*, pp. 194~95.
37 데카르트의 코기토의 다른 면에 관해서는 강영안, 『주체는 죽었는가—현대철학의 포스트모던 경향』(문예출판사, 1996), pp. 85~97 참조.
38 R. Boehm, "Spinoza und die Metaphysik der Subjektivität," in: *Zeitschrift für philosophische Forschung* 22(1968), pp. 173~76 참조.

39 칸트의 '사고방식의 혁명'에 관해서는 강영안, 「칸트의 초월철학과 형이상학」, 『칸트와 형이상학』(한국칸트학회 편, 민음사, 1995), pp. 35~61 참조.
40 셸링의 절대 자아 개념에 대해서는 강영안, 『주체는 죽었는가』, 3장 참조.
41 B. Spinoza, *Ethica*, I, 정의 1, 정의 3 참조. 스피노자의 실체 개념에 대해 좀더 자세한 논의는 강영안, 『자연과 자유 사이』(문예출판사, 1998), 2장 참조.
42 F. W. J. v. Schelling, *Vom Ich als Princip der Philosophie oder über das Unbedingte im menschlichen Wissen*(1795), in: Sämtliche Werke, I/1, pp. 164, 166 참조. 그러나 자연철학의 생성과 함께 셸링은 주체성의 원리를 자아 속에서만 찾지 않고 자연에서도 찾는다. 자연은 단순한 대상이 아니라 그 자체 모순에 의해 역동적으로 발전하는 주체라는 것이다. 강영안, 『자연과 자유 사이』, 8장 참조.
43 S. Rosen, *The Ancients and the Moderns. Rethinking Modernity*(New Haven/London: Yale University Press, 1989), pp. 32~33, 135~38 참조.
44 J. Rogozinski, "Der Aufruf des Fremden. Kant und die Frage nach dem Subjekt," in: *Die Frage nach dem Subjekt*, Hrsg. von M. Frank(Frankfurt a. M.: Suhrkamp, 1988), pp. 192~95. 로고진스키는 데카르트가 자아를 중앙에 세운 것은 곧 그것을 중앙에서 벗어나게 하기 위함 um das Ego zentriert, um es zu dezentrieren이라고까지 주장하고 있다.
45 '근대성'이란 개념은 이와 같은 의미에서 이해할 때 시대 구분의 개념(고대-중세-근대)인 근대와 분명히 구별된다. 그것은 계몽주의와 '헤겔주의'를 통해 생산된 하나의 이데올로기로 이해되고 있다. 자세한 논의는 P. Koslowski, *Die Prüfungen der Neuzeit*, Hrgb. von P. Engelmann(Wien: Edition Passagen, 1989), pp. 64~70 참조.
46 같은 책, § 552.
47 같은 책, § 603.
48 F. W. Nietzsche, *Die Fröhliche Wissenschaft*, § 269.
49 "Wir aber *wollen die werden, die wir sind—die* Neuen, die Einmaligen, die Unvergleichbaren, die Sich-selber-Gesetzgebenden, die Sich-Selber-Schaffenden!"(같은 책, § 335).
50 A. Nehamas, *Nietzsche: Life as Literature*(Cambridge, Massachusetts, 1985), p. 177.
51 F. W. Nietzsche, *Jeseits von Gut und Böse*, § 13.
52 니체의 다음 표현에 유념해보라. "'영혼' 마침내 '주체 개념'"("Seele" zuletzt als "Subjektsbegriff") in F. W. Nietzsche, *Nietzsche Werke*(Kritische Gesamtausgabe) (Berlin/New York: Walter de Gruyter, 1974), VIII-1, I(12); *Wille zur Macht*, § 485 참조.
53 같은 책, § 659.
54 자세한 논의는 G. Deleuze, *Nietzsche et la philosophie*(Paris: Presse Universitaire de France, 1962, 1970³), p. 45 이하 참조.
55 A. Nehamas, 앞의 책, p. 180.
56 F. W. Nietzsche, *Jenseits von Gut und Böse*, § 19.
57 F. W. Nietzsche, *Götzen-Dämmerung*, IX, § 49(Schlechta II, p. 1024).

58 F. W. Nietzsche, *Götzen-Dämmerung*, IX, 38; *Wille zur Macht*, § 617.
59 F. W. Nietzsche, *Wille zur Macht*, § 1041.
60 F. W. Nietzsche, *Ecce Homo*, II, § 10.
61 '위버멘쉬(또는 넘어가는 인간)'에 대한 해석은 정동호, 『니이체 연구』(서울: 탐구당, 1983), pp. 110~89; 김진석, 『니체에서 세르까지—초월에서 포월로. 둘째권』(서울: 솔, 1994) pp. 13~88; 백승영, 『니체, 디오니소스적 긍정의 철학』(책세상, 2005) 참조.
62 "The Ethic of care for the self as a practice of freedom—An interview with Michel Foucault on January 20, 1984. Conducted by Raul Fornet-Betancourt, Helmut Becker, A. Gomez-Mueller," in *The Final Foucault*, J. Bernauer & D. Rasmussen(eds.)(Cambridge, Massachusetts/London: The MIT Press, 1988), p. 10.
63 L. Ferry & Alain Renaut, *La pensée 68. Essai sur l'anti-humanisme contemporain* (Paris: Gallimard, 1985) 참조.
64 라캉에 관한 자세한 논의는 강영안, 『주체는 죽었는가』 제5장 '라캉의 주체와 욕망' 참조.
65 마르크스, 니체, 프로이트 이후의 주체 개념을 좀더 심도 있게 논의한 연구서로는 김상환, 『니체, 프로이트, 맑스 이후』(서울: 창작과비평사, 2002)를 보라.
66 『전체성과 무한』, p. 132.
67 폴라니의 인격주의적 사유에 대해서는 강영안, 『인간의 얼굴을 가진 지식』(소나무, 2002), 3장을 참조하기 바란다.
68 E. Levinas, *Humanisme de l'autre homme*(Montpellier: Fata Morgana, 1972), p. 70. 앞으로 이 책은 『타인의 인간주의』로 인용한다.
69 M. Heidegger, "Brief über den Humanismus," in *Wegmarken*(Frankfurt a. M.: Vittorio Klostermann, 1967), p. 150.
70 같은 책, p. 93.
71 같은 책, p. 94 각주 8번.

3장 존재, 주체, 타자
──『존재에서 존재자로』『시간과 타자』를 통해 본 레비나스의 초기 철학

앞에서 우리는 레비나스 철학에 이르는 길로 서양 근대 철학의 주체 개념의 흐름을 살펴보았다. 이제 레비나스의 현상학적 서술에서 주체 출현을 드러내는 과정을 초기 철학을 중심으로 살펴볼 것이다. 여기서 중요한 것은 어떻게 익명적 존재에서 주체로, 다시 주체에서 타자로의 이행이 발생하는가를 밝히는 것이다. 이 이행을 일컬어 레비나스는 '존재론적 모험'이라 부른다. 다른 말로 하자면 '초월'이다. 초월은 주어진 삶의 자리에 안주하지 않고 끊임없이 넘어가는 운동이다. "진정한 삶은 부재한다La vraie vie est absente"는 랭보의 시구로 시작하는 『전체성과 무한』 1부 첫머리에서 레비나스는 이렇게 말한다.

> "진정한 삶은 부재한다." 그러나 우리는 세계 안에 존재한다. 형이상학은 이 부재alibi에서 출현하며 이 부재에서 자신을 유지한다. 형이상학은 '다른 곳' '다른 것' '다른 이'로 향한 운동이다.¹

진정한 삶의 부재로부터 '형이상학적 욕망'이 발생하고, 인간의 삶과 철학은 진정한 삶을 향한 부단히 넘어감, 곧 초월임을 레비나스는 지적한다. 레비나스의 두번째 대표작 『존재와 다르게 또는 존재 사건 저편에Autrement qu'être ou au-delà de l'essence』(1974)에서도 존재와 타자 문제를 중심으로 형이상학적 초월의 물음이 이어진다. 이 책의 제목은 초기의 『존재에서 존재

자로』란 책의 근본 이념으로 삼았던, 플라톤의 "존재를 넘어, 존재 저편에epekeina tes ousias"라는 구호를 상기시켜준다. 레비나스는 『존재에서 존재자로』 2판(1978) 서문에서 이 이행, 이 넘어감(초월)의 문제가 그의 철학의 중심 과제임을 다시 한 번 밝히고 있다.

1947년의 서문에서 밝혔듯이 우리의 탐구가 선(善)에 관해서, 시간에 관해서 그리고 '선으로 향한 운동으로서의 타자와의 관계를 지향한다'고 한 것과 '선을 존재 저편에 두는 플라톤의 공식'을 안내자로 삼는다고 했던 것은 비록 용어와 형식, 우리의 작업을 실행하는 근본 개념과 주장에 약간의 변화가 있음에도 불구하고 〔지금도 여전히〕 그 목적을 충실히 반영한다.[2]

초월을 기술하기 위해 레비나스는 '전체성과 무한' '동일자(자기)와 타자' '통일성과 다원성' '내재성과 외재성' '내재와 초월' '존재와 존재와 다른 것' '존재론과 형이상학' 등 일련의 대립된 낱말짝을 사용한다. 레비나스는 양자를 철저히 분리하고 동시에 그것의 상호 연관을 보임으로써 진정한 삶이 부재하는 이때 철저하게 반파르메니데스적인 형이상학을 전개한다. 그래서 레비나스는 "형이상학은 존재론에 선행한다"는 논제를 내세운다.[3] 파르메니데스부터 하이데거에 이르기까지 서양 철학은 '동일자에 의한 타자의 흡수'를 겨냥하는 '존재론'이었다고 보고 이것을 지양할 수 있는 '타자의 형이상학'이 존재론에 대해 우위성을 점해야 한다고 주장한다. 요컨대 레비나스 철학은 초월의 운동을 기술하는 데 관심이 있다. '초월'은 용어 자체가 지시하듯 무엇에서부터 무엇으로의 이행이다. 그것은 존재에서 존재자(주체)로의 이행이고 존재자에서 다시 타자(무한자)로의 이행, 넘어감이다. 이 과정을 앞에서도 언급했듯이 레비나스는 '존재론적 모험'이라 부른다. '존재론적 모험'을 추적해보면 현대 철학에서 거론되는 주체성의 문제, 전체주의적 존재론의 해체, 존재의 다원성, 인식과 권력의 상관 관계, 욕망의 중심성을 곳곳에서 만난다. 익명적 존재로부터 주체의 출현을 묘사하는 부분에서 여실히 나타나 있듯이 레비나스는 전통적인 주체 개념을 철저히 해체한다. 하지만 레비나스는 누구보다 강하게 '주체성'을 변호한다. 이 점에서 포스트모더니스트들과 구별된다.

1. 존재론적 분리와 익명적 존재

레비나스의 존재론은 하이데거의 존재론, 특히 '존재'와 '존재자'의 구별을 뜻하는 '존재론적 차이ontologische Differenz'를 전제한다. 레비나스는 존재와 존재자의 구별은 하이데거 철학의 가장 심오한 요소이며 이 구별이 자신의 철학의 출발점이 되었다고 고백한다.[4]

존재론의 개념과 존재에 대한 인간의 관계에 대해서, 우리의 반성은 처음부터 마르틴 하이데거 철학의 영향을 크게 받고 있다. 그러나 이 연구는 그의 철학의 분위기를 벗어나야 할 근본적인 욕구에서, 그리고 하이데거 이전의 철학으로는 되돌아갈 수 없다는 확신을 통해 제시된 것이다. 인간 존재existence에 관한 하이데거의 해석은 존재를 곧 '밖에 섬extase,' **종말을 향해** '밖에 섬'une extase vers la fin으로써만 가능한 존재로 보는 입장이다.[5] 그러므로 하이데거는 존재의 비극을 유한성과 무(無)에 두고 있다. 인간은 유한성과 무에서 미래를 향해 스스로를 던지며 그 가운데서 존재한다. 불안, 곧 무에 대한 의식은 존재 자체가 무로서 규정되는 한 그 존재에 대해 갖는 의식이다. 불안이 결여된 존재는, 만일 이 개념이 내적인 모순을 담고 있지 않다면, 무한한 존재가 될 것이다. 존재와 비존재의 변증법은 하이데거의 존재론을 줄곧 지배하고 있으며 여기서 악은 항상 결여로서, 존재의 결핍으로, 다시 말해 무로 이해된다. 우리는 악을 결여로 보는 입장을 토론에 붙일 것이다. 존재는 제한성과 무 외에 다른 악을 지니고 있지 않는가? 존재는 그것의 적극적인 모습에서 어떤 근본적인 악을 지니고 있지 않는가?"[6]

레비나스는 하이데거와 마찬가지로 존재자와 존재자의 존재(행위, 사건)를 구별하고 존재는 명사가 아니라 동사임을 분명히 한다. 그러나 그의 존재 개념은 하이데거와 다르다. 레비나스에 따르면 존재는 빛이나 밝음으로보다는 무거움과 어두움으로 체험된다. 인간이 갖는 불안은 '무에 대한 불안'이 아니라 '존재에 대한 불안'이다. 존재가 인간에게 문제인 까닭은 인간의 유한성 때문이 아니다. 설사 인간이 무한한 존재였다고 하더라도 존재문제는 해결되지 않을 것이다. 존재는 그것이 지닌 익명성과 어두움, 인간에게 주는 공포 때문에 문제가 된다. 인간은 존재로부터 도피 또는 탈출하고자 부단히 시도한다. 인간이 '존재로부터 도피(탈출)la sortie de l'être'를 모색하는 이유는 '존재의 악le mal d'être'에 시달리기 때문이다.[7] 존재는 하이데거에서 보듯이 줌Geben 또는 은사나 혜택이 아니라 무거움과 공포를 체험하는 대상이다. 공포의 대상으로서 존재함을 레비나스는 '존재자 없는 존재'란 이름으로 다룬다. 레비나스는 '존재론적 차이'는 하이데거 철학에서 가장 심오한 사상임을 인정하면서도 하이데거의 존재론적 차이는 결국 존재와 존재자의 '구별'일 뿐 '분리'가 아니라고 단언한다.

 나는 하이데거가 존재자 없는 존재를 허용하리라 생각하지 않는다. 하이데거에게는 말이 되지 않을 것이다.[8]

 '존재자 없는 존재'가 하이데거에게 불가능한 까닭은 존재는 오직 존재자(현존재)의 존재 이해를 통하여 접근될 수 있기 때문이다. 하이데거는 "진리가 있는 한, 존재자가 아니라 존재가 '존재한다'"라고 말한다.[9] 그리고 "현존재가 존재하는 한 그리고 그 동안, 진리는 '존재한다'."[10] 그러므로 하이데거는 "현존재가 존재하는 한, 존재는 존재한다"[11]고밖에 말할 수 없다. 존재는 존재 이해의 존재적 가능성에 의존해 있다. 존재는 항상 존재자의 존재이며 존재자는 존재 없이 실존할 수 없다.[12] 존재는 진리와 존재 이해에 의존해 있기 때문에 존재와 존재자 사이에는 일종의 비대칭성이 존재한다.[13] 존재와 존재자는 서로 분리할 수 없고 '존재한다' 또는 '존재하지 않는다'는 술어는 현존재가 실존하지 않는 한 진술될 수 없다. 현존재가 실존하지 않는다면 이와 같은 술어는 이해될 수 없다. 따라서 현존재의 존재 이해는 우리가 존재와 비존재에 관해서 의미 있게 말할 수 있는 틀이다. 그러므로 레비나스는 '존재자 없는 존재'를 하이데거는 생각할 수 없다고 결론 내린다.

 레비나스는 존재의 근원적, 일차적 의미를 '존재자 없는 존재'를 통해 드러내 보인다. 존재와 존재자는 존재론적으로 '구별'될 뿐만 아니라 '분리'된다. 문제는 이것을 어떻게 보여주느냐 하는 것이다. 그래서 레비나스는 후설을 원용하여 일종의 '상상적 환원'을 시도한다.[14] "사물과 사람, 존재하는 모든 것들이 무(無)로 사라진다고 상상해보자"고 레비나스는 제안한다.[15] 나에게 익숙한 사물이 모두 사라지고 사물을 보게 하는 빛조차 사라진다면 어둠 속에 무엇이 존재하는가? 모든 것이 다 없어진 다음에 남는 것은 무엇인가? 모든 것이 없어지면 무만 남는다. 그렇다면 무는 비존재인가? 무는 '없는 것'이 아니다. 무는 레비나스에 따르면 '이것' 또는 '저것'이라고 규정할 수 없는 것일 뿐, '없는 것'이라고 할 수 없다. 어떤 것이 아니면서, 그렇다고 무엇이라 말할 수 없는 '무'를 우리는 어디서 경험할 수 있는가? 레비나스는 밤의 경험을 그 예로 든다.

사물의 모습이 어둠 속에 사라질 때, 대상도 아니며 대상의 성질도 아닌 캄캄한 밤이 현존하는 것으로 찾아든다. 우리가 묶여 있는 밤에, 거기서 우리는 '무(無)'와 관계한다. 이 무는, 그러나 단순한 비존재의 무가 아니다. 여기에는 **이것** 또는 **저것**이 존재하지 않으며 '어떤 것'이라 할 수 있는 것이 없다. 이 보편적 부재성은 우리가 절대로 벗어날 수 없는 하나의 현존이다. 이 현존은 부재의 변증법적 대립항이 아니며 우리는 그것을 사유 속에서 파악하지 못한다. 그것은 직접적으로 그렇게 존재한다…… 마치 비가 내린다il pleut, 날씨가 덥다il fait chaud고 하는 것처럼 비인칭적 모습으로 그것은 **있다**il y a. 본질적 익명성. 정신은 자신이 수용할 수 있는 외적인 것에 마주 서 있지 않다. 외적인 것은 (만일 이 용어가 허용된다면) 내적인 것과 관계없이 존재한다. 주어진 것도 없고, 세계도 없다. 자아라고 부르는 것은 그 자체로 어둠에 뒤덮이고, 사로잡히며, 인격을 빼앗기고, 질식한다. 사물과 자아의 사라짐은 사라질 수 없는 것, 좋든 싫든 어쩔 수 없이, 익명적으로 사람이 참여할 수밖에 없는 존재한다는 사실 자체le fait même de l'être로 귀결된다.[16]

'존재한다는 사실 자체'는 마치 비가 내리고 날씨가 따뜻하듯 중성적이며 익명적인 사건이다. 안과 밖, 내재성과 외재성, 주체와 사물 또는 이것과 저것의 구별이 존재하지 않는다. 밤으로 비유된 이러한 존재 경험은 사물이 사라지기는커녕 계속 남아 있고, 이것과 저것을 분간할 수 없을 정도로 사물의 형태가 어둠 속에 감추어지는 경험으로 표시된다. 밤은 '주체 이전의' 이러한 익명적, 중립적 존재 경험이다. 밤은 하지만 순수 무가 아니라 오히려 부재의 현존이다. '밤의 공간'은 빈 공간이 아니라 어둠이 마치 내용인 것처럼 어둠으로 가득 찬 공간이다. 빈 조개껍질을 귀에 대었을 때 귓전을 울리는 소리와 같다.[17] 세계도, 주체도 여기에 없다. 나는 어둠 속에 사로잡히고 개별성을 상실하며 스스로 자신의 존재를 주장할 힘을 발휘하지 못한다. 여기서 존재는 "하나의 힘의 장(場)으로, 아무도 속하지 않은 에워쌈으로 남아 있다."[18]

'존재'에 이르는 또 다른 통로로 레비나스는 불면의 경험을 든다. "우리를 억압하는, 피할 수 없는, 익명적인 '존재'의 살랑거리는 소리 bruissement를 벗어날 가능성이 없음은 우리의 간청에도 불구하고 잠이 찾아오지 않는 순간, 그 순간에 모습을 드러낸다."[19] 잠들지 못함은 '깨어 있음 vigilance'이 그 특징이다. 잠들지 못하고 깨어 있는 상태는 어떤 무엇을 지키기 위한 것이 아니라 지킬 것이 아무것도 없는 데도 깨어 있는 것이다.[20] 깨어 있음은 의식적인 주시(注視)와 다르다. 주시의 상태는 내적 또는 외적 대상을 갖지만 잠들지 못하고 깨어 있는 상태에는 아무런 대상이 없다. 안과 밖, 이것과 저것의 구별이 없이 텅 빈 허공만 마주할 뿐이다. 깨어 있음에는 주체도 존재하지 않는다.[21] 의식적인 주시는 어떤 대상에 시선을 집중하는 자유로운 주체가 전제되지만 불면 상태의 깨어 있음에는 자기 자신을 내세울 주체가 없다. 주체는 현존 자체, 얼굴도 이름도 없이 그저 그렇게 있는 '존재 자체'에 싸여 있을 따름이다.[22] 불면의 상태에도 의식은 현존하지만 그러나 의식은 존재의 익명성으로부터 탈출할 가능성을 갖지 못한다. 의식 주체는 불면의 상태로부터 도망치지 못하고 잠들지도 못한 채 다만 깨어 있음에 자신을 내어줄 뿐이다. 그러므로 깨어 있음은 엄밀한 의미에서 '나의' 깨어 있음이 아니라 깨어 있음 자체이며 목적도, 내용도, 시작도 끝도 없는 상태이다.[23]

깨어 있음의 경험을 통해 레비나스는 주체를 그 텅 빈 깨어 있음 속에 사로잡고 있는 순수한 현존이 다름아닌 '존재한다'는 사건임을 보여준다. 그것은 시작이나 끝이 없으며, 어떤 누구의 존재도 아니다. '존재'는 그러므로 주체가 없는 존재이며 그 자신으로en-soi 존재하는 인격이 그곳에는 존재하지 않는다. 자신을 향해 '나'라고 부를 수 있는 존재자의 부재sans-moi는 레비나스가 말하는 '존재 사건'의 특징이다.[24] 깨어 있음의 분석을 통해서 주체는 매우 역설적인 상황에 처해 있다는 사실이 드러난다. 주체는 무의미한 깨어 있음 속에서 자신을 상실한다. 그러나 다른 한편으로 주체는 깨어 있음을 몸으로 스스로 체험하는 존재 경험의 '담지자'이다. 다시 말해 주체는 자기 상실(탈인격화, 탈개체화)에 관해 스스로 의식하고 있다. 이것은 모순이 아닌가? 자기 자신에 대해 스스로 의식하면서 어떻게 동시에 자기 자신으로 돌아가지 못하고 깨어 있을 수 있는가? 어떻게 주체는 스스로 자기 상실을 체험하면서 동시에 그 상태를 벗어날 수 없는가?[25]

2. 주체의 출현과 존재 가짐: '여기'와 '지금'

레비나스는 주체의 성립 과정을 익명적 혼돈 상태인 '존재자 없는 존재,' 곧 '존재한다'는 동사로부터 '존재자'라고 일컬을 수 있는 명사의 출현으로 이해한다. 명사적 존재자의 출현, 다시 말해 주체의 출현을 레비나스는 전통 철학에서 '실체'의 뜻을 가진 '이포스타즈hypostase'라 부른다. 나는 이것을 '홀로 서기'라 번역해 쓰고자 한다. 레비나스가 이 단계에서 말하는 주체는 존재의 익명성에서 초월하여 자기 자신의 존재 유지 욕망conatus essendi을 실현하는 주체이다. 레비나스의 말을 들어보자.

이름 없는 **그저 있음**il y a 속에 자리함la position으로써 주체는 자신을 세운다. 세움affirmation은 어원적인 의미에서 견고한 자리 위에, 기초, 조건, 기반 위에 자리 잡는다는 말이다. **그저 있음**의 익명적인 깨어 있음으로부터 스스로 해방된 주체를 우리는 **사유**나 **의식** 또는 정신으로 보지 않는다. 우리의 연구는 자아를 세계와 대립된 것으로 놓는 과거의 도식에서 출발하지 않는다. 오히려 이보다 훨씬 더 일반적인 사실, 곧 '비인격적인' 존재(이 존재는 순수한 동사이기 때문에 엄격한 의미에서는 전혀 이름 부를 수 없다)의 한가운데서 명사적인 것(실체적인 것le substantif), 곧 한 존재자가 스스로 출현한다는 사실의 의미를 우리는 확인하고자 한다.[26]

우리가 찾았던 것은 바로 명사적인 것(실체적인 것)의 출현이다. 이 출현을 지칭하기 위해 우리는 **홀로 서기**hypostase(실체)란 개념을 다시 사용하였다. 이 개념은 철학사에서 동사를 통해 표현된 행위가 명사적인 것—실체적인 것—을 통해 지칭되는 존재자가 되는 사건을 의미하였다. 홀로 서기, 즉 명사적인 것의 출현은 새로운 문법적인 범주의 출현만이 아니다. 그것은 익명적인 **그저 있음**il y a의 중지이며 개인적인 영역의 출현, 즉 이름의 출현이다. '존재'를 바탕으로 존재자가 일어선다. 홀로 서기를 통해 익명적인 존재는 그것의 '그저 있음il y a'의 성격을 상실한다.[27]

레비나스의 홀로 서기로서의 주체는 존재의 익명성에 매몰되지 않고 존재를 자기 것으로 소유한다. 주체는 익명적인 존재의 속성에서 존재를 자신의 속성으로 만든다. 존재는 주체의 출현으로 인해 더 이상 이름과 얼굴 없는 존재, 시작과 끝이 없는 존재가 아니라 주체의 소유가 된다.

홀로 서기의 주체는 하이데거가 현존재를 일차적으로, '밖에 섬(탈존〔脫存〕 또는 외존〔外存〕)'으로 정의한 것에 비추어 보면 더욱 더 잘 이해될 수 있다. 하이데거에 따르면 현존재는 '엑지스텐츠 Ex-istenz,' 즉 자기 '밖에 서는 존재'이다. 다시 말해 현존재는 자기 자신을 떠나, 밖으로, 세계로 향해 초월하는 존재이다. 하이데거의 '밖에 서기'는 "존재 사건 자체"이다.[28] 레비나스는 주체가 '밖에 서기'로서 존재한다는 사실을 부인하지 않는다. 그러나 그의 물음은 '밖에 서기'가 과연 주체의 근원적인 존재 방식인가 하는 것이다.[29] 레비나스는 하이데거와 달리 주체의 근원적인, 일차적인 존재 방식을 '홀로 서기'로 본다. 주체는 먼저 밖에서 안으로의 운동이다. 안으로의 운동, 내재성의 성립이 선행된 다음, 안에서 밖으로의 초월이 가능하다. 다시 말해 주체는 그 자체로 존재할 때, 존재의 혼돈 속에서 명사적인(실체적인) 존재로 스스로 홀로 설 때, 그때 비로소 자신의 존재 실현을 위해, 밖으로의 초월을 시도할 수 있다. '안으로 향한 운동,' 그것으로 인해 안과 밖, 내재성과 외재성이 갈라지는 과정을 레비나스가 어떻게 그리는지 이제 살펴보자.

'여기': 주체 구성 요건으로서의 장소성

레비나스에 따르면 의식 주체를 통한 '존재' 극복은 존재 속에서의 주체의 '자기 정립' '자리 잡기la position'를 통해 가능하다. 그 실마리를 레비나스는 데카르트에게서 찾는다.[30] 인간의 사유를 비공간적인 사건으로 이해하는 관념론과 달리 데카르트의 코기토는 세계를 출발점으로 삼고 있다. 레비나스의 해석에 따르면 데카르트의 코기토는 세계와 신체를 배제한 것 같으나 배제된 신체는 단지 '대상으로서의 신체le corps objet'일 뿐 주체로서의 신체는 여전히 사유 주체로서 사유 활동을 수행한다. 코기토는 비인칭적 사유("생각이 존재한다")나 삼인칭적 사유("그가 생각한다")가 아니라 1인칭적 현재 사건("내가 지금 생각한다")을 지칭한다. 레비나스는 데카르트가 코기토의 주체를 "나는 사유하는 실체sum res cogitans"로 본 것에 주목한다. 사유 주체를 '사물res, chose' 또는 '실체substantia'로 본 것은 '놀랍게도 매우 정확한' 것이었다고 레비나스는 평가한다.[31] 주체는 스스로 자신의 자리를 잡는 주체, 자신을 스스로 정립하는 주체quelque chose qui se pose이며 사유는 하나의 출발점, 곧 시작하는 자리를 갖는다는 점을 보여준 것이 데카르트가 우리에게 주는 교훈이다.[32]

주체는 의식이 하나의 장소 속에 자리함(장소화localisation)을 통해 주체로서 서게 된다.[33] 주체는 여기, 이곳에 존재하고, 이곳을 출발점으로 삼아 세계로 향해 나아간다. '여기'에서부터 모든 의식 행위와 사유가 가능하다. 허공에서 이루어진 사유가 이곳에 자리 잡는 것이 아니라 확고한 하나의 지점으로부터, 여기서부터 사유는 시작한다. '여기'는 의식의 추가물이 아니라 의식의 가능 조건이다. 레비나스는 이렇게 말한다.

사유는 출발 지점을 가지고 있다. 중요한 것은, 의식은 자리 잡기에 대한 의식une conscience de la localisation일 뿐만 아니라 또 다른 의식과 인식 속에 흡수될 수 없는 의식의 자리 잡기une localisation de la conscience이다. 그것은 인식과는 완전히 구별되는 조건이다. 인식에 대한 인식도 마찬가지로 '여기'에서 가능하다.[34]

주체를 '여기'에 위치시키는 것은 의식에 출발점을 제공할 뿐 아니라 주체가 자기 자신에게 돌아올 수 있는 가능성을 제공한다.
주체는 그러면 무엇을 통해 '여기'와 관계하는가? 주체가 구체적인 장소와 관계하는 통로를, 레비나스는 놀랍게도 잠이라고 말한다. 잠은 몸과 마음의 활동을 중단하는 행위이다. 잠자리에 몸을 눕힐 때 존재는 하나의 장소, 하나의 위치에 제한된다. 장소는 여기서 의식 주체의 바탕이요 조건이다. 잠자리에 다시 든다는 것은 그러므로 의식이 휴식을 취하는 것se reposer, 즉 원래 자리로 돌아가는 것이다. 잠은 주체 성립을 위한 존재론적 조건이다. '주체가 된다'는 것은 자기 자신으로부터 출발할 수 있고 동시에 자기 자신으로 되돌아올 수 있음을 뜻한다.[35] 의식은 휴식으로부터, 자리 잡기la position로부터, 장소와의 독특한 관계로부터 출현한다. 자리 잡기는 마치 의식이 결정한 행위처럼 의식에 첨가되는 것이 아니다. 자리 잡기에서부터, 부동성으로부터 의식은 자기 자신에게 돌아온다. 의식은 바탕une base을 '소유한다.' 의식은 장소를 '소유한다.' 거추장스럽지 않은, 조건이기만 한 유일한 소유는 의식이 여기에 존재한다는 사실이다. '의식이 여기에 존재한다'는 것은 또다시 하나의 의식의 사실, 하나의 사유, 하나의 감정 또는 하나의 의욕이 아니라 의식의 자리 잡기이다.[36]

의식이 '여기에 자리 잡기' 위한 구체적인 가능 조건은 신체이다. 레비나스에 따르면 "신체는 의식의 도래 자체이다."[37] 의식은 자신을 신체로 정립하고 그것을 통해 '존재자 없는 존재' 사건의 익명성을 벗어난다. 이때, 주체의 신체로서의 자기 정립은 이미 주어진 공간 속에서 자기 자신의 자리를 정하는 것이 아니라 익명적인 '존재'에서 벗어남으로써 정돈된 공간 자체가 성립되는 사건이다. 여기서 신체는 하나의 사물 또는 물건이 아니라 메를로-퐁티가 일컫듯 '주체로서의 신체le corps sujet'이다.[38] 이 신체는 의식 이전의 사건이다. 신체는 의식 이전의 의미 부여의 기초 또는 바탕이 된다.[39]

이제 주체는 두 가지 방식으로 규정되고 있음을 알게 된다. 주체는 한편으로 익명적인 존재 사건으로부터의 해방으로, 또 다른 한편으로는 개체적인 독립체로 '여기'에 자신을 정립하는 자로 규정된다. 레비나스의 접근은 관념론적인 주체성의 철학은 말할 것도 없고 하이데거의 현존재 이해와도 다르다. 잠잘 수 있는 자리이며 자신 속의 도피처évasion en soi인 '여기'는 현존재의 '현(現)' 또는 '거기da'와는 근본적으로 구별된다.[40] 하이데거의 '거기'는 이미 세계와 세계에 대한 이해를 함축한다. 레비나스의 '여기,' 자리 잡기의 '여기'는 세계 이해와 지평 존재에 앞서 있다. '여기'는, 주체는 자신에서 출발하고, 자신에 바탕을 둔 존재자라는 사실을 지칭한다. 레비나스는 이것을 '자리 잡기'가 지닌 비초월성의 성격으로 압축해서 표현한다. '여기에 자리 잡기'는 밖으로의 초월 이전에 자기로 돌아옴이고, 자기로 돌아옴을 통해 주체가 생성된다. 그러므로 주체의 의식 작용, 세계와의 관련성, 의미 부여는 잠을 통해 독특하게 실현되는 자리 잡기를 통해 비로소 가능해진다. 물질적 기초 위에 자신의 자리를 만들 때 주체는 스스로 설 수 있고, 스스로 제 발로 설 때 '존재'의 주인이 될 수 있다. 이어서 레비나스는 이렇게 말한다.

 자리 잡음을 통해 의식은 잠에 참여한다. 쉴 수 있다는 것, 자기 자신 속으로 돌아올 수 있는 가능성은 자신을 바탕base에 내어주는 것, 누울 수 있다는 것이다. 이 가능성은 의식이 자리 잡을 수 있기 때문에, 그러한 한에서 의식에 속한 것이다. 삶의 한복판에서 자기로 돌아옴으로써의 잠은 자리 잡기로서의 의식에서 수행된다. 하지만 자리 잡음은 바로 현재로서의 순간이 발생하는 사건이다.[41]

‘여기’에 자리 잡음은 ‘순간’ ‘현재’와 관계한다. 주체는 ‘지금’ 순간의 홀로 서기로서 가능하다. 의식이 자리를 잡음으로써 순간이 현재로서 구성된다. ‘현재로서의 순간’은 무엇을 뜻하는가?

‘지금’: 주체 구성 요건으로서의 순간

 먼저 레비나스가 ‘순간'instant'’이란 말로 뜻하는 것이 무엇인지 알기 위해서 ‘존재자 없는 존재’에 관한 레비나스의 서술을 다시 보자. 레비나스가 그리는 ‘존재자 없는 존재,’ 익명적 ‘존재’ 사건은 영원의 성격을 띤다. 모든 사물의 부재로서의 현존은 시작도 없고 끝도 없다. 그것은 캄캄한 밤처럼 침투할 수 없기 때문에 하나하나의 순간을 절단해낼 수 없다. 시작과 끝, 순간과 순간의 연속, 시간적 교차는 ‘그저 있음il y a’ 속에는 존재하지 않는다. 그러므로 레비나스는 무한한 ‘존재’ 속에서 ‘순간’이 어떻게 출현할 수 있는가 하는 질문을 던진다. 여기서 문제되는 ‘순간’은 시간 지속상의 한 계기(과거, 현재, 미래)가 아니라 시간 지속 이전의 절대 시작으로서의 ‘순간’이다. 순간은 과거와 미래와 관계하기 이전, 현재로서 익명적인 ‘존재’ 사건 가운데서 오직 자기와

관계하는 순간이다.⁴² 레비나스가 드러내는 '순간'은 '존재'에서 떨어져 나온 순간이다.⁴³

순간은 그것에 앞서간 순간들과 뒤따라오는 순간들과 관계하기 이전에 그 자체로서 존재 성격을 갖는 하나의 '행위'이다. 각 순간은 그러므로 레비나스가 보기에는 시작하는 행위요, 하나의 새로운 탄생이다.⁴⁴ 새로운 탄생으로서의 순간은 존재의 시작이고 존재의 정복이다. 순간은 그 자체로 과거나 미래, 혹은 역사 등 자기가 아닌 다른 어떤 것과 관계하기 이전에 오직 자기와 관계하는 행위이다. 이것이 지닌 역설적인 성격은 '시작한다'는 말 속에 담겨 있다. 무엇을 시작한다고 할 때 시작된 것은 시작되기 이전에 이미 있었던 것이 아니다. 있지 않았던 것은 시작을 통해서 그 자신으로 태어나야 하고, 그 자신으로 돌아와야 한다. 이것을 일컬어 레비나스는 순간을 구성하는 '시작의 역설'이라 부른다.

> 시작은 시작에 앞서간 순간에서 출발하는 것이 아니다. 시작의 출발점은 귀착점, 즉 자기에게 돌아오는 충격 가운데 포함되어 있다. 현재의 한가운데로 돌아옴을 기점으로 현재가 출현하며 순간이 수용된다.⁴⁵

'순간으로서의 현재'는 어떻게 가능한가? 레비나스는 순수 '존재'로부터 독립적인 존재자의 출현, 곧 순수 '존재'의 어둠으로부터 자기 자신을 주장하는 주체의 출현을 통해서 '순간으로서의 현재'가 가능하다고 생각한다. '순간'은 여기서 '자리 잡음'과 관련된다. 자기가 선 땅, 바탕에서 출발하는 주체는 다름아니라 자기 자신에게서 '시작'하는 주체이다. 주체는 문자 그대로 이포스타즈, 즉 순간 '아래 서서' 순간을 자신의 어깨에 '짊어지는' 존재이다. 주체는 '존재'의 중립적인 비시간성에 대항하여 스스로 시작함으로써 '순간'을 만들고 순간에 이름을 부여한다. 현재, 곧 순간으로서의 현재는 과거와 미래와 관계하기 전에 주체가 자기 자신에 현존하는 순간이다. 순간으로서의 현재는 '주체의 실현'이다. 자기 자신에의 현존, 자기 자신에 대한 관계, 자기 자신으로부터의 출발과 복귀, 이것으로 인해 새로운 '지금,' 새로운 '시작'이 시작될 수 있다.[46]

자기 자신과의 관계, 자기 자신으로 돌아옴으로써 주체는 '자기'로서, 자기 자신과 동일한 존재로서 자신을 확인한다. 주체는 어떤 다른 것을 통해서, 다른 것과의 관계에서 '자기'로서 정립하는 것이 아니라 오직 자신과의 관계를 통해서 자기 동일성을 유지한다. 주체는 단순한 존재자가 아니라 자기 자신을 소유하는 존재자이다. 주체의 자기 동일성은 내재성, 즉 자기 자신과의 친숙성이다.[47] 자기 동일성은 실체 속에 고정된 것이 아니라 순간마다 자기를 확인할 때 성립되는 역동적 과정이다. 익명적인 순수 존재에 맞서 '순간마다' 자기 자신을 확인하는 행위를 통해 주체는 자기 자신으로 설 수 있다.[48]

주체가 자기 자신에서 시작할 수 있다는 것, 자신을 다시 새로운 시작의 기점으로 삼을 수 있다는 것은, 레비나스에게서는 인간의 근원적인 자유를 설명하는 실마리가 된다.

현재, '자아'—홀로 서기는 자유이다. 존재자는 존재의 주인이다. 존재자는 그의 존재에 주체의 강력한 힘을 행사한다. 그는 어떤 힘을 소유하고 있다. 근원적인 자유. 이것은 아직 자유의지의 자유가 아니라 시작의 자유이다. 개개의 주체 속에, 주체가 존재한다는, 존재자가 존재한다는 사실 속에 담긴 자유. 존재자가 존재에 개입하는 자유.[49]

근원적인 자유는 칸트의 이해처럼 외적 제한과 제약으로부터의 독립성으로서의 자유나 스스로 자신의 행위 법칙을 설정하는 자율성으로서의 자유가 아니다. 레비나스가 말하는 근원적 자유는 이것 또는 저것을 선택하기 이전에, 자신을 정립하고, 자신으로서 시작할 수 있는 자유이다. 이 자유는 주체로서의 주체의 출현을 가능케 하는 자유요, 존재의 익명성 속에 함몰되지 않고 자신으로서 자신의 존재를 유지할 수 있는 자유이다.

3. 존재의 무거움과 초월의 욕망

그러나 주체의 자유는 절대적이 아니다. 익명적인 존재를 자신의 존재로 수용한다는 것은 한편으로는 존재의 정복이나 다른 한편으로는 존재의 '무게'를 자신의 어깨에 걸머짐을 뜻한다. 존재의 익명성이 안겨주는 공포감을 벗어나, 스스로 자신의 존재를 지탱하는 주체로 설 때, 주체가 자신에 대해 갖는 책임, 존재에 관해 갖는 무거움이 바로 이 자유이다. 그러므로 주체가 누리는 자유는 역설적이다. 레비나스는 『시간과 타자』 제1강 '고독과 물질성'이란 절에서 이와 관련해서 다음과 같이 쓰고 있다.

그러나 존재에 대한 주체의 이러한 지배, 존재자의 이러한 주권에는 변증법적 전환이 일어난다. 존재는 자신과 동일한 존재자, 곧 홀로 있는 존재자에 의해 지배된다. 하지만 동일성은 자기로부터의 출발에 그치지 않는다. 그것은 또한 자기로의 귀환이다. 현재란 자신에게 돌아올 수밖에 없다는 사실에 존립한다. 자신을 벗어날 수 없다는 사실은 존재자의 〔존재자로서의〕 자리 잡기로 치른 대가이다. 존재자는 자기 자신에게 몰두한다. 자신에게 이렇게 몰두하는 방식, 그것이 곧 주체의 물질성la matérialité du sujet이다. 동일성은 자신과의 무해한 관계가 아니라 자신에게 얽매임이다. 이것은 자신에게 몰두하기 위해 어쩔 수 없는 일이다. 시작은 자기 자신에 의해 짓눌린다.[50]

주체의 출현은 한편으로는 익명적인 '존재 사건'으로부터의 해방이면서 다른 한편으로는 자기 자신의 존재를 짊어지는 힘겨운 자기 유지의 사건임을 이 구절은 보여준다. 주체의 등장과 함께 '세계'가 등장한다. 주체는 여기, 지금 자신을 구성함으로써 비로소 하이데거적인 '세계 안의 존재'가 된다. 이렇게 보면 '세계 안의 존재'는 익명적 존재 사건으로부터 홀로 서는 존재자의 출현을 전제한다. 홀로 서는 존재자는 '지금' '여기'에 신체적으로 자신을 구성함으로써 존재에 자신을 내맡기지 않고 오히려 존재를 자신의 것으로 소유한다. 존재는 이제 '나의 존재'가 되고 '존재 가짐'은 주체의 물질성과 분리되지 않는다.

주체의 자유를 물질성과 관련짓는 까닭은 무엇인가? 주체의 물질성은 예컨대 음식과 의복, 주거에 대한 일상적 욕구이다. 의식주에 대한 일상적 욕구는 인간의 타락이 아니라, 끊임없이 위협하는 외부 세계로부터 자신의 존재를 유지하려는, 홀로 선 주체의 존재하려는 노력conatus essendi의 표현이고, 존재가 지워주는 무게로부터 구원의 욕구를 표현하는 방식이다.[51] 여기에 '세계'가 개입한다.

주체의 물질적 구조는 일상적인 삶 속에서, 세계 안에서 어느 정도 극복될 수 있다. 나와 내 자신 사이에 중간 공간이 나타난다. 동일한 주체는 곧장 자신에게 돌아오지 않는다.[52]

존재의 무거움, 주체가 자신에 매여 있어야 하는 비극, '홀로 서기'의 무게를 지탱해야 하는 괴로움에서 벗어날 수 있는 공간을 레비나스는 일단 '세계'라고 부른다. '세계'는 물질적 욕구를 채워줄 양식을 제공한다. 레비나스는 '세계'를 '도구의 총체'(하이데거)로 보지 않는다. '세계'는 도구적 연관성의 총체이기 이전에 신체적 존재의 물질적 기반인 '먹을거리의 총체un ensemble de nourritures'[53]이다. 세계 안에서의 인간의 삶은, 세계 안에 가득 찬 대상들을 먹을거리로 섭취하는 것에 제한된다. 『전체성과 무한』의 표현을 빌리면 우리는 좋은 음식, 공기, 햇빛, 경치, 노동, 이념, 잠과 같은 것들로 살고 있다.[54] 세계 안에서의 삶은 '무엇으로 사는 것vivre de……'이고, 그 '무엇'과의 관계는 '향유jouissance'로 표현된다.[55] '향유'는 하나의 존재 방식이다. 인식, 과학, 노동, 소유, 이 모든 것을 레비나스는 '향유'로 이해한다.

'향유'를 통해서도 주체는 존재의 틀을 결국 벗어나지 못한다. '향유'는 주체를 존재로부터 벗어나게 하는 것이 아니라 오히려 존재 가짐, 존재 소유를 더 강화한다. 향유를 통해 주체는 자신의 주체성, 자신의 자기성을 견고하게 만든다. 그러면 존재의 틀, 존재의 전체성으로부터 벗어날 길은 무엇인가? 나의 존재의 자리에 나와 다른 것이 들어설 수 있는 공간은 어떻게 열릴 수 있는가? 우리는 그 가능성으로 인식을 들 수 있다. 사물 인식은 사물과 나 사이에 거리를 만들고, 나는 사물을 인식할 때 내가 아닌 것, 나와 다른 것을 인식하지 않는가? 사물을 인식할 때 이 세계 안에는 나와 다른 존재가 무수히 있다는 것을 알지 않는가? 레비나스는 인식, 즉 우리의 지적인 작업을 통해 존재의 전체성을 초월할 수 있는 가능성이 없음을 힘주어 강조한다. 그것은 무엇 때문인가?

레비나스의 설명에 따르면 나와 다른 것은 결국 나를 통해 인식된다. 사물을 비추고, 사물을 드러내는 빛, 이른바 '이성의 빛'은 나에게서 나가는 빛일 뿐 나와 다른 것으로부터 온 빛이 아니다. 인식에는 환원할 수 없는 낯선 요소가 개입되어 있다. 그러나 나로부터 출발할 때 인식을 가능케 하는 빛의 초월성은 주체의 내재성을 통해 드러난다. 레비나스는 그러므로 "빛의 외재성은 갇혀 있는 자아를 자신으로부터 해방시키기에 충분하지 않다"고 말한다.[56] 인식은 물질성에 사로잡힌 주체를, 물질성과 거리를 두게 해주지만 그것으로부터 완전히 해방시켜주지 못한다. 이성적 인식은 주체의 고독을 완벽하게 성취하고 주체를 모든 것의 유일한 기준으로 만든다. 유아론(唯我論)은 궤변이나 일탈(逸脫)이 아니라 이성(理性)의 본질적 구조이다.[57] 후설이 말하는 의식의 지향성은 자아와 사물의 구별을 가능케 하지만 사물 존재의 의미를 자아로 귀속시키고 있는 점에서 유아론을 결코 극복하지 못한다. 인식은 『전체성과 무한』의 표현을 빌려 말하자면 전체성의 틀을 스스로 깨뜨릴 수 없다. 그러면 존재의 무거움으로부터의 해방, '존재 저편으로' '존재와 다른' 차원으로의 초월이 어떻게 가능한가?

4. '존재 너머로'의 초월: 고통과 죽음

지금까지 존재 '이편'에서 일어나는 '존재론적 모험'을 기술하였다. 모험의 시발점은 익명적 존재, 이름 붙일 수 없는 존재 사건il y a으로부터 존재자, 곧 주체의 출현이다. 주체는 자신에서 출발하여 다시 자신에게 돌아옴을 통해 존재를 지배한다. 그러나 익명적 존재로부터 존재자의 해방은 '홀로 서기'라는 대가를 치른다. 주체는 자기 동일성을 획득하면서 어쩔 수 없이 '자기'에게 얽매인다. 자기에게 얽매임을 레비나스는 '주체의 물질성'이란 말로 표현한다. 홀로 선 주체는 자신의 존재를 스스로 짊어질 수밖에 없다. 주체는 세계와의 관계, 곧 '향유'를 통해 자신과 거리를 둘 수 있고 세계를 인식과 노동의 대상으로 삼을 수 있다. '향유'는 주체에게 자신과 거리를 두고 자신을 잊게 해준다. 하지만 향유는 자기성의 테두리 다시 말해 전체성의 틀 속에서 일어나는 행위이기 때문에 주체는 향유를 통해서 자신이 지고 있는 존재의 무거움으로부터 완전히 벗어나지 못한다. 영양 섭취와 노동, 인식, 과학 등 인간이 세계를 향유하는 방식은 '순간적인 초월transcendance instantanée'에 지나지 않는다.[58] 주체는 여전히 존재 이편에 갇혀 있다.

　레비나스의 관심은 존재 저편으로의 초월을 그려내는 일이다. 하지만 방법론의 난점이 없지 않다. 세계 안에서의 주체의 모험은 세계 안에 주체가 존재하는 방식을 그려내면 된다. 자신과의 관계, 사물과의 관계, 같이 존재하는 타인과의 관계는 경험 세계의 일이므로 현상학적 기술의 대상이 된다. 그러나 경험을 뛰어넘는 차원, 말로 언표할 수 없는 현실, 존재를 뛰어넘는 사태는 어떻게 접근할 수 있는가? 이 지점에서 레비나스는 현상학을 포기하지 않는다. 현상학이 다가설 수 있는 마당은 어디까지나 경험이고 현상이다. 경험을 통해, 존재와 다른 것, 존재 저편에 있는 타자(他者)가, 존재의 옹벽에 틈을 내고 그 틈바구니 사이로 들어오는 사건을 드러내는 순간을 레비나스는 포착하고자 한다. 무엇이 그와 같은 현상을 보여주는 경험인가? 고통과 죽음이 바로 그 경험이다.

　고통, 슬픔, 아픔을 통해 우리는 무엇을 경험하는가? 도덕적으로 정당하게 행한 결과, 그것으로 인해 받는 고통은 그렇게 심각한 고통이 아니다. 도덕적인 고통의 경우, 고통받는 순간에도 존엄성을 유지하고 자신을 지킬 수 있는 자유가 우리에게 있다.[59] 심각한 것은 신체적 고통이다. 그것이 그렇게 고통스러운 것은 고통의 순간을 헤어날 수 있는 가능성이 없다는 데 있다. 그것을 떠나 자신에게 돌아올 수 있는 가능성, 자신이 다시 주도권을 가질 자유가 고통의 순간에 결여되어 있음이 고통 자체의 내용이다. 고통 속에서는 피난처가 없다. 고통은 나의 '존재 가짐'을 완전히 앗아간다. 고통 속에서 나는 삶과 존재에 완전히 내 자신을 내맡기고 있을 뿐이다. 이런 의미에서 고통은 '무의 불가능성 l'impossibilité du néant'이다. 존재의 매임으로부터 도무지 빠져나갈 구멍이 없는 것이 곧 고통이다.[60]

레비나스는 고통의 경험을 죽음과 관련짓는다. "고통 속에는 불가능한 무, 가까워진 죽음에 대한 호소가 있다."[61] 고통에는, 고통이 결국 죽음으로 끝나리란 느낌뿐만 아니라 고통 자체 속에, 몸을 숨길 피난처가 없음에도 불구하고, 고통을 넘어서는 또 다른 공간, 또 다른 사건이 도사리고 있음을 우리는 감지한다. 또 다른 것, 우리가 알 수 없는 것, 이성의 빛으로 그 정체를 알아낼 수 없는 것은 다름아니라 죽음이다. 죽음은 그 정체를 우리에게 알려주지 않는다. 죽음은 고통 속에 맛보는 '무의 불가능성'의 상관자이다. 이런 의미에서 의식의 지향성은 죽음에 맞서서 효력을 상실한다. 우리는 우리 자신으로부터 유래되지 않은 죽음에 직면해 있다. 죽음과의 관계는 우리에게는 이렇게 하나의 신비이다.

죽음을 알 수 없는 것, 나에게서 유래되지 않은 것, 하나의 신비로 묘사함으로써 레비나스는 익명적 존재 사건에서 존재를 자신의 존재로 소유하는 주체의 능동성이 완전히 수동성으로 전환됨을 보여준다. 고통 속에서 죽음과 갖는 관계는 수동성의 경험이다. 이 경험은 엄밀한 의미에서 경험이 아님을 레비나스는 잊지 않는다. 왜냐하면 경험이란 인식, 빛, 주도권을 뜻하기 때문이다. 경험 속에서 수동성은 항상 다시 능동성으로 전환되고, 주체는 경험의 주인이 될 수 있다. 그러나 죽음과 직면해서 주체는 자신이 더 이상 주체가 아님을, 존재의 주인이 아님을 경험한다. 죽음은 이런 의미에서 모든 '가능성의 불가능성'이다.

 죽음에 대한 레비나스의 묘사는 하이데거의 관점과 전혀 다르다. 현존재의 존재 방식을 '죽음으로 향한 존재Sein zum Tode'로 볼 때 하이데거가 염두에 둔 것은 주체의 자유이다. 현존재는 자신이 죽음에 이르는 존재라는 의식을 통해 자신의 존재를 소유하고 미래를 기획할 수 있다. 죽음은 현존재에게 있어서 모든 다른 가능성을 가능케 하는 최고의 가능성, '불가능성의 가능성'을 뜻한다.[62] 죽음은 그러므로 하이데거 철학에서는 자유의 사건이다.[63] 이런 의미에서 죽음은 '세계 안의 존재'가 세계 안에서 존재 소유를 위해 할 수 있는 모험의 원동력이다. 미래에 다가올 죽음을 보고 현존재는 자신의 주도권을 주장할 수 있다. 하이데거의 이와 같은 생각을 레비나스는 정면으로 거부한다. 죽음은 '절대로 알 수 없는 것'이고 어떠한 가능성도 불가능하게 만드는 사건이다. 죽음은 주체의 주도권을 완전히 벗어나 있다.[64]

 레비나스는 그러나 하이데거와 마찬가지로 죽음을 미래와 관계 있는 것으로 본다. 죽음은 현재 사건이 아니다. 죽음은 내가 이해할 수 없는 것, 내 손에 거머쥘 수 없는 것insaisissable이고 주체의 힘과 영웅적 용기가 끝나는 지점이다.[65] 만일 죽음이 현재라면 나는 죽음을 지배할 수 있다. 현재는 내가 주인이란 뜻이다. 나는 현재 시점에서 힘을 발휘할 수 있다. 그러나 고통과 죽음과 관련해서 나는 그와 같은 능동적 힘을 상실한다. 죽음은 이런 의미에서 현재가 아니다. 죽음에 대해서는 내가 주도권을 가질 수 없다. 따라서 죽음은 나에게 내가 지배할 수 없는 미래와 관계하도록 길을 터준다. '존재론적 모험'에서 이 순간은 대단히 중요하다. 레비나스는 『시간과 타자』 제3강 '사건과 타자'라는 절에서 다음과 같이 쓰고 있다.

> 죽음은 주체의 남성다운 힘의 한계가 된다. 그 남성다운 힘은 익명적 존재 한가운데 서서 '홀로 서기'를 통해 가능해지고 현재의 현상과 빛 속에 나타난 것이다. […] 죽음의 도래에서 중요한 것은 우리가 특정한 순간부터 더 이상 **할 수 있음을 할 수 없다** nous ne *pouvons plus pouvoir*는 점이다. 바로 여기에서 주체는 주체로서 자신의 지배를 상실한다. […] 죽음은 계획을 세울 수 없음이다. 이러한 죽음의 도래를 통해 알 수 있는 것은 우리가 절대적으로 다른 것 absolument autre과 관계 맺고 있다는 사실이다. 이 다른 것이 짊어지고 있는 타자성 alterité은 향유(享有)를 통해 우리 자신의 것으로 동화(同化)시킬 수 있는 잠정적 규정으로서의 타자성이 아니라 그것의 존재 자체가 곧 타자성인 그런 의미의 타자성이다. 그러므로 나의 고독은 죽음을 통해 굳어지는 것이 아니라 오히려 죽음을 통해 깨어진다.[66]

고통과 죽음의 현상에 레비나스가 관심을 둔 이유가 이제 분명해졌다. 그의 관심은 실존철학자들의 그것과 구별된다. 실존철학자들은 고통과 죽음의 무의미에 관심을 두고 있다면 레비나스는 적어도 이 단계에서는 존재론적 모험의 구조를 해명하는 일에 관심을 둔다. 죽음은 '절대 타자,' 나와는 '전적으로 다른 것'이 있음을 보여주는 존재론적 사건이다. '존재 가짐'을 통해 홀로 선 주체의 고독, 존재의 전체성은 고통 속에 다가온 죽음을 통해 드디어 틈이 생긴다. 하이데거 철학에서 죽음은 존재를 나의 것으로 수용하고 미래를 향해 존재를 기획할 수 있는 근거이다. 죽음은 나의 고독, 나의 홀로 서기를 더욱 견고하게 만든다. 레비나스 철학에서 죽음은 절대 타자, 나와는 전적으로 다른 것을 보여준다. 그것은 주체의 홀로 서기에 변화를 가져온다. 죽음은 주체의 고독(홀로 서기)을 깨뜨린다. 주체는 자신의 존재에 갇혀 있던 자리에서 전적으로 다른 타자를 만나게 된다.

고통의 현상과 죽음을 통해 레비나스가 보여주고자 한 것은 존재는 '다원적'이란 사실이다. 이것은 단순히 존재자가 다수라는 뜻은 아니다. 레비나스에 따르면 존재 자체에 다원성이 있다는 것이다. 주체가 자신의 존재로 짊어진 존재 자체에, 고통 속에 나타나는 존재 자체에 다원성이 스며든다. "존재자의 존재는 죽음 속에서 존재자 자신으로부터 떨어진다aliéner."⁶⁷ 죽음은 주체가 존재를 가지듯 그렇게 존재를 갖지 않는다. 그러므로 존재에 영향을 미치는 죽음은 신비로운 것이다. 그것은 알려져 있지 않고 또 알 수도 없다. 죽음에는 나와 공유할 수 있는 공통의 존재 기반이 없다. 그것은 나와 교류할 수 있는 다른 자아alter ego가 아니다. 전적으로 다른 타자와의 관계는 하나의 '신비'이다. 타자의 존재는 나의 내면성과 구별되는 외재성이고 그야말로 이타성(異他性)이다. 그러므로 레비나스는 타자와의 관계를 '공감'이나 '감정 이입' 또는 '신비로운 연합'으로 볼 수 없다고 강조해서 말한다. 이와 같은 용어들은 여전히 존재 이편, 존재 안에서의 존재자와 존재자의 관계를 표시하기 때문이다.⁶⁸

5. 시간과 타자: 타자와의 만남

레비나스에 따르면 죽음을 통한 절대 타자와의 관계는 인간에게 미래를 열어준다. 익명적으로 존재함il y a으로부터 홀로 선 주체의 출현은 여기, 현재 순간에 자기와 관계하고, 순간만을 창조할 뿐, 미래를 갖지 않는다. 홀로 서기의 주체는 오직 현재 순간을 자기 것으로 장악하고 자신의 존재를 실현할 뿐이다. 홀로 서기 자체에는 미래가 없다. 홀로 서기에는 오직 현재 순간만 있고 미래가 없다. 기대할 수 있고, 계획을 세울 수 있는 미래는 진정한 미래가 아니다.[69] 참된 미래는 현재 순간과는 완전히 다르며 전혀 새로운 것이기 때문이다. 미래는 손에 거머쥘 수 없는 것이다. 미래는 전혀 예기치 못한 순간 그것이 다가온다는 사실로 인해 공간적 외재성과 전혀 다르다. 레비나스가 볼 때 베르그손에서 사르트르에 이르기까지 시간에 대한 모든 이론이 시간의 본질적 요소로 인정하는 미래에 대한 예상, 미래의 기획은 기껏해야 현재의 미래일 뿐, 진정한 미래가 아니다. 미래는 손에 거머쥘 수 없다. 우리를 덮쳐오고 예기치 못한 순간 우리를 사로잡는 것이 미래이다. 손에 거머쥘 수 없고 내가 지배할 수 없다는 의미에서 미래는 나에게 타자 l'autre이다. 미래와의 관계는 곧 타자와의 관계이다.[70]

    그러나 레비나스는 죽음을 통해 드러난 미래는 아직 '시간'이 될 수 없다고 지적한다.[71] 이렇게 알려진 미래는 아직 누구의 미래가 아니며 현재와 아무런 관계가 없기 때문이다. 미래가 시간의 한 요소가 되려면 어떤 방식으로든 현재와 관련되어야 한다. 그러나 현재 순간과 내가 알지 못하는 미래 사이에는 하나의 심연이 놓여 있다. 그런데 이 심연을 메울 능력이 나에게 없다. 나는 죽음에서 전적으로 다른 타자만을 직면할 수 있을 뿐이다. 그렇다면 미래와 현재가 연결될 수 있는 가능성은 어디에 있는가? 그 가능성을 레비나스는 이미 『시간과 타자』에서 타자의 얼굴과의 만남에서 찾는다. 얼굴과 얼굴로 대면하는 타자는 나와 대화를 나눌 수 있는 인격적 타자, 즉 타인 l'autrui이다. 레비나스는 이렇게 말한다.

　미래와의 관계, 현재 속에서의 미래의 현존은 타인과 얼굴과 얼굴을 마주한 상황에서 비로소 실현되는 것처럼 보인다. 얼굴과 얼굴을 마주한 상황은 진정한 시간의 실현이다. 미래로 향한 현재의 침식은 홀로 있는 주체의 일이 아니라 상호 주관적인 관계이다. 시간의 가능 조건은 인간들 사이의 관계 속에 그리고 역사 속에 있다.[72]

　시간의 가능성을 타인과의 인격적, 사회적 관계로 보는 관점은 매우 낯설게 보인다. 나와 관계하는 타인은 미래뿐만 아니라 그 자신도 과거를 지닌 존재인데 어떻게 미래를 가능케 하는 조건일 수 있는가? 이 물음에 대해 레비나스는 미래를 수단으로 타자를 정의하기보다 오히려 타자(죽음의 엄습과 인격적인 타인의 존재)를 통해 미래를 정의하려는 것이 그의 의도라고 밝힌다.[73]

　레비나스의 타자 개념에서 특이한 것은 타자를 단지 '다른 자아'로 보지 않는다는 점이다.[74] 타자는 나의 공감과 연민, 감정 이입의 대상이 아니다. 내가 너에게 타자가 되고, 네가 나에게 타자가 되어주는 그와 같은 상호적인 관계에서는 진정한 의미에서의 타자가 존재하지 않는다. 그것은 단지 항(項)을 서로 대치한 형식적 의미의 타자에 지나지 않는다. 레비나스에 따르면 하이데거의 '상호 존재Miteinandersein'는 진정한 타자 개념을 제공하지 않는다. 왜냐하면 그것은 집단성만을 표시해주기 때문이다.[75] 레비나스가 말하는 타인은 성격과 외모, 심리와 상관없이 단지 내가 아니며, 나와 다르다는 사실만으로 수용하고 인정하는 타자이다. 『시간과 타자』에서 레비나스는 이렇게 말한다.

타인으로서의 타인은 단지 나와 다른 자아가 아니다. 그는 내가 아닌 사람이다. 그가 그인 것은 성격이나 외모나 그의 심리 상태 때문이 아니라 오직 그의 다름(타자성) 때문이다. 그는 예컨대 약한 사람, 가난한 사람, '과부와 고아'이다.[76]

타인은 나와 대칭적 관계, 나와 대등하게 맞설 수 있는 사람이 아니라 내가 전혀 예기치 못하고 전혀 나의 틀 속에 집어넣을 수 없는 사람이다. 그래서 레비나스는 예컨대 「출애굽기」 22장 21절, 「신명기」 10장 18절, 24장 17절, 「이사야」 1장 17절, 9장 16절, 「예레미아」 7장 6절, 22장 3절 등 『구약 성경』의 선지자적 전승(傳承)에 속하는 문헌에 자주 등장하는 고아와 과부와 가난한 자들에 관한 언급을 하고 있다. 레비나스 철학의 이러한 측면은 중기 사상에 해당하는 『전체성과 무한』에서 훨씬 더 풍부하게 전개된다. 4장과 5장을 참조하기 바란다.

6. 타자성과 여성성

레비나스는 존재의 전체성이 깨어질 수 있는 또 다른 예로 에로스eros의 경험을 든다. 전적으로 다른 것, 타자의 타자성, 그리고 내 자신의 존재를 유지하면서 타자가 존재 사건 속에 개입될 수 있는 가능성을 여성적인 것le féminin과의 관계, 곧 성애(性愛)를 통해 발견할 수 있다고 레비나스는 생각한다.[77] 서양 전통에는 성적 관계를 남녀가 하나되는 일로 보는 생각이 오랫동안 통용되었다. 이러한 사상은 플라톤의 『향연』에서 아리스토파네스가 한 주장에서 볼 수 있는 것처럼 에로스의 본질을 원래 한짝을 이루었던 상대편을 찾는 행위로 보는 것이다. 성행위는 잃어버린

반쪽을 찾는 행위이며 만일 그 반쪽을 찾았을 때 진정한 합일을 맛보는 경험이다. 그러나 레비나스에 따르면 성행위는 합일과 혼융 또는 용해 관계가 아니라 전적으로 다른 타자와의 만남이고 나로 환원할 수 없는 타자의 타자성을 체험하는 장소이다. 타자성은 성 관계를 통해 소멸되기는커녕 더 인정되고 유지된다. 성교의 감동은 서로 다른 타인이 가까이, 함께 있다는 사실에 있다. 여기서 타인은 나의 부분이나 대상이 될 수 없다. 성 관계에서 만나는 타인은 내가 손에 거머쥘 수 없는 신비 속에 있다.[78]

타자성 개념에서 한 걸음 더 나아가 레비나스는 『시간과 타자』에서 여성성 개념을 내어놓는다. '여성성'이란 개념에는 신비로운 것, 알 수 없는 것뿐만 아니라 어떤 '빛'도 그 안으로 침투할 수 없다는 생각이 담겨 있다.[79] 여성적인 것은 빛이 미치지 못하는 곳에 존재한다. 우리는 공간적으로 밖에 있는 사물들은 어떤 방식으로든지 파악하고 이해할 수 있다. 거기에 빛이 미친다. 하지만 여성적인 것에는 빛이 침투해 들어갈 수 없다. 여성적인 것의 존재 방식 자체가 스스로 숨는 것이기 때문이다.[80] 숨는 가운데는 수줍음이 있다. 여성적인 것의 타자성은, 여성이 나와 구별되는 존재로, 내 밖에 나와 다른 존재로, 다른 공간을 차지하고 있다는 사실에 근거하지 않는다. 그것은 하나의 신비로서, 수줍음으로서 나와 전적으로 다르다는 사실에 근거한다. 그렇다고 해서 나와 동일한 자유를 타자에게 부여하는 것은 아니다. 만일 타자를 나와 동일한 또 다른 자유의 주체로 생각하면 나와 타자가 맺는 관계는 지배와 종속 관계 또는 헤겔의 '주인과 노예 관계'를 뛰어넘을 수 없기 때문이다. 두 주체가 다 같이 자신이 가진 자유를 주장하면 결국 투쟁이 일어나고 지배와 종속, 주인과 노예 관계로 이어져 마침내는 한쪽의 자유는 배제되고 마는 결과를 가져온다. 그러므로 타자를 인정할 때 나는 다만 그를 나와 다른 이로 생각하고 수용할 뿐이다. 죽음의 경우와 마찬가지로 타자에 대해서도 우리는 어떻게 손을 쓸 수 없다. 다만 타자성의 사건, 나와 전혀 다른 '낯설음'의 사건을 경험할 뿐이다.[81]

'에로스'는 상호 권력 관계에 편입될 수 없는 타자 관계를 해명하는 통로가 된다. 레비나스는 타자의 타자성을 만나는 원초적 경험을 에로스, 즉 성애에서 찾는다. 에로스에는 이론적 인식이나 투쟁이 개입되지 않는다. 고통과 죽음의 도래를 통해 열린 타자의 공간은 이제 에로스를 통해 인격적 타자, 전적인 타자로서의 타인을 만날 수 있는 공간으로 확대된다. 에로스를 통한 타자와의 만남은 어떤 매개자나 지위나 이해관계에 의해 맺어지는 관계가 아니다. 따라서 타인은 여기서 소유되거나 지배될 수 없다. 철학자들 가운데 에로스를 '실패échec'로 보는 경우가 종종 있다. 하지만 이것은 에로스를 지배와 소유 관계로 보기 때문에 생긴 것이다.[82] 만일 성적 관계를 지배하고 소유하는 관계로 만들고자 한다면 실패할 수밖에 없다. 왜냐하면 소유와 지배 대상이 되는 타자는 더 이상 나에게 시간을 가능케 해주는 타자가 아니기 때문이다.

여기에 물음이 있다. 고통과 죽음을 통해 드러난 미래, 누구의 미래도 아닌 미래가 타자와의 만남을 통해 어떻게 현재와 관계하는가? 레비나스는 애무 행위를 통해 이것을 설명한다. 애무는 여자를 접촉하는 가운데 여자가 아닌 또 다른 하나의 타자를 접촉하는 행위이다. 따스한 살갗의 접촉에는 단지 살갗뿐만 아니라 무엇인가 알지 못하는 것이 함께 접촉된다. 뭔가를 알지 못한다는 것이 애무의 본질이다. 그것은 손에 잡을 수 없는, 계속 내 손을 벗어나는 그 무엇과의 놀이이고, 이 놀이에는 특정한 계획과 목적이 결여되어 있다. 그것은 나와 너, 또는 우리라고 부를 수 없는 '어떤 다른 것,' 내 힘으로 어떻게 할 수 없는 이름 모를 '어떤 것'과의 접촉이다. 애무는 이런 의미에서 '순수한, 내용 없는 미래'에 대한 기대이고 '손에 쥘 수 없는 것'에 대한 굶주림으로 충만해 있다. 성교(性交)도 이와 같은 관점에서 이해된다. 레비나스는 "미래 자체에 대한 독특한 지향성인 성교의 지향성은 철학적 해석에서 항상 무시되고 있다"고 말하면서 리비도에 관해 그렇게 많은 연구를 한 프로이트조차 그것이 인간의 존재 경제 l'économie de l'être에서 차지한 의미를 제대로 밝히지 못했다고 비판한다.[83]

이제 이렇게 물어보자. 죽음은 주체의 종말을 뜻하는 것이 아닌가? 그리고 너의 타자성 속에서 나를 상실하지 않고 나의 존재를 유지할 수 있는가? 레비나스는 '어버이란 존재' 또는 '부모 자식 관계paternité'에서 이 물음에 대한 답을 찾는다. 어버이와 아이의 관계를 "전혀 다른 사람이면서 동시에 내 자신인 낯선 이와의 관계," 또는 "나와, 그사이 나에게 낯선 이가 된 내 자신과의 관계"로 묘사한다.[84] 아들은 마치 내가 쓴 시나 내가 만든 물건처럼 나의 소유가 되는 것이 아니라 "내가 어떤 의미에서 곧 나의 아이이다"라고 말할 수 있다고 레비나스는 주장한다.

매우 낯설어 보이는 이 주장은 무엇을 함축하는가? 레비나스는 이 문제를 세 가지로 설명한다. 첫째, 이때 '이다(있다)'라는 동사는 형식논리적인 동일률로 해석해서는 안 된다. 파르메니데스나 플라톤의 존재론에서 '이다(있다)'는 '아니다(없다)'를 함축할 수 없다. 여기서 존재는 일원적이다. 레비나스는 이와 반대로 '이다(있다)'라는 동사는 다원적이라고 본다. 그 속에는 동일성뿐만 아니라 다원성과 초월성이 있다는 것이다. 둘째, 아이는 동시에 내가 아니라고 레비나스는 말한다. 나의 고통, 나의 죽음을 내 아이는 나와 공유할 수 없다. 아이도 하나의 인격체이며 자아이기 때문이다. 셋째, 아이의 타자성은 공감이나 감정 이입으로 이해될 수 없다. "나는 나의 존재를 통해 나의 아이이지 감정 이입을 통해서 그런 것이 아니다."[85] 여기서 "나의 존재를 통해"라는 말은 구체적으로는 여성적인 타자와의 애무와 성교를 가리키는 것으로 이해된다. 주체는 애무와 성교를 통해 더듬었던 또 다른 타자와의 만남을 아이의 출산을 통해서 실현한다. 주체는 어버이가 됨으로써 그의 이기주의, 자신에게로의 영원한 회귀로부터 해방된다. 주체는 이제 타자와 타자의 미래 속에서 자신의 한계를 초월한다. 출산성을 통해 주체는 자기 자신의 유한성으로부터 구원받는다. 아이의 출산으로 새로운 미래, 전혀 예상할 수 없는 새로운 가능성이 열리게 된다. 내가 홀로 미래를 체험할 때는 내 자신의 존재 가능성의 테두리를 벗어나지 못하고 나의 테두리 안으로 돌아와 늙고 만다. 그러나 에로스를 통해 감추어진 미래를 찾아내고 이 미래를 아이와의 관계에서 구체적으로 체험한다. 아이를 통해서 과거는 절대성을 잃게 되고 절대적 미래의 차원이 열리게 된다. 이 부분은 『전체성과 무한』에서도 좀더 심화된 형태로 반복된다.

7. 타자성의 철학으로

지금까지 우리는 레비나스의 초기 철학이 담겨 있는 『존재에서 존재자로』와 『시간과 타자』를 통해서 그가 그리는 '존재론적 모험'을 살펴보았다. '존재론적 모험'은 '나'라고 부를 수 있는 신체적 존재자(주체)가 익명적 존재 사건으로부터 출현하여 타자와의 관계에 들어서는 과정이다. 이것을 레비나스는 '변증법' 또는 '존재의 변증법'이라 부른다.[86] 이 변증법은 앞선 단계와 뒤이어 오는 단계 사이의 단절과 관계를 보여주는 점에서 헤겔의 정신현상학과 유사성이 보이지만, 결코 하나의 체계 속에 수렴되거나 통합되지 않고 오히려 존재의 다원성을 강조하는 점에서 헤겔과는 근본적으로 다르다. 밤의 경험과 불면을 통해 익명적 존재 사건에 접근하는 방식이나, 신체적 주체가 '순간'과 '여기'에 자리 잡아 홀로 서는 모습을 기술하는 방식, 그리고 고통의 현상과 에로스를 기술하는 방식을 레비나스 스스로 현상학적 방법이라 부른다. 레비나스는 현상학에서 출발한 후설의 관념론과 하이데거의 현존재 분석이 인간의 존재 방식을 묘사하는 데 실패했음을 현상학적 방법을 통해 보여주고자 하였다.

초기의 레비나스 철학은 슈트라서가 적절하게 표현하듯 '존재론 비판'이다.[87] 레비나스 철학의 목표는 존재를 동일성으로 환원하거나 또는 중성적 존재로 보아온 전통적인 서양 철학의 존재론을 비판하고 그것을 극복하자는 데 있다. 그의 관점에 따르면 동일성의 철학은 존재 속에 타자가 들어올 여지를 마련해주지 않는다. 타자는 기껏해야 나와 동류의 '다른 자아alter ego'이거나 나와 함께 존재 세계 속에 살아가는 동료(공현 존재Mitdasein)에 불과하다. 그것은 마침내 자아와 타자를 진리, 역사, 또는 전체의 이름으로 집단성 속에 가두어버린다.

이런 이유 때문에 레비나스는 뒤르케임처럼 합일이나 통합을 이상적 사회 관계로 보는 이론을 비판한다. 성 관계를 합일이나 혼융으로 볼 수 없듯이 인간의 사회적 관계도 '나'와 '너'가 '우리' 속에 합일 용해되는 것은 결코 바람직하지 않다. 만일 그렇게 되면 집합성과 전체성만 있을 뿐 개체로서의 독립된 자아와 타자가 설 자리가 없다. 그래서 레비나스는 존재 가운데 틈을 내고 그 속에 나로 환원될 수 없는 타자가 들어설 자리를 마련한다. 플라톤의 '자신(같은 것)to auto'과 '타자(다른 것)to heteron'의 구별을 본받아, 이것을 자아moi와 타인autrui으로 분리해 존재의 다원성을 나타내는 표지로 삼는다.

레비나스의 철학은 초기부터 벌써 '타자의 사유'요, '타자의 철학'임을 나타내 보인다. 하지만 그렇다고 해서 모든 것을 타자를 통해 설명하는 것은 아니다. 타자를 살려내고 타자와의 인격적, 사회적, 윤리적 관계가 가능한 공간을 마련해주는 것은 레비나스 철학의 중요한 과제이다. 하지만 자아 또는 주체성을 해소하거나 소멸시키는 것에 대해서는 강력하게 반대한다. 하이데거의 실존 개념을 비판할 때 주체가 밖에 설 수 있으려면 먼저 안으로의 복귀, 내면성의 구성이 선제되어야 함을 강조한 데서도 그와 같은 모습을 찾아볼 수 있다. 내면성을 지닌 주체의 성립 없이 안과 밖, 내재성과 외재성의 구별이 무의미하며, 초월에 대한 논의도 가능하지 않다는 것이 그의 생각이다. 성적 관계를 타자와의 관계의 전형으로 든 것도, 주체는 그 속에서 자신의 자유를 희생하지 않으면서 동시에 유아론의 망령으로부터 벗어나 타자와의 관계가 가능하다고 보았기 때문이다. 이것은 그의 대표작인 『전체성과 무한』에서 더욱더 강조되고 있다. 이제 다음 장에서 『전체성과 무한』으로 넘어가 레비나스의 주체에 대한 이해를 살펴보자.

3장 주

1 『전체성과 무한』, p. 3.
2 E. Levinas, *De l'existence à l'existant*, 2판 서문, p. 13. 이 책은 앞으로『존재에서 존재자로』로 인용한다.
3 『전체성과 무한』, p. 12.
4 레비나스는 그의 박사 학위 논문에서 이미 하이데거의 영향 아래서 후설 철학을 존재론으로 해석한다. 1935년의『도피에 관해서*De l'évasion*』에서는 모든 철학은 곧 존재론이라고 규정한다.
5 이때 '종말'은 물론 죽음을 염두에 둔 것이다.
6 『존재에서 존재자로』, pp. 19~20.
7 E. Levinas, *De l'évasion*, Introduit et annote par Jacques Rolland(Montpellier: Fata Morgana), pp. 75~79 참조. 이 책은 앞으로『도피에 관해서』로 인용한다.
8 『시간과 타자』, p. 24.
9 M. Heidegger, *Sein und Zeit*(1927)(Tübingen: Niemeyer, 1979) p. 230.
10 같은 책, p. 226(이 문장은 원래 이탤릭체로 표시되어 있다).
11 같은 책, p. 212.
12 하이데거는『형이상학이란 무엇인가*Was ist Metaphysik*』 1판(1943)에서 "dass das Sein wohl west ohne das Seiende"라고 썼던 구절을 2판(1949)에서는 "dass das Sein nie west ohne das Seiende"(46면)로 수정하고 있다.
13 드부르가 이 점을 지적하고 있다. Theo de Boer, "Ontologische Differenz (Heidegger) und ontologische Trennung(Levinas)," in *Das Andere und das Denken der Verschiedenheit*, Heinz Kimmerle(ed.)(Amsterdam: Gruenner, 1987), pp. 183~84.
14 『시간과 타자』, pp. 25~26; R. Burgraeve, "Het 'il y a' in het heteronomie-denken van Emmanuel Levinas," in *Bijdragen, Tijdschrift voor filosofie en theologie* 44(1983), p. 269; Charles William Reed, *The Problem of Method in the Philosophy of Emmanuel Levinas*(Yale Dissertation:1983)(UMI, 1985), p. 31 이하 참조.
15 『존재에서 존재자로』, pp. 93~94.
16 같은 책, pp. 94~95.
17 레비나스는 네모와의 대담에서 '그저 있음'이라 번역하는 'il y a' 개념의 형성에 대해서 어릴 때의 기억을 떠올린다. "이 주제에 대한 나의 생각은 어릴 때의 기억에서 시작합니다. 혼자 잠을 잘 때 어른들은 (계속 자신들의) 생을 계속하지요. 아이는 침실의 침묵을 마치 무엇이 '살랑거리는 소리를 내는 것'처럼comme 'bruissant' 느

껍니다." 네모가 다시 "살랑거리는 침묵이라고 했습니까?"라고 반문하자 레비나스는 이렇게 예를 든다. "빈 조개를 귀 가까이 대었을 때 침묵이 마치 꽉 찬 것처럼, 침묵이 소음인 것처럼 듣는 것과 비슷한 것입니다."(『윤리와 무한』, pp. 37~38).
18 『존재에서 존재자로』, p. 95.
19 같은 책, p. 109.
20 같은 책, p. 109, 『시간과 타자』, p. 27.
21 『존재에서 존재자로』, p. 110.
22 같은 책, p. 109, 『윤리와 무한』, pp. 47~48.
23 『시간과 타자』, p. 28 참조.
24 같은 책, p. 27.
25 Il y a(그저 있음)의 익명적 존재 경험을 레비나스는 현대 예술에서도 찾는다. 이름 있는 사물들과 교류하는 일상적 삶과 달리 현대 예술은 이것들을 다시 낯설고 알아볼 수 없는 존재들로 전환시킨다. 사물과 세계뿐만 아니라 예술가들도 현대 예술 사건에서는 익명화되고 주체로서의 자신의 고유한 주도권을 상실한다. 현대 예술은 주관적인 것도 아니고 객관적인 것도 아니면서 일상적인 사유와 행위가 더 이상 파악할 수 없는 세계 속에 존재한다. 현대 예술은 깨어 있으면서도 마치 꿈꾸고 있는 것처럼 현실을 만들어버린다. 예술 비평의 과제는 따라서 예술의 사건을 객관성으로 되돌려 이상적인 사회적 삶 속에서 제대로 기능하도록 만들어주는 것이라고 레비나스는 역설한다. 자세한 것은 1948년에 쓴 논문「실재와 그 그림자La réalité et sa ombre」를 보라. 이 논문은 E. Levinas, *Les imprévus de l'histoire*(Montpellier: Fata Morgana, 1994), pp. 123~48에 실려 있다. 레비나스의 예술철학에 대한 자세한 논의는 서동욱, 『차이와 타자』(문학과 지성사, 2000), p. 362 이하 예술의 비인격적 익명성에 대한 논의를 보라.
26 『존재에서 존재자로』, pp. 139~40.
27 같은 책, pp. 139~40.
28 같은 책, p. 139.
29 같은 책, pp. 138~39.
30 같은 책, p. 117.
31 같은 책, pp. 117~18.
32 같은 책, p. 117.
33 같은 책, p. 118 참조. "의식의 장소화는 주관적이 아니라 주체를 주체되게 하는 것이다La localisation de la conscience n'est pas subjective, mais la subjectivation du sujet."
34 같은 책, p. 117.
35 같은 책, pp. 118~20.
36 같은 책, p. 120.
37 같은 책, p. 122: "신체는 의식 사건 자체이다Le coprs est l'avènement même de la conscience."
38 M. Merleau-Ponty, *Phénoménologie de la perception*(Paris: Gallimard, 1945), pp. 81~232 참조.
39 『존재에서 존재자로』, pp. 123~24.

40 같은 책, pp. 121~22.
41 같은 책, p. 124.
42 같은 책, p. 125.
43 레비나스의 '순간'을 '안에 섬in-stant'의 뜻으로 보고 하이데거의 '밖에 섬Ex-istenz' 개념과 대비한 논의는 레비나스, 『존재에서 존재자로』 한국어 번역판에 붙인 서동욱의 해설을 보라.
44 『존재에서 존재자로』, p. 130.
45 같은 책, p. 131.
46 같은 책, pp. 126~27 참조.
47 같은 책, p. 38.
48 『시간과 타자』, pp. 31~32.
49 같은 책, p. 34.
50 같은 책, p. 36.
51 같은 책, p. 43.
52 같은 책, p. 45.
53 같은 책, p. 45.
54 같은 책, p. 82.
55 '향유'는 레비나스의 인간론에서 매우 중요한 개념이다. 이것은 『전체성과 무한』 2부의 중심 개념 중 하나이다. 4장에서 자세히 논의할 것이다.
56 『시간과 타자』, p. 47.
57 같은 책, p. 48.
58 같은 책, p. 53.
59 같은 책, p. 55.
60 같은 책, p. 56.
61 같은 책, p. 56.
62 M. Heidegger, *Sein und Zeit*, p. 262.
63 『시간과 타자』, p. 57. 이 문제에 대해서 하재원, 「하이데거 사유에서 죽음의 존재론적 구조」, 『해석학 연구』 제11호, 2003, pp. 160~83 참조. 좀더 자세한 것은 Peter Ha(하재원), *The Concept of the Self in Heidegger's Fundamental Ontology. An Investigation on the Concept of the Solipsistic Self of Dasein in Being and Time*(Ph. D. Dissertation at the Katholieke Univesersiteit Leuven, 1999), pp. 151~99 참조.
64 『시간과 타자』, p. 58.
65 같은 책, p. 59.
66 같은 책, pp. 62~63.
67 같은 책, p. 63.
68 같은 책, p. 63.
69 같은 책, p. 71.
70 같은 책, p. 64.
71 같은 책, p. 68.
72 같은 책, pp. 68~69.
73 같은 책, p. 74.

74 같은 책, p. 75.
75 같은 책, p. 19. 『존재에서 존재자로』, p. 162.
76 『시간과 타자』, p. 75.
77 같은 책, p. 77.
78 '여성적인 것' 또는 '여성성'의 신비는 낭만주의적인 이념과 무관하다고 레비나스는 밝힌다. 단테의 베아트리체와 괴테의 '영원의 여성' 상을 염두에 둔 것이 아니다. 이 경우들은 오히려 여성의 외관적 미로 인한 여성적 신비의 세속화로 레비나스는 생각한다. 같은 책, pp. 78~79 참조.
79 같은 책, p. 79.
80 같은 책, p. 79.
81 같은 책, p. 80.
82 같은 책, p. 83. 이것은 사르트르에 대한 반론임을 드부르는 지적한다. 앞의 논문 p. 194 참조.
83 같은 책, pp. 82~83. 죽음과 에로스에 관한 매우 치밀한 연구로는 Renée D. N. van Riessen, *Erotitiek en Dood* (Kampen: Kok Agora, 1991) 참조.
84 『시간과 타자』, p. 85.
85 같은 책, p. 86.
86 같은 책, pp. 12, 87 참조.
87 S. Strasser, "Emmanuel Levinas: Ethik als erste Philosophie," in B. Waldenfels (ed.), *Phänomenologie in Frankreich* (Frankfurt a. M.: Suhrkamp, 1983), pp. 220~21 참조.

4장 향유, 거주, 얼굴
—『전체성과 무한』을 통해 본 레비나스의 중기 철학

인간의 자기성, 자아의 독립성이 실현될 수 있는 가능성을 레비나스는 1961년 출판한 그의 대표작 『전체성과 무한』에서 더욱더 치밀하게 추적한다. 이 책에서 레비나스는 초기 저작에서 사용했던 이포스타즈hypostase, 곧 이름 붙일 수 있는 명사적 존재로서의 홀로 서기 주체 대신 '분리'를 중요한 개념으로 설정한다. 자기 스스로 섬, 곧 자기 정립은 자신을 타인과 사물로부터 분리하는 것이고 자신이 설 수 있는 자리를 '세계 속에서' 점유하는 것을 뜻한다. "인간 자신이 곧 존재론"이란 말은 이 점을 드러낸다.[1] 인간은 자신의 존재를 위협하는 존재 익명성을 벗어나 세계를 관리하고 노동하고 그 가운데서 집을 짓고 타자와 함께 거주하며 사회를 형성한다. 인간의 삶은 사물에 이름을 붙이고 조직하는 일 없이는 가능하지 않다. 존재자를 인식하고, 파악하며, 소유하고, 의미를 부여하는 행위가 레비나스가 말하는 '존재론'이다. 그래서 레비나스는 "존재자의 존재를 파악하는 존재론, 사물에 대한 관계로서, 사물의 현현으로서의 존재론은 땅 위에 거주하는 모든 사람의 전(前)이론적 노동이다"라고 말한다.[2] 거주와 노동에는 사물을 전체화하고 소유하고자 하는 경향이 있다. 존재하는 모든 것을 나(동일자)의 범주와 도식으로 환원하는 이론과 활동(과학, 과학기술, 노동, 문화)을 레비나스는 '존재론'이라 부르고 있다. 존재론은 전체성의 이념과 자기 실현의 이념, 이 두 축 위에 서 있다.

존재론은 그러므로 단순히 거부 대상이 될 수 없다. "인간 자신이 곧 존재론"이라면 존재론을 단순히 거부한다는 것은 가능하지 않을뿐더러 의미도 없다. 더욱이 '철학의 종말' '주체의 죽음'이 논의되는 마당에 존재론 자체를 거부하기보다는 오히려 세계를 가꾸고 타인과 관계하는 인간 주체의 의미를 다시 새기는 일이 더 긴요하고 절실하다.[3] 『전체성과 무한』이 무한자의 이념을 바탕으로 한 '주체성의 변호'라는 말은 이런 맥락에서 이해할 수 있다.[4] 레비나스가 변호하는 주체의 주체성은 앞에서도 강조했듯이 '타인을 영접하고 손님으로 받아들이는 행위'에서 성립한다.[5] 타인을 영접하고 받아들이는 것, 이것이 레비나스가 말하는 '초월'이다. 사물을 인식하고, 노동하고, 미래에 대해 불안을 갖는 것은 부차적이고, 타인을 영접하고 손님으로 대접하는 것이 주체의 주체성을 성립하는 일차적 조건이다.

그런데 역설적이게도 타인을 영접하고 손님으로 받아들이려면 타인과 나 사이에 거리가 있어야 한다. 타인과의 거리가 없이는 가까움과 친숙성이 있을 수 없다. 타인과의 거리는 타자가 타자로서 나에게 환원될 수 없는 '외재성'을 갖듯이 바깥과 구별되는 '내면성'이 나에게 있을 때 성립한다. '내면성'과 '외재성,' 나와 타인, '동일자'와 '타자' 사이에 거리가 형성되는 것을 레비나스는—앞에서 몇 번 지적했듯이—'분리'라고 부른다. 내가 나로서 독립성을 가짐은 다른 것과 분리된 고유의 내면성을 가짐을 뜻한다. 세계 안에서의 인간의 존재 방식은 하이데거가 그리는 것처럼 '이미 자기 밖에 나와 있는 존재'가 아니다. 밖으로 나가기 위해서는 안이 형성되어 있어야 한다. 내면성이 없는 곳에는 밖으로 향한 초월이 없다. 초월은 언제나 '동일자와 타자의 분리'를 전제한다. 분리가 없이는 초월이 없다. 그러므로 초월 운동은 '자기 복귀'를 전제한다. 자기 복귀, 내면성의 형성, 또는 자아의 자기성의 확립을 레비나스는 '향유'와 '거주'의 행위로 본다. 향유와 거주는 '인간이 곧 존재론'이란 사실을 해명할 뿐 아니라 동일자와 타자, 내면성과 외재성의 분리에 구체적인 내용을 채워준다. 이제 그 내용을 자세히 살펴보자.

1. 삶에 대한 사랑과 향유

"좋은 음식, 공기, 빛, 구경거리, 일, 생각, 잠, 이런 것들로 우리는 살고 있다."[6] 새로운 주체 개념을 서술하는 자리에서 레비나스는 서두를 이렇게 끄집어낸다. 인간의 삶에 대한 서술로서 철학자에게 기대하기에는 너무나 일상적이고 평범한 생각을 펼치는 까닭이 무엇인가? 천박하게 보이기조차 하는 이러한 서술로 레비나스는 무엇을 겨냥하는가? 음식, 공기, 햇볕, 빛, 잠, 심지어는 생각, 이와 같은 것은 '표상의 대상'(후설)이나 삶을 영위하기 위한 수단 또는 '도구'(하이데거)가 아니라는 사실을 레비나스는 강조한다. 음식을 먹고, 맑은 공기를 마시고, 좋은 음악을 듣고, 대화를 나누고, 일을 즐기는 것은 삶의 과정이고 삶의 내용이다. 이것을 떠나, 이것과 관계없이 이루어낼 수 있는 삶이 따로 존재하는 것이 아니다. 『존재에서 존재자로』에서 레비나스는 이미 이렇게 쓴 적이 있다.

> 숨 쉬기 위해서 우리는 숨을 쉬고 먹고 마시기 위해서 먹고 마신다. 거주하기 위해 주거를 마련하고 호기심을 만족시키기 위해서 공부하고 산책하기 위해서 산책을 한다. 이 모든 것들은 삶을 위한 것이 아니다. 이 모든 것들이 곧 삶이다.[7]

삶의 내용을 채워주는 음식, 잠, 옷, 음악, 대화, 생각은 유용성의 도식에 따라 평가할 수 있는 것이 아니다. 이것들은 어떤 무엇을 하기 위한 것이 아니라 그 자체가 즐김과 누림, 곧 향유 jouissance의 대상이라는 말이다.

삶을 채워주는 내용과의 관계를 즐김과 누림, 곧 향유 jouissance로 보는 데는 하이데거에 대한 비판이 담겨 있다. 세계 안에서의 인간의 존재를 하이데거는 '던져짐'으로 규정한다. 세계 안에 던져져 있다는 의식으로부터 존재에 대한 '염려'가 비롯되고 염려 때문에 인간은 세계를 거주 가능한 '도구적' 공간으로 바꾸어놓는다. 거주 가능한 공간 속에서 인간은 자유롭게 자신의 삶을 기획하고 고통과 죽음에 맞서 미래를 계획한다. 삶에 대한 염려와 불안은 하이데거에 따르면 세계 안에서 인간의 기본적인 감정이다. 그러나 레비나스는 염려와 불안보다 즐김과 누림, 곧 향유가 세계와의 일차적인 관계라고 본다.

한 걸음 물러나 생각해보자. 사과를 바라볼 때 일상인의 관심은 이론적인 데 있지 않음은 분명하다. 그것이 먹음직한가 않은가, 그것을 살 수 있을까 없을까 하는 것이 중요하다. 밥은 먹기 위한 것이지 연구 대상이 아니다. 사물에 대한 이론적 관심과 그것을 가지고 뭘 할 것인가 하는 실천적 관심은 먹고 마시는 것에 대해 부차적이다. 이론을 내세우고 실천을 하는 데도 그 배후에는 이론과 실천을 즐기는 행위가 있다. 그래서 레비나스는 삶의 "최종적 관계는 향유, 곧 행복"이라고 강조한다.[8] 같은 생각을 그는 또 이렇게 표현한다.

향유는 나의 삶을 채우는 모든 내용에 대한 최종적 의식이다. 이 내용들을 향유는 모두 안고 있다. 내가 관여하는 삶은 **벌거숭이 삶**이une *nue* existence가 아니다. 나의 삶은 노동과 양식(糧

食)이 있는 삶이다. […] 삶을 채우는 내용을 확보했을 때조차 수단은 곧 목적으로 추구되고 그 목적을 추구하는 것이 다시 목적이 되어버린다. 사물들은 이렇게 생존에 필수적인 것 이상으로 존재한다. 사물들은 [필요 이상 그저 주는] 삶의 은총grâce을 베풀어준다. 우리는 우리의 삶을 확실하게 보장하는 노동으로 삶을 유지한다. 하지만 우리가 노동을 하는 것은 그것이 우리의 삶을 채워주기(기쁨을 주거나 혹은 슬픔을 주거나) 때문이기도 하다.⁹

레비나스가 말하고자 하는 것은 이것이다. '~으로 삶을 산다 vivre de~'는 것은 표상과 반성, 이론과 지식이 있기에 앞서 즐김이요 누림이다. 삶은 결코 벌거숭이로 사는 것이 아니라 내용이 있는 삶이고 내용을 즐기는 삶이다. 이것을 레비나스는 '삶에 대한 사랑amour de la vie' 또는 '자기애L'égoïsme de la vie'라 표현한다. 삶은 본질적으로 삶에 대한 사랑이며 자기애이다.¹⁰ 삶의 내용은 단지 삶을 채워주는 것에 그치지 않고 삶을 완성하고 아름답게 만들며 살 수 있을 만한 것으로 장식해준다. 지각 대상의 경우도 마찬가지다. 내가 눈으로 보는 대상은 내 앞에 있는 대상이지만 대상을 보는 가운데 나는 보는 즐거움(또는 보는 고통)을 동시에 느낀다. 대상을 볼 때 단지 대상만을 겨냥하고 대상만을 의식하는 것이 아니라 대상을 느낌으로 받아들인다. 이것을 레비나스는 다음과 같이 표현한다.

우리는 의식에 대한 의식 속에 살고 있다. 하지만 의식에 대한 이 의식은 반성이 아니다. 그것은 앎이 아니라 향유이고, […] 삶의 자기애 자체이다.¹¹

2. 요소 세계

그러면 향유의 관점에서 삶을 볼 때 주변 세계는 어떻게 이해할 수 있는가? 레비나스에 따르면 우리는 사물을 그 자체 고립된 것으로 체험하기보다는 무엇이라 분명히 규정할 수 없이 우리가 몸담고 있는 세계로 체험한다. 세계는 원래 사물들의 총체이기보다는 삶의 '요소l'element'이다. 마치 물고기가 물을 삶의 '요소'로 체험하듯 세계는 사람에게 '요소'요, 터전이다. 그러므로 레비나스는 향유의 세계를 '요소적'이라고 부른다.[12] 요소로서의 세계는 무규정성을 특징으로 한다. 세계는 쉽게 대상화할 수 없을뿐더러 손쉽게 다룰 수 있는 도구로도 환원할 수 없다.

요소적인 것은 이름을 붙일 수 없고 지칭할 수 없다. 예컨대 바다와 바람을 이용할 수 있는 항해사도 바다를 단순한 하나의 사물이나 도구로 만들지 못한다. 사람이 이용할 수 있지만 바다는 역시 사람 손에 규정되지 않은 채 남아 있다. 요소에는 내용은 있지만 그것을 담을 형식이 없다. 이것을 일컬어 레비나스는 '형식 없는 내용'이라 부른다. 요소는 얼굴도 없고 이름도 없다. 그러므로 요소에 대해서는 주체와 대상 관계를 형성할 수 없다. 요소에 에워싸임으로써만 우리는 요소와 관계할 수 있다. 사물에는 일정한 모습이 있다. 부드럽거나 단단하거나, 따뜻하거나 차거나, 네모나거나 둥글거나 일정한 성질을 사물들은 지니고 있다. 그러므로 사물에 대해서는 이름을 붙일 수 있고 속성을 지닌 실체로 다룰 수 있다. 하지만 요소는 서술할 수 있는 성질이 있다고 하더라도 그것은 늘 가변적이고 불확정적이다. 따라서 요소는 이름을 가진 하나의 특정한 실체로 접근할 수 없다. 이런 뜻에서 레비나스는 요소를 '실체 없는 성질'이요 '떠받침 없는 성질'이라고 규

정한다.[13]

요소 세계는 사람이 사는 삶의 환경milieu이다. 세계, 요소, 환경은 여기서 동의어로 쓰인다. 사람은 말하자면 목욕물 속에 잠기듯이 요소 속에 완전히 잠겨 있다. 우리는 요소 속에서 살 뿐만 아니라 요소를 먹고 마시며 살고 있다. 마시는 물, 들이켜는 공기, 우리를 에워싼 따뜻함과 차가움 등으로 우리는 삶을 지탱한다. 물, 공기, 따뜻함, 이와 같은 것들은 사물로 환원할 수 없다. 요소는 우리의 삶의 환경이며 이 속에서 우리는 마치 고향에 있듯이 즐기고 향유한다. 레비나스는 이렇게 말한다.

> 지금 내가 살고 있는 이 땅으로 나는 충분하다. 나를 떠받쳐주는 땅은, 무엇으로 나를 떠받쳐주는가를 알려고 하지 않아도 나를 떠받쳐주고 있다. 내가 살고 있는 세계의 한 모퉁이, 일상적 처신의 세계, 이 도시, 이 지역 또는 이 거리, 내가 살고 있는 이 지평, 이들이 보여주는 외모에 나는 만족한다. 이들에게 나는 폭넓은 체계 속에 설 땅을 제공하지 않는다. 나에게 설 땅을 주는 것은 오히려 이들이다. 이들을 생각하지 않은 채 나는 이들을 영접한다. 나는 이 사물들의 세계를 순수한 요소처럼, 떠받쳐주는 이 없는, 실체 없는 성질처럼 즐기고 향유한다.[14]

삶의 세계가 우리에게 '요소'라면 향유의 차원에서 만나는 사물들의 존재를 질서 정연한 목적성의 체계에 따라 규정할 수 없다는 것이 분명하다. 요소로서의 세계는 소유로서의 세계에 선행한다. 소유는 일정한 목적과 기능을 전제로 사물을 나의 것으로 삼는 행위이다. 그러므로 소유는 사물에게 일정한 목적과 기능, 다른 것과 구별되는 개별성을 부여한다. 그런데 소유 이전의 요소로서의 사물, 즉 공기와 바람, 도시와 바다 등은 누구의 소유도 아니며 누구의 소유가 될 수 없다.

3. 향유와 주체의 주체성

향유를 사람이 세계와 가지는 일차적 관계로 보고 세계를 사물의 체계가 되기 이전의 '요소적' 세계로 보는 것은 주체의 주체성을 새롭게 규정하기 위한 것이다. 요소적 세계와의 향유적 관계를 통해 레비나스는 주체의 근원적 존재 방식을 드러내보고자 한 것이다.

1. 주체의 주체성은 향유에 기원을 둔다. 향유는 어떤 다른 것을 즐기고 누리는 것이라 볼 때 항상 다른 무엇에 의존적이다. 숨을 쉬기 위해서 공기에 의존해야 하고, 갈증을 씻기 위해 물에 의존해야 한다. 따라서 향유는 늘 자기가 아닌 '다른 것'에 의존해 있다. 반면 즐기고 누리는 행위 자체는 무엇에 의존하지 않는 독립적 행위이다. 음식을 먹고, 숨을 쉴 때 나는 아무에게도 의존하지 않는다. 나는 다른 사람에게 양도할 수 없는 주권을 행사한다. 향유의 순간, 어떤 것에 의존하지 않고 홀로 무엇을 누린다는 사실에 주체의 주체성의 기원이 있다고 레비나스는 생각한다.[15] 인격의 인격성, 나의 나됨(자기성)은 '향유의 개별성'을 통해 성립한다.[16]

하지만 조금 자세히 살펴보면 주체성의 기원인 이 향유는 순수 의존성도 순수 독립성도 아니다. 향유는 '의존성을 통한 독립성'이다.[17] 따라서 주체의 주체성은 향유의 행위를 완전히 자신의 것으로 떠맡음으로써 성립한다. 자신의 것으로 떠맡을 수 있는 가능성은 자신이 아닌 것, 다른 것에 의해 주어진다. 바로 이 의존성에 의해 주체성의 독립성이 가능하다. 세계에 대한 의존성, 물과 공기와 음식에 대한 의존성에 의해 주체는 주체로서 홀로 설 수 있다. 주체는 의존성을 독립성으로 바꾸고 세계를 자신의 세계로 만들어간다.

향유의 주체는 의존성 가운데서 독립해 있다. 주체는 다른 것과 분리돼 있다. 분리는 주체를 다른 주체와 구별하는 근거이다. 그런데 분리는 자동적으로 발생하는 것이 아니라 향유를 통해 발생한다. 향유를 통해 주체는 다른 것으로부터 자신을 분리시켜 완전히 홀로 "자신에게 머문다être chez soi." 이것이 좀더 구체적으로 나타나는 사건은 자아를 통한 '전체화'이다. 향유 가운데 자아는 자신을 에워싼 세계를 자신의 세계로 변형시키기 시작한다. 향유의 주체는 향유의 중심에 서 있다. 향유를 통해 세계는 원래의 낯선 얼굴을 벗고 향유의 대상으로 바뀐다.

> 나에게 터전을 주고 나를 떠받쳐주던 세계의 이질성은, 욕구를 충족시키는 가운데, 자신의 타자성을 상실한다. 〔…〕 다른 것에 속했던 힘은, 포만(飽滿) 가운데 〔…〕 나의 힘, 내 자신이 된다.[18]

향유는 나 자신이 나 자신으로 실현하는 과정이고 이 과정을 거치면서 나는 하나의 개별적 인격으로 등장한다. 향유는 개체에게 자유를 주고 각자의 삶을 각자의 것으로 떠맡게 해준다. 자유로운 떠맡음, 자기에게로의 복귀는 주체에게 주어진 자유의 근원이다. 그러므로 향유는 자아가 자유로운 자아로 스스로 실현하는 과정이고 이런 의미에서 어떤 다른 것과도 바꿀 수 없는 중요한 사건이다.[19]

2. 주체의 내면성과 유일성은 향유를 통해 구성된다. 나와 타

인, 동일자와 타자는 향유를 통해 주체의 내면성이 형성될 때 그 때 비로소 실제로 분리된다. 향유는 자아의 응축이고 자신에게로의 복귀이다. 향유를 통해 자아는 삶과 활동의 중심이 된다. 그렇다고 해서 자아가 먼저 있었던 것은 아니다. 향유를 통해 내면성이 형성되고 내면성을 통해 '자신'과 '자신 아닌 것' 사이의 분리가 출현한다. 따라서 향유를 통해 자아가 비로소 출현한다고 레비나스는 보고 있다.[20]

향유는 '자신에 대한' 향유이다. 자신에 대한 향유는 자기반성 또는 자기의식으로서 자신에 대한(대자적) 관계도 아니며 자신의 존재를 위한 것도 아니다. '자신에 대한 향유'는 마치 배고픈 사람이 자신의 배고픔만을 생각하듯 그런 의미에서 '각자 자신을 위해' 누리는 행복이다. 향유는 '자신 안으로 물러남'이고 자신으로의 귀환이다. 향유는 자아의 자기성을 형성한다.[21]

향유를 통한 자아의 자기성을 바탕으로 해서 이제 누구와도 맞바꿀 수 없는 자아의 유일성이 성립된다. 에펠탑이나 모나리자처럼 이와 비슷한 유의 견본이 오직 하나 있다는 데 자아의 유일성이 있는 것은 아니다. 자아의 유일성은 어떤 유에 속하지 않는다는 사실, 어떤 개념으로도 담을 수 없다는 사실에 있다고 레비나스는 생각한다. 보편과 개별의 구별을 뛰어넘어 향유하고 있다는 바로 그 사실에 자아의 유일성이 존재한다는 것이다.[22] 개체와 개체를 구별해주는 개별성의 원리는 질료가 다르거나(아리스토텔레스) 다른 공간을 차지하고 있다는 사실(라이프니츠)에 있는 것이 아니라 각자가 누리는 향유와 행복에 있다. 레비나스는 향유야말로 진정한 '개별화의 원리'라고 주장한다.[23]

3. 향유와 행복이 '개별화의 원리'이며 향유를 통해 각 주체의 주체성이 성립된다는 사실은 각 인격에는 어떤 무엇으로도 환원

할 수 없고 소외시킬 수 없는 고유성과 존엄성이 있다는 사실을 말해준다. 내가 존재의 주체가 되는 것은 단지 내가 다른 사람과 마찬가지로 존재한다는 사실에 있는 것도 아니고 존재의 짐을 스스로 짊어진다는 사실에 있는 것도 아니라 내면성의 확보를 통해, 즉 향유를 통해 단순한 존재를 초월한다는 사실에 있다. 이와 같은 존재 초월이 가능한 존재가 '인간'이다.[24] 앞에서 보았듯이 내면성의 확보는 향유를 통한 것이고, 향유는 다른 누구에게도 환원할 수 없는 개체의 고유한 행위이다. 이것은 배고픈 사람에게 먹을 것을 줄 수는 있지만 그를 대신해서 먹어주지는 못한다는 사실에서 확인할 수 있다. 아무도 개인의 내면을 투명하게 볼 수 없으며 개인의 비밀을 알아낼 수 없다. 개인은 저마다 향유의 주체로서 신비를 지니고 있다. 개인은 종족으로, 혈통으로, 또는 사회 집단으로 또는 누구와의 관계로 환원할 수 없다. 이것은, 나의 나됨(자기성)과 타인의 타자성은 결코 상대화할 수 없는 절대적 성격을 띠고 있음을 뜻한다. 이런 의미에서 인격은 철저하게 다원적이다.[25] 인격은 어떤 명목으로도 전체화할 수 없다는 것이 레비나스 철학의 기본 신조이다.

4. 요소 세계의 무규정성과 내일에 대한 불안

요소 세계에서 맛보는 즐거움은 그러나 순간에 지나지 않는다. 만족감을 맛보는 순간, 내일에 대한 불안이 고개를 내민다. 요소 세계 속에 사는 동안 세계는 나에게 무규정성으로, 아무것도 아닌 그 무엇으로, 내가 어쩔 수 없는 대상으로 체험된다. 물과 공기와 바람과 흙은 나의 자유에 의존하는 것이 아니라, 나의 뜻과 상관없이 나에게 은택을 베풀기도 하고 나의 생활을 위협하기도 한다. 이것들이 어디서 오는지, 어떻게 오는지 그것조차 알 수 없다.

어디에서도 오지 않는다는 사실, 있지 않은 '어떤 것'이 있다는 사실, 무엇이 현상하지 않으면서 현상한다는 사실, 그리고 결국에는 그 원천을 내가 소유할 수 없으면서도 또다시 '늘 온다'는 사실, 이것이 감성과 향유의 미래를 그려준다.[26]

이런 의미에서 요소는 현재, 지금 이 순간 나의 향유 속에 현존할 뿐이다. 요소는 나를 떠받치는 기반이고 그것의 익명성, 무규정성으로 인해 나의 힘으로는 어쩔 수 없는 힘으로 남아 있다. 그것은 마치 얼굴 없는 신처럼 말을 건넬 수도 없고 호소할 수도 없다. 요소의 이와 같은 부정적인 측면을 레비나스는 '있음il y a,' 즉 '존재자 없는 존재'라고 부른다. '이것'도 아니고 '저것'도 아니며 '어떤 것'이라고 부를 수 없으면서 그렇다고 해서 그것의 존재를 부정할 수 없는 것, 익명성을 지닌 것, 사람을 엄습하고, 사로잡고, 인격을 빼앗고, 질식하게 하는 성격을 요소는 지니고 있다는 것이다.[27]

향유 안에서의 주체의 취약성은 요소로부터 오는 위협 때문만은 아니다. 향유 자체에 주체의 존재를 위협하는 요소가 들어 있다. 향유의 주체는 향유의 내용에 늘 의존해 있다. 향유를 통해 주체가 누리는 독립성은 '의존성을 통한 독립성'이요, '의존성 안에서의 독립성'이다. 향유의 주체는 무엇을 누릴 때 자신이 아닌 다른 것, 즉 타자에 늘 의존해 있다. 주체는 향유의 내용에 대해 절대적 주권을 행사하지 못한다. 그러므로 레비나스는 다음과 같이 말한다.

'주관적'으로, '심적'으로, '순전히 내적'으로만 일어나는 이 주권에 취약점이 있다는 사실은 [주체가 누리는] 행복으로 은폐되지 않는다. 자아에게, 향유의 행복 속에서 구성되는 이 어쩔 수 없는 주체성에게, 모든 것의 존재 방식을 복귀시킨다고 해도 자아가 아닌 것[非我]으로부터 독립된 절대적 주체성을 얻어내지 못한다. 자아가 아닌 것이 향유에 양식을 주고 자아는 즐거움을 주는 세계를 필요로 한다.²⁸

향유 속에 자아가 누리는 자유는 그러므로 절대 자유가 아니라 한계 있는 자유라고 레비나스는 보고 있다. 자유의 한계성은 스스로 자신의 출생을 선택할 수 없었다거나 이미 어떤 상황에 처해 있다는 사실에서 오는 한계성이 아니라, 현재 순간의 향유가 향유의 내용이 되어주는 요소 세계의 익명성을 통제할 수 있는 어떠한 수단도 보장해줄 수 없다는 데서 오는 한계이다.

요소의 위협은 인간에게 두 가지 반응을 일으킨다. 요소에 대해 사람이 보이는 첫번째 반응은 신화적 반응이다. 요소의 무규정적인 불확실성은 신화적 신앙이 뿌리내릴 수 있는 토양을 마련한다. "불확실성으로서의 요소의 미래는 신화적 요소의 신성으로 체험된다."²⁹ 요소의 어두운 심연은 "얼굴 없는 신들"이 출현하는 장소이다. 이 어두움은 인간을 다시 익명적인 '있음'의 영역에 빠뜨린다. 그러므로 감추어진 힘에 대한 원시적 공포를 벗어나 인간이 자기 스스로의 독립성을 실현하기 위해서는 '무신론'의 위험을 감수해야 한다.³⁰ 무신론은 신적인 존재와의 '분리'를 뜻한다. 이를 통해서 요소가 지닌 주술적인 힘이 상실된다. 그래서 인간은 자기 자신의 존재를 스스로 관리하고 지배하고 요소(자연)를 정복하고 싶은 충동을 갖게 된다. 이제 향유는 내일을 위한 걱정으로 바뀌고, 이 걱정 때문에 인간은 집을 짓고 노동하며 이를 통해 삶을 안전하게 만든다. 거주와 노동은 요소의 위협에 대해서 인간이 보이는 두번째 반응이다. 집을 짓고 거주하며, 노동하는 것은 인간의 자기 긍정, 자기 자신의 독립성을 실현하는 일이다.[31]

5. '여성적인 것'과 집과 거주

삶의 요소(환경)는 우리 존재의 충족임과 동시에 위협이기도 하다. 그러므로 인간은 요소에 자기 자신을 무조건 내맡기기보다 그것으로부터 자기 자신으로 돌아오고자 노력한다. 자기 자신으로 돌아오는 것, 자기를 환경과 분리하여 자기성을 확립하는 일은 집을 짓는 일 가운데 구체화된다. 레비나스는 『존재에서 존재자로』에서 잠과 휴식을 자기에게로 되돌아오는 과정으로 묘사하지만, 『전체성과 무한』에서는 집을 짓고 그 안에서 거주하는 것을 자기 자신으로 돌아오는 과정으로 이해한다.[32]

집은 어떤 형태를 띠든 간에 외부 공간과 구별된 내부 공간을 형성해주는 수단이다.[33] 집을 세움으로써 사람은 그곳을 중심으로 노동을 시작하고 소유물을 쌓는다. 집은 사람에게 없어서는 안 될 하나의 도구이다. 망치로 못을 박고 만년필로 글을 쓰듯이 집은 우리에게 보호막 구실을 하고 있다. 집은 비바람을 막아줄 뿐만 아니라 외부인의 침입을 차단해준다. 집은 이런 의미에서 생존에 필요한 도구들 가운데 하나라고 하겠다. 하지만 집은 거주의 수단이고 도구임에 틀림없지만 도구들 가운데도 특별한 위치를 차지하고 있음을 레비나스는 지적한다.

집이 갖는 특별한 역할은 집이 인간 활동의 목표라는 사실에 있는 것이 아니라 오히려 이것을 가능케 해주는 조건이며 그 시작이라는 데 있다. 자연을 표상하고 가공하며 그리하여 [자연이] 세계로서의 윤곽을 얻으려면 내면으로의 전향le recueillement이 있어야 하는데 이것이 바로 집으로 성취된다.³⁴

집은 하나의 건물이다. 이런 의미에서 집은 세계 안에 있는 대상들 가운데 하나의 대상이다. 하지만 집을 제외한 모든 대상은 집을 기점으로 해서 관찰되고 취급된다. 그러므로 집이 객관적 세계에 속해 있는 것이 아니라 객관적 세계가 집을 중심으로 펼쳐져 있다고 말하는 것이 좀더 정확하다. 인간은 설 수 있는 어떤 지점이 있을 때 그곳에서 세계를 만날 수 있다. 그러자면 사물을 구별할 수 있어야 하고 개념을 만들 수 있어야 한다. 설 수 있는 지점을 스스로 찾아내고 개념을 형성하고 사물을 다루려면 자신을 정립할 수 있어야 한다. 이러한 자기 정립은 내면성의 문제만은 아니다. 그것은 밖으로 표현될 수 있어야 하고 물리적, 공간적 가능성이 있어야 한다. 자기 자신으로 돌아옴, 자신을 스스로 통제할 수 있는 중심점을 레비나스는 '집'이라는 거주 공간으로 설정한다.³⁵

집은 이렇게 볼 때 향유 주체의 내면으로의 복귀를 밖으로 구체화시킨 것이다. 향유 속에서 요소 세계의 불확실성을 경험한 주체는 자기 자신으로의 복귀를 통해서만 존재할 수 있다. 그런데 자기로의 복귀는 집을 짓고 그 안에서 거주함을 통해서만이 구체적으로 실현될 수 있다. 따라서 집은 자기로의 복귀를 구체적으로 실현하는 수단이다. 그런데 집이란 존재는 내면성으로의 전환이 있을 때 비로소 의미가 있다. 하지만 내면성으로의 전환은 돌아올 수 있는 집이 없이는 가능하지 않다. 레비나스는 순수 의식의 관념론적 주체는 존재하지 않는다고 본다. 주체는 언제나 육화(肉化)된 주체이다. 주체는 신체로서 거주할 때 비로소 주체로서 존재한다. 그러므로 주체의 내면성은 하나의 신체로서 주체가 언제나 또다시 자신에게 복귀한다는 사실 외에 다른 것이 아니다. 주체는 집을 통해 거주 주체로서 자신을 세울 때 세계를 관찰하고 세계를 자신의 대상으로 삼을 수 있다고 레비나스는 말한다.[36] 이와 같은 관점은, 사유를 통해 주체의 존재를 근거짓고자 한 관념론과 대립된다. 레비나스는 신체와, 타인과 함께 내밀한 공간을 형성하는 집을 주체를 떠받쳐주는 '기반'으로 삼고자 한다. 거주 공간으로서의 집으로의 복귀는 '친밀성'으로 묘사된다.[37] 부드럽고, 따뜻하며, 익숙한 친밀성의 공간인 집을 통해 사람은 자신을 다시 발견하고 좀더 깊은 자기의식에 이른다고 본다.

거주한다는 것은 단지 어깨 너머로 던진 돌멩이처럼 존재자가 존재 속에 던져져 있는 익명적인 현실을 말하는 것이 아니다. 거주한다는 것은 내면으로의 전향, 곧 자신에게로의 돌아옴이며, 피난처와 같은 자신 속으로의 은둔이다. 여기에는 환대(歡待)가 있고, 기대(期待)가 있고, 인간적인 영접(迎接)이 있다.[38]

환대와 기대, 영접이 있는 친밀성의 공간은 레비나스에 따르면 "여성적인 얼굴의 부드러움"을 통해 창조된다.[39]

레비나스는 집의 친밀성과 부드러움이 타인(이 경우 여성적인 타인)으로부터 온다는 사실을 밝히기 위해 '내면으로의 전향 le recueillement'이란 단어를 출발점으로 삼는다. '내면으로의 전향'이란 말은 주변 세계에 일어나는 일에 대해 즉각 반응을 보이기보다는 자신이 처한 상황, 자신이 지닌 가능성에 눈을 돌리는 것을 뜻한다. 전향은 즉각적인 것의 향유로부터 자신을 분리한 뒤, 다른 곳에 관심을 돌리는 행위이다. 레비나스는, 이러한 관심의 전환은 세계의 친숙성을 경험함으로써 일어나고, 이 친숙성은 따스한 우정을 경험함으로써 가능하다고 본다. 그런데 친숙성 가운데 전제된 이 친밀성은 언제나 '누구와의 친밀성une intimité avec quelqu'un'이다.[40] 그러므로 레비나스는 관심의 전환, 즉 내면으로의 전향은 언제나 누군가의 '영접un accueil'과 관계한다고 말한다.[41]

그러면 이러한 친밀성은 어떻게 가능한가? 그것은 타인l'Autrui의 등장으로 가능하다. 하지만 이때 타인은 벌거벗은 얼굴로 나를 질책하고 불의를 고발하는 타인의 모습보다는 '다소곳이 discrètement' 나를 수용하는 타인의 모습을 하고 있다. 다소곳이 나를 수용하는 타인을 일컬어 레비나스는 '여자'라고 부른다. "여자는 내면으로의 전향, 집과 거주의 내면성의 조건"이다.[42] 레비나스는 부버의 '너와 나'의 관계에서 '너'는 거주 공간 안에서 관계하는 타인, 곧 여성적 타자임을 강조한다. 그러한 '너'는 나에게 명령하지 않는다. '나'와 '너'가 나누는 언어는 은밀한 표현이며, 말없는 이해요, 명령과 교훈과는 거리가 먼 조용한 언어이다. 여성적 타자의 존재는 거친 현실 속에 말할 수 없는 '연약성'과 '부드러움'을 심어놓는다.[43]

거주 공간, 내면으로의 복귀, 연약성, 부드러움, '여자'의 존재로 인해 요소 세계로부터 주체의 분리가 일어난다고 레비나스는 보고 있다. 좀더 엄밀하게 말하자면 '다소곳이' 존재하는 '여자'의 존재를 통해 거주가 가능하고, 거주를 통해 주체는 향유의 주체에서 세계를 표상하고 관리하고 통제할 수 있는 노동의 주체로 등장할 수 있다. 이것은 주체의 성립과 자기 확인 과정에는 타자 l'Autre의 존재가 반드시 개입되어야 함을 보여준다.[44] 그런데 이때 여성적 타자는 누구인가? 레비나스가 말하는 여자는 현실적으로 경험할 수 있는 '여자'일 필요가 없다. 대부분의 경우, 레비나스는 조금 중립적인 뜻으로 '여성적인 것'이란 말을 더 많이 사용한다. '다소곳한 타자'는 '향유' '거주' '신체성' 등과 같이 하나의 철학적 표현법일 뿐이다. '다소곳한 타자'는, 만일 여자의 입장에서 본다면 남자일 수 있다. 이것은 내면으로의 전향과 거주를 가능케 하는 타자의 친밀성, 나를 그의 손님으로 수용하는 타자의 너그러운 환대를 표현하는 것일 뿐이다.[45]

6. 노동과 소유

레비나스의 서술에 따르면 주체의 성립과 자기 주장은 거주로 끝나지 않는다. 노동과 소유가 거주에 뒤따른다. 인간과 세계 사이에 새로운 관계가 형성된다. 인간은 세계를 더 이상 요소 세계로 남겨두지 않고 노동을 통해 세계를 정복하고 관리하며 자신의 소유로 삼는다. 거주는 요소와의 직접적인 접촉을 단절하고 세계의 위협을 벗어나 자신을 보호하는 수단이다. 거주를 통해 인간은 집 안의 친밀성과 따뜻함을 경험한다. 노동과 소유는 거주와 반대로 세계를 정복하고 지배하는 방식이다. 레비나스는 노동을 향유와 대비시킨다. 향유의 경우 주체는 대상을 소유하지 않는다. 향유의 대상은 언제나 무규정적인 요소로 남아 있고 요소 세계는 여전히 주체를 위협한다. 하지만 집을 짓고 그 안에 거주하고 노동함으로써 주체는 요소 세계를 마치 하나의 '사물'처럼 소유한다.

노동을 통한 소유를 레비나스는 '손'에 대한 분석을 통해 보여준다. 그에 따르면 손은 노동을 위해 존재한다. 물론 손의 존재가 이것으로 모두 설명되지는 않는다. 애무의 경우처럼 타인을 쓰다듬는 일이나 경제적 관계에서 타인에게 내어놓는 일을 손은 수행한다. 그러므로 손은 거주 경제 안에서 윤리적인 기능을 할 수 있다.⁴⁶ 하지만 거머쥐는 일은 거주 공간 안에서 손이 맡고 있는 일차적 기능이라고 레비나스는 보고 있다.⁴⁷ 요소 세계는 거머쥐는 손의 활동을 통해 제1질료가 된다. 손은 요소 세계를 질료로 만듦으로써 요소 세계가 안고 있는 익명성의 탈을 벗겨내고 이름 부를 수 있는 사물을 빚어낸다. 요소 세계의 익명성과 무규정성은 노동을 통해 해제되고 요소 세계는 하나의 사물로서 분명한 의미와 기능을 갖게 된다.⁴⁸ 손은 이렇게 노동을 통해 요소 세계의 위협을 차단하고 미래를 예측, 통제한다. 주체가 노동의 결과로서 사물을 소유할 때 요소 세계는 지속성을 가진 사물, 곧 '실체'의 세계로 전환한다.⁴⁹

노동을 통해 요소 세계는 한계와 영역, 각각의 고유한 영역을 가진 사물들의 세계로 전환한다. 책상, 의자, 편지 봉투, 연필과 같은 인공적인 생산품뿐만 아니라 사과, 감자, 나무, 돌멩이와 같은 자연물도 손의 개입을 통해 지속성을 갖는 사물(실체)이 된다. 사물의 실체성은 그것이 지닌 고정성에 있다고 레비나스는 본다. 고정성으로 인해 우리는 사물을 손에 쥘 수 있고 옮길 수 있고 타인에게 양도할 수 있다. 사물은 말하자면 노동을 통해 하나의 '동산(動産)'이 된다.⁵⁰ 실체로서의 사물 또는 동산으로서의 사물은 집oikos의 관리 또는 거주 관리oikonomia인 경제와 관련 있다. 사물의 존재는 경제를 통해 그것의 가치를 인정받는다. 사물은 교환되고 비교되고 다른 것으로 대치될 수 있다. 사물에는 그 자체 절대적인 독립성이 존재하지 않는다. 사물은 단지 소유물로서 그 존재를 인정받는다.⁵¹ 그러므로 소유물로서의 사물은 단지 현상성만을 갖는다. 그 자체 존재를 소유물로서의 사물은 따로 가지지 못한다. 따라서 사물의 존재는 거주하고 노동하는 인간에 종속된다.

노동과 소유, 그리고 그것을 가능케 하는 거주는 두 가지 측면을 가지고 있다. 한편으로 이것은 해방을 뜻한다. 요소 세계의 무규정성으로부터 오는 위협을 벗어나 인간은 자신을 보호할 수 있는 공간을 형성한다. 이것은 낯선 타자를 나의 영역, 즉 동일자의 영역으로 환원하는 것이다. 나는 타자와 분리하여 타자를 나의 노동과 소유의 대상으로 삼는다. 요소 세계가 지닌 타자성은 타자성을 잃고 나에게 익숙한 사물로 전환된다. 신체는 여기서 타자에 의존해 있기보다 타자와 독립해서 타자를 나의 영역으로 환원하는 도구로 쓰인다. 노동과 소유를 통해 주체는 '참여'로 특징지어지는 신화적 세계를 벗어나 자신을 타자로부터 '분리'하고 이를 통해 고유한 주체로서 자유를 획득한다. 이러한 자유는 언제나 자기 중심적이다. 노동과 소유는 그 자체로 자기 중심적이다. 타자로 향한 초월이나 타자에 대한 환대가 이 자체에는 존재하지 않는다. 이것이 노동과 소유, 그리고 그것을 가능케 해주는 거주가 지닌 두번째 측면이다. 노동과 소유는 모든 것을 자아 속에서 전체화하는 경향을 가지고 있다. '인간이 곧 존재론'이라고 할 때 레비나스가 강조하고자 한 것이 바로 이 점이다.

노동과 소유뿐만 아니라 인간의 지식(과학, 기술)도 전체화의 수단이다. 지식은 세계를 자신의 소유로 삼기 위한 필요조건이다. 왜냐하면 세계에 대한 이론적, 지적 파악 없이 세계는 정복되지 않기 때문이다. 하지만 자아는 세계를 처음부터 이론적 대상으로 삼지는 않는다. 세계는 앞에서도 보았듯이 '요소적'이다. 세계는 이론적 대상이기 이전에 그것으로 인해 숨을 쉬고 삶을 영위하는 삶의 원천이다. 세계는 즐김과 누림의 대상이다. 세계를 즐기는 동안 자아는 세계를 반성의 대상으로 생각하지 않는다. 향유는 세계와의 직접적인 관계이다. 그러나 자아는 세계의 무규정성으로 인해 자신의 미래가 위협받을 때 그때 비로소 세계에 대한 지적 사유와 반성을 시작한다. 자아는 세계를 대상화하고 세계를 이론적으로 파악하고자 시도한다. 세계의 불확실성을 극복하는 행위에서 반성이 출현한다. 왜냐하면 요소 세계에 대한 지식 없이 세계를 자신의 존재 실현의 장소로 삼는다는 것은 불가능하기 때문이다. 그러므로 자아는 지식과 체계, 방법과 계획 등을 통해 세계를 파악하고 이해하며 자신이 스스로 통제할 수 있는 대상으로 삼는다.[52]

레비나스는 세계를 소유하고, 세계 안에서 거주하는 행위와 세계를 객관적으로 파악하고 이해하는 행위의 결합은 지식 자체가 곧 타자를 동일성의 영역으로 환원하는 행위이기 때문에 가능하다고 본다. 인식 행위를 통해 자아는 세계의 불확실성을 무장 해제시킨다. 이것은 개념화, 범주화, 주제화, 체계화, 표상을 통해 구체적으로 이루어진다. 표상은 과거에 있었던 것을 다시 현재화함으로써 주어진 것을 자신의 소유로 삼는 행위이다. 이러한 일련의 행위가 겨냥하는 것은 세계를 파악하고 이해하고 결국 자신의 소유로 지배하기 위한 것이다. 개념화는 손에 거머쥠을 뜻한다. 세계를 거머쥠으로써 자아는 세계를 자신의 이기적인 욕망을 충족시키는 수단으로 이용할 수 있다. 그러므로 개념화의 결과인 과학과 그것의 실제적인 적용인 과학 기술은 세계 안에서 자아의 존재 실현을 위한 수단으로 등장한다. 과학과 기술은 자아에게 새로운 힘과 능력을 부여한다. "동일자를 통한 타자의 규정"인 과학과 기술은 중립적이 아니라 하나의 권력 행사라고 레비나스는 말한다.[53]

그러나 레비나스는 모든 종류의 권력 행사를 부인하지 않는다. "인간 자체가 존재론"이란 말에는 권력에 대한 인정이 담겨 있다. 지식을 통한 권력 행사는 요소 세계 안에서 인간의 존재 유지 노력이라는 측면에서 보면 불가피한 것이다. 아무리 원시적인 형태라 하더라도 지식 없이 인간은 삶을 유지할 수 없고 행복을 누릴 수 없다. 그러므로 레비나스는 지식(과학, 기술)을 세계 안에서 거주하고 노동하는 인간의 활동 속에 포함시킨다. 이와 같은 입장은 지식 그 자체를 위한 지식 추구를 배제하지 않는다. 왜냐하면 지식은 삶의 확실성을 보장하는 수단이면서 동시에 향유의 대상이기 때문이다. 사람은 단지 빵만으로 살지 않는다. 사람은 음악이 있어야 하고 좋은 그림이 있어야 한다. 마찬가지로 사람에겐 지식이 있어야 한다. 지식에 대한 욕구는 의식주 못지않게 인간의 기본 욕구에 속한다. 마치 노동이 반드시 무엇을 하기 위한 노동만이 아니듯이 지식도 반드시 무엇을 하기 위한 것은 아니다. 노동 그 자체가 기쁨일 수 있듯이 지식 그 자체도 기쁨일 수 있다. 지식은 향유의 대상이며 세계 안에서 거주하는 인간 활동의 한 부분일 뿐 그 이상의 의미를 갖는 것은 아니라고 레비나스는 보고 있다.

『전체성과 무한』 제2부에서 레비나스가 펼치고 있는 존재경제론은 후설과 하이데거 철학에 대한 반성을 담고 있다. 레비나스는 후설의 지향성 개념을 수용하면서도 표상하는 행위를 출발점으로 삼지 않고 표상적 지향성에 선행하는 향유와 거주를 더욱더 근원적인 지향성으로 이해한다. 표상적 지향성은 레비나스에 따르면 향유와 거주의 지향성을 통해 근거지어진다. 왜냐하면 주체의 구성 없이 무엇을 현재화할 수 없고 현재화된 것으로서 무엇을 파악하고 장악할 수 없기 때문이다. 그런데 표상의 주체는 향유와 거주를 통해 주체로서의 자신을 확인하고 자신을 구성한다. 그러므로 표상의 지향성이 가능하기 위해서는 향유와 거주의 지향성이 전제되어야 한다. 이것은 인간 주체성의 의미가 의식을 출발점으로 해서는 드러낼 수 없음을 뜻한다. 인간 주체성은 의식에 선행하는 신체성을 통해 성립한다는 사실을 레비나스는 강조한다. 자신이 아닌 것에 있지 않고 항상 자신에게 있다는 것,

즉 삶의 주체가 된다는 것은 언제나 신체적 존재로서 자신을 구성하는 데 있다.⁵⁴

향유와 거주에 관한 레비나스의 묘사는 하이데거에 대한 반론도 담고 있다. 삶이란 일차적으로 염려로 구성되는 것이 아니라는 것이다. 삶은 레비나스에 따르면 근심과 걱정, '존재해야 한다 sein zu haben'는 데 있는 것이 아니라 즐김과 누림, 곧 향유하는 데 있다. 삶의 내용은 그 자체가 목적일 뿐 도구 전체성 속의 한 부분으로 자리하지 않는다. 살기 위해서 먹는 것이 아니라 먹는 것 자체가 곧 삶의 내용을 이루고, 알기 위해서 책을 읽는 것이 아니라 책 읽는 것 자체가 곧 삶의 한 부분이라고 레비나스는 말한다. 삶은 곧 향유라는 것은 또한 초월이 가능하기 위해서는 내면성의 성립이 선행해야 한다는 것을 함축한다. 이것은 하이데거가 인간을 세계 안에 이미 던져진 존재로 볼 때 뜻했던 것과 다르다. 하이데거에 따르면 인간 존재 자체가 이미 초월이다. 인간은 이미 자기 밖에 있다. 하지만 레비나스는 초월이 가능한 근거로서 내면으로의 복귀를 논의한다. 내면성의 성립, 곧 요소 세계와의 '분리'와 타자와의 '분리'가 없이 어떻게 초월이 가능하겠느냐는 것이다.

레비나스의 존재경제론은, 일종의 현상학적 묘사를 통해서, 향유와 거주를 통해 주체성이 구성된다는 사실을 보여주는 데 그치지 않는다. 『전체성과 무한』 2부에서는 어느 정도 암시만 있을 뿐 충분히 다루고 있지는 않지만 레비나스는 동일성의 영역 안에, 동일성을 가능하게 해주는 근거로서 언제나 '타자'의 존재가 숨겨져 있다는 사실을 보여주고자 했다. 노동의 가능 조건으로 본 거주의 경우 '여성적 타자'의 존재가 고려되었다. 여성적 존재의 '환대'와 '영접' '친밀성'을 통해서 거주가 가능하고 집을 기점으로 노동 행위를 수행할 수 있다. 레비나스에 따르면 노동의 경우도 타자의 존재를 전제한다. 노동의 가능 조건으로서 '타자의 현존'을 레비나스는 '대화'와 관련시켜 보고 있다.[55] 대화는 언제나 대화 내용뿐만 아니라 발화자와 수신자를 전제로 한다. '누구'와 얘기를 나눈다는 사실 자체를 레비나스는 중요하게 생각한다. 얘기한다는 것은 언제나 '누구에게 얘기하는 것'이다. 무엇에 관한 얘기(직설법)는 누구에게 얘기한다는 사실(호격)을 바탕으로 가능하다. 여기서 그 '누구'는 대화를 가능케 하는 조건이고, 그 자체는 대화 내용으로 환원될 수 없다는 것이다. 동일자의 영역, 또는 전체성의 영역으로 환원할 수 없는 '무한(무한자, 무한성)'의 차원을 보여주자는 것이 바로 레비나스 철학이 겨냥한 목적이다.

7. 얼굴의 현현

지금까지의 논의를 정리해보자. 레비나스는 『존재에서 존재자로』『시간과 타자』에서 부조리한 존재 경험을 논의한다. 존재는 무의미하나 단적으로 존재하는 것이다. 그것은 어두운 밤이고 밤의 침묵이다. 그러나 인간은 정상적인 생활 속에서 인간 존재가 지닌 무의미성을 망각하고 자기 자신의 기초로 되돌아와 확고히 설 자리를 찾는다. 잠을 자고 집을 짓고 그 가운데 거주함으로써 존재의 익명성으로부터 벗어나 자기성, 자립성 혹은 주체성을 확립한다. 이것을 통해 주변의 사물들을 즐기며 이것이 위협받을 때 노동과 인식을 통해 사물에 대한 지배권을 확인한다. 인간은 이렇게 자기를 실현하는 가운데 타인들을 만난다. 그런데 이 타인은 누구인가? 거주하고 잠자고 먹고 노동하고 즐기는 것은 나의 삶으로서 충분한 의미를 가질 수 있지 않는가? 그런데 타인의 존재는 나에게 무엇인가? 레비나스는 타자를 나의 동료 이상으로 본다. 타자는 무한자의 계시이고 전혀 새로운 형이상학적 차원을 열어준다.

레비나스의 주저 『전체성과 무한』은 '전체성'과 '무한'이라는 두 개념을 제목에 담고 있다. 전체성과 무한. 이 두 개념의 병치는 레비나스의 의도를 분명히 보여준다. 한편으로 이 두 개념은 서로 대치되는 개념이다. 그러나 다른 한편으로는 무한 또는 무한자의 이념은 내재성을 구성해주는 개념이다. 전체성은 인간이 자기 실현을 추구하면서 만든 체계요, 타인들과 함께 구축하는 세계 질서이다. 여기서 존재 의미는 세계 지평의 한계 안에 제한된다. 그것은 죽음과 함께 끝나는 의미이다. 그러므로 삶에 결코 절대적 의미를 줄 수 없는 의미이다. 전체성은 동일자의 지평이고 인간의 자기 실현의 원 속에서 무한히 자기를 확장해가는 힘이다. 무한자는 이와 반대로 이 동일자, 자기성의 원 속에 포섭될 수 없다. 무한자는 그 원 밖에서, 우리의 존재 지평 밖에서 들어오는 것이다. 무한자의 차원은 그것을 우리가 파악할 수 없고 완전히 이해할 수 없다는 점에서 우리 존재의 '그저 있음il y a'과 공통점을 가진다. 그러나 '그저 있음'과 구별되는 점은 무한자는 익명적이고 무의미한 현존에 관계하는 것이 아니라 구체적인 현존, 고유한 이름을 가지고 호소로서 다가오는 타자와 관계한다는 것이다. 타자의 얼굴은 우리 '밖에서' 우리의 유한성의 테두리를 깨뜨리고 우리의 삶에 개입한다.

얼굴의 현상은 레비나스에게서 각별한 의미를 갖는다. 얼굴은 현실 가운데서 매우 특이한 현상이다. 사물들은 그것이 전체 속의 한 부분으로, 또는 그 기능으로 각각의 고유한 의미를 가지게 되지만 얼굴은 그러한 사물과 전혀 다르다. 얼굴은 코와 입, 두 눈의 집합이 아니다. 얼굴은 책상이 단지 네모난 판자와 서랍과 책상다리의 집합이라는 것과 전혀 다르다. 책상은 바라보지도,

호소하지도, 스스로 표현하지도 않는다. 그러나 얼굴의 만남은 우리가 일상적으로 만나는 사물과는 전혀 다른 새로운 차원을 열어준다. 레비나스는 「윤리와 정신」이란 글에서 얼굴이 가진 이 특이성에 관해 다음과 같이 말한다.

> 얼굴을 통해서 존재는 더 이상 그것의 형식에 갇혀 있지 않고 우리 자신 앞에 나타난다. 얼굴은 열려 있고 깊이를 얻으며 이 열려 있음을 통하여 개인적으로 자신을 보여준다. 얼굴은 존재가 그것의 동일성 속에서 스스로를 나타내는 다른 어떤 것으로 환원할 수 없는 방식이다.[56]

얼굴이 자기 스스로 내보이는 방식을 레비나스는 '계시'라 부른다. 계시라는 종교적 용어를 쓴 까닭은 얼굴의 현현은 내 자신의 노력을 통해서 나타나는 것이 아니라 스스로 자기 자신으로부터 나타나는 절대적 경험이라는 것을 강조하기 위한 것이다. 얼굴의 자기 계시 또는 자기 표현은 '이 세계에 속하지 않는' 영역에서 오는 것이며 나의 입장과 위치와 상관없이 스스로 자기를 표현하는 가능성이다. 레비나스는 이러한 사태를 일컬어 '맥락 없는 의미화의 가능성'이라 부른다.[57] 얼굴의 현현은 역사적, 사회학적, 문화적 또는 심리학적 지시 체계로 환원될 수 없는 고유한 의미를 지닌다. 얼굴의 자기 표현으로부터 "의미화는 의미 부여에 선행한다"는 레비나스의 중요한 논제가 나온다.[58]

타자의 얼굴이 내가 만든 틀이나 어떤 체계 속에 포섭될 수 없다면 타자가 나에게 갖는 힘은 어디서 오는 것인가? 이 질문에 대한 레비나스의 대답은 우리의 예상을 벗어난다. 타자의 얼굴에서 오는 힘은 상처받을 가능성, 무저항성에 근거해 있다. 얼굴이 상처받을 수 있고 외부적인 힘에 대해 저항이 불가능하기 때문에, 바로 이 때문에 얼굴로부터 도덕적 호소력이 나온다.⁵⁹ 이것은 레비나스에 따르면 논증이 필요 없다. 직접적으로 우리에게 와 닿는 것이다. 타자의 곤궁과 궁핍은 하나의 명령으로 나에게 다가온다. 나는 얼굴의 호소를 거절할 수 있다. 그러나 이것은 곧 불의를 자행하는 일이다. 레비나스에 따르면 우리의 행위가 갖는 의미는 타자의 윤리적 호소를 통해 규정된다.

레비나스가 말하는 무저항은 나의 동정을 불러일으키는 연약성과는 다른 개념이다. 왜냐하면 만일 타자가 연약하기 때문에 나에게 동정을 불러일으킨다면 타자는 나의 선의와 자선에 종속되고 말 것이기 때문이다. 이 경우 내 자신이 나의 행위의 의미를 규정한다. 레비나스가 말하는 얼굴은 동정을 유발하는 것이 아니라 내가 정의로워야 한다는 요구를 하는 것이다. 스스로 방어할 수 없는 눈길은 "너는 살생하지 말라"는 요구를 담고 있다. 무력함 자체가 곧 도움에 대한 명령이다. 그래서 레비나스는 이렇게 말한다.

> 얼굴은 직설법이 아니라 명령법으로, 한 존재가 우리와 접촉하는 방식이다. 그것을 통해 얼굴은 모든 범주를 벗어나 있다.⁶⁰

타자의 얼굴의 현현은 하나의 모순에 직면하게 만든다. 얼굴은 타자의 무력함과 주인됨을 동시에 계시하기 때문이다. 가장 낮은 것은 가장 높은 것과 결합한다.

> 타자는 타자로서 높음과 비천함의 차원에 처해 있다. 영광스러운 비천함. 타자는 가난한 자와 나그네, 과부와 고아의 얼굴을 하고 있고 동시에 나의 자유를 정당화하라고 요구하는 주인의 얼굴을 하고 있다.⁶¹

타자의 얼굴이 지닌 비폭력적, 윤리적 저항은 강자의 힘보다 더 강하게 우리의 자유를 문제삼는다. 강자의 힘은 나의 자유를 제한할 수 있고 박탈할 수 있지만 나의 자유 자체를 문제시할 수는 없다. 힘없는 타자의 호소를 인정할 때 나는 나의 자유, 나의 실현을 무한정 추구할 수 없다. 얼굴의 현현을 통해 나의 자발성에 제동이 가해진다. 타자의 곤궁과 무력함에 부딪칠 때 나는 내 자신이 죄인임을, 부당하게 나의 소유와 부와 권리를 향유한 사람임을 인식한다. 타자의 경험은 내 자신의 불의와 죄책에 대한 경험과 분리할 수 없다. 이 죄책은 그러나 실패나 좌절을 초래하지 않는다. 실패와 좌절은 내가 나의 계획과 야망을 실현하지 못한 것 때문에 오는 것이지 타자가 당하는 곤궁에 대한 의식, 나의 무책임에 대한 의식에서 오는 것이 아니기 때문이다.[62] 레비나스가 말하는 죄책의 경험은 나의 자유가 자의적이고 내 자신의 욕구에 기인한다는 의식에서 유래한다. 진정한 죄책 경험은 타자에 대한 '욕망desir'에서 비롯된다.

레비나스는 죄책과 실패를 구별하듯이 욕망과 욕구besoin를 구별한다. 욕구는 나에게 결핍된 것을 채우려는 동기에서 우러나오지만 욕망은 "우리가 태어나지 않은 땅에 대한 동경" "눈에 보이지 않는 자"에 대한 그리움에서 생겨난다.[63] 욕망은 타자에 대한 관심과 책임 속에서 구체화된다. 타자에 대해 더욱더 관심을 가질수록 책임과 의무에 대한 호소는 더욱 커진다. 이때 나의 자유는 자의(恣意) 대신 책임적 관심과 헌신으로 전환된다. 그래서 이런 의미의 욕망을 일컬어 레비나스는 '형이상학적 욕망'이라 부른다.

레비나스가 말하는 타자는 부버가 말하는 '너'와 구별된다. 타자는 나와 너의 친밀한 관계 속에 용해될 수 있는 자가 아니다. 레비나스가 말하는 타자는 나에게 거리를 두고 있고 나에게 낯선 이로, 나의 삶에 완전히 포섭될 수 없는 자로 남아 있다. 각자는 타자에게 '낯선 이'다. 타자의 얼굴의 출현은 그러므로 친밀성으로 환원할 수 없는 측면을 보여준다. 타자는 나에 대해서 완전한 초월과 외재성이다. 레비나스가 말하는 타자는 내가 완전히 파악할 수 없는 무한성이다. 이 무한성은 그러나 익명성은 아니다. 얼굴 배후에 어떤 낯선 힘이 도사리고 있지 않다. 무한성은 내가 다른 모든 사람 및 지금 여기에 부재하는 제삼자와 맺는 구체적인 결속을 뜻한다. 가까이 있는 타자는 다른 모든 사람과 결속되어 있기 때문에 타자는 나와 마주한 너가 아니라 제삼자, 곧 '그'이다. '낯선 이'로서, '고아'와 '과부'로서 타자의 얼굴은 보편적인 인간성을 열어주는 길이다. 타자의 얼굴에 직면할 때 나는 그곳에서 모든 사람들을 만날 뿐만 아니라 나의 재산과 기득권을 버림으로써 타자와 동등한 사람이 된다. 타자의 얼굴을 받아들임으로써 나는 인간의 보편적 결속과 평등의 차원에 들어간다.[64]

  이것은 매우 특이한 사상이다. 통상적인 생각은 윤리적 요구에는 동등한 관계가 따른다는 것이다. 그러나 진정한 평등과 형제애가 가능하자면 인간 사이의 관계가 비대칭적이어야 한다고 레비나스는 본다. 타자는 나와 동등한 이가 아니다. 그가 당하는 가난과 고통 속에서 타자는 나의 주인이다. 나에게 명령하고 나를 질책한다. 나는 내 자신을 벗어나 그를 모실 때 비로소 그때 그와 동등할 수 있다. 타자를 처음부터 나와 동등한 자로 생각할 때 타자는 나에게 아무것도 요구하지 않을뿐더러 나와 마찬가지로 자기 실현을 추구하는 사람에 지나지 않는다. 이럴 경우 나는 나의 풍요 가운데 남아도는 것을 타인에게 나누어주기 쉽고 동정이나 반대 급부에 대한 기대 때문에 그를 돕게 된다. 그러므로 레비나스는 타자와의 비대칭성, 불균등성이 인간들 사이의 진정한 평등을 이룰 수 있는 기초이고 이런 의미의 평등만이 약자를 착취하

는 강자의 법을 폐기할 수 있다고 생각한다.[65]

향유의 주체성에 대해 레비나스가 부정적인 관점을 취하지 않는다는 점을 염두에 두어야 할 것이다. 향유는 세계를 즐기고 살아가는 인간 존재의 근원적 모습이다. 사람은 자기 집을 짓고 그 안에서 편안히 살아간다. 이런 의미에서 인간은 본성적으로 '무신론적'이다. '무신론적'이란 내가 나 아닌 모든 것으로부터 분리되어 어느 것에도 참여하지 않고 오직 내면적인 존재로서만 내 집에 머물러 편안하게 생존할 수 있다는 것을 뜻한다. 그러나 타자가 나타날 때 상황은 달라진다. 타자의 존재를 무시하고 있을 수만은 없다. 내 집 문을 더 꽁꽁 걸어 잠그거나 아니면 내 집의 빗장을 열어 그를 맞아들여야 한다. 타자의 얼굴은 단지 내 '밖에서' 오는 것이 아니라 내 '위에서,' 저 높음으로부터 오는 것이기 때문이다. 내 '위에서' 오는 타자는 나의 자유를 문제삼고 나의 소유권을 문제삼는다. 내가 타자를 내 집으로 받아들이는 것, 즉 그를 내 손님으로 환대하는 가운데 구체적인 윤리성이 시작되며 내 자신은 내면성, 내재성의 세계를 벗어나 진정한 초월적 주체, 도덕적 주체가 될 수 있다.[66]

얼굴의 현현과 더불어 타자를 나의 집으로 받아들이는 것은 세계 밖에서 따로 일어나는 것이 아니라 세계 안에서, 동일자의 세계 속에서 일어나는 사건이다. 레비나스에 의하면 인간의 관계는 경제를 떠나 이루어질 수 없다. 얼굴의 출현으로 얼굴과 얼굴이 서로 마주할 때 나는 빗장을 건 채 빈손으로 그를 맞아들일 수 없다. 나에게 질책하고 호소하는 타자의 저항을 대할 때 나는 누구로부터도 침해받을 수 없는 나의 행복을 스스로 포기하지 않을 수 없다. 그것은 타자에 대한 나의 책임이며 나의 의무이기 때문이다.[67]

8. 인간 존재와 죽음

　타자의 얼굴은 나의 자발적인 존재 확립과 무한한 자기 보존의 욕구에 도덕적 한계를 설정하는 것으로 나타났다. 타자는 거주와 노동을 통해 이 세계에서 나와 내 가족의 안전을 추구하는 나의 이기심을 꾸짖고 윤리적 존재로서, 타자를 영접하고 환대하는 윤리적 주체로서 내 자신을 세우도록 요구한다.[68] 그 결과, 나를 타자 속에서 상실하는 일이 발생하지 않는가 하는 물음이 여기서 등장한다. 레비나스는 물론 이 물음에 부정적으로 답을 한다. 타자는 나의 존재를 침몰시키는 위협자가 아니라 오히려 나의 내면성의 닫힌 세계를 밖으로부터 깨뜨려 무한히 열린 세계로의 초월을 가능케 하는 존재라고 보는 것이다. 동일한 입장이 레비나스가 '분리'를 주체의 주체됨의 가능 조건으로 보는 데서도 나타난다. 자아는 그를 에워싼 세계로부터 자신을 분리할 뿐 아니라 타자로부터도 자신을 분리함으로써 스스로 개별적인 자기성을 확립한다. 그러나 진정한 주체성은 타인의 존재를 자기 속에 받아들이고 타인과의 윤리적 관계를 형성할 때 비로소 가능하다. 그러나 문제는 '타자를 위한 존재'는 죽음 저편에까지 넘어설 수 있는가, 다시 말해 타자의 얼굴은 죽음의 지배를 벗어날 수 있는 새로운 삶의 전망을 열어줄 수 있는가 하는 것이다. 만일 죽음이 인간의 삶에 종지부를 찍는다면 윤리적 관계도 죽음을 통해 끝나고 말 것이 아닌가? 죽음은 인간 존재에 어떤 의미를 가지는가?

　레비나스는 죽음을 무엇보다도 밖으로부터 오는 폭력과의 만남으로 이해한다. 죽음은 우리의 자유를 제거한다. "죽음 속에서 나는 절대적 폭력, 밤의 살인에 내 자신을 내맡긴다."[69] 죽음을 우리의 존재에 뛰어든, 전적으로 낯선 존재로 보는 것은 레비나스의 초기 철학을 논할 때 벌써 언급한 것처럼 죽음을 존재 가능성으로 본 하이데거와 정반대되는 입장이다. 하이데거는 인간을 '죽음으로 향한 존재'로 본다. 하지만 죽음 자체를 인간은 사실로서 경험할 수 없다. 인간이 경험할 수 있는 것은 다만 그 가능성뿐이다. 이 가능성은 불가능성의 가능성이요, 무의 가능성이다. 이 불가능성의 가능성을 경험하는 데 내가 가진 자유의 핵심이 있다. 왜냐하면 나는 죽음이라는 극단적인 가능성에 직면할 때 죽음에 대항해서 나의 존재를 기획하고 스스로 나의 존재에 대해서 책임져야 한다는 강요를 받는다. 존재는 더 이상 확실성이 아니라 내가 내 자신의 미래를 스스로 개척하고 실현할 수 있는 가능성일 뿐이다.

그러나 레비나스는 하이데거와 달리 죽음을 불가능성의 가능성으로 보지 않을뿐더러 무의 가능성으로도 보지 않는다. 죽음에 접근할 수 있는 길은 이미 『시간과 타자』에서부터 강조해온 것처럼 고통을 통해서 가능하다. 고통 속에서 경험하는 것은 일종의 진공으로서의 무의 위협이 아니다. 고통 속에서 우리는 우리와 다른 것, 우리 밖에서 침입하여 우리를 무력하게 하는 힘을 경험한다. 고통 속에서 느끼는 죽음은 불가능성의 가능성이 아니라 모든 가능성의 불가능성이다. 그래서 레비나스는 이렇게 말한다.

> 죽음은 하이데거에게는 자유의 사건이다. 그러나 고통 속에서 주체는 이와 반대로 가능한 것의 한계에 이른 것처럼 보인다. 주체는 자신이 묶여 있고 압도되어 있고 어떤 방식에서는 수동적임을 발견한다. 죽음은 이러한 의미에서 관념론의 한계이다.[70]

죽음은 자유의 기초가 아니라 인간의 무력, 그의 부자유의 경험이다. 죽음에 대항해서 인간은 그가 가진 주도권을 모두 상실한다. 따라서 죽음은 본질적으로 알 수 없는 신비요, 절대적 타자성으로부터 나를 지배하는 미래이다. 만일 죽음이 나의 존재에, 나의 자기 실현에 종언을 고한다고 할 때 나의 존재는 어떤 의미를 지닐 수 있는가? 레비나스의 대답은 타자를 위한 나의 존재 가운데서 죽음을 배제할 수는 없지만 그럼에도 그로 인해 나의 존재가 무의미하게 되는 것은 아니라는 것이다.

죽음이 우리가 파악할 수 없는 영역이요, 밖으로부터 우리를 덮치는 사건이라면 그것은 타자의 현현과 유사한 구조를 가지고 있다. 왜냐하면 타자의 현현도 우리의 지배를 벗어난, 전적으로 다른 차원에서 일어나는 사건이기 때문이다. 죽음과 타자는 둘 다 계산이 불가능하고 알 수 없는 미래이다. 이 점은 우리의 자유에 대한 분명한 위협이다. 죽음은 일종의 살인이요 가해이며 폭력이다. 따라서 레비나스는 "죽음의 폭력은 마치 전제군주의 폭력처럼 우리를 위협한다"고 말한다.[7] 그러므로 죽음에 대한 불안은 타자에 대한 불안으로 이어진다. 타자도 죽음처럼 나의 세계로 뛰어들어 내가 가진 모든 것을 앗아가는 자로 생각된다.

그러나 확실한 것은 죽음의 위협은 언제나 연기되어 있다는 것이다. 나는 지금 당장 죽음을 맛보지 않는다. 죽음은 나에게 아직 남아 있는 시간이다. 죽음의 시간이 연기되었다는 사실로 인해 사람은 죽음의 비극성을 잊고 산다. 내가 그 정체를 알 수 없는 죽음은 내가 이해할 수 없는 타자와의 관계의 연장선상에서 체험되기 때문에 바로 이 때문에 죽음의 의미는 변경될 수 있다고 레비나스는 생각한다. 타자는 그의 초월성(외재성) 때문에 마치 죽음처럼 나의 자유를 위협하는 존재이지만 동시에 그의 상처받을 수 있는 가능성과 무력성 때문에 나에게 죽임을 당할 수 있는 존재이다. 따라서 타자는 살기 위해서 나의 관심과 보살핌이 필요한 존재이다. 타자의 무력성과 상처받을 수 있는 가능성 때문에 나는 죽음의 한계를 넘어서서 그를 섬겨야 한다는 요청을 받는다.

내가 타자를 선대하고 보살필 때 힘없는 타자를 내가 죽이지 않을까 하는 두려움과 타자에 대한 사랑이 생기고 죽음에 대한 불안이 사라진다. 죽음에 대한 불안은 이기적인 자기 세계에 머물러 있을 때 일어나는 것이다. 타자에 대한 선한 행위를 통해 나는 나의 존재의 무게 중심을 나에게서 타자에게로, 타자의 미래로 옮겨놓는다. 나의 유한한 존재, 죽음으로 향한 나의 존재는 '타자를 위한 존재'로 바뀌고 이것을 통해 죽음의 무의미성과 비극성은 상실된다. 죽음은 삶의 마지막 지평이 아니다. 왜냐하면 나의 존재 의미는 내 자신 속에 있는 것이 아니라 타자의 미래에 있기 때문이다. 자기 중심적 존재 의미 부여에서 필연적으로 야기되는 죽음에 대한 불안은 타자를 위한 선행을 통하여 사라지고 만다.

9. 죽음 저편: 에로스와 출산성

나의 유한성의 문제를 타자에 대한 무한한 책임을 통해 해결하는 것은 과연 올바른 것인가? 타자는 나에게 죽음을 뛰어넘어 무한한 미래를 열어줄 수 있는가? 만일 타자가 죽는다면 나의 선행은 죽음으로 끝나고 타자로 향한 초월도 하나의 환상으로 끝나고 마는 것이 아닌가? 레비나스는 이러한 귀결로부터 벗어날 수 있는 길을 타자에 대한 우리의 사랑이 지닌 매우 중요한 측면인 출산성la fécondité에서 찾아보아야 한다고 생각한다.[72] 출산성은 남자와 여자의 성관계를 통한 수태 가능성을 말한다. 출산성을 통해 시간은 무한성의 차원, 절대적 미래, 폭력과 죽음에 맞서는 무한한 잉여의 차원을 얻을 수 있다. 레비나스에게서 사랑은 언어와 더불어 타자와 관계할 수 있는 방식이다. 사랑은 욕망과 현실의 욕구와 욕망의 이중성을 가진다. 사랑은 타자를 나의 욕구와 쾌락의 대상으로 소유하는 것이고 다른 한편으로는 사랑하는 여인과의 관계를 통해 미래를 내다보는 것이다. 레비나스의 분석은 타자와의 관계가 사랑의 이중성을 통해 출산성으로 완성되며 출산성을 통해 미래와 시간이 다시 새롭게 출현하는 과정을 보여 준다. 좀더 자세히 보자.

사랑, 곧 에로스는 여성적인 것의 출현과 더불어 시작한다. 여성적인 것은 한편으로는 신비를 다른 한편으로는 매혹을 지닌 것으로 나타난다. 이론적인 인식을 통해 접근할 수 없는 타자성의 특성을 여성적인 것은 지닌다. 레비나스는 이 타자성을 여성적인 것의 본질로 본다. 여성은 스스로를 감추고 어떤 지배로부터도 벗어난다. 그러는 가운데 상처 입을 가능성, 이해 불가능성이 여성적인 것의 특성으로 부각된다. 그러나 동시에 여성은 성애를 통해 어떤 다른 것과 비교할 수 없는 매력을 발산한다. 성 관계를 통하여 여성적인 것은 구체적인 형식과 의미를 가진 세계를 잊게 하고 스스로 자기 자신은 보이지 않으면서 무언가를 보게 하며 감추어진 것, 전적으로 타자적인 것을 경험하게 만든다. 이 점에서 에로스의 경험과 죽음의 경험은 서로 통한다.

레비나스는 성애를 남성적인 체험과 관점에서 서술한다. 에로스는 앞 장에서도 보았듯이 감추어진 것을 발견하고자 애쓰는 몸짓이다. 여자는 남자에게 이 감추어진 것을 드러낸다. 이 감추어진 것은 전적으로 타자적인 것이다. 감추어진 것을 찾는 행위는 예컨대 애무를 통해 구체화된다. 애무를 레비나스는 무엇인지 모르면서 손에 잡으려 하고 그러면서도 계속 미끄러지는 어떤 것을 만지려는 행위로 기술한다. "애무는 있지 않은 것, 무보다 못한 것, 미래에 감추어진 것을 찾는 것이다."[73] 이 찾는 행위는 성 관계를 통해 더욱 고조된다. 성 관계를 통해 감추어진 것과 접촉하지만 그러나 아직 그것을 보지는 못한다. 성을 통해서 여성적 자아와 남성적 자아가 하나로 융합될 수 있는 것은 아니다. 왜냐하면 타자 속에서, 타자와 섞이지 않으면서 자기 자신을 사랑하는 과정이 성행위 속에 개입돼 있기 때문이다.

감추어진 것, 타자적인 것을 찾는 여행은 아이의 출산으로 실현된다. 감추어진 것은 이제 그 익명성에서 해방되어 그 낯설음을 잃지 않은 채 아이를 통해 이름과 구체적 얼굴을 얻게 된다. 더구나 나와 타자 사이의 결합과 분리의 운동도 멈추게 된다. 아이는 '타자가 된 나moi ètranger à soi'이다.[74] 나는 아버지가 됨을 통해 나의 이기주의, 나에게로의 영원한 회귀에서 해방된다. 아이와의 관계를 일컬어 레비나스는 '출산성'이라 부른다.[75] 출산성 안에서 이제 인간은 자신의 한계에서 해방된다. 얼굴을 현전케 하는 무한자는 성과 출산성에 대한 호소를 구체적으로 전제한다. 이 호소를 받아들일 때 내 뒤에 오는 자를 위한 나의 헌신도 미래를 얻게 된다. 레비나스는 아이가 어떻게 전혀 새로운 기회, 상상할 수 없는 가능성을 삶에 가져다주는지 서술한다. 자신의 미래를 세계 지평 안에서 설계해야 할 경우에는 자신의 존재 가능성의 테두리 안에 계속 맴돌 수밖에 없다. 오디세우스가 자신의 섬 이타카로 되돌아오듯이 자신의 원 안에서 머물러 있으면서 서서히 늙어가고 결국에는 그 안에서 죽고 만다. 에로스는 나에게 그리고 동일자의 영역 바깥에 감추어진 미래를 찾는다. 내가 거머잡을 수 없는 이 미래는 아이와의 관계를 통해 구체적으로 체험한다. 아이를 통해 과거는 그 결정적인 성격을 상실한다. 이 맥락에서 레비나스는 용서로서의 시간에 대한 언급을 하고 있다. 아이를 통해 열리는 미래의 시간은 과거의 짐에서 벗어나 새로운 삶이 가능할 수 있도록 나에게 일종의 용서를 베푼다. 따라서 과거에 가능하도록 주어진 것을 새롭게 시도할 수 있는 가능성을 다시 얻게 된다. 이런 의미에서 새로운 시작이 가능하다. 영혼 불멸이나 개인의 부활에 대해서 적극적이지 않은 레비나스에게는 아이야말로 새로운 미래를 열어주며 시간의 영속성을 이어준다. 그래서 레비나스는 이렇게 말한다. "아이와의 관계, 다시 말해, 힘으로서가 아니라 출산성으로서의 타자와의 관계로 인해 우리는 절대적 미래 또는 무한한 시간과 관계를 맺게 된다."[76] 이 점에서 레비나스는 동일하게 영원한 삶에 대한 확신이 없는 대신 자손을 통해서 영생의 꿈을 실현하는 유교 전통과 유사하다. 이제 레비나스의 주체 사상이 후기 철학에서 좀더 급진적으로 발전되는 모습을 그려보자.

4장 주

1 E. Levinas, "L'ontologie est-elle fondamentale?" (1951), 『우리 사이』, p. 14.
2 『전체성과 무한』, p. 132.
3 이 문제를 레비나스는 다음 글에서 다루고 있다. 『타인의 인간주의』, pp. 65~82.
4 『전체성과 무한』, p. viv.
5 같은 책, p. xv.
6 같은 책, p. 82.
7 『존재에서 존재자로』, p. 67.
8 『전체성과 무한』, p. 85.
9 같은 책, p. 83~84.
10 같은 책, p. 84.
11 같은 책, p. 84.
12 같은 책, p. 104.
13 같은 책, pp. 108~09.
14 같은 책, pp. 110~11.
15 같은 책, p. 86.
16 같은 책, p. 88.
17 같은 책, p. 87.
18 같은 책, p. 102.
19 같은 책, pp. 116, 120~121 참조.
20 같은 책, p. 30; 『존재와 다르게 또는 존재 사건 저편에』, p. 93 참조.
21 『전체성과 무한』, p. 91.
22 같은 책, p. 90 이하.
23 같은 책, p. 121; pp. 30, 87, 90, 92, 94, 참조.
24 같은 책, pp. 91~92.
25 같은 책, p. 92 이하; 『시간과 타자』, p. 20 참조; S. Strasser, 앞의 책, pp. 74~75 참조.
26 『전체성과 무한』, p. 114.
27 같은 책, p. 116; 『존재에서 존재자로』, p. 94 이하; 『시간과 타자』, pp. 25~26 참조.
28 『전체성과 무한』, p. 117.
29 같은 책, p. 115.
30 같은 책, p. 116 참조.

31 같은 책, pp. 102~25 참조.
32 같은 책, pp. 125~27.
33 같은 책, pp. 7, 124, 130 참조.
34 같은 책, p. 125.
35 같은 책, p. 126 참조.
36 같은 책, pp. 126~27 참조.
37 같은 책, pp. 124~26 참조.
38 같은 책, p. 129.
39 같은 책, p. 127.
40 같은 책, p. 128.
41 같은 책, p. 128 참조.
42 같은 책, p. 128.
43 같은 책, p. 129 참조.
44 같은 책, p. 124.
45 이 때문에 레비나스는 다소 중립적으로 '여성적인 것le féminin'이란 표현을 더 많이 쓴다. "집은 여성이다"라는 표현과 관련해서 좀더 자세한 논의는 "Le judaïsme et le féminin," 『어려운 자유』, pp. 50~60 참조; 『전체성과 무한』, pp. 242, 244 참조; R. Burggraeve, *Mens en medemens, verantwoordelijkheid en God. De metafysische ethiek van Emmanuel Levinas*(Leuven: Acco, 1986), p. 320 참조; 레비나스 철학에서 '여성'의 문제에 대해서는 Atie Th. Brüggemann-Kruijff, "De vrouw hart en hoofd van het huis. Levinas' visie op de vrouw als huis," in *Tijdschrift voor Filosofie* 51(1989), pp. 444~85; R. D. Walsh, *The Priority of Responsibility in the Ethical Philosophy of Emmanuel Levinas*(Dissertation of Marquette University, 1989), p. 189 이하 참조.
46 R. Bruggraeve, 앞의 책, p. 325 참조.
47 『전체성과 무한』, p. 132 참조.
48 같은 책, p. 133 참조.
49 같은 책, pp. 131~36.
50 같은 책, p. 134 참조.
51 같은 책, p. 136 참조.
52 같은 책, pp. 114~15 참조.
53 같은 책, p. 145; pp. 97~100 참조.
54 지향성 문제와 관련해서 좀더 자세한 논의는 C. R. Vasey, "Emmanuel Levinas: from Intentionality to Proximity," in *Philosophy Today* 25(1981), pp. 178~95 참조.
55 『전체성과 무한』, p. 89.
56 『어려운 자유』, p. 20.
57 『전체성과 무한』, p. 12.
58 같은 책, p. 182.
59 같은 책, p. 172 이하 참조.
60 『어려운 자유』, p. 270.

61 『전체성과 무한』, p. 229.
62 같은 책, pp. 55~56 참조.
63 같은 책, pp. 3~4.
64 같은 책, p. 189 참조.
65 같은 책, p. 190 참조.
66 같은 책, pp. 131, 194~95.
67 S. Strasser, "Emmanuel Levinas: Ethik als erste Philosophie," p. 230 참조.
68 『전체성과 무한』, pp. 147~48 참조.
69 같은 책, p. 210.
70 『시간과 타자』, pp. 57~58.
71 『전체성과 무한』, p. 222.
72 같은 책, p. 244.
73 같은 책, p. 235.
74 같은 책, p. 245.
75 같은 책, p. 245 참조.
76 같은 책, p. 246.

5장 책임과 대속적 주체
—『존재와 다르게 또는 존재 사건 저편에』를 통해 본 레비나스의 후기 철학

다시 큰 틀로 되돌아가보자. 레비나스는 『전체성과 무한』에서 타자와의 초월적 관계가 가능한 사유, 곧 형이상학적 사유를 모색한다. 그러나 그의 사상이 발전할수록, 아니 사실은 이미 『전체성과 무한』 안에서 레비나스는 형이상학적 사유를 윤리학과 동일시하고 윤리학을 일컬어 '제일철학'이라 부른다.[1] 이것은 그가 의도한 철학적 혁신을 단적으로 보여주는 표현이다. 존재에 대한 물음을 다루는 존재론이나 인식론이 제일철학의 위치에 있었던 것을 기억하면 레비나스의 주장은 쉽게 이해할 수 있다. 나와 타자의 관계를 다루는 윤리학이 그 무엇보다 으뜸이라는 것이다. 하지만 레비나스의 텍스트를 보면 그가 의도한 제일철학으로서의 윤리학은 통상 철학 교과 과정에서 다루는 윤리학과 거리가 있음을 알 수 있다. 그의 말은 아리스토텔레스나 칸트, 또는 니체나 하이데거의 윤리 사상을 그들의 이론 철학 이전에 먼저 다루어야 한다는 것이 아니라 이들 선행 철학자들에게 공통으로 깔려 있는 존재 중심적 사고를 벗어나 존재 저편, 존재와 다른 차원에서 나 자신의 고유함과 타인의 의미를 이해해보자는 것이다. 지금부터 그 핵심적 사상을 다루고자 하는 레비나스의 후기 저서 『존재와 다르게 또는 존재 사건 저편에』라는 책 제목이 이것을 무엇보다 잘 보여준다.[2]

1. 존재와 다르게 또는 존재 사건 저편에

이 책의 내용에 들어가기 전 이 책 제목의 번역 문제에 관해 잠깐 논의를 하는 것이 좋을 듯하다. 국내에서는 뒷부분을 '본질을 넘어서' 또는 '본질 저편에'라고 번역해 쓰는 경우가 있기 때문에 약간의 설명이 필요하다. 단어 자체로는 물론 번역에 문제가 없다. 여기서 '본질'로 번역하는 단어는 프랑스어로 에쌍스essence이다. 사물의 구체적 현존과 달리 사물이 지닌 속성, 그 가운데서도 사물과 분리할 수 없는 본질적 속성을 일컫는 말로 쓰이기 때문에 보통 '본질'로 번역된다. 그러나 레비나스의 용법은 일반적 용법과 다르다. 레비나스의 에쌍스는 하이데거가 구별하듯이 존재하는 것들Seiendes과 구별되는, 존재하는 것들의 존재함을 가능케 해주는 존재Sein, 또는 라틴어로 존재하는 것ens과 구별되는 존재esse를 표현한다. 그러므로 에쌍스는 전통 형이상학에서 쓰이던 '본질eidos' 또는 '어떠어떠함' '무엇임quidditas'을 뜻하지 않는다. 『존재와 다르게 또는 존재 사건 저편에』의 예비적 언급에서 레비나스는 에쌍스를 전통적인 의미로 사용하지 않을 것임을 분명히 하고 있다. '본질' 또는 '본질적'이란 뜻을 표현할 때는 eidos, eidétique, nature, quiddité 등의 단어를 쓰겠다고 말한다. 프랑스어 '에쌍스'는 라틴어 에세esse에 이른바 '행동 명사nomen actionis'를 만드는 어미 안티아antia 또는 엔티아entia에서 온 '앙스ance'를 붙여 만든 말임을 레비나스는 지적한다. 그러므로 오히려 e가 들어간 essence보다 a가 들어간 essance가 어휘 형성의 역사와 의미에서 보자면 더 정확하다. 그래서 레비나스도 essance를 쓰기도 하지만 철자의 생소함 때문에 통상적인 철자 방식을 따른다. 그가 말하고자 하는 것은 분명하다. 에쌍스

essence는 행동 명사로서 단순히 '존재'를 뜻하는 것이 아니라 존재하고자 노력하고 존재를 유지하는 행위와 관련이 있다. 그래서 레비나스는 에쌍스는 '존재 과정 또는 존재 사건le procesus ou l'évenement d'être'을 뜻한다고 밝힌다.³ 그러므로 레비나스의 두번째 대표작은 『존재와 다르게 또는 존재 사건 저편에』라고 번역하는 것이 옳다.

이제 레비나스의 제일철학으로서의 윤리학의 성격을 살펴보자. 먼저 니버의 윤리학 유형론을 잠깐 보자. 미국의 신학자요 도덕철학자인 리처드 니버의 논의는 윤리학에서 레비나스의 위치를 가늠하는 데 도움이 된다. 니버는 목적론적 윤리학이나 의무론적 윤리학에 대해서 '책임의 윤리학'을 대안으로 제시한다. 예컨대 목적론적 윤리학은 "나의 목적, 나의 이상 또는 목표는 무엇인가?"라고 묻는다. 의무론은 "무엇이 내가 따라야 할 최고의 법칙인가?"라고 묻는다. 이와 달리 니버는 "무엇이 현재 진행되고 있는가?" "무슨 일이 생겼는가?"라고 묻는다. 윤리적 행위는 어떤 목적을 설정하거나 어떤 법칙을 따르는 것이 아니라 주어진 상황에서 내가 어떻게 그것에 '적합하게fitting' 반응을 보이는가 하는 것이라고 니버는 규정한다. 책임윤리학은 의무론처럼 "우리가 책임져야 한다"고 주장하거나 목적론처럼 "책임이 우리의 이상이다"라고 주장하는 것이 아니라 현재 우리가 처한 삶의 상황에서 "내가 누구에게, 무엇에 책임이 있으며 어떤 상호 작용의 공동체 안에서 내가 내 자신인가?"를 고려하는 것을 과제로 삼는다.⁴ 그러므로 여기에는 처한 상황과 대상, 일, 공동체, 도덕적 주체가 중요하다.

니버의 윤리학과 마찬가지로 레비나스의 윤리학도 일종의 '책임윤리학'이다. 이제 레비나스의 책임 개념을 그 자신의 철학적 여정을 따라 드러내보자. 먼저 1인칭적 삶을 레비나스가 어떻게 보고 있는지를 살펴보자. 이 과정을 통해 레비나스는 우리가 상식처럼 수용하는 "책임은 자유에 근거한다"는 생각을 문제삼는다. 이것은 나의 행위에 대해 내가 책임지려면 행위를 한 주체가 바로 나이며 내가 한 행위는 나의 자유로운 의지의 선택으로 한 행위임이 확정될 수 있어야 한다는 생각이다. 자유를 바탕으로 부과되는 책임을 우리는 '1인칭 관점에서 본 책임'이라 부를 수 있다. 하지만 이런 의미에서 책임은 나의 삶을 내가 짊어진다는 의미에서 책임일 뿐 윤리적 의미를 갖지 않는다. 윤리적 의미는 책임이 '타인을 위한 책임'일 때 비로소 획득된다. 이렇게 획득된 책임은 다시 사회 정치적인 제도 속에 확인되는 정의의 기초가 된다. 이제 이러한 레비나스 사상의 진전을 단계별로 살펴보자.

2. 나의 책임과 존재 모험

레비나스는 삶을 나의 삶이라 부를 수 있는 1인칭의 존재를 스피노자의 용어를 사용하여 '존재하고자 하는 노력 conatus essendi'이라 부른다.[5] 존재 안에서 자신의 존재를 유지하고자 끈질기게 노력하는 모습을 염두에 둔 말이다. 우리가 '나'라고 부르는 1인칭 존재는 자신의 행복과 구원에 집착하고 자기에게 만족하는 존재이다. '나'의 존재 esse는 라틴어로 '인테르에세 inter-esse,' 곧 존재 esse 사이 inter에 있는 존재, 자신의 이익에 집착하는 존재이다.[6] 나의 존재는 그러므로 '자기중심주의'가 일차적 특징이다. 이것을 레비나스는 인간의 도착성이나 타락과 연관짓지 않는다. 자기중심주의는 인간에게 매우 자연적이고 그 자체로는 비난의 대상일 수 없다. 그러므로 레비나스는 "자기 사랑은 존재에 기초를 제공하고 최초의 존재론적 경험을 가능케 하는 자기중심주의"라고 말한다.[7] 유한한 삶을 살아야 하는 인간에게는 자신의 존재를 유지하고자 하는 욕망은 개인의 존재를 가능케 하는 동력으로 작용한다. 이런 의미에서 나는 문자 그대로 '자신을 위한' 존재이다. 그래서 온갖 수단을 다해 죽음에 맞서 싸우며 자신의 존재를 유지하고자 노력한다. 죽음과 소멸에 맞서 존재 속에 자신을 유지하고자 하는 이 노력으로부터 서양의 정신사를 특징짓는 "희극과 비극, 그리고 종말적 위로"가 나왔을 것이라고 레비나스는 추정한다.[8] 서양의 정신사뿐 아니라 인류 역사 전체를 죽음에 맞서 존재 안에서 자신을 유지하고자 하는 노력으로 볼 수 있지 않는가?

자기 중심적인 경향은 인간에게만 고유한 것은 아니다. 자기 존재를 유지하고자 하는 노력은 홉스와 스피노자가 주장한 것처럼 모든 존재자의 존재에 공통된 성향이다. 미세한 입자에서 인간에 이르기까지 어떤 존재자에게도 자신의 존재 속에서 자신을 지속하고자 하는 경향이 있고 이로 인해 무자비한 생존 투쟁에 개입한다. 여기에는 윤리가 없다. 강자의 법이 적용될 뿐 타인에 대한 존경과 책임이 없다. 그러나 인간은 자기 존재를 유지하고자 하는 노력 가운데서 자신을 인식하고 파악하며 자신을 확인한다. 여기서 '자기성ipseitas'이 성립된다. 자기성은 전(前)반성적이고 의식되지 않으며 단지 자기 자신 속에, 자기 자신으로en soi 돌아가는 운동이나 자기에 대한pour soi 지식으로 서서히 발전한다.[9] 자기 자신 속에서 자기와 관계함으로써 인간은 타인과 바꿀 수 없는 자기 고유의 내면성을 얻게 된다.[10] 고전적인 자유 개념과 인권 개념은 이렇게 다른 어떤 존재로도 환원할 수 없는 자기 동일성을 가진 주체의 내면성에 근거를 두고 있다.

레비나스가 말하는 '자기성'과 '자기 동일성'은 고정된 실체가 아니다. 그것은 역사적 과정이고 끊임없이 자신을 확인하는 과정이다. 그러므로 나는 나에게 단순히 주어지는 것이 아니라 과제로 주어진다.[11] 여기서 자유는 끊임없는 노력과 투쟁을 통해 쟁취해야 할 과제이다. 나는 나와 나 사이의 거리, 나에 대한 나의 결핍을 통해 내 자신으로 향한 욕망을 지닌다. 나의 확인과 나 자신의 확보, 나의 자유는 하나의 모험이고 드라마이다. 그러므로 레비나스는 이렇게 말한다.

A가 A로서 자신의 존재를 확인하는 일은 그저 단순한 논리적 동어반복이 아니다. 그것은 오히려 A의 A에 대한 불안이다. 주체의 주체성은 자신의 존재에 대한 근심 속에서 자신을 자신으로서 확인하는 일이다.[12]

나에게는 나 자신의 존재를 유지하고 존재 유지에 필요한 수단을 선택할 수 있는 자유로운 의지가 있다. 하지만 나의 선택의 자유는 근본적으로 유한하다. 나는 마침내 유한성의 끝인 죽음에 직면한다. 그러므로 나는 죽음에 직면하여 나 자신의 존재 유지를 최대한 실현하고자 노력한다. 여기서 타인의 존재는 나의 관심 밖에 있다.[13]

여기서 나의 존재를 위협하는 상황과 나의 책임을 레비나스의 초기 저작을 통해 조금 더 살펴보자. 앞에서 자세히 본 것처럼 레비나스는 인간의 존재 유지를 위협하는 현실을 '그저 있다il y a'라고 부른다. '그저 있다'는 모든 것을 무로 환원하고 그 자체로 아무런 의미를 담고 있지 않는 현실이다. 그것은 공포로서 체험되고 나의 주체성을 끊임없이 위협한다.[14]

그러므로 내가 나로서 서자면 익명적인 이 존재 사건을 극복해야 한다.[15] 나는 익명적 존재 사건을 극복함으로써 내 자신 속에 홀로 선 실체 또는 나 자신의 아르케arche가 된다. 레비나스는 이것을 선택의 자유 이전의 자유, 근원적인 자유로 이해한다.[16] 근원적인 자유의 긍정은 나의 행복뿐만 아니라 책임의 '과제'를 함축한다.[17] 내가 이때 짊어지는 책임은 타인에 대한 책임이 아니라 나 자신에 대한, 나 자신에 의한 책임이다. 나는 나의 존재를 나의 것으로 책임진다.[18] 나는 이 존재의 책임, 존재의 무거움에서 벗어나려고 시도한다.[19] 이것은 결국 타자로의 이행을 가능하게 만든다.

그런데 자기성 속에 홀로 있는 나는 그 자체로는 형식적이고 따라서 내용이 비어 있다는 것이다. 그러므로 존재 실현을 위해 나에게는 객관적인 매개체가 있어야 한다. 그런데 나의 존재 실현에 필요한 내용과 질료는 내 자신에게서 나오는 것이 아니라 나에게는 타자인 세계로부터 온다.[20] 그러므로 나는 세계 안에 주어진 삶을 지탱해주는 것들을 필요로 하고 그것들을 욕구한다. 나는 따라서 세계에 의존할 수밖에 없다. 나는 신체적 욕구를 통해 세계를 나 자신의 존재 실현의 바탕으로 수용한다. 나는 나 자신의 욕구 속에서 기쁨과 행복을 발견한다. 역설적이게도 세계에 대한 의존성을 통해 나는 비로소 나의 독립성, 나의 자유를 확보한다.[21] 여기서 분명한 것은 나는 오직 내 안에서 나를 실현할 수 없다는 사실이다. 나는 '나 중심적으로' 세계를 기획하고 관리하고 나의 것으로 삼아 지배함으로써 나 자신의 존재를 실현한다. 세계는 나에게는 삶의 거주지oikos가 된다. 그러므로 레비나스는 나의 존재 노력을 오이코노미아oikonomia, 곧 '거주의 관리' 또는 앞에서도 언급했듯이 '경제'로 정의한다.[22]

지금까지 살펴본 세계 안에서 나의 존재 실현 노력은 한마디로 '자율성'이란 말로 요약할 수 있다. 나는 타자를 나에게로 환원하고 나뿐만 아니라 타자에게 법으로 군림한다. 여기서 나의 자유가 성립된다. 나는 세계와 타인으로부터 나 자신을 분리하여 홀로 세계 안에 섬으로써 나 자신의 독립성을 확보하고 이 독립성으로부터 타자의 지배를 시도한다.[23] 전통적인 자유 개념과 책임 개념은 지금까지 서술한 나의 자기 실현과 존재 유지에 바탕을 두고 있다. 그러나 문제는 이러한 자유 개념과 나의 자유에서 출발한 책임 개념으로 타인과의 관계, 즉 레비나스가 말하는 윤리적 관계가 어떻게 가능한가 하는 것이다.

3. 존재 유지 노력과 타인과의 관계

1인칭적 관점에서 볼 때 타인과의 관계는 결국 나의 존재 유지의 연장으로밖에 볼 수 없다는 것이 레비나스의 논지이다. 나는 자유로운 자기 실현을 추구하는 가운데서 타인을 만난다. 타인은 나의 존재 유지를 위한 수단으로 이해된다.[24] 타인의 수단화의 극단적인 표현을 레비나스는 다른 민족을 부정하고 자민족의 생존만을 꾀하는 종족주의에서 찾는다. 종족주의는 같은 가족, 같은 민족, 같은 나라, 같은 종교 안에 속한 사람만 수용하고 그외 사람들은 타자란 이름으로 배제 또는 부정하는 것으로 귀결한다. 히틀러와 독일 국가사회주의의 만행은 예외적인 사건이 아니라 타인을 제거하고 자신의 존재를 유지하고자 노력하는 존재 경향의 확대에 지나지 않는다고 레비나스는 본다. 그러므로 그 만행은 인간 존재의 기본 모형을 자기 중심적인 존재 실현의 과정으로 보는 한 어떤 다른 집단에 의해서도 반복될 수 있는 통상적인 사건이다. 이런 의미에서 누구나 종족주의자가 될 수 있다.[25]

타인의 부정은 타인의 제거로 귀결된다. 타인을 제거하는 방법 가운데 가장 극단적인 방법은 살인이다.[26] 살인은 그냥 단순하게 때때로 일어나는 사건이 아니라 타인을 완전히 제거하고자 하는 동기에서 나온 의도적인 사건이다. 살인은 타인을 단지 소유, 지배하는 일이 아니라 그의 존재를 완전히 불가능하도록 만드는 일이다. 그러므로 살인은 인간이 행사하는 권력 가운데서 가장 전횡적이고 폭력적이다.[27] 증오도 타인을 제거하는 방식 중의 하나다. 증오는 살인의 동기가 될 수 있고 살인보다 더 잔인하고 악할 수 있다. 왜냐하면 증오는 타인을 부정하면서 또한 완전히는 부정하지 않는다는 역설적인 형식을 띠고 있기 때문이다. 증오는 타인을 고통스럽게 만들면서, 다른 한편으로는 그 고통 가운데서도 타인을 계속 행동하도록 내버려둔다. 고통받는 타인의 모습을 통해 증오는 그것이 겨냥하는 목적을 달성한다. 왜냐하면 증오가 겨냥하는 것은 바로 타인의 고통이기 때문이다.[28]

타인을 수단으로 삼고 나의 지배 아래 두고자 하는 욕망은 폭력과 갈등, 전면적인 전쟁의 근원이다. 세계 안에서 자신의 존재를 유지하고자 애쓰는 나는 나 자신의 존재 유지에 관심을 둘 뿐 아니라 존재 유지를 실현하기 위하여 타인이 가진 존재 경향과 자유의지를 어떤 방식으로든 제한하고자 노력한다. 모든 사람은 타인으로부터 구속받지 않는 자유와 독립성, 그리고 자신의 행복을 추구하고, 행복을 약속할 수 있는 자유와 권력을 될수록 많이 소유하기를 바란다. 그러므로 나의 자연적인 자기중심주의는 타인의 자기 중심적 존재 노력과 갈등을 일으킨다. 이를 통해 어쩔 수 없이 일반적인 갈등 상황이 전개된다. 동일한 세계 속에 거주하는 수많은 '나'들이 동시에 모두 세계의 중심일 수 없기 때문에 '나'는 가능한 모든 수단을 동원하여 타인을 나의 권력 아래 두거나 제거하고자 노력한다. 그러므로 홉스가 말한 대로 인간은 타인에 대해 모두 늑대가 되고 '만인의 만인에 대한 전쟁'이 발생한다.[29] 전쟁은 존재 속에 지속하고자 하는 경향의 연장이라고 레비나스는 보고 있다. 이 점에서 레비나스의 분석은 홉스의 그것과 일치한다. 여기에는 타인에 대한 책임도, 윤리도 가능하지 않다. 전쟁에는 윤리가 들어설 자리가 없다.[30]

전쟁은 세계 내에서 생존을 위한 노력의 일환인 노동과 유사성이 있다. 인간의 생존을 위협하는 자연 환경 속에서 자연의 힘을 인간의 인위적인 노력으로 제압하고 자연으로부터 생존에 필요한 양식과 도구를 채취함으로써 생존을 유지하는 것이 노동의 목적이다. 마찬가지로 전쟁도 적대적인 힘을 무력하게 만들어 타인을 자신에게 종속시키고, 그렇게 함으로써 자신과 민족 또는 국가의 생존을 유지하고자 하는 목적을 가지고 있다. 노동과 전쟁은 둘 다 상대방의 개체성과 인격성에는 관심을 두지 않는다. 전쟁은 이런 의미에서 세계 안에서의 인간의 노동의 연장이다. 그러나 노동과 전쟁은 완전히 동일하지는 않다. 노동의 경우 지배되고 종속되어야 할 힘은 자연의 '맹목적 힘'이지만 전쟁의 경우는 자유로운 의지에서 나온 힘이다. 전쟁은 나의 자유와 너의 자유 간의 투쟁이다. 그러므로 용기와 기민성, 자기 희생과 창조성이 전쟁에 요구된다. 왜냐하면 서로 싸워야 할 힘은 자연 세계의 맹목적인 힘처럼 미리 계산하고 예측할 수 있는 힘이 아니라 예측할 수 없는 자유에 근거한 힘이기 때문이다. 전쟁은 적대자의 자유를 이미 전제하고 있다. 따라서 아무리 강한 힘이라고 할지라도 그것은 상대방의 계산과 전략에 의해 무력하게 될 수 있다.[31]

그렇다면 어떻게 타인과의 평화로운 삶이 가능한가? 가능한 하나의 방법은 홉스의 제안과 비슷하게 나의 생존권, 나의 존재 유지 권리를 제한하는 길이다. 나의 자유가 위협받는 상황에서 나의 자유를 유지하고 존재를 실현하기 위해서는 각 주체가 존재하려는 경향을 어느 정도 제어하고 타인과 평화를 위한 계약을 맺는 것이다. 계약은 나와 마찬가지로 타인도 자신의 존재 경향을 제어하고 내가 나의 자유를 제한하는 만큼 그의 자유도 제한

해야 한다는 조건을 따를 때 가능하다. 계약에 의한 평화는 타인에 대한 존경이나 도덕법칙에 대한 순종에 근거하기보다 상대방에 대한 공포에 근거하고 있다. 이것은 이성적 계산에 따른 '합리적 평화'이며 결국 나의 이익에 대한 고려에서 비롯된 처세 방법이다.[32] 이와 같은 기대는 그러나 자유로운 두 주체간의 계약으로 완전히 충족되지 않는다. 왜냐하면 어느 한편의 계약 위반은 곧장 평화 상태를 깨뜨릴 수 있는 위험을 늘 안고 있기 때문이다. 그러므로 상호 계약은 제삼자적인 질서가 있어야 효과적으로 실현될 수 있다. 제삼자적 질서는 국가를 통해 실현된다. 국가는 법률을 제정하고 그 법률을 어기는 자에게는 처벌을 실행한다. 평화는 국가의 정치적, 법률적 체계를 통해서 비로소 보장된다.[33] 국가는 외적인 질서와 제재를 통해 자유로운 주체가 행사할 수 있는 폭력과 위협을 통제하고 타인의 자유와 권리를 침해한 자에게는 벌금, 억류 등의 수단으로 처벌을 가할 수 있다. 정치 조직은 자신의 존재 유지를 실현할 수 있는 제삼자적, 객관적 질서이다.

개인간의 평화이든 정치적 질서에 의한 평화이든 평화를 이성적인 계산에 의해 가능한 것으로 보는 입장을 레비나스는 전형적인 서구적 평화 개념의 핵심으로 생각한다. 레비나스에 따르면 그리스 사상은 이성적 인식에서 출발하여 평화의 문제에 접근하는 기본 모형을 만들어놓았다.[34] 그리스 철학의 근본 문제는 다(多)의 문제였고, 동일자와 타자의 분리가 모든 갈등과 폭력, 전쟁의 근원으로 이해되었다. 그러므로 다양한 것, 많은 것들을 그보다 상위 단계에 있는 일(一) 또는 일자(一者)에 환원할 때 평화가 확보될 수 있다. 일자를 발견하고 다(多)를 일자 속에 환원할 수 있는 수단을 그리스 사람들은 진정한 지식에서 찾았다. 진정한 지식은 다양한 것 속에서 그 다양성을 모두 사상하고 다른 것과 하나일 수 있는 '본질적' 요소를 찾아내는 것이다. 본질적인 것이 찾아질 때 다양한 것은 다양한 것으로 머물지 않고 본질 속에 통일된다.[35]

이와 같은 인식 모형을 개인 사이의 갈등과 대립에 적용하면 평화는 이성적 인식을 통해 보장될 수 있다는 결론을 얻을 수 있다. 갈등 상황에 처한 개별적 주체는 이성적, 보편적 인식에 자신을 종속시킴으로써 개별성을 사상하고 평화로운 보편적인 질서에 참여할 수 있다. 다시 말해 개인의 의지는 개별성을 초월하는 보편적 법칙에 순종할 때 그때 비로소 자유롭게 평화를 이룰 수 있다는 것이다. 정언명법과 국제연합을 통해 영구적인 평화의 가능성을 제시한 칸트의 윤리학과 정치철학도 보편적 인식, 보편적 진리, 보편적 질서 속에서 평화를 가능하게 할 수 있는 도덕적 규율의 합법성과 정당성을 얻고자 하기 때문에 이와 같은 범주에 머물러 있다. 보편적 인식, 법칙 또는 질서에 순종할 때 각 개개인은 개별성을 포기하고 전체적 통일성 아래서 평화를 확보할 수 있다고 보는 것이다.

그러면 이와 같은 모형이 문제가 되는 까닭은 무엇인가? 이성적 인식, 계산 또는 보편적 질서에 대한 순종을 통해 적어도 타인과의 평화가 보장될 수 있다면 그것으로 충분하지 않는가? 레비나스는 존재 유지 또는 존재 실현에 근거한 1인칭적 사회 모형과 그것에 근거한 평화의 현실성을 통째로 거부하지 않는다. 왜냐하면 무기를 손에 쥐고 이룬 평화라 할지라도 그러한 평화는 전쟁보다는 좋은 것이기 때문이다. 그러므로 레비나스는 자아 중심적인 의도에서 성립된 국가도 '정당한 국가'로 볼 수 있다고 말한다.[36] 현존하는 사회 질서와 국가 조직이 이기적인 개인의 자기 보존, 존재 유지, 존재 실현을 위해 존재하고 또한 그렇게 기능한다고 하더라도 인간의 생존은 그러한 질서와 조직이 없이는 한 시간도 제대로 지탱될 수 없기 때문이다.

하지만 레비나스는 이와 같은 사회 모형에 대해 비판적이다. 왜냐하면 이 모형에서는 갈등과 전쟁 상황으로부터 타협과 계약을 통해 평화 상태로 넘어가는 과정에도 전혀 수정되지 않은 채 남아 있기 때문이다. 평화 상태로 이행한 후에도 인간은 전혀 변하지 않은 채 "이기심은 그대로 힘을 발휘하고 있다."[37] 자신의 존재를 유지하려는 경향은 어느 정도 수정과 제한의 절차를 밟긴 하지만 개인과 사회를 움직이는 기본 동기는 여전히 이기심이다. 자아는 이기적인 동기에 따라 타인의 자유를 인정하고 그렇게 함으로써 자신의 자유를 보장하고자 하는 '현명한' 계산에서 평화 상태를 유지한다. 여기서는 타인의 타자성에 대한 진정한 존경이나 인정이 사실상 결여되어 있다. 그러므로 레비나스는 자기 중심적인 사회 모형에 근거한 정치는 '윤리가 결여된 정치'라고 단언한다.[38] 왜냐하면 그와 같은 정치는 자신의 존재를 유지하고자 하는 동물적 경향을 단지 합리적이고 이성적으로 조정하는 것에 불과하고, 나의 세계 속에 전체화될 수 없는 타자와의 관계는 여기서 고려가 될 수 없기 때문이다. 둘째, 이렇게 보장된 타인과의 평화는 참다운 평화가 아닌, 단지 이성적 계산에 따른 가식적인 평화만을 보장한다는 데 문제가 있다.[39] 이것은 냉전 상태에서 누리는 평화와 같다. 평화는 여기서 나의 존재 유지를 위해 잠정적으로 선택된 것일 뿐 영원한 평화일 수 없다. 개인과 사회 그리고 개별 국가는 자신의 존재 유지를 위해 타인에 대해 무기를 실제로 사용하지 않을 뿐 언제나 새로운 도발이 가능하다. 그리고 끝으로 자아 중심적 사회 모형은 '사회 주변부 사람들'과 '힘없는 사람들'에게 일정한 자리를 허락해주지 않는다. 개개인이 확보할 수 있는 힘을 바탕으로 타인에 대해서 자신의 존재를 나타낸다면 힘없는 자, 가지지 못한 자, 신체적으로 능력을 잃은 자는 상대적으로 피해를 받을 수밖에 없다. 정의가 없는 평화는 진정한 평화일 수 없다. 국제 관계에서도 이와 같은 상황은 비슷하다.[40]

평화의 문제는 정치적 문제이다. 그러나 그것은 이른바 '정치적'으로 해결될 수 있는 것은 아니라고 레비나스는 본다. 정치에는 그 자체로는 윤리도, 타인에 대한 고려도 없다. 따라서 영원한 평화를 모색하기 위해 인간과 세계, 나와 타인, 진리와 정의, 자유와 책임의 관계를 바르게 설정해야 한다. 이것은 근본적으로 형이상학적 과제이고, 형이상학적 과제는 '존재와 다른' 차원, 나와는 다른 타인의 자리로의 초월이 없이는 불가능하다. 평화를 나의 존재 유지 또는 한 민족이나 국가의 존재 유지 노력의 관점, 즉 1인칭적 관점에 볼 때는 존재 위협을 궁극적으로 제거할 수 있는 길은 없다. 비록 현재 우리가 누리고 있는 현재의 잠정적인 평화는 그와 같은 노력으로 인해 가능하다고 하더라도 이 평화는 끊임없이 위협받고 있다. 그러므로 1인칭적 관점을 벗어나 2인칭적 관점에서 존재를 해석하고 나와 타인의 관계를 다시 근본적으로 검토해보아야 한다는 것이 레비나스 철학의 핵심이다. 이때 비로소 책임은 1인칭에서 본 책임, 즉 자신의 존재 유지와 그로부터 유래된 자유를 기초로 한 책임이 아니라 나의 자유에 선행된 책임의 차원이 드러난다.

4. 타인의 얼굴

그러면 어떻게 존재 유지의 차원을 넘어갈 수 있는가? 나의 자기 중심적인 이기적 삶을 타인에 대해 책임지며 타인과 함께 타인을 위해서 함께 살아갈 수 있는 삶으로 만들 수 있는 가능성은 어디서 오는 것인가? 이 가능성을 레비나스는 나의 존재 유지,

나의 내면성에서 찾지 않고 나의 바깥, 나의 존재와는 전혀 다른 차원, 다시 말해 나와 타인 사이에 일어나는 '윤리적 사건'을 통해 찾아낸다. 이를 통해 나의 존재 유지에서 유래한 자유에 바탕을 둔 책임과는 전혀 다른 차원의 책임을 드러내고 이를 통해 윤리학의 가능 조건을 찾아낸다.

레비나스가 말하는 윤리적 사건은 한마디로 타인의 얼굴의 출현이다. 인식과 실천적 행위를 통해 타자를 자기 자신의 영역으로 전체화하던 나는 나에게로 환원할 수 없는, 나의 이해와 나의 능력으로 지배할 수 없는, 단순히 나와 구별된다는 의미에서, 내가 아니라는 의미에서 나와 다른 타자가 아니라 '전적으로 다른 타인'의 출현으로 충격을 받는 상황에 처하게 된다. 타인은 그의 의미를 어떤 무엇에도 의존해서 갖지 않는다. 주변 세계, 자신이 처한 문화, 역사, 생명의 진화, 체계 등이 나에게 출현하는 타인에게 의미를 주지 않는다. 타인은 역사적이거나 심리학적이거나 문화적이거나 간에 어떤 종류의 의미 부여의 맥락도 초월한다. 타인은 한마디로 유일하며 독특하다. 타인은 어떤 종족이나 가족, 어떤 민족도 초월한다. 타인은 그야말로 "벌거벗음 가운데 나타나는 얼굴"이며 "자기 자신에 의한 현현"이며 "맥락 없는 의미화요" "전체성의 깨뜨림"이다.[41] 타인은 단적으로 나에게 "낯선 이"이다.

얼굴의 나타남을 레비나스는 '그 자체 스스로 드러내 보여줌'으로 그려낸다.[42] 이 표현을 바르게 이해하자면 현상학적 사고 틀을 염두에 둬야 한다. 사물은 현상학에 따르면 '의미 전체' '맥락' 또는 '지평' 안에서 의미를 부여하는 주체에 의해 의미를 부여받을 때 그때 비로소 의미를 얻게 된다. 사물은 주체의 활동과 맥락 또는 지평을 떠나서 그 자체로 의미를 가지지 않는다. 주체의 이러한 활동을 후설은 '벗겨냄Entbergung, devoilement'이라 부른다. 벗겨냄은 동시에 사물에 일정한 '형식'을 부여하는 행위이다. 벗겨냄을 통해 현실은 '현상'으로 우리에게 주어지며 일정한 '범주' 안에 포섭된다. 개별적 존재의 존재 의미는 그것에 앞선 일정한 '형식' 안에 미리 앞서 포착되어 있다. 그러므로 사물의 궁극적 의미는 사물을 표상하고 형식을 부여하고 그것을 지배하는 우리의 존재 기획을 떠나서 생각될 수 없다. 이와 같은 배경에서 레비나스는 "벗겨낸 존재자는 그 자체에 따라서가 아니라 우리와의 관계에서 존재하는 존재자이다"라고 말한다.[43]

레비나스는 '벗겨냄'의 대상인 사물과는 전혀 다른 방식의 존재, 다시 말해 현상학적으로 드러낼 수 있는 사물의 의미와는 전혀 다른 방식의 의미 가능성을 찾고 있다. 사물은 벗겨냄으로, 지평 안에서, 어떤 맥락 안에서, 일정한 형식을 갖춘 가운데 드러난다. 하지만 그 자체로, 스스로 자신을 보여주는 의미, 어떤 무엇과의 지시 관계를 통해서가 아니라 그 자체, 스스로 지시하는 가운데 드러나는 의미, 자기 자신 외에 어떤 다른 것의 도움을 필요로 하지 않는 의미, 자기 자신에 의존하면서 자기 자신으로 돌아오는 의미, 나의 주도권과 나의 권력과는 완전히 독립해 있는 의미, 어떠한 형식에도, 어떠한 맥락에도, 어떠한 '의미 부여 Sinngebung'에도 앞선 '지평' 없는 의미를 레비나스는 타인의 얼굴에서 찾는다.[44] 얼굴은 나의 표상과 인식, 나의 자유에 의존하지 않으면서 그 자체 존재하고 그 자체 스스로 드러내 보여주는 타인의 존재 방식이다. 얼굴은 나의 표상과 나의 자유, 나의 주도권의 실패를 뜻한다. 얼굴로 나타나는 타인은 포착하고 이해하고자 하는 나의 노력을 끊임없이 빠져나간다.

얼굴이 가진 이러한 모습을 레비나스는 '외재성'이란 말로 표현한다. 『전체성과 무한』은 부제가 말해주듯 내면으로 환원할 수 없는 외면성, 곧 얼굴의 외재성에 대한 탐구이다. 얼굴의 외재성은 단순한 안과 밖의 구별이나 공간적 거리를 뜻하지 않는다. 얼굴의 외재성은 무엇으로도 환원할 수 없는 차이, 절대적 차이를 나타낸다. 이 차이는 타인의 얼굴이 나의 인식, 나의 지배로부터 끊임없이 벗어난다는 데서 존립한다. 얼굴은 이 점에서 점진적으로 하나의 그림 속으로 포착될 수 있는 사물의 표면과 다르다. 탁자를 예로 들어보자. 탁자는 여러 '면'을 갖고 있다. 앞면, 옆면, 윗면, 아랫면 등이 있지만 우리는 한꺼번에 탁자를 볼 수 없다. 하지만 이쪽에서, 또 저쪽에서, 위에서 아래서 접근이 가능하다. 내가 본 부분('나에 대한 존재')이 커지면 커질수록 보이지 않는 부분('그 자체 있는 존재')은 점점 작아진다. 여러 측면에서의 접근을 통해 탁자는 결국 온전한 모습으로 그려질 수 있다. 하지만 타인의 얼굴은 그와 같은 그림으로 접근될 수 없다는 것이 레비나스의 지론이다.

얼굴은 레비나스에 따르면 밖에 있다. 우리가 인식할 수 없는 것으로 우리에게 스스로 자신의 모습을 보여주는 존재, 우리의 세계 안에서는 어떠한 지시체도 찾을 수 없는 '외재적 존재의 현시'를 레비나스는 한마디로 '얼굴'이라 부른다.[45] 이러한 의미에서 얼굴은 현상이 아니다. 얼굴은 우리에게 다른 사물처럼 주어지는 현상이 아니라 오직 스스로 자기 자신으로부터 현현할 뿐이다. 얼굴은 그 자체로 유일한 것이다. 얼굴은 예측할 수 없고 표상할 수 없다. 어떠한 전조나 예고를 통해 주어지지 않는다. 얼굴로 나타나는 타인은 이러한 의미에서 언제나 '처음 온 사람le premier venu'이다.[46] 어떠한 상관 관계도 다른 것과의 비교도 모종의 유사성도 없이 전혀 새롭게, 마치 딴 세상에서 온 것처럼 놀라움을 안겨준다. 오랫동안 사귀어온 친구라 하더라도, 깊은 정을 나눈 옛사랑이라 하더라도 얼굴은 언제나 새롭고 놀라움으로 다가온다. 얼굴은 이러한 의미에서 '현상'이 아니다. 현상이기에는 너무

나 연약하고 부드럽다. 얼굴은 언제나 '비밀'로 남는다.[47] 요컨대 얼굴은 나의 지향성을 벗어나 있는 비현상적이고 비표상적인 실체이며 오직 그 자체로 자신을 스스로 드러낼 수 있는 현실이다.

얼굴의 "벌거벗음"은 '시선'과 '말'을 통해 구체화된다. 무엇보다 눈은 타인이 매개 없이 직접 내 앞에 현존함을 보여주는 가장 특출한 통로이다. "한 존재자가 자신의 나타남의 형식을 뚫고 지나가는 방식은 구체적으로는 그의 시선, 그의 봄이다. 시선에 앞서 뚫고 지나감은 없다. 그 형식을 뚫고 지나감, 그것이 곧 바라봄이다. 눈은 절대적으로 발가벗고 있다."[48] 이처럼 나를 쳐다보는 눈은 얼굴 가운데서도 보호막이 없이 나에게 곧장 드러난 부분이다. 그러므로 나를 보는 시선은 타인이 자신을 아무 매개 없이 직접 나에게 드러낸다. 나를 보는 시선과의 만남을 레비나스는 '절대 경험'이요, "계시"라 부른다.[49] 얼굴의 시선과 마주칠 때 나는 회피할 수 없는 얼굴을 경험한다. 시선은 나를 '놀라게' 하며 나에게 '상처'를 준다.[50] 얼굴은 눈을 통해 나를 곧장 바라볼 뿐 아니라 나에게 말한다.[51] 좀더 정확히 말하자면 얼굴은 나에게 말을 건네 온다. 이 말 건네 옴은 얼굴의 자기 표현이며, 자기 표현은 얼굴의 본질적 성질, 곧 타자성과 환원 불가능성을 담고 있다. 여기서 중요한 것은 얼굴이 말하는 내용이 무엇인가가 아니라 얼굴이 자기 표현을 한다는 바로 그 사실이다. 얼굴의 자기 표현, 곧 말 건네 옴은 얼굴이 타자로서 나에게 현상하고 나에게 소통 관계를 터옴을 뜻한다. 그래서 레비나스는 "표현의 으뜸 내용은 표현 그 자체"라고 말한다.[52] 나에게 말 건네 옴을 통해서 얼굴은 그것이 지닌 구체적인 조건이나 사회적 우연성을 초월하여 나에게 익숙한 환경과는 무관하게, 나에게 무조건적으로 '어디선가 다른 곳에서' 출현한 타인으로 다가온다. 얼굴의 자기 표현은 나에게 전적으로 새롭다.[53] 그러므로 레비나스는 얼굴의 표현을 '계시,' 곧 나의 기대와 예측과 무관하게 밖으로부터 나에게 자신을 알려줌으로 말한다.[54] 나는 이 '계시'에 직면해서 그것을 수용하는 자로, 순종하는 자로 설 뿐 스스로 기획하거나 통제할 수 없다. 이런 의미에서 타자는 나에게 스승이며 주인이다. 소크라테스처럼 산파술로 나의 영혼 속에 잠재된 가능성을 일깨우는 선생이 아니라 전적으로 다른, 나의 기대와 예측을 벗어난 가르침을 주는 스승과 주인으로 타인은 나에게 말 건네 옴을 통해 다가온다.[55]

    타인의 말 건네 옴은 단순한 대화 차원의 말 건넴이 아니다. 그것은 "너는 살인하지 말지어다"라는 명령이다.[56] 얼굴은 "한 존재자가 직설법으로가 아니라 명령법으로 나를 접촉한다는 사실"을 보여준다.[57] 얼굴의 현현, 곧 얼굴의 자기 표현은 따라서 윤리적 의미를 띠게 된다. 그런데 여기서 주목할 것은 나에게 얼굴의 나타남으로 명령하는 타자는 강자의 모습으로 나타나는 자가 아니라 낯선 이방인의 모습으로, 비참한 이방인의 모습으로 나타난다는 것이다. 그는 '이방인'이고 아무런 보호막도, 변호자도, 기득권도 없는 "나그네와 과부와 고아"이다.[58] 그래서 레비나스는 "얼굴의 벌거벗음은 추위하고 벌거벗음을 부끄러워하는 몸의 벌거벗음 가운데 연장된다. 그 자체 kath' auto의 존재는 세계 안에서 하나의 비참이다"라고 말한다.[59] 타인은 그의 비참함 가운데, 자기 방어가 불가능한 가운데, 신체적, 도덕적 우월성을 상실한 가운데, 정말 낮고 비천한 가운데, 쉽게 상처받을 수 있는 가운데, 나에게 요구하고 호소한다. 여기서 타인의 얼굴은 윤리적 사건이다. 비천함에 처한 타인이 나에게 간청으로 호소해올 때, 그 호소로 인해 나의 자유가 문제시될 때, 이때 비로소 윤리적 관계가 등장한다. 그래서 레비나스는 "동일자[나 중심의 존재 유지 노력]를 문제삼는 일, 동일자의 자기 중심적인 자발성 안에서는 가능하지 않는 이 일은 타인을 통해서 일어난다. 나의 자발성을 타인의 현존으로 문제삼는 일을 우리는 윤리라 부른다. 나에게로, 나의 생각과 소유로 환원할 수 없는 타자의 이방성은 나의 자발성을 문제삼는 일로서, 곧 윤리로서 완성된다"[60]고 말한다. 또는 "윤리는 자유가 자기를 정당화하는 대신 스스로 자신이 자의적이며 폭력적임을 느낄 때 시작한다"고 말하기도 한다.[61] 윤리는 나의 자유가 문제시될 때 그때 비로소 모습을 드러낸다. 여기서 앞에서 본 1인칭적 의미의 책임, 곧 자신의 존재를 짊어져야 하는 '홀로 서기'의 책임과 달리 타인에 대한 책임 개념이 비로소 등장한다.

배고프고 헐벗은 가운데, 사회적 불의 가운데 나에게 호소해오는 타인은 지금까지 제한 없이 자유를 행사하던 나에게 충격으로 다가온다. 타인은 그의 벌거벗은 얼굴을 통해 나를 판단하고 정죄한다. 타인은 나를 고발하고 나를 소환한다. 나는 타인에게 주격Moi으로서가 아니라 목적격Soi으로, 다시 말해 죄 있는 자로 고발된다. 나는 타인에게 갇힌 자로, 타인에게 '볼모'로 붙잡힌다. 타인의 얼굴의 호소를 통해 나는 나의 자기 중심적인 삶에 대해 대답하도록 요구받는다. 이 요구로 나는 상처받고 고난받는다. 도망을 시도해도 불가능하다. 타인은 나를 끝까지 따라온다. 그러므로 레비나스는 타인이 나를 정죄하고 사로잡음을 '끝까지 per-' '따라와secui' 괴롭힌다는 뜻으로 '핍박persecution'이라고 부른다. 나는 이렇게 타인에 대해서 심지어 희생자가 되기까지 비천해지고 마치 예수가 말했듯이 머리 하나 눕힐 곳 없는 존재가 된다.[62] 이처럼 타인의 얼굴로부터 오는 윤리적 호소는 나에게 행복을 주기보다 오히려 고통을 준다. 나만이 누리던 자유가 부당함을 일깨우고 타인을 수용하고, 내 것을 내어놓고 타인을 환대하도록 요구한다. 응답을 요구하는 타인의 부름에 내가 '응답할 때,' 나를 '응답할 수 있는' 존재로 세울 때 나는 비로소 '응답하는 자'로서 '책임적 존재' 또는 윤리적 주체로 탄생한다.[63]

타인을 위해, 타인에 의해 내가 책임적 존재가 된다는 것은 곧 내가 응답적 존재가 된다는 뜻이다. 책임짐은 응답함이고 응답함은 부름이나 요청에 반응함이다. 부름이나 요청은 말로 수행되는 것으로 언어적 차원이 이 속에 개입된다. 따라서 레비나스는 타인에 대한 책임을 '근원적 또는 근원 이전의 말함le Dire original ou pré-original' '말해진 것 없는 말함le Dire sans Dit' '말해진 것 저편의 말함le Dire au-delà'이라 표현한다.[64] 이 말함은 곧 "타인에 대한 응답"이다.[65] 근원적인 말함은 "여기 내가 있습니다 Me voici"라고 부름에 나를 내어줄 때 구체적으로 표현된다. "여기 내가 있습니다"는 무엇보다 내 자신을 내어놓는 것이다. 퍼트남이 적절하게 지적하듯이 "여기 내가 있습니다"는 히브리어 히네니hineni를 번역한 것이다. 히네hine와 아니ani를 결합한 말로, 이때 히네란 말은 마치 외투 보관소에서 담당 직원이 "외투 여기 있습니다"라고 말하면서 외투를 내어주는 것처럼 "내가 여기 있습니다"라고 말하면서 내 자신을 내어놓는 행위이다. 「이사야」 6장 8절의 표현대로 "여기 내가 있습니다"는 곧 "나를 보내소서"란 뜻을 담고 있다.[66] 나 자신을 타인에게 내어놓고 타인의 처분을 기다리는 것이다. 이렇게 처분을 기다림에 타인에 대한 나의 책임이 표현된다. 이 책임은 타인에 대한 나의 선호나 감정과 무관하다. 타인의 부름에, 타인의 요청에 다만 응답하는 것일 뿐이다. "여기 내가 있습니다"는 레비나스에 따르면 모든 객관적인 서술le Dit에 앞서, 내용과 정보를 지닌 어떤 소통이라도 그 이전에 전제하는 '첫 언어'이다. 문을 열고 들어갈 때, 음식을 받을 때, 열차에 올라탈 때, 흔히 '아프레 부 멋슈Apres vous, Monsieur(선생님, 먼저 들어가십시오, 먼저 받으십시오, 먼저 타십

시오, 저는 뒤에 하겠습니다)'라고 말하는 것, 이것이 언어의 시작이라 보는 것이다. 레비나스는 이것이 자신의 철학 전체를 표현한다고 생각한다.[67]

5. '타인에 의한, 타인에 대한 책임'과 대속(代贖)의 의미

윤리의 근거로서의 레비나스의 책임 개념은 '타율성'에서 출발한다.[68] 나의 자유, 나의 자발성과 나의 자율적 주도권에서 나온 책임이 아니라 타인의 부름에 직면해서, 그 부름에 응답해서 수동적으로 그 앞에 내가 세워짐으로 인해서 생긴 책임이다. 나는 나에게 법이 아니라 타자가 나에게 법으로, 명령으로 등장한다. 타인에 대한 책임은 나의 주도권에 근거를 두지 않는다. 타인에 대한 나의 책임은 나의 자유에 선행한다.[69] 얼굴의 나타남으로 나는 내가 요구하지 않은 상황에서 이미 '응답하는' 존재로, '책임적인' 존재로 세워졌다. 그러므로 나의 자연적 경향이나 이타적 본성, 고통받는 사람에 대한 연민이나 공감, 희생 정신이 타인에 대한 책임의 근거가 될 수 없다. 만일 이것들이 책임의 근거라면 이런 능력이 있는 사람만이 탁월한 사람일 것이고, 만일 그렇다면 책임의 윤리는 특별한 사람들만의 윤리가 될 것이다. 하지만 레비나스는 이기주의나 이타주의, 그리고 그 바탕에 전제된 나의 자유 이전에, 그것에 앞서, 책임을 위치시킨다. 책임은 어떤 특별한 사람, 몇몇 엘리트의 전유물이 아니라 인간을 인간이게, 주체를 주체이게 하는 조건이 되기 때문이다.[70] 나의 자유, 나의 주도권에 앞서 주어졌다는 의미에서 나의 책임을 레비나스는 '기원 이전(以前)'(anarchique 또는 pre-orginel)이라 부른다.[71] 책임은 나에게 '아르케,' 곧 '시작'이나 '기원' 이전에, 나의 '지배권'에 앞서, 그 이전에 이미 주어졌다는 뜻이다. 타인에 대한 나의 책임은 내가 주도권을 쥐고 나서기 전에, 나의 존재 이전에, 나의 의식 이전에, 벌써 나에게 '침투했다.'[72] 얼굴은 나에게 책임을, 아니 좀더 근원적인 뜻으로, '응답할 수 있는 가능성'을, 그리고 '응답해야 할 의무'를 일깨워준다. 이것을 레비나스는 '타인에 의한 나의 일깨움'이라 부른다.[73] 타인의 침입은 나를 도무지 편하게 잠들 수 없는 상황으로 몰아넣는다. 신체적 불면의 경우와 마찬가지로 타인의 일깨움으로 생긴 불면(윤리적 불면)은 나를 주목하게 만들고 나를 책임적 존재로 만든다.[74] 그러므로 나의 책임은 타인으로부터, 2인칭으로부터 온 책임, 곧 '타인에 의해' 일깨움을 받은 책임이다.[75] '타인에 대한' 나의 책임은 타인이 나에게 일깨워준 책임이다. 그러므로 레비나스는 존재론의 테두리 안에 있는 '나의 자유에 근거한 책임'과 구별해서 타인의 얼굴의 등장으로, 타인에 의해 창조된 책임을 '타인에 의한, 타인에 대한 책임'이라 이름 짓는다.

타인의 일깨움에 의한 책임은 레비나스에 따르면 나를 '윤리적 불면'으로, 나를 타인에 의해 사로잡힌 존재로 몰아넣는 일에 머물지 않는다. 타인의 일깨움은 나를 높이 세워주고 나를 고귀한 존재로 만든다. 타인은 나에게 문자 그대로 "혼을 불어넣어주며 in-spiration," 나에게 "영을 집어넣어"준다. 타인은 나의 호흡이며, 나의 혼이며 나의 영이다. 그러므로 '타인에 의한 책임,' 곧 타인이 나에게 일깨워준 책임은 나를 움직이고, 살아 있게 만들며, 나를 고귀한 영적 존재로 만든다. '타인에 의한'이 지닌 이런 차원을 레비나스는 '내 안에 있는 타자' '동일자 안의 타자,' 또는 '내재 속의 초월'이라 부른다.[76] 타자가 내 안에 '혼을 불어넣음'은 타자가 내 몸으로 육화 incarnation되어 타인의 고통을 위해 나를 내어줄 수 있도록 노출시킨다.[77] 내 안에 들어온 타자는 내 안에서 타자를 위해 짐을 짊어질 수 있도록 나를 키워낸다. 이것을 레비나스는 '모성성maternité'이라 부른다.[78]

이제 대속la substituition에 관해 얘기할 수 있는 지점에 도달했다. 대속은 타자에 의해 책임적 존재로 지정받은 내가 타자를 '위한' 책임적 존재로 세워지는 모습이다.[79] '대속'은 자유로운 주체의 능동적, 자발적 활동을 일컫지 않는다. 마치 예수 그리스도처럼 "타인을 대신해서, 타인의 자리에 내가 세움받는 일"이 레비나스가 말하는 '대속'이다. 대속은 문자 그대로 '자리 바꿔 세움받음'이다. 나의 위치가 수동적이란 것이 여기서 중요하다. 내가 먼저 그렇게 세움받고 그 뒤, 그것을 나의 책임으로 개인적으로 수용하는 행위가 뒤따른다. 나는 내가 타인을 대신해서 타인의 자리에 서기 이전, 내가 기억할 수도 없는 먼 과거에, 나의 의식과 나의 선택의 자유가 발동하기 이전에 벌써 타자에 의해서 타자를 위한 책임적 존재로 세움받았다. 이렇게 세움받았다는 것은 내가 타인의 요구와 부름에 응답할 뿐 아니라 타인을 위해, 심지어 타인의 책임을 대신해 고통받을 수 있음을 뜻한다. 여기서 책임은 절대적 타율성이고 절대적 타율성으로서의 책임은 나의 자유의 한계를 초월한다. 이런 의미에서 책임을 레비나스는 『전체성과 무한』에서 '무한 책임'이라 부른다.[80] 『존재와 다르게 또는 존재 사건 저편에』에서는 도스토예프스키의 "우리들 각자는 각 사람에 대해서 각 사람에 앞서 잘못이 있고 나는 다른 사람보다 잘못이 더 많다"는 말을 인용해서 나 자신은 타인보다 언제나 여분의 책임을 더 가짐을 강조한다.[81]

레비나스는 그러나 여기에 머물지 않는다. 내가 타인의 책임을 대신하는 것은 심지어 그의 잘못에 이르기까지 범위가 확대된다. 만일 나의 잘못에 대한 책임을 묻는다면 1인칭 차원에서의 책임, 곧 나의 자유에 근거한 책임을 지면 되겠지만 타인의 잘못에 대한 책임은 나의 자유를 벗어난다. 나의 자유 이전에 벌써 타인에 대해 책임적인 존재로 부름받았다면 나는 타인의 고통뿐만 아니라 그의 잘못에 대해서까지도 책임을 면할 수 없다. 이처럼 레비나스에 따르면 얼굴의 호소에 직면할 때 나는 타인이 하는 일이 나와 상관없는 일인 것처럼 손을 씻을 수 없다. "나는 수브엑툼 Sub-jectum, 곧 아래에서 떠받쳐주는 자다. 나는 온 세상의 짐을 지고 모든 것에 책임을 지고 있다"는 말처럼 나는 심지어 내가 질 수 없는 짐조차 짊어지도록 부름받았다.[82] 주체의 이러한 대리 책임에 대해서, 그리고 '나 자신 le soi'에 대해서 레비나스는 '속죄 expiation'란 말을 붙인다.[83] 나는 타인의 잘못을 마치 나의 잘못처럼 짊어진다. 그러므로 레비나스가 말하는 '대속'은 형식으로 보면 자리 바꿈, 또는 '자리 바꿔 세움받음'이지만 그 내용을 보면 타인의 책임 또는 죄책을 내가 대신 짊어지고 고통받음으로써 그것을 대신 속죄받는다는 뜻이다. 타인에 대한 나의 책임은 그러므로 '대속적 책임'이다.

이 책임이 나의 자유로운 선택의 결과가 아니라 타율성에 의한 것임을 강조하기 위해 레비나스는 '선택받음'이란 용어를 사용한다.[84] 나는 특별한 사람으로, 특별한 위치에 세움받았다. 나는 기억하기 이전에, 타인을 위한 인질로, 타인에 대한 대리자로, 타인에 대해 책임을 짊어진 자로 선택받았다. 이 선택은 나의 선택과 무관하며 나는 이 선택을 단지 망각할 수 있을 뿐 마치 요나가 하나님 앞에서 피할 수 없듯이 피할 수 없다.[85] 내가 선택받았다는 사실은 나의 대속이 다른 어떤 타인이 대행할 수 없는 일임을 말해준다. 나는 타인을 대신할 수 있어도 아무도 내가 책임질 일을 대신 짊어질 수 없다. 나는 이미 타인의 자리에, 타인에 대해서, 타인을 대신해 책임지도록 세움받았다. 그러므로 타인의 부름에 바로 나 자신이 답해야 한다. '오직 나 자신만이' 책임질 수 있다는 것은 나의 위치가 대단히 예외적임을 말해준다. 심지어 레비나스는 이런 대리적 주체를 '메시아'라 부른다. "나, 그것은 메시아이며, 메시아, 그는 곧 나이다"라고 말한다. 메시아는 타인을 위해서 대신 죄짐을 짊어지고 고난을 당하는 자이다.[86] 레비나스는 예수 그리스도의 존재를 타인의 고난을 대신 짊어진 주체의 이념으로 파악한다.[87] '그리스도'는 '메시아'를 번역한 말임을 염두에 두면 레비나스의 윤리적, 책임적 주체는 각자가 모두 그리스도이다. 그러므로 레비나스가 타인의 고통과 잘못을 나의 고통과 잘못으로 수용하는 대속적 위치에 서는 모습을 그릴 때 예수 그리스도가 세상 죄를 자기 것으로 받아들임과 고통당함을 표시하는 용어인 '수용l'assomption'과 '수난passion'을 사용한 것은 우연이 아니다.[88]

6. 대속적 책임의 실현과 비움의 주체

그런데 내가 어떻게 실제로 타인의 짐을 짊어지는 그리스도일 수 있는가? 조금 더 일반적인 개념으로 물어보자면 대속적 책임이 어떻게 구체적으로 가능한가? 다시 묻자면 '타인에 의한 책임,' 타인에 의해 선택되고, 지정되고, 쫓기고, 그래서 타인에 사로잡히고, 심지어 인질이 되기까지 하면서 핍박받은 타인이 어떻게 책임을 실현할 수 있는가? 그것은 자신의 책임을 '타인을 위한' 책임으로 구체화시킴으로써 실현될 수밖에 없다. 무엇보다 중요한 것은 타인에 의해 창조된 이 책임을 타인을 위한 책임으로 스스로 수용하는 일이다. 타인이 나를 부를 때 나는 그 부름에 대답해야 한다. 여기에는 두 가지 가능성밖에 없다. 부름을 수용하든지 아니면 거부하면서 타인을 나의 자기 중심으로 환원하는 길밖에 없다. 부름을 거부하는 일은 나 자신의 일에 몰두하든지, 아니면 다른 일에 몰두하든지, 또는 어떤 핑계와 이유를 제안하는 일을 통해 가능하다. 『전체성과 무한』의 언어로 말하자면 나의 집 문을 꽁꽁 걸어두고 타인으로부터 분리된 채 자기중심주의로 살아갈 수 있다.[89] 이것은 책임으로부터의 도피이며 이 도피를 레비나스는 윤리적 의미의 '악'이라 부른다. 타인에 대한 책임을 거부하는 것은 악이며 이 악은 모든 윤리적 악의 근원이며 곧 '죄'로 나타난다.[90] 칸트가 윤리적 악의 근거를 인간의 자유에서 찾았다면 레비나스는 타인에 대한 나의 책임 유기(遺棄)에서 찾는다.

그렇다면 악과 반대되는 차원은 무엇인가? 그것은 선을 행하는 일이다. 좀더 구체적으로는 타인의 호소를 수용하고 받아들이는 것이다. 타인의 수용은 자신의 문을 열고 타인을 영접하는 '환대l'hospitalité'로 나타난다. 타인을 나의 손님으로 대접하고 선행을 베푸는 일이다. 이때 환대의 주체는 『존재와 다르게 또는 존재사건 저편에』의 표현을 따르자면 철저하게 수동적인 존재로, 물질의 수용성이나 인식의 수용성보다 더 수동적인 주체로, 앞에서 본 대로 타인의 부름 앞에 "여기 제가 있습니다Me voici"라고 말하면서 자신을 내어놓는다. 여기서 중요한 것은 나를 주격Je으로 내세우는 것이 아니라 대격me으로, 목적어로 내어놓고 나의 반응을 요구하는 부름에 응답한다는 것이다. 응답, 환대 또는 책임은 '줌le donner'이고 '자신을 희생함un s'offrir'이다. "주는 것, 즉 타자를 위한 존재란 자신의 입에서 빵을 꺼내어 자기는 굶주리면서 타인의 허기를 채워주는 것이다."[91]

줌과 희생은 어떤 반대 급부를 기대하지 않는다. 만일 어떤 반대 급부를 기대한다면 그것은 순수한 줌이 아니라 주고받음의 거래가 된다. 진정한 선행에는 보상도, 반환도, 심지어는 감사로 되갚음도 없다. 우리가 타인의 사랑과 은혜에 감사할 수 있지만 감사를 포함해서 그 어떤 형식의 반대 급부도 나의 희생과 고통의 동기가 될 수 없다. 선은 이런 의미에서 '존재와 다른' 질서에 속한다. 선을 행하는 일은 존재 질서 속에 속한 거래를 벗어나 있으므로 대차대조표를 작성하는 일과는 전혀 상관이 없다. 따라서 선을 행할 때, 선의 결과나 효용성에 대해 물을 수 없다. 만일 그렇다면 또다시 대차대조표를 작성하는 일이 된다. 참된 사랑에는 나의 계산이나 욕망이 개입될 수 없듯이 순수한 줌에는 계산이 개입될 수 없다. 그래서 레비나스는 이렇게 계산을 뛰어넘어 행하는 선을 "존재 안에서는 결손이고 시듦이며 어리석음이지만 존재를 넘어서는 탁월이며 높음"이라 부르면서 그 중심에 언제나 자기의 욕망을 두는 에로스의 사랑과 구별해서 이런 종류의 사랑을 '에로스가 결여된 사랑'이라 부른다.[92] 에로스와 상관없는 순수한 사랑은 나에게 갚을 가능성이 없는 사람을 사랑하고 원수를 사랑하는 사랑이다.[93] 그러나 "인간 사이의 관계는 어떤 것도 경제를 떠나 진행되지 않는다. 어떤 얼굴도 빈손으로 문을 닫아놓고 접근할 수 없다."[94] '환대' 또는 '타인에 대한 책임'은 모든 종류의 주고받음을 뛰어넘어 순수하게 선을 행하는 행위라 할지라도 경제적인 차원, 물질적인 차원을 떠나지 않는다. 단적인 예로 레비나스는 배고픔을 든다. 1963년에 나온 유대교에 관한 에세이 서문에서 레비나스는 이렇게 말한다. "타인의 배고픔—신체적 배고픔, 빵에 대한 배고픔—은 신성하다. 우리의 것[현대인 또는 서구인의 물질주의]을 제외하고는 나쁜 유물론이란 없다."[95] 마르틴 부버에 관한 글에서 레비나스는 부버의 일종의 '정신주의'를 염두에 두면서 이렇게 말한다.

너 Tu라고 말하는 것은 목소리를 내는 기관을 넘어 여기 지금 내 몸을 뚫고 [타인에게] 주는 손까지 이른다. 이것은 멘 드 비랑Maine de Biran과 성경의 전통에 부합한다. 우리는 빈손으로 하나님의 얼굴로 나아가서는 안 된다. 타인에게 먹을 것을 주는 일은 위대한 일이고 하나님을 자신의 돈 전체로 사랑하는 것이 자신의 온 마음과 온 생명으로 사랑하는 것보다 뛰어나다고 선언하는 탈무드 텍스트와 이것은 일치한다. 아! 유대인의 물질주의여![96]

레비나스는 심지어 1976년 소르본 강의에서는 "배고픔을 통한 세속화[탈신격화, 탈마술화]는 하나님에 관한 문제요 하나님께 대한 문제이다" "타인에게 귀 기울이는 자는, 타인을 향해 그 자신을 벗어나는 자는 배고픔의 물음과 기도에 앞선 기도에 대한 응답이다. 따라서 배고픔 가운데서, 매우 비천한 차원에서 초월이 점진적으로 나타난다"고 말한다.[97] 배고픔은 공간적인 의미에서 '바깥'과 구별되는 '비공간적인 바깥'을 보여주는 통로, 다시 말해 존재 저편, 존재와 다른 차원으로 초월할 수 있는 통로이다. 배고픔은 내가 마술에 걸린 환상의 세계에 살고 있는 것이 아니라 실제적인 현실 세계에 살고 있음을 보여주면서 동시에 타인의 배고픔에 대한 반응을 통해, 나를 벗어나 바깥으로 초월할 수 있는 가능성을 보여주는 현상이다. 여기서 나의 배고픔과 타인의 배고픔이 구별되고 타인의 배고픔이 언제나 우선이다. 타인의 배고픔에 대한 반응을 통해 향유의 주체는 책임의 주체로 전환된다. 이처럼 타인을 선대(善待)함은 나의 구체적인 비움을 수반한다. 나의 집과 나의 소유, 나의 지식을 타인을 섬기는 수단으로 사용하라는 것이 타인의 얼굴이 나에게 호소하는 윤리적 요구이다. 궁핍 가운데 있는 이웃을 그저 공감이나 연민으로, 나의 소유를 내어놓지 않고 빈손으로 대하는 것은 공허하다.

환대, 책임 또는 '줌'의 경제적인 차원을 통해 구체적으로 실현을 보는 것은 마치 '말씀'이 '육신'이 되는 것과 같다. 줌은 그러나 여기에 머물지 않는다. 줌의 핵심에는 신학적 용어로 말하자면 케노시스kenosis가 있다. 자신을 완전히 비워 자기 자신을 타인의 고통을 위해 내어놓는 차원이다.[98] 자기 비움은 심지어 자기를 잃는 지점에까지 jusqu'à se perdre 이른다.[99] 줌에서 오는 쾌락조차 포기해야 실제로 되돌아옴이 없는 순전한 줌이 가능하다. 외상(外傷) 없이, 내 살갗 속에 고통 없이 줌은 불가능하다. 그러므로 참된 줌, 참된 선물, 참된 사랑은 레비나스가 자주 쓰는 표현을 따르자면 '존재 사건으로부터 벗어남des-interesse-ment,' 곧 '이익 추구를 벗어남'이다. 이때 비로소 반대 급부를 기대하지 않는 사랑, 순수한 줌이 가능하다.

그러나 이 줌은 언제나 나로부터 출발함을 잊어서는 안 된다. 이때 나는 타인에 대해 주격으로 내세운 나Je가 아니라 이웃의 '가까움'에 접해 나를 이미 대격적 존재로, 재귀적 존재로 전환시킨, 다시 말해 "여기 제가 있습니다Me voici"라고 말할 때의 나요, 자신이다. 이 나, 이 자신이 윤리적 주체요, 타인의 고통과 죄책을 대신 짊어지는 대속적 책임의 주체요, 자리를 온전히 비운 주체요, 자신을 완전히 뒤바꾼, 기독교적 용어로, 온전히 회개하고 새로운 삶의 방향을 설정한 주체이다. 그러므로 레비나스는 타인의 고통에 직면해서 나의 부정(否定), 나의 비움, 또는 나의 사라짐을 얘기하지만 '자기 말살'이나 '자살'을 얘기하지 않는다.[100] 레비나스는 '말살abdication'과 '부인abnégation'을 구별한다. 타인의 고통에 대속적 책임을 지는 주체는 자신을 부인하는 것이지 말살하는 것이 아니다. 만일 말살한다면 타인의 고통에 노출되고 타인을 선하게 대하는 나란 없을 것이다. 이 '나,' 대속적 책임을 지는 나는 그러나 철저히 '고통'과 '희생'을 감수한다. 앞에서 말한 대로 나의 입에 든 빵을 끄집어내 타인을 먹이고 나의 금식으로 타인을 먹이는 일이다. 이때 참된 동정(同情)과 '같이 아파하는 마음'은 존재 사건을 벗어나 존재와 다른 차원, 곧 선의 차원에서 가능하다. 그러므로 되돌아옴을 기대하지 않는 순수 선으로서의 줌, 선물 또는 책임은 결국 나 자신을 온전히 줌으로써 가능하다. 내가 좋아하고 내가 아끼며 내가 사리는 나의 몸, 나의 살, 나의 마음을 내어놓지 않는 줌은 없다. 레비나스가 말하는 책임은 "자기에도 불구하고, 자기에서 출발해, 타인을 위해 pour l'autre, malgré soi, à partir de soi" 대속의 자리에 서는 것이고 책임적 주체는 앞의 표현을 좀더 풀어 쓰자면 자신의 경제적 추구와 존재 유지 노력에도 불구하고 그것을 포기하면서 자기 자신을 이미 먼저 선택받은 자로, 타인의 고통을 위해 자신의 입에 있는 빵조차 타인을 위해 내어놓는 존재이다.[101]

7. 제삼자와 책임: 정의와 국가 제도

대속적 책임으로 우리의 책임 경험이 완전히 서술되지 않았다. 나와 마주한 타인으로부터 나에게 부과된 책임의 연장선 위에 또 다른 의미의 책임이 제삼자로부터 나에게 부과된다. 나와 타인의 관계는 나와 마주한, 내가 직접 '너' 또는 '당신'이라고 부를 수 있는 타인에 한정되지 않는다. 이 세상은 나와 직접 마주한 타인 외에 타인의 타인, 그 타인의 타인, 이렇게 수많은 타인으로 연결돼 있다. 가까운 타인, 먼 타인, 여기에 현존하는 타인, 부재한 타인, 미래의 타인, 이렇게 수많은 타인이 존재한다. 이 모두를 일컬어 레비나스는 한마디로 '제삼자 le tiers'라고 부른다.[102] '삼자' 개념은 타자에 대한 책임이 만인에 대한 포괄적, 보편적 책임으로 나아가야 한다는 뜻을 담고 있다.[103] 우리 모두가 각자 "타인을 위한 존재"이며 만인에 대한 무한 책임을 지니고 있다는 사실에서 예외가 될 수 없다.

이제 문제는 만인에 대한 무한 책임을 어떻게 실현할 수 있는가 하는 것이다. 나의 책임이 단지 내 앞에 서 있는 2인칭적 타자로 향한 것이라면 문제는 간단하다. 나는 그의 부름에 응답하거나 거부하면 된다. 비록 내 자신이 타자를 수용하고 그를 대신해 짐을 지는 존재로 창조되었다고 해도 눈앞의 타자는 수용하거나 거부할 수 있다. 그러나 삼자의 개입은 문제를 어렵게 한다. 더구나 삼자에 대한 책임의 보편성과 포괄성은 상황을 더욱 어렵게 만든다. 삼자의 출현으로 이제 "누가 나에게 가장 가까운 존재인가?" "누가 내 이웃인가?" "누가 더 앞서는가, 내 이웃인가 삼자인가?" 하는 물음이 등장한다. 가까운 사람과 먼 사람, 힘있는 사람과 힘없는 사람, 눈앞에 있는 사람과 눈앞에 보이지 않는 사람 가운데 누구를 먼저 고려할 것인가 하는 문제가 생기게 되고 이 문제는 비교와 측량, 조정과 조직을 요청한다. 삼자의 등장은 따라서 평등과 공의에 따라 관계들이 조정되는 정의로운 공존 체제 구축을 요청한다. 이런 의미에서 삼자는 분배적, 사회적 정의의 시작이다. 책임은 여기서 법으로 전환된다. 내가 책임져야 할 원거리의 삼자, 미래의 삼자는 체제와 구조, 그리고 이들의 총체인 국가의 매개를 통해 효율적으로 접근할 수 있다. 이런 의미에서 국가는, 전체주의 국가와 달리 타자에 의한, 타자를 위한 책임의 정신 아래 운영되는 한, 없어서는 안 될 존재로 등장한다. 정의로운 국가의 구축 없이는 타인에 대한 우리의 무한 책임은 그 효력을 잃고 만다.[104]

타인에 대한 책임이 사회 정치적인 형태로 표현될 때 그 반대 결과가 초래될 수 있는 가능성에 대해 레비나스는 침묵하지 않는다. 그 시초가 아무리 윤리적이라 하더라도 국가는 그 시초와 전혀 다른 방식으로 전개될 수 있다. 법이 제정되고 제도가 만들어지고 일정한 구조가 형성될 때 국가는 어쩔 수 없이 익명적이고 객관적이며 소원한 성격을 띨 수밖에 없다. 국가는 익명적이고 보편적이기 때문에 구체적인 타자의 고유성에 무관심하고 이로 인해 의도와 상관없이 개인에게 폭력을 행사할 수 있다. 이것을 일컬어 레비나스는 '정치의 드라마'라 부른다. 사회 정치적으로 조직화된 정의는 그것이 비록 애초에는 타인의 윤리적 호소에 기원을 두었다 해도 결국에는 이 얼굴에 고개를 돌려 오히려 폭력을 행사할 수 있다.[105] 따라서 사회 정치적 체제와 구조는 가까운 사람이나 멀리 있는 사람이나 현재 이곳에 살고 있는 사람이나 미래에 올 사람이나 누구에게나 한결같이 구조적으로 정의를 실현해야 할 도덕적 사명을 수행하는지 늘 비판적으로 검토되어야 한다. 이런 의미에서 '지속적 혁명permanent revolution' '틀의 파괴breaking of framework'가 필요하다.[106] 그리하여 정의가 왜곡되는 상황을 체크하고 수정하며 좀더 나은 정의를 추구할 수 있다. 이러한 가능성을 레비나스는 국가의 정치적 지성과는 전혀 다른 일깨움(覺醒)vigilance을 정치 권력에 준 구약의 선지자들이 행한 비판의 경우에서 찾는다. 선지자들의 정치 권력 비판은 국가 제도의 관점에서 보면 '영역 바깥'의 성격을 띤다. 체제와 영역 바깥에서 체제의 경직성을 경고하고 인간 개개인의 인격의 독특성을 유지할 수 있는 능력이 곧 정치와 윤리의 결합을 가능케 해준다고 레비나스는 보고 있다.[107]

그러나 사회 정치 질서는 레비나스가 볼 때 최종 발언권을 행사할 수 없다. 사회 정치 질서가 타인에 대한 나의 유일무이한 책임에 뿌리를 두고 있다고 하더라도 나와 너 사이의 개인적 책임의 한계를 벗어나야 하기 때문이다. 사회 정치 질서는 그것이 본질적으로 지닌 객관성과 보편성으로 인해 개개인의 긴급 상황에 완벽하게 관여할 수 없다. 1962년 1월 27일 프랑스 철학회 초청으로 「초월과 높음」을 발표한 자리에서 장 발Jean Wahl은 "선생은 국가에 관하여 말했다. 나도 국가를 대단히 비판하고 싶다. 하지만 그 유용성을 의식한다. 국가가 없다면 무슨 일이 일어나겠는가?"라고 질문한다. 레비나스는 이렇게 응대한다.

국가 안에서, 위계질서에서 폭력의 요소는 위계질서가 완벽하게 작동할 때, 보편 이념에 누구나 복종할 때조차도 나타난다. 이 잔인함은 이성적 질서의 필연성에서 초래되기 때문에 더욱 끔찍하다. 말하자면 공무원들이 볼 수 없는 눈물, 타인의 눈물이 있다. 일들이 제대로 돌아가게 하자면, 일들이 균형을 유지하자면 각자의, 각자에 대한, 각자 앞에서의 무한 책임을 긍정하지 않을 수 없다. 그와 같은 상황에는 개인의 양심이 필요하다. 개인의 양심만이 이성 자체의 올바른 기능에서 유래한 폭력을 볼 수 있는 능력이 있기 때문이다. 보편 이성의 질서에서 나온 모종의 무질서를 치료하는 데는 주체성의 변호가 필요하다. 주체성의 확인과 변호는 주체성의 이기주의가 성스럽기 때문이 아니라 자아만이 위계질서와 행정 체제의 순작동으로 생긴 타인의 '숨은 눈물'을 볼 수 있다는 사실에 근거한다. 따라서 주체성은, 국가도 추구하지만 자아와 타자의 개별성을 간과하기 때문에 이룰 수 없는, 이 비폭력을 보장하기 위해서 없어서는 안 될 것이다.[108]

레비나스의 답변에는 자신은 국가를 부정하고자 하는 의도가 전혀 없다는 생각이 분명히 담겨 있다. 왜냐하면 우리의 삶에는 이성적 질서가 있어야 하고 국가는 이성적 질서를 가능케 하는 체제이기 때문이다. 국가 체제 속에서만이 나와 2인칭 타자의 친밀한 관계를 초월하여 만인의 만인에 대한 책임('각자의, 각자에 대한, 각자 앞에서의 무한 책임')이 가능하다. 그럼에도 국가 체제

뒷면의 그림자를 직시한다. 체제가 완벽하게 돌아갈 때, 그래서 정의가 완벽하게 실현될 때, 그때 그늘진 곳에서 남몰래 흐르는 눈물이 있다는 것이다. 이 눈물은 양심을 가진 개인만이, 개인적 양심만이 볼 수 있는 현상이다. 그러므로 국가 체제가 완벽하게 돌아가기 때문에 발생하는 폭력은 오직 개인의 양심을 통해 볼 수 있고 개인의 양심이 제대로 작동할 때 그때 비폭력적 평화를 내다볼 수 있다. 양심은 개인의 것이고 개인은 오직 주체성을 통해 가능하기 때문에 주체성을 세우고 변호하지 않을 수 없다고 보는 것이다. 레비나스의 '주체성의 변호'는 제삼자의 체제로서의 국가 체제 변호와 한 짝을 이루는 사상이다. 지금까지 논의를 통해서 책임의 윤리학은 자기 실현의 1인칭적 주체의 성립을 기초로 2인칭적 타인에 대한, 타인에 의한 책임, 그리고 나아가 '만인의 만인에 대한 책임' 개념으로서의 3인칭적인 책임의 의미를 갖는 것으로 나타났다.

8. 응답으로서의 윤리학

이 장을 마무리하는 자리에 책임 윤리와 관련해 한 가지 덧붙여두자. 윤리학에 대한 철학적 반성은 통상 "윤리적이란 것은 무엇인가" "우리는 왜 윤리적이어야 하는가" "우리는 어떻게 윤리적일 수 있는가," 이 세 가지 물음으로 집약된다. 이 세 가지 물음은 윤리는 언제나 행위와 관련되어 있다는 것을 전제한다. 윤리에서 '존재'를 강조한다고 해도 행위와 무관한 존재는 윤리에 관한 철학적 논의에서는 큰 의미가 없다. 그런데 행위는 언제나 행위를 실행하는 행위자의 행위이다. 서양 윤리학 전통에는 행위자를 이해하는 두 가지의 상반된 이미지가 있다.[109] 널리 퍼져 있는 이미

지는 인간을 일정한 목적을 위해 어떤 이념, 어떤 생각에 따라 일을 처리하는 '제작자'로 보는 것이다. 인간은 어떤 목적에 따라 행동하며 스스로 자신을 만들어간다는 생각이 여기서 핵심이다. 의지와 이성은 목적을 설정하고 그 목적을 적절하게 달성하는 수단을 만들어낼 수 있는 능력이다. 목적론적 관점이라 부를 수 있는 이 관점은 아리스토텔레스와 토마스 아퀴나스뿐만 아니라 공리주의자, 쾌락주의자, 자기 실현을 주장하는 사람들이 인간과 윤리를 이해하는 방식이다. 윤리적 삶을 살아가는 주체는 여기서 기술자나 장인, 심지어는 자기 자신을 빚어가는 예술가로 이해될 수 있다. 두번째 상징은 인간을 일정한 법 아래 살고 있는 '시민'으로 보는 것이다. '제작자'로 보는 관점은 마치 인간이 목적과 수단을 스스로 통제하는 듯이 보이지만 윤리적 삶과 연관된 인격들이나 공동체는 물건을 제작할 때처럼 그렇게 손쉽게 우리가 처리할 수 있는 것들이 아니다. 예컨대 우리의 신체, 감각, 충동은 예술가가 주어진 재료를 다루듯이 하기보다는 한 도시의 지배자가 시민을 다스리듯이 해야 하는 것들이라 보는 것이다. 여기서 중요한 것은 인간을 스스로 공동체 안에서 법을 제정하고 법에 순종하거나 불순종하는 '시민'으로 보는 것이다. 예컨대 칸트의 '의무론'이 이에 속한다.

　이 두 이미지에 반해 레비나스와 앞에서 언급한 리처드 니버는 (그리고 아마 20세기 윤리학자 가운데 한 사람을 덧붙이자면 한스 요나스는) '응답자로서의 인간man-the-answerer'을 대안으로 제안한다.[110] 인간을 '책임적 존재'로, 윤리를 '책임적 행위'로 보자는 것이다. 인간은 누구나 대화에 개입하고 질문에 응답하고 공격에 대해 자신을 방어하고 명령에 대해 대응하고 도전에 반응하는 경험을 모두 가지고 있다. 그러므로 이 공통 경험을 기초로 인간을 보고 윤리를 이해해보자는 것이다. 전통적으로 '책임'이란 말은 인간을 제작자로 보는 관점에 따라 어떤 방향, 어떤 목표로 나아가는 행위와 관련해 사용되거나 시민으로 보는 관점에 따라 법에 대한 존경심에 의해 움직일 수 있는 능력을 뜻하는 데 한정된다. 그러나 인간을 응답자로 보는 관점에서 책임은 함께 공동체를 형성하는 사람들과 사회적 연대를 구축한다는 것이다.¹¹¹

레비나스의 윤리학은 지금까지의 논의를 통해 보았듯이 '책임의 윤리학'이다. 『존재와 다르게 또는 존재 사건 저편에』뿐만 아니라 이미 『전체성과 무한』에서 '책임'은 그의 철학의 중심 개념으로 등장한다. 레비나스와 니버는 모두 유대 기독교적 전통을 배경으로 하고 있다는 점에서 이러한 공통점의 연원을 찾을 수 있다. 니버가 이스라엘의 역사와 예수 그리스도의 가르침과 삶을 통해 기독교 윤리철학의 기초를 찾고자 한다면 레비나스의 철학에는 히브리어 성경과 탈무드 전통이 철학적 영감의 원천으로 지속적으로 작용한다. 니버와 레비나스는 다 같이 내 자신이 누구인가 하는 데 자신들의 윤리학적 관심을 집중하였다. 니버는 "내가 무엇을 해야 할 것인가?"라고 묻지 않고 "현재 무엇이 진행되고 있는가?"라고 묻는다. 이것은 곧 내가 어떤 상황에 처해 있으며 나에게 반응을 요구하고 사회적 연대를 요구하는 상황에서 내가 어떤 존재로 설 것인가 하는 것이 니버 윤리학의 관심임을 말해준다. 마찬가지로 레비나스도 행위보다는 존재, 아니, 행위 이전의 나의 존재, 아니 좀더 정확하게 말하자면 행위와 존재 이분법 이전의 나의 존재를 그려냄으로써 윤리의 본질을 드러내고자 한다. 다만 니버가 예컨대 조지 허버트 미드G. Herbert Mead의 사회심리학과 부버의 대화 철학의 영향 아래서 타인과의 대화와 상호 작용을 통해 반성 개념으로서의 '자기the self' 개념이 형성되는 것으로 본 반면, 레비나스는 특별히 후설과 하이데거의 현상학 전통에 서서 현상학적 존재론과 자아론을 넘어선 지점에서 윤리적 주체의 모습을 현상학적으로 그려내고자 하는 점에서 차이가 있다.[112] 레비나스의 이러한 시도가 어떤 의미를 갖는지는 레비나스 철학이 현대 철학에 기여한 점을 논의하게 될 결론 부분에서 좀더 분명하게 이해해보자.

5장 주

1 『전체성과 무한』, p. 281. E. Levinas, "Éthique comme philosophie première," in G. Hottois(ed.), *Justifications de l'éthique*(Bruxelles: Editions de l'Université de Bruxelles, 1984), pp. 41~51.
2 앞으로 자주 논의할 『존재와 다르게 또는 존재 사건 저편에』는 *Autrement qu'être ou au-delà de l'essence*란 제목으로 1974년 덴 하그의 마르티누스 네이호프 Martinus Nijhoff 출판사를 통해 나왔다. 앞으로 우리말 번역 제목으로 인용한다.
3 『존재와 다르게 또는 존재 사건 저편에』, p. 3 각주 1.
4 H. Richard Niebuhr, *The Responsible Self. An Essay in Christian Moral Philosophy*, with an Introduction by James M. Gustafson(New York: Harper & Row, 1963), pp. 60, 67~68 참조.
5 『존재와 다르게 또는 존재 사건 저편에』, p. 163.
6 같은 책, p. 4 참조.
7 E. Levinas, *Altérité et Transcendance*(Paris: Fata Morgana, 1995), p. 110.
8 『존재와 다르게 또는 존재 사건 저편에』, p. 222.
9 E. Levinas, *Autrement que savoir*(Paris, 1988), p. 85. 앞으로 이 책은 『앎과 다르게』로 인용한다.
10 『전체성과 무한』, p. 28 참조.
11 같은 책, pp. 140~41 참조.
12 E. Levinas, *Noms propres*(Monpellier: Fata morgana, 1976), p. 101.
13 『존재와 다르게 또는 존재 사건 저편에』, p. 222.
14 『존재에서 존재자로』, pp. 93~95 참조.
15 『시간과 타자』, p. 140.
16 『존재에서 존재자로』 pp. 135~36 참조.
17 같은 책, p. 136.
18 『시간과 타자』, pp. 36~37 참조.
19 『존재에서 존재자로』, pp. 30~52 참조.
20 『전체성과 무한』, pp. 7~8 참조.
21 E. Levinas, *En découvrant l'existence avec Husserl et Heidegger*(Paris, 1967), p. 187. 『후설과 하이데거와 더불어 존재를 발견하면서』로 인용.
22 『전체성과 무한』, p. 88 참조.
23 같은 책, pp. 87~88 참조.
24 같은 책, p. 209 참조. E. Levinas, *Liberté et commandament*(Montpellier: Fata

Morgana, 1994), p. 38 참조. 이 책은 앞으로 『자유와 명령』으로 인용한다. 이 책에 실린 「자유와 명령」이란 논문은 1953년에 발표한 글이다.
25 『앎과 다르게』, pp. 60~61 참조.
26 『전체성과 무한』, p. 209 참조.
27 같은 책, p. 172 참조.
28 같은 책, p. 216 참조.
29 『후설과 하이데거와 더불어 존재를 발견하면서』, p. 173 참조.
30 『전체성과 무한』, 「서문」 첫 부분 참조(p. ix).
31 같은 책, p. 198 참조.
32 『앎과 다르게』, p. 61 참조.
33 『전체성과 무한』, p. 219 참조.
34 E. Levinas, "Paix et proximité," in *Les cahiers de la nuit surveillée* no. 3(Lagrasse, 1984), pp. 339~46 가운데 p. 339 참조.
35 『후설과 하이데거와 더불어 존재를 발견하면서』, p. 166 참조.
36 『자유와 명령』, p. 34.
37 『존재와 다르게 또는 존재 사건 저편에』, p. 5.
38 『앎과 다르게』, p. 61.
39 E. Levinas, "Le moi et la totalité," in *La revue de métaphysique et de morale* 59(1954), pp. 353~73 가운데 p. 367 참조. 이 글은 『우리 사이』, pp. 25~52에 재수록되어 있다.
40 레비나스 철학에서 나타난 평화와 인권 문제에 대한 논의는 R. Burggraeve, *Levinas over Vrede en Mensrechten*(Leuven: Acco, 1990)을 보라.
41 『전체성과 무한』, pp. 46~49.
42 같은 책, p. 37.
43 같은 책, p. 36.
44 같은 책, p. 22 참조.
45 같은 책, p. 272: "Nous avons appelé cette présentation de l'être extérieur ne se trouvant dans notre monde aucune référence-visage."
46 『존재와 다르게 또는 존재 사건 저편에』, p. 109.
47 『후설과 하이데거와 더불어 존재를 발견하면서』, pp. 203~16 참조.
48 『자유와 명령』, p. 41.
49 『전체성과 무한』, p. 37.
50 『후설과 하이데거와 더불어 존재를 발견하면서』, p. 190 참조.
51 『전체성과 무한』, p. 37; 『후설과 하이데거와 더불어 존재를 발견하면서』, p. 173 참조.
52 『전체성과 무한』, p. 22.
53 같은 책, p. 194: "절대적으로 새로운 것, 그것은 타인이다 L'absolutement nouveau, c'est Autrui."
54 같은 책, pp. 33, 37, 39.
55 같은 책, pp. 22, 41, 73. 이것은 이미 키에르케고어가 스승으로서의 소크라테스와 스승으로서의 예수를 비교해 다룬 주제이다. S. Kierkegaard, *Philosophical*

Fragments/Johannes Climacus, Edited and Translated with Introduction and Notes by H. V. H & E. J. Hong(Princeton, New Jersey: Princeton University Press, 1985), p. 23 이하 참조.
56 『전체성과 무한』, p. 173 참조.
57 『자유와 명령』, p. 44.
58 『전체성과 무한』, p. 49.
59 같은 책, p. 67.
60 같은 책, p. 13. 레비나스는 la morale과 l'éthique을 엄밀히 구별하지 않을뿐더러 우리가 통상 '윤리'와 '윤리학'으로 구별해 쓰는 것도 레비나스에게서는 명확한 구별을 찾아보기가 쉽지 않다.
61 같은 책, p. 56.
62 '정죄' 또는 '고발'에 대해서는 『존재와 다르게 또는 존재 사건 저편에』, pp. 69, 116~17, '인질' 또는 '볼모'에 대해서는 pp. 142, 157~58, '상처'에 대해서는 pp. 62, 105, 110, 116, 141, '핍박'에 대해서는 pp. 155~56, 186 참조.
63 『전체성과 무한』, p. 153.
64 『존재와 다르게 또는 존재 사건 저편에』, pp. 6, 29, 33, 48, 56, 58, 232 참조.
65 같은 책, p. 60.
66 같은 책, p. 186. 아브라함이 모리아 산에서 이삭을 바치는 얘기와 관련해서 '히네니'란 표현이 세 번 사용되고 있다. 「창세기」 22장 1절, 7절, 12절 참조. 프랑스어의 'Me voici'는 원래 'Tu me vois ici'에서 온 말이다. Hineni와 관련해서 퍼트남은 예컨대 아브라함의 경우 '유보 없이' '타인에 대한 동정' 또는 '타인에 대한 이해'를 전제하지 않고 즉각 반응을 보임을 강조한다. H. Putnam, "Levinas and Judaism," in *The Cambridge Companion to Levinas*, Edited by S. Critchly & R. Bernasconi (Cambridge: Cambridge University Press, 2002), pp. 33~62 가운데 37~39 참조.
67 레비나스의 언어철학에 관해서 여기서 더 논의할 여지가 없다. 다만 한 가지만 언급해두자. "언어는 본질적으로 타자에 대한 관계"(『전체성과 무한』, p. 18)라는 정의에서 볼 수 있듯이 언어의 윤리적 측면을 레비나스는 강조한다. "언어는 말하는 사람 사이에 공통된 기호 체계와 독립해서 상호 관계를 맺을 수 있는 가능성"(『후설과 하이데거와 더불어 존재를 발견하면서』, p. 232)이라고 레비나스가 말한 것은 통사론이나 의미론 또는 화용론에 앞서, 윤리적 관계가 언어의 가장 본질적 측면임을 보여주고자 한 것이다. 이런 배경에서 레비나스는 타인과의 관계인 '말함 le Dire'을 기호와 의미 체계 안에서 구체적으로 실현된 '말해진 것 le Dit'과 구별한다. '말함'과 '말해진 것'의 구별을 레비나스가 특별히 중요하게 생각하는 까닭은 언어에 대한 서양의 주도적인 전통과도 관계 있다. 레비나스가 문제삼고자 한 서양 철학은 대체로 말하는 인격적 존재와 인격들의 관계보다는 말을 통해 표현된 내용과 그 수단인 언어 체계에 우선성을 두어왔다. 물론 서양 전통 철학은 소통 행위로서의 말함과 낱말과 의미 체계로서 표현된 언어를 구별한다. 그러나 말함은 단어와 의미를 실현하는 행위로 이해된다. 말함을 언어가 지닌 논리적 기능과 의미론적 기능을 구체적으로 수행하는 행위로 보는 것이다. 따라서 말하는 행위는 말해진 것, 아니 말해진 것조차 포함해서 그것을 가능케 한다고 생각하는 '언어 체계'에 종속된다. 화자는 언어 체계에 편입될 때 비로소 의미 있게 말할 수 있는 우연적 요소에

지나지 않는다. 말을 할 수 있기 위해서는 자신을 잃고 언어 체계, 언어 구조 속에 완전히 몰입해야 한다. 그래서 결국 우리가 말하는 것이 아니라 언어가 우리를 통해서 말할 뿐이라는 주장을 하게 된다. 소쉬르와 그를 따르는 구조주의자들, 하이데거, 푸코, 라캉에게서 우리는 화자보다 언어 자체, 또는 언어 체계의 선행성이 강조되는 것을 본다. 당연히 말하는 주체는 여기서 체계의 부산물에 지나지 않는다. 언어에 관한 입장에서도 서양 철학은 이렇게 체계 중심적 전체주의적 태도를 보인다. 말한다는 것은 앞서 주어진 언어 체계에 종속되는 것이다. 이러한 생각에 반대하여 레비나스는 언어 행위가 새로운 사건이며 새로운 의미 창조의 계기임을 보여주고자 한다. 『전체성과 무한』에서는 가르침으로서의 언어의 측면이, 『존재와 다르게 또는 존재 사건 저편에』는 증언으로서의 언어가 강조된다. 레비나스의 언어철학에 대한 개설적인 논의는 A. Peperzak, *Beyond. The Philosophy of Emmannuel Levinas*(Evanston, Illinois: Northwestern University Press, 1997), pp. 53~71 참조. 좀더 철저한 연구는 J. Dudiac, *The Intrigue of Ethics*(New York: Fordam University Press, 2001) 참조.
68 『후설과 하이데거와 더불어 존재를 발견하면서』, p. 176 참조.
69 『존재와 다르게 또는 존재 사건 저편에』, pp. 12~13 참조.
70 같은 책, pp. 157~58, 160, 164, 175 등 참조.
71 같은 책, p. 12.
72 『타인의 인간주의』, pp. 74~75 참조.
73 같은 책, p. 12.
74 레비나스는 내가 환영하고 수용하는 타자의 얼굴의 나타남으로 내가 반응하고 응답하는 존재로, 나의 '궁극적 현실'로, 나의 '최종적 본질'로 곧 나의 '책임'으로 부름받게 되는 현상을 이미 『전체성과 무한』에서 그리고 있다. 『전체성과 무한』, pp. 153~54 참조.
75 『존재와 다르게 또는 존재 사건 저편에』, p. 64.
76 같은 책, pp. 86~87, 96~97 참조.
77 같은 책, p. 87 참조.
78 같은 책, pp. 96~97, 132~33. '모성성'의 개념은 부르흐라브의 지적에 따르면 '자궁'을 가리키는 히브리어 '레켐Rekhem'과 관련된다. 레켐은 라카밈 Rakhamim, 즉 하나님의 자비(「호세아」 1:6, 2:3)를 가리키는 말로 발전된다. 그러므로 '내 안의 타자'는 내 속에서 타자를 위해 책임질 수 있는 존재로 키워내는 모태 곧 자궁에 비유된다. 자세한 논의는 R. Burggraeve, *Mens en medemens, verantwoordelijkheid en God. De metafysische ethiek van Emmanuel Levinas* (Leuven: Acco, 1986), pp. 440~43 참조.
79 레비나스는 이 '대속'을 『존재와 다르게 또는 존재 사건 저편에』의 가장 핵심 부분으로 삼는다. p. 125 각주 참조.
80 『전체성과 무한』, p. 223 참조.
81 『존재와 다르게 또는 존재 사건 저편에』, p. 186 참조.
82 같은 책, p. 147: "Le Soi est Sub-jectum: il est sous le poids de l'univers-responsable de tout."
83 같은 책, p. 148.

84 『전체성과 무한』, p. 223.
85 『존재와 다르게 또는 존재 사건 저편에』, p. 165.
86 『어려운 자유』, p. 129.
87 E. Levinas, "Un Dieu Homme?," in *Entre nous. Essais sur le penser-à-l'autre*(Paris: Grasset, 1991), pp. 69~76 참조.
88 『존재와 다르게 또는 존재 사건 저편에』, p. 164. 레비나스는 마치 '그리스도의 수난'처럼 "자기[책임적 주체]의 수난la Passion du Soi"이란 말을 쓴다. p. 149 참조.
89 『전체성과 무한』, pp. 148~49.
90 『타인의 인간주의』, p. 81.
91 『존재와 다르게 또는 존재 사건 저편에』, p. 72.
92 E. Levinas, *Dieu, la Mort et le Temps*(Paris: Grasset & Fasquelle, 1993), pp. 252. 이 책은 앞으로 『신, 죽음 그리고 시간』으로 인용한다.
93 반대 급부 없는 줌이 가능한가 하는 물음은 데리다가 다시 문제삼은 물음이다. 이 물음에 대한 자세한 논의와 비판, 그리고 레비나스를 지원할 수 있는 대안에 대해서는 Jean-Luc Marion, *Étant donné: Essai d'une phénoménologie de la donation*(Paris: PUF, 1997) 5권 참조.
94 『전체성과 무한』, p. 147.
95 『어려운 자유』, p. 10.
96 E. Levinas, *Hors sujet*(Montpellier: Fata Morgana, 1987), p. 33. 이 책은 앞으로 『주체 바깥』으로 인용한다.
97 『신, 죽음 그리고 시간』, pp. 196~67.
98 『존재와 다르게 또는 존재 사건 저편에』, p. 141.
99 같은 책, p. 141.
100 같은 책, p. 86 참조.
101 같은 책, p. 71.
102 같은 책, p. 20.
103 같은 책, p. 148 참조.
104 『주체 바깥』, p. 185 참조.
105 『전체성과 무한』, pp. 276~77 참조.
106 이 표현은 E. Levinas, "Ideology and Idealism," in M. Fox(ed.), *Modern Jewish Ethics. Theory and Practice*(Ohio: Ohio University Press, 1975), p. 131에 보인다.
107 『주체 바깥』, p. 185 참조.
108 E. Levinas, "Transcendance et hauteur," in *Bullentin de la société francaise de philosophie* 56(1962), pp. 89~113 가운데 p. 102. 이 논문은 Catherine Chalier & Miguel Abensour(eds.), *Levinas*(Paris: Herne, 1991), pp. 97~112에 다시 실렸다.
109 H. R. Niebuhr, *The Responsible Self. An Essay in Christian Moral Philosophy*, with an Introduction by J. M. Gustafson(New York: Harper & Row, 1963), p. 48 이하 참조.
110 같은 책, p. 56.

111 니버의 '책임' 개념에 관해서는 같은 책, pp. 61~65 참조.
112 같은 책, pp. 71~73 참조.

6장 고통과 윤리

지금까지 했던 논의를 토대로 이제 타인을 위해, 타인을 대신해 짐을 짊어지는 주체의 모습이 고통의 문제와 관련해 어떤 의미를 갖는가, 어떤 의미에서 레비나스 철학이 신의 죽음과 도덕의 몰락, 주체의 죽음에 대한 대안일 수 있는가 하는 것을 살펴보자.

1. 고통과 철학

누구나 수긍하듯이 아픔과 고통은 도처에 존재한다. 사람이 사는 곳에는 어디에나 불안과 슬픔, 고통과 비애가 있다. 그래서 인간 존재의 근본 구조가 고통으로 얽혀 있지 않나 하는 생각이 들 정도로 고통은 우리의 삶 속에 깊이 내재해 있다. 그렇다면 삶 자체가 온통 고통이라고 해야 할 것인가? 반드시 그렇지만은 않을 것이다. 베이커 주교의 말대로 세상의 슬픔과 고통에 대한 얘기는 어느 정도 왜곡되어 있는 것이 사실이다. 고통보다 쾌락이, 슬픔보다 기쁨이 우리 삶에 더 많은 비중을 차지한다. 지속적인 즐거움과 기쁨은 아니라도 적어도 고통과 슬픔의 부재를 우리는 더 많이 경험한다. 먹을 양식이 있고 마실 물이 있고 고된 일이 끝난 뒤 찾아오는 휴식과 여가, 잠으로 인한 만족감이 있다. 우리에겐 건강하게 살고 있다는 사실에 대한 의식이 있다. 사랑, 우정, 가족애, 자녀들이 보여준 성취에서 맛보는 흥분과 자랑스런 마음,

이와 같은 기쁨이 우리의 삶에 중요한 몫을 차지한다. 그러므로 베이커는 이렇게 묻는다. "사랑은 제쳐두고 미움만을, 아름다움은 제쳐두고 추한 것만을, 기쁨은 제쳐두고 비참만을 계산에 넣겠는가?"[1]

나는 베이커의 말이 옳다고 생각한다. 사랑과 아름다움, 기쁨을 우리는 삶의 중요한 부분으로 계산에 넣어야 한다. 우리는 이 모든 것에 대단히 고마운 마음을 가지고 있다. 그러나 역시 우리가 살고 있는 현실은 고통이 존재하는 현실이다. 먹을 음식이 없어 고통을 겪는 사람이 있는가 하면 마실 물조차 없는 경우도 있다. 잠 잘 곳이 없어 떠도는 사람이 있는가 하면 일자리를 잃고 시름에 빠진 사람들도 있다. 잠이 부족해서 괴로워하는 사람이 있는가 하면 가정 문제로 고민에 빠진 사람들도 있다. 우리 주변에는 마음의 아픔이나 상처로 고통 중에 있는 사람들이 한 둘이 아니다. 그럼에도 불구하고 우리는 세상이 제대로 돌아가고 있다고 생각할 수 있고 문제가 있다 하더라도 내가 해결할 일은 아니라고 생각하고 편하게 지낼 수 있다. 고통을 제거하거나 고통받는 사람들을 위로하는 일은 정부나 종교 기관이 맡아서 해야 할 일이라고 생각할 수도 있다. 하지만 어떤 경우라 하더라도 고통은 부인할 수 없는 현실이며 현실 가운데서도 가장 현실적인 현실이다.

고통에 대한 반응은 다양하다. 아마도 가장 원시적이고 직접적인 반응은 외침과 신음일 것이다. 외침은 자기 표현이면서도 구조에 대한 요청이기도 하다. 고통 중에 있는 사람은 고통에서 벗어날 수 있는 길을 터주길 바란다. 싯다르타의 말씀처럼 독화살에 맞은 사람을 두고 예컨대 이 사람이 정말 화살을 맞았는가, 무엇으로 그것을 아는가, 등등의 이론적 논의는 무의미하다. 화살을 뽑을 방책을 찾는 것이 중요하다. 따라서 실천적 행동이 언제나 선행한다. 하지만 고통과 아픔에 대한 반응은 실천적인 처방과 개입에만 그치지 않는다. 이론 과학과 기술적 혁신이 고통을 제거하는 일에 크게 기여했다. 도구와 기계가 고문 도구로 사용되기도 했지만 그로 인해서 고통이 많이 감소되었다는 것도 부인할 수 없다.[2] 사회 조직, 법, 문학, 종교도 인간의 고통에 대한 처방과 치유, 또는 예방책으로서 매우 중요한 역할을 하였다. 문학과 종교 가운데는 그리스 비극, 유대교, 기독교, 불교가 고통의 문제를 다루는 데 있어서는 가장 심원한 사상을 담고 있다고 생각된다. 이들 전통은 각각 독특한 방식으로 인간의 고통을 해석할 수 있는 틀과 방법을 제공해주었다. 이 모든 것이 똑같이 모두 효과가 있었는가 하는 것은 물론 전혀 딴 문제이다.

고통받는 인간에게 철학은 어떤 기여를 하였는가? 소크라테스나 플라톤, 공자나 맹자, 노자나 장자는 고통을 어떻게 보았는가? 동아시아 전통은 일단 제외해두더라도 우리가 지금까지 크게 영향받아온 서양의 주류 철학은 사실은 고통의 문제에 크게 관심을 쏟지 않았다.[3] 철학이 고통에 '완전히' 무관심했다고 주장한다면 이것은 물론 과장일 것이다. 왜냐하면 후기 헬레니즘 철학은 그 어느 때보다 인간의 정념과 고통pathos에 관심을 두었고 이것을 어떻게 처리하는가 하는 것이 예컨대 스토아 철학자들이나 에피쿠로스 철학자들의 주요 관심사였기 때문이다. 철학은 그들에게 이론적 활동이기보다는 오히려 실천학, 곧 '삶의 기술techne biou'로 이해되었다. 삶의 기술로서의 철학은 인간의 고통을 진단하고 정확한 추론과 논리적 엄밀성을 통해서 인간의 행복을 실현해주는 수단으로 수용되었다.[4] 플라톤과 아리스토텔레스 이후의 서양 주류 철학에서도 고통이 완전히 무시된 것은 아니었다. 하지만 고통은 언제나 악의 문제와 더불어 변신론theodicy(신정론[神正論])의 테두리에서, 말하자면 하나의 논리적 문제로 취급되었다. 변신론은 죄 없는 자의 고통과 악의 실존에도 불구하고 하나님의 전능하심과 공의로우심을 보여주고자 한 철학자들과 신학자들의 노력이었다. 변신론의 맥락에서는 인간의 고통이 실제로 절실한 현실적 문제로 취급되기보다는 신적 섭리와 계획의 한 부분으로 '설명되어'버렸다. 고통에 대한 감수성보다는 합리적, 이성적 관심이 고통의 문제를 다루는 일에 주도적인 역할을 하였다. 근대 변신론을 대표하는 라이프니츠와 헤겔도 서양의 이러한 이성 중심적 전통에 서 있고 이 전통을 더욱더 강화하였다.

2. 레비나스 철학과 고통의 문제

20세기 철학자들 가운데도 고통의 문제와 관련해 레비나스는 독특한 자리를 차지한다. 그의 저서들이 온통 고통의 문제를 다루고 있는 것은 아니지만 고통의 문제는 레비나스의 철학적 논의에 가장 중요한 배경으로 깔려 있다. 앞에서도 언급했듯이 필립 네모가 "어떻게 사유가 시작되는가?" 하고 질문했을 때 레비나스는 "이별이나 폭력적 장면, 갑작스럽게 찾아온 시간의 단조로움에 대한 의식, 이와 같이 말로는 표현할 수 없는 상처나 망설임에서 시작하지 않을까 생각한다"고 답한다.[5] 고통의 문제와 관련해 레비나스 철학이 가질 수 있는 의미는 무엇보다도 변신론의 종말 이후에도 신과 도덕성의 이념을 여전히 유지하면서 인간의 고통을 생각할 수 있는 길을 보여주고 있다는 점일 것이다. 레비나스는 이 점에서 칸트와 매우 흡사하다고 할 수 있다. 칸트는 (1) 변신론의 정당성을 문제삼으면서 (2) 오직 도덕적 악만을 수용함으로써 인간의 자유의 한계 안에서 악의 문제를 다루며 (3) 윤리적 맥락에서 고통의 불가피성을 역설하고 (4) 그러면서도 여전히 신의 이념을 버리지 않고 있다. 레비나스는 칸트보다 더 철저하게, 더 드러내놓고 변신론의 종말을 말한다. 변신론의 종말은 어떤 논리로 논박되었거나 또는 인간 이성의 법정에서 비합리적으로 판정받았기 때문에 초래된 것이 아니라 인간 역사가, 그 가운데서 특히 아우슈비츠와 같은 20세기의 사건들이 이성적이고 합리적인 변신론이 더 이상 가능하지 않다는 사실을 보여주었다고 레비나스는 보고 있다.

변신론의 몰락으로 이제 (적어도 서양 전통 안에서는) 인간의 고통에 어떠한 의미, 어떠한 유용성을 부여할 수 있는가 하는 심각한 물음이 제기된다. 왜냐하면 고통이란 '결국에는' 좀더 나은 선을 이룩하는 데 매우 유용한 가치가 있다고 보는 이론이 변신론이었고 이것이 무너지자 이제는 고통의 의미, 고통의 유용성 자체가 또다시 문제로 등장할 수밖에 없게 되었기 때문이다. 레비나스는 그러나 이렇게 못 박는다. 고통은 그 자체로는 어떠한 의미도 없고, 쓸모도 없는 경험이다. 고통 속에는 어떠한 내재적 합목적성도 찾아볼 수 없다. 그러므로 이성을 통해서 고통을 해명하거나 정당화하는 것은 가능하지 않다.

하지만 레비나스는 사람이 고통 없이 진정한 사람이 될 수 없음을 다른 맥락에서는 또다시 강하게 역설한다. 고통은 주체의 주체성에 핵심적인 요소로 자리 잡고 있다고 그는 생각한다. 주체를 '상처받을 가능성'으로, '외상에 열려 있음'으로, '타자에 대한 노출'로, 타자에 대한 '대리자'로, 타자를 위한 '볼모'로 서술하는 자리에서 레비나스는 그러한 주체의 모습을 고통받는 사람으로 그리고 있다. 진정한 의미의 주체는 타인에 대해 열려 있고 타인을 위해 고통받을 수 있다는 것을 뜻한다. 고통은 말하자면 주체성의 핵심이다. 고통이 만일 그 자체로 전혀 의미 없는 것이고 쓸모 없는 것이라면 이러한 주장을 어떻게 이해해야 하는가?

쓸모 없는 고통이 '마침내' '결국에는' 쓸모 있게 되는 것인가?

'탈인격화' '고독' '자신에게 매여 있음' '피로' '아픔' '비탄' '질병' '늙어감' '죽음,' 이와 같은 다양한 형태의 고통은 레비나스 철학의 독창성을 처음으로 보여준 작품인 『도피에 관해서』(1935)에서부터 『존재에서 존재자로』(1947), 『시간과 타자』(1947), 『전체성과 무한』(1961), 그리고 그의 두번째 대작으로 알려진 『존재와 다르게 또는 존재 사건 저편에』(1974)에 이르기까지 줄곧 관심의 대상이 되었다. 그러나 논의를 좀 편하게 시작하기 위해서 우리는 레비나스의 「쓸모 없는 고통」(1982)이란 짧은 논문을 출발점으로 삼고자 한다. 왜냐하면 이 논문은 그렇게 체계적이지는 않지만 어떤 글보다도 레비나스의 고통에 대한 사상을 분명히 표현해줄 뿐만 아니라 고통의 현상학과 해석학, 그리고 일종의 '고통의 윤리학'이라 부를 수 있는 사고 과정을 선명하게 보여주고 있기 때문이다.[6]

이 글에서 레비나스는 먼저 고통의 경험을 서술한다. 고통도 다른 모든 생생한 경험과 마찬가지로 의식에 '주어져' 있다. 의식에 주어진 현상을 레비나스는 현상학적으로 그려내고 이를 통해 고통의 '본질'을 드러낸다. 그런 뒤, 레비나스는 고통의 유용성에 관해 논의한다. 이것은 '고통의 해석학'이라 부를 수 있는 과제이다. 고통이 지닌 사회적, 문화적, 종교적 합목적성과 유용성이 여기서 토의된다. 바로 이 대목에서 레비나스는 변신론을 거론한다. 끝으로 레비나스는 일종의 고통의 윤리를 제안한다. 하지만 이것은 예컨대 에피쿠로스주의자나 스토아주의자들의 제안과는 전혀 다른 윤리임은 말할 필요가 없다. 자기에 대한 관심souci de soi은 여기서 거부되고 그 대신 고통받는 타인에 대한, 대가 없는 책임이 강조된다.

3. 고통은 쓸모 없는 것인가?

우선 "고통은 그 현상에 있어서 본질적으로 무의미하다"라는 레비나스의 논제에서 시작해보자.[7] 이 논제 자체는 그렇게 색다르거나 엉뚱한 것은 아니다. 예컨대 C. S. 루이스와 머코리 같은 사람들도 같은 논제를 수용한다. 고통은 그 자체 전혀 좋은 것이 아닐뿐더러 전혀 가치가 없다. 만일 가치가 있다면 '몰가치'가 있을 뿐이다.[8] 그러나 고통은, 그 현상에 있어서도, 그렇게 무의미한 것이 아니라고 보는 사람들이 적지 않다. 고통은, 예컨대 의학계에서는 그렇게 신뢰할 만한 객관적 자료로 이용되지 않지만 일상생활 속에서는 매우 유용한 성격을 띠고 있음을 부인할 수 없다.[9] 우리 신체에 어떤 이상이 있을 때, 뭔가 잘못되고 있을 때 고통은 그것을 알려주는 경보음과 같은 역할을 한다. 새로 태어나는 아기 가운데는 40만 명에 한 명꼴로 고통을 전혀 느끼지 못하는 자율신경 장애증 dysautonomia이 있다고 한다. 이런 아이들은 넘어지거나 불에 데도 전혀 통증을 느끼지 못하기 때문에 이로 인해 결국에는 생존이 불가능하게 된다. 반면, 신체의 고통은 더 큰 상해를 막아주고 생존을 가능케 해준다. 그래서 해롤드 쿠쉬너는 고통은 우리가 살아 있기 때문에 치르는 대가라고까지 주장한다.[10]

고통과 불쾌에 대한 칸트의 논의도 이와 같은 논의의 연장선 위에 있다. 삶이란 칸트에 따르면 촉진(쾌락)과 저지(고통)라는 상호 대립적인 힘의 상호 작용이다. 고통이 먼저 있고 그 뒤에 쾌락이 있다. 고통 없는 지속적 쾌락은 결국에는 죽음에 이르고 만다. 선행된 고통이 있어야 비로소 쾌락을 쾌락으로 느낄 수 있다. 약간의 생명력의 촉진과 저지가 교차할 때 건강 상태가 유지될 수 있다. 고통은 이렇게 쾌락과 쾌락 사이에 개입하여 건강을 유지하는 데 없어서는 안 될 요소로 보인다. 그러므로 칸트는 고통을 활동의 '박차der Stachel'라고 부르고 이를 통해 인간은 진보할 수 있다고 본다.[11] 칸트적 관점에서 볼 때 고통은 합목적적 성격을 띠고 있다. 고통에는 '생물학적 합목적성'이 있을 수 있다는 것을 레비나스는 완전히 부인하지는 않는다.[12]

고통에는 생물학적 합목적성 외에도 문화적 기능이 있을 수 있다는 것도 레비나스는 지적한다. 인간의 문화적 성취와 탁월한 업적은 어느 하나도 고통 없이 이루어진 것은 없다. 학문이나 예술, 심지어 정치 제도의 변화에 이르기까지 개인과 집단이 인류 역사상에서 치렀던 고통은 어떤 무엇으로도 측정할 수 없을 정도로 엄청난 것이었다. 고통 없이는 인간 역사와 문화에서 찾아볼 수 있는 좋은 것들은 하나도 가능하지 않았다고 할 수 있다. "지혜가 많으면 번뇌도 많으니 지식을 더하는 자는 근심을 더하느니라"(「전도서」 1장 18절)라는 말처럼 고통은 레비나스에 따르면 "이성과 정신적 극치의 대가"로 보인다.[13] "고통은 또한 개인의 성품을 단련시킨다"고 그는 말한다.[14] 고통은 사람을 강퍅하고 냉소적으로 만들 수 있지만 때로는 감수성이 예민하고 동정적이며 타인에 대해 겸손하고 열린 사람으로 만들 수도 있다. 미국 철학자 월터스토프는 아들을 잃은 뒤, 아들의 죽음을 통곡하면서 이렇게 쓰고 있다.

> 고통의 골짜기에는 절망과 쓰라림이 양조(釀造)된다. 그러나 또한 품격도 제조된다. 고통의 골짜기는 영혼을 빚어내는 계곡이다.[15]

고통이 지닌 합목적적, 합리적 기능 가운데 가장 널리 인정받는 것은, 공동체를 유지하기 위해서는 고통이 필연적일 수밖에 없다는 생각이다. 처벌, 감시, 훈련, 교육, 이 모든 것은 고통을 야기한다. 하지만 이와 같은 고통의 원인들은 '사회' 또는 '국가'라는 '집단적 신체의 건강'을 유지하는 데 반드시 필요하기 때문에 정당화될 수 있다고 사람들은 생각한다. 고통의 이러한 '사회적 유용성'은 '권력의 교육적 기능'과 '정치적 목적론'에 봉사한다. 그런데 이 정치적 목적론은 "생존의 가치 위에, 사회와 개인의 존재 유지 위에, 절체절명의 최고 목적으로서의 이들의 성공적인 건강 위에" 그 근거를 두고 있다.[16]

우리의 흥미를 끄는 것은 고통이 지닌 이 모든 종류의 '유용성'들, 즉 '생물학적 합목적성' '사회적 유용성' '정치적 목적론'에 대해서 레비나스가 취하고 있는 태도이다. 레비나스는 한편으로는 이 유용성을 통째로 거부하지 않는다. 신체에 이상이 있을 때는 경고 신호가 있어야 하고 건강이 유지되기 위해서는 어느 정도 스트레스가 있어야 한다. 고통의 대가를 치르지 않고서는 과학과 예술, 학문과 종교에서 어떠한 성취도 이룰 수 없다. 감시와 처벌이라는 고통이 수반되지 않고서는 사회 체제가 유지될 수도 없다. 그러나 레비나스는 이러한 유용성을 통해서 고통을 합리적으로 정당화하고자 하는 것에 대해서는 매우 부정적이다. 이러한 정당화는 고통 자체가 지닌 애매성을 전혀 고려하지 않고 있다. 왜냐하면 이러한 유용성 또는 목적성에 대한 논의는 근본적으로 기술적 합리성의 이념에 근거를 두고 있기 때문이다.

기술적 합리성은 본질적으로 도구적이고 목적론적이다. 모든 것의 가치는 그것의 목적론에 의해 평가된다. 목적론은 어떤 것의 가치를 어떤 목적을 위한 수단으로 쓰일 수 있는 데서 찾는다. 예컨대 건강 증진이나 강한 성격 훈련, 하나님의 영광, 민족적 자존심 또는 종족의 우월성 같은 것이 그러한 목적으로 설정될 수 있다. 기술적, 도구적, 목적론적 관점에서 볼 때 고통이란 이 세계 안에 주어져 있는 것, 따라서 존재 질서 안에서 파악하고 이해해야 할 것에 지나지 않는다. 어떤 고통도 이와 같은 관점에서 정당화되지 않을 것이 없다. 레비나스가 볼 때 이것은 고통의 현상을 근본적으로 오해한 것이다.[17] 레비나스는 존재 질서 안에서의 질서 유지를 위해(그것이 한 개인의 신체 건강을 위한 것이든 사회 신체의 건강을 위한 것이든 간에) 고통을 정당화하는 것을 뛰어넘어 고통의 현상 자체를 그려냄으로써 고통이 지닌 애매한 얼굴과 맞닥뜨리고자 시도한다.

4. 고통의 현상학

그러면 고통은 어떤 종류의 경험인가? 고통은 레비나스에 따르면 종합할 수 없는 '어떤 것'이다. 다른 경험과 마찬가지로 고통도 우리의 의식 속에 주어진 것un donnée이다. 하지만 이것은 의식 속에 주어진 다른 것과 달리 초월적 통각, 즉 '나는 생각한다'는 종합 작용에 의해 하나의 통일성으로 종합할 수 없는 현상이다. 고통을 생각해보고자 할 수 있고 상상해보고자 할 수 있다. 하지만 고통을 고통으로 느끼고, 고통을 심적 내용으로 담아내는 우리의 감성만은 고통을 능동적으로 수용하고자 하지 않는다. 감성은 고통을 종합 가능한 '질료'로서조차도 환영하지 않는다. 고통의 감각 작용이 양적인 의미에서 너무 많거나 너무 지나치기 때문이 아니라 질적 의미에서 너무 지나치기 때문에, 너무나 일상적 궤도를 벗어나 있기 때문에 수용할 수 없는 것이다. 고통은 '너무 많음' '너무 지나침' 또는 '벗어남un excès,' 따라서 외재적인 것, 내가 알고 있는 것과는 다른 것, 낯선 것으로서 '수용 불가능성'을 의미한다.

고통은 수용할 수 없는 것이고 수용할 수 없는 것 자체이다. 레비나스에 따르면 고통은 범주상의 애매성을 띠고 있다. 한편으로 고통은 '성질'이다. 고통도 다른 감각 내용과 마찬가지로 감각 작용이고 감각 작용으로 내용이 주어진다. 고통은 감각 작용이되, 그러나 칸트적 종합이 불가능한 감각 작용이다. 다시 말해 고통은 하나의 의미 전체로 통합이 될 수 없다. 고통은 다른 한편으로는 '양태,' 즉 하나의 존재 방식이다. 즉 의식 안에 수용할 수 없고, 견딜 수 없는 방식 그 자체가 고통이다. 그러므로 고통은 참고 견딜 수 없는 것이면서 감성을 통해 주어져 있고 감성을 통해 주어지면서도 견딜 수 없는 방식으로 존재한다는 점에서 범주적으로 애매한 현상이다.[18]

고통 속에서는 우리는 우리의 주도권을 상실한다. 고통받는 순간 우리는 미래에 대한 계획을 세울 수 없고 우리 자신이 뭘 해보려고 움직일 수도 없다. 이것이 레비나스가 제시한 고통의 두번째 특성이다. 계획을 세울 수 있다는 것, 그것은 살고자 하는 의지가 있다는 것이고, 살고자 하는 의지는 자신의 미래를 자신의 손으로 만들고자 하는 것이다.[19] 그러나 레비나스가 그리는 고통은 이러한 미래, 계획, 요컨대 내 자신의 능동적 활동이 존재하지 않는 경험이다. 고통은 순수하게 '당하는 것,' 어떠한 도피처도 없이 '굴복당하는 것patir,' 굴복 그 자체에 굴복하는 것이다.[20]

고통은, 레비나스가 좋아하는 표현을 쓰자면, '수용성보다 더 수동적인 수동성'이다. 수용성은 예컨대 칸트의 경우에서 보듯이 자발성(능동성)의 다른 한 측면, 즉 수용하고 환영하는 활동이다. 수용성 안에서는 어떤 것이 감각 작용의 질료로서 수용된다. 칸트가 『순수 이성 비판』에서 말하는 감성, 즉 수용성으로서의 감성은 이미 주체의 활동이다. 그러나 고통 속에서의 감성은 수용성으로서의 감성보다 더 깊은, 아무런 방어나 보호 없이 상처에 노출되어 있다는 의미에서의 감성이다.[21] 감성 속에서 경험하는 고통은 '르 말le mal,' 즉 '악'이고 동시에 '상해'이다. 말초신경계의 상처나 악성 종양으로 고통받는 사람의 고통은 이러한 현상을 잘 보여준다. 「쓸모 없는 고통」은 고통의 현상학의 한 측면만을 보여준다.[22]

레비나스는 이러한 논의를 거쳐 "고통의 악, 곧 고통의 상해 mal는 부조리의 폭발이고 가장 심원한 부조리의 표현"이라고 결론짓는다.[23] 고통의 '본질'은, 만일 고통에 본질이 있다면, 그것은 부조리, 무의미, 반의미 또는 반이성이다. 고통은 의미 없고, 쓸모 없는 것, '아무것도 아닌 것을 위한 것pour rien'이다.[24] 물론 우리는 '아픔'과 '고통,' 영어로는 'pain'과 'suffering'을 구별할 수 있다. 또는 신체적 고통과 도덕적 고통, 나아가 사회적 고통을 구별해낼 수도 있다. 하지만 고통에 대한 레비나스의 논의는(지금까지 논의에서 그는 주로 신체적 고통이라 부를 수 있는 것을 다루었다) 고통 일반에 대한 강력한 메시지를 담고 있다. 즉 고통은 의미sens의 문제이고, 현상으로서의 고통 그 자체는 의미가 없다는 것이다. 그러므로 어떠한 이성적, 합리적 논의를 통해서도 고통이 지닌 애매성의 성격을 벗겨낼 수가 없다.

5. 변신론의 몰락

고통은 그럼에도 의미 있을 수 있는가? 물음을 바꾸어 다시 묻자면, 고통은 합리적으로 설명될 수 있는가? 만일 우리가 칸트 이전에 살고 있다면 고통에 의미를 부여해줄 수 있는 이론적 틀로서 우리는 쉽게 변신론을 최선의 후보로 선택할 수 있었을 것이다. 그러나 이젠 사정이 전혀 달라졌다. 전통적 의미에서의 변신론은 이제 더 이상 최선의 선택일 수 없게 되었다. 그러나 우리는 변신론이 유럽 지성사에서 해온 역할을 레비나스가 결코 과소평가하지 않는다는 사실을 기억해야 한다. 물론 우리는 이렇게 물을 수 있다. 하나님의 결백성을 증명하는 일에서, 신앙의 이름으로 도덕을 건져내는 일에서, 그리고 고통을 견뎌낼 수 있게 하는 데서 변신론은 과연 성공했던가? 이러한 물음은 정당하다. 그러나 변신론이 유럽의 사유 체계에 들어오면서 '시대를 만들어내는' 일을 해내었다는 사실은 결코 부인할 수 없다는 것이 레비나스의 생각이다. 변신론은 그에 따르면 유럽 지성사에서 대단히 중요한 자리를 차지하였다. 원죄에 대한 이해에 있어서나 유대인들의 유배와 디아스포라에 관한 이해, 계몽 시대의 이신론, 그리고 심지어는 무신론적인 진보주의, 이 모두가 레비나스에 따르면 변신론의 영향으로 형성된 것이며, 이러한 의미에서 변신론은 유럽인들의 자의식의 한 구성 분자가 되었다. 유럽의 도덕성과 종교성은 대체로 변신론에 기초하였다고 레비나스는 보았다.[25]

우리는 앞에서 고통이 의미 있을 수 있는 몇 가지 가능성으로 생물학적 합목적성, 도덕적·문화적 필연성, 사회적 유용성과 정치적 목적론 등을 언급하였다. 레비나스는 바로 이러한 맥락, 즉 도구적 또는 목적론적 사유의 맥락 속에서 변신론을 다루고 있다. 이것은 전혀 우연이라고 할 수 없다. 왜냐하면 변신론의 문제는 그와 유사한 목적론인 '형이상학적 목적론'을 기본으로 전제하고 있기 때문이다. 형이상학적 목적론에 따르면 (1) 하나님의 지혜와 사랑에 따라 설정된 초월적 목표가 있고 (2) 자연과 역사는 비록 고통스러운 과정을 거치기는 하지만 결국에는 그 목표(선)에 이르는 길을 보여주며 (3) 따라서 고통과 아픔에는 의미가 있다.[26] 이렇게 볼 때 자연과 역사 속에 존재하는 고통은 궁극적 선을 실현하기 위한 수단들이다. 고통은 이처럼 쉽게 설명되거나 정당화될 수 있고 때로는 반드시 겪어야 할 것으로 적극적으로 추천되기도 한다. 형이상학적 목적론은 그래서 나의 작은 고통이 마침내는 큰 선을 위해서 기여한다는 생각으로 이어진다.

그런데 왜 변신론이 문제되는가? 변신론은 (1) 하나님은 전능하다 (2) 그의 선하심은 무한하다 (3) 악은 존재한다는 세 명제 가운데 앞의 두 명제와 세번째 명제가 모순 없이 조화를 이룰 수 있다고 보는 이론이다. 변신론은 논리적 추론 과정을 통해 하느님은 악에 대해서 책임이 없다는 것을 보여준다. 요컨대 변신론에는 세 가지 요소가 있다고 할 수 있다. 첫째는 위의 세 명제로 표현되는 '내용'이고, 둘째는 하나님을 변호하고자 하는 분명한 '목적'이고, 셋째는 그것을 수행하는 논리적 '수단'이다. 그런데 이러한 작업은 예컨대 존재, 무, 제1원인, 목적성, 무한성, 유한성 등과 같은 존재론적 용어들이 의미 있게 작동되는 틀 안에서 가능하다. 이러한 의미에서 변신론은 리쾨르의 말처럼 '존재신학의 꽃'이라고 할 수 있다.[27] 레비나스는 분석철학자들이 하고 있는 것처럼 변신론의 논리적 형식을 문제삼지 않는다. 변신론의 내용이 논리적으로 정합적인가, 합리적으로 수용 가능한가 하는 것을 따지지 않는다. 변신론에 대한 논변은 (만일 논변이라 부를 수 있다면) 논리와 합리성의 원천인 인간 이성 자체를 문제삼는 것이다. 이 점에서 레비나스는 칸트와 구별된다.

칸트는 그의 유명한 변신론의 실패에 관한 논문에서 변신론이 실패한 까닭을 세 가지로 들고 있다.[28] 그 가운데 특히 물리적 악, 즉 신체적 고통과 질병, 그리고 죽음에 관하여 논할 때 칸트는 이것들이 순전히 자연의 사실에 지나지 않는다고 생각한다.[29] 물리적 악은 인간뿐만 아니라 살아 있는 존재는 모두 경험하는 것이며 인간은 이것에 대해서 어떠한 책임도 지지 않는다는 것이다.

우리가 책임질 수 있는 악은 도덕적 악밖에 없다고 칸트는 보았다.[30] 물리적 악이 왜 존재하는가 묻는 것은 우리 자신에게는 아무런 의미도 없다. 칸트는 자연과학과 의학의 발전을 통해 물리적 악이 부분적으로는 극복될 수 있다고 믿었다. 이것이 사실이긴 하지만 전혀 문제없는 생각은 아닌 듯하다. 왜냐하면 내 자신뿐만 아니라 타인이 경험하는 신체적 고통과 질병은 과연 단지 자연의 사실이라고 보고 기술적으로 처리할 수 있는 일인가? 이것들은 나의, 또는 이웃의 도덕적 무책임 때문에 빚어질 수는 없는 것인가? 칸트에게서는 '누구의 고통인가, 누가 책임 있는가?' 하는 물음을 쉽게 찾아볼 수 없다. 과학적 지식과 기술이 인간으로부터 고통을 제거해주리라고 생각한 점에서 칸트는 매우 낙관적이었다. 이 점에 있어서는 아마도 우리의 당대인들이 칸트보다 훨씬 더 낙관적일 것이다. 이것이 전혀 터무니없지 않다는 것은 전염병이나 천재지변과 같은 '자연'에 의해 유발되는 고통이 과거에 비해서는 훨씬 줄어들었다는 사실을 통해서 알 수 있다. 하지만 그렇다고 해서 인간에 의해 야기되는 고통조차 줄었다고 할 수 없다. 과학과 기술의 발달로 이제는 대량 살상이 가능해졌고 20세기 역사는 그것을 역사적으로 실증해준다. 그렇지만 변신론의 정당성을 부인할 때도 칸트는 이성에 대한 신뢰, 즉 그것의 추론 능력, 문제 해결과 법칙 수립 능력에 대한 신뢰를 버리지 않았다. 심지어 악과 고통이 인간 역사와 사회 진보, 문화 진보에 기여한다고 믿었던 사람이 칸트였다. 왜냐하면 진보는 대립의 결과이며 따라서 이기심과 탐욕, 상호 경쟁심은 진보를 위해서는 없어서는 안 될 요소로 보았기 때문이다.[31] 레비나스는 칸트와 달리 인간 이성의 신뢰 가능성 자체를 문제삼는다.

20세기에 두 차례나 있었던 세계 전쟁, 히틀러주의와 스탈린주의, 히로시마, 수용소, 아우슈비츠와 캄보디아의 종족 살상, 이 모든 예들이 변신론과 변신론의 합리성을 논박하고 있다고 레비나스는 생각한다.[32] 죽음의 수용소에는 하나님이 존재하지 않았던가? 대량 살상을 자행했던 독일인들에게는 이성 능력이 전혀 결여되었던 것인가? 아우슈비츠 사건은 레비나스에게 적어도 두 가지 사실을 말해준다. 첫째, 고통과 변신론 사이에는 불균형이 존재한다는 사실을 아우슈비츠가 명백하게 보여주었다. 이제 우리는 모든 것이 제대로 되고 있다고 더 이상 말할 수 없게 되었다는 것이다. 둘째, 만일 죽음의 수용소에 하나님이 부재했다면 악마가 수용소 안에 분명하게 현존하였다.[33] 악마는 분명히 '이성적인' 존재, 즉 목표를 설정하고 계산하고 추론하고 목표대로 실천에 옮길 수 있는 힘과 수단을 가진 자이다. 칸트는 인간 이성이나 감성은 그 자체로는 결코 악할 수 없다고 생각하였다. 악은 (인간에게서) 이성과 감성의 결합을 통해서, 그것도 올바른 도덕적 질서의 '전도(顚倒)'를 통해 발생하는 사건으로 보았다.[34] 레비나스는 그러나 다르게 생각한다. 인간 이성은 악하며 심지어는 악마적임을 20세기의 경험은 보여주고 있다고 본다. 독일과 동유럽, 캄보디아(최근 보스니아)에서 드러난 악과 그로 인한 고통은 매우 신중하게 계산된 것들이었다. 그러나 "정치화된, 그래서 모든 윤리를 벗어난 이성"의 폭발을 어떠한 이성도 제한하지 않았다.[35] 만일 이성이 홀로 악할 수 있다면 그것은 '악마적'이라고 칸트가 이미 말하지 않았던가?

레비나스는 변신론을 이론적으로 논박하고자 하지 않는다. 20세기 역사 자체가 변신론의 허위성을 증명하기에 충분하다고 그는 생각하였다. 변신론의 종말은 아우슈비츠 이후에는 더 이상 '문제'가 아니라 단순한 '사실'이 되었다. 그러므로 레비나스는 고통에 직면해서 변신론의 정당성을 보여주어야 할 짐으로부터 자유로왔다. 어떤 종류의 고통에 대해서도 이론적 정당성을 확보할 필요가 더 이상 존재하지 않는다. 고통의 현상학을 통해 보여준 것은, 고통이란 그 자체로는 무의미할 뿐이며 부조리하다는 것이다. 레비나스는 어떤 정치 이데올로기도, 어떠한 형이상학적 목적론도 존재하는 고통과 악을 정당화할 수 없다고 본다. 그러나 이것이 이야기의 끝일 수는 없다. 왜냐하면 고통은 여전히 존재하고 인간의 잔혹성과 불의는 여전히 기세를 떨치고 있기 때문이다.

고통이 만일 정당화될 수 없는 것이라면 고통에 대해서 우리는 어떻게 처신해야 하는가? 주어진 삶을 삶 그대로 수용하면서 때로는 기뻐하며, 때로는 슬퍼하며 그냥 그렇게 살아야 할 것인가? 고통의 문제는 앞에서 말한 대로 결국에는 의미의 문제이고 이것은 삶의 의미와 직결되어 있는 물음이다. 만일 고통에 의미가 없다면 삶에 애당초 의미가 없다고 해야 할 것인가? 물음을 좀더 간결히 표현해보자면, 현상적으로 보아서는 전혀 의미 없는 고통이라 하더라도 모든 고통이 정말 전혀 무의미한 것인가? 고통은 고통받을 만한 가치가 전혀 없는 것인가? 이러한 물음은 레비나스 자신이 표현하고 있는 것처럼 "변신론의 종말 이후에 종교성과 인간의 선의 윤리가 여전히 유지할 수 있는 의미"에 관한 물음이기도 하다.[36] 우리는 여전히 하나님을 믿을 수 있는가? 우리는 진리가 결국에는 승리할 것이라고 아이들에게 가르칠 수 있는가? 신앙과 윤리에 관해서 말할 수 있는 가능성이 아직도 열려 있는가? 나는 레비나스 철학이 이러한 물음에 대한 끊임없는 반성의 연속이라고 생각한다.

6. 고통, 윤리, 주체성

레비나스는 고통과 하나님, 신앙과 윤리의 의미에 관해서 전혀 다르게 생각해볼 수 있는 틀을 제안한다. 새로운 틀과 새로운 사유 방향을 표시해주는 것으로 레비나스는 (플라톤에게서 유래한) '존재를 넘어서epekeina tes ousias' 또는 '존재 저편의 선le Bien au dela de etre'이라는 표현을 즐겨 사용한다.³⁷ 윤리적인 것이 존재론적인 것보다 선행한다는 사실을 레비나스는 이렇게 표현한다. 그는 심지어 윤리적인 것이 존재론적인 것의 근거라고 말하고 싶어한다. '동일자'와 '타자,' '전체성'과 '무한,' '말함le Dit'과 '말해진 것le Dire,' '존재'와 '존재와 다른 것,' 이 모든 구분은 윤리적인 것의 선행성 또는 윤리적인 것의 우위성을 말해준다. 윤리적인 것, 즉 타인에 대한 나의 책임은 레비나스에게는 모든 의미의 원천이다. 변신론이 무너진 뒤, 다시 말해 존재신학에 기초한 전통적 신앙이 무너진 뒤, 오직 윤리적인 것만이 삶과 신앙, 도덕적 선에 의미를 줄 수 있다고 레비나스는 생각한다. 그러므로 레비나스의 고통의 현상학과 해석학은 고통의 윤리학으로 이어진다.

이 장 첫 부분에서 언급했듯이 상처 입은 사람이 즉각적으로 할 수 있는 반응은 크게 소리를 지르거나 신음 소리를 내는 것이다. 고통받는 사람의 외침이나 신음은 고통에 대한 반응이면서 동시에 자기 표현과 타인의 관심에 대한 호소이기도 하다. 외침, 신음, 한숨은 그러므로 사건을 묘사하는, 오스틴J. L. Austin의 용어를 빌려 말하자면 서술적locutionary 행위라기보다 타인의 즉각적인 행동을 호소하는 행위 유발적perlocutionary 행위이다. 바로 이 대목에서 레비나스는 고통에는 이중적 얼굴이 있음을 포착해낸다. 고통은 한편으로는 극도의 수동성, 무력, 포기, 그리고 극도의 고독의 상황이다.[38] 고통은 '자신에 매여 있음' '자신의 존재로부터의 분리 불가능성' '존재의 면제 불가능성 자체' '도피의 불가능성' 그리고 이러한 의미에서 '무의 불가능성'이다.[39] 그러나 다른 한편으로 고통은 수용할 수 없는 것, 통합 불가능한 것, 이해 불가능한 것이다. 그것은 내가 아닌 것, 낯선 것과의 접촉이며 절대적 외재성, 절대적 타자성의 존재를 예고해주는 순간이다. 고통은 어떤 수단을 통해서도 나에게로 환원되지 않는 것이다.

그런데 역설적이게도 바로 이 수용 불가능성 가운데 타자성의 열림이 가능하다. 그래서 레비나스는 "한탄, 외침, 신음, 한숨이 있는 곳에 타자로부터의 도움에 대한 요청, 곧 그의 타자성이, 그의 외재성이 구원을 약속하는 타자로부터의 도움에 대한 근원적인 요청이 있다"고 말한다.[40] 이것은 곧 고통은 신음과 한탄 속에서, 수용 불가능성 속에서 타자와의 관계를 열어준다는 것을 뜻한다. 그러나 타자와의 관계의 열림은 하나의 가능성일 뿐, 그 자체 실현된 현실은 아니다. 이것이 완전한 열림이 되기 위해서는 고통받는 사람의 호소에 대한 반응, 요청에 대한 응답이 있어야 한다. 가진 것이 없는 자, 가난한 사람, 억압받는 사람 또는 이방인, 요컨대 고통받는 사람의 호소에 응답한다는 것은 그를 위해 책임을 진다는 것, 그의 짐을 대신 들어준다는 것을 뜻한다. 타인에 대해 책임을 진다는 것, 타인의 짐을 대신 짊어져준다는 것, 이것을 레비나스는 순수한 의미에서 '윤리적'인 것으로 이해한다. 윤리적인 것, 또는 윤리적이 된다는 것은 타인의 고통과 고난에 자신을 노출시키는 것이다. 이러한 맥락에서 레비나스는 고통은 고통 가운데서 인간 상호간의 윤리적 전망을 열어줄 뿐 아니라 타인의 고통을 위해 "내가 받는 정당한 고통"은 무의미한 고통을 의미 있게 할 수 있다는 생각을 엿보인다.[41] 나는 이것이 우리의 "고통을 의미 있게 할 수 있는 가능성이 있는가?" 하는 질문에 대한 레비나스의 답변이라고 생각한다. 레비나스의 답변은 "변신론의 몰락 이후, 여전히 신앙과 도덕이 의미 있을 수 있는가?" 하는 물음과도 관련이 있다.

먼저 오해의 여지를 없애자. 레비나스가 말하고자 한 것은 "고통은 윤리적 관점에서 볼 때 비로소 의미가 있다"는 것이 아니었다. 생물학적 관점이나 또는 신학적 관점이 고통을 의미 있게 할 수 없듯이, 윤리적 관점도 고통을 의미 있게 할 수 없다. 만일 그렇다면 고통과 관련해서 레비나스는 '변신론' 대신 '윤리를 변호하는' 일종의 '변윤론(辯倫論)'을 펼치는 것에 불과하다. 그의 주장은 "고통은 인간 상호간의 윤리적 전망을 열어준다"는 것이다. 고통은 윤리적 관점에서 접근할 수 있는 여러 주제 가운데 하나가 아니라 윤리적 관점, 바로 이것이 고통에 의해서 열린다는 말이다. 고통에 관심을 둘 때, 고통으로 고생하는 사람의 신음과 한탄에 귀 기울일 때, 바로 그때 삶에 대한 윤리적 전망이 열릴 수 있다고 보는 것이다. 이것은 레비나스가 우리에게 주고자 한 가장 근본적인 메시지였다. 타인의 고통에 대한 관심이 우선이고 그외 도덕법칙에 대한 존경이나 행복, 또는 공동체의 보존과 같은 것은 윤리에 대해 부차적으로 보는 것이다.

이러한 맥락에서 레비나스가 '얼굴의 현현'에 그렇게 강조를 둔 까닭이 무엇이었던가 하는 것을 이해할 수 있다. 레비나스가 말하는 얼굴은 왕이나 독재자 또는 부자의 얼굴이 아니라 가난한 자, 고아, 과부, 나그네의 얼굴, 즉 고통받는 사람의 얼굴이다. 고통 중에 있는 이 얼굴과의 만남이 없는 한 타인에 대한 관심 없이, 타인과 교류하면서, 아무 문제 없이 우리는 살 수 있다. 삶의 이러한 차원은 기본적으로 "경제적," 즉 세계 안에서 우리가 거주하는 방식이다.[42] 타인의 얼굴과 접할 때, 그에게 귀 기울일 때,

그때 윤리가 경제적 삶에 침입하게 된다. "윤리는 보는 것이다 l'éthique est une optique."[43] 만일 윤리가 보는 것이라면 뭘 보는 것인가? 하늘에 있는 별과 내 안에 있는 도덕법칙인가? 이 '봄'을 나는 기득권이 없는 사람들의 고통받는 얼굴을 레비나스가 염두에 두었다고 생각한다. 윤리는 봄이고 동시에 정의를 실천하는 것이다. 그럼에도 불구하고 서양의 위대한 윤리적 체계들이, 예컨대 근대 윤리 전통을 대변하는 공리주의와 칸트의 윤리학이 타인의 고통을 고려하고 있지 않다는 것을 어떻게 설명할 수 있는가?

레비나스의 두번째 논제도 첫번째 것과 마찬가지로 상당히 도발적이다. 고통은, 그 자체로는 무의미하지만 타인의 고통을 위한 고통이라면 의미 있을 수 있다는 것이 그의 주장이다. 이와 관련해서 레비나스는 "타인에게 있는 고통"과 "나에게 있는 고통"의 근본적인 차이를 역설한다. 근본적 차이, 즉 나와 타인 사이의 근본적 비대칭성이 있다고 하더라도 이로 인해서 상호 관계가 배제되는 것은 아니다. 오히려 반대로 타자에게 있는 고통은 '눈감아 줄 수 없는 것'이며 그런 의미에서 나에게 반응을 요청한다. 이것은 내가(타자가 아닌) 처한, 피할 수 없는 윤리적 상황이다. 이와 같은 상황을 레비나스는 "나는 타자에 사로잡혀 있다" "나는 타자를 위해 핍박받는다" "나는 타인의 고통에 노출돼 있다" 또는 "상처와 불법에 노출된 가운데, 책임에 적합한 감정 가운데, 내 자신은 대치할 수 없는 자로, 타인들에게 헌신된 자로, 물러날 수도 없이, 따라서 그 자신을 바치고 고통받고 〔타인에게〕 주기 위해서 육신을 입은 자로, 〔그것을 위해〕 부름받았다"고 표현한다.[44] 그런데 여기서 '줌'과 '바침'은 어떤 정신적 행위가 아니라 몸으로 하는 행위임을 레비나스는 강조한다. 줌과 바침은 오직 '살과 몸이 있는 존재'에게만 일어날 수 있는 것이다. 그러므로 레비나스는 줌과 바침은 "마음의 선물이 아니라 자신의 입에 든 빵, 입에 가득한 빵을 내어주는 것이다. 그것은 열어줌이되, 자신의 지갑을 열어주는 것일 뿐 아니라 자신의 집 문을 열어주는 것이다."[45]라고 말한다. 줌과 바침, 그리고 고통의 이념은 앞 장에서 본 것처럼 '대속la substitution' 이념에서 절정에 이른다. "각자에 의해 〔책임 있는 자로〕 고발당함 가운데, 각자에 대한 책임은 대속의 지점에까지 나아간다. 주체는 하나의 볼모이다."[46]

타인을 대신할 수 있을 때, 타인의 고통을 대신할 수 있을 때, 다시 말해 타인을 위한 볼모가 되어줄 때, 그때 비로소 이 세계 안에서는 연민과 동정과 자비와 가까움이 있을 수 있다. "타인을 위한 볼모." 이것이 타인과의 연대성을 위한 조건이다. 그러므로 우리의 주체성, 즉 주체의 주체됨은 타인을 대리할 수 있는 능력에 의해 구성된다. 타인의 수용, 타인의 짐을 대신 짊어짐이 주체성의 핵심이라고 레비나스는 생각한다. 수브엑툼sub-jectum, 즉 주체는 타인의 고통과 잘못을 짊어짐으로써 이 세계를 아래에서 떠받치고 지탱한다. 다시 말해 존재의 고통과 잔인성을 대신 속죄하고 짊어지는 존재가 곧 '주체'라는 것이다.[47] 이러한 대속적 고통은 무의미한 고통에 의미를 부여할 수 있다고 레비나스는 생각한다. 왜냐하면 "타자를 위한 것"이 곧 의미의 원천이기 때문이다.[48] 하지만 레비나스는 대속적 고통이 '언제나' '한결같이' 의미를 산출해내는 것처럼 생각해서는 안 된다는 점을 동시에 경고해준다. 대속적 고통도 '쓸모 없는 것' '아무것도 아닌 것을 위한 것' '무의미한 것pour rien'일 수 있다는 것이다.[49]

7. 윤리와 고통, 대속적 고통, 나의 고통

이제 레비나스의 입장이 담고 있는 문제가 무엇인지 토의해보자. 세 가지 문제가 내 생각으로는 중요한 것으로 보인다.

첫째, 윤리는 반드시 고통을 수반하는가 하는 물음이다. 윤리적 삶은 레비나스의 입장에서는 반드시 고통을 수반한다. 그는 고통을 심지어 주체성의 핵심으로 자리 매겼다. 그러므로 고통과 주체성을 "수용성보다 더 수동적인 수동성" 또는 "상처 입을 가능성"으로 거듭해서 묘사한 것도 우연이 아니었다. 레비나스는 타인을 위해 고통받을 수 있다는 사실이 곧 주체의 주체성을 구성한다고 본 것이다. 이 점에 있어서 레비나스를 칸트와 비교해볼 수 있다. 칸트도 이미 윤리적 삶에는 불쾌Unlust와 아픔Schmerz, 그리고 고통Leiden이 수반된다고 보았다. 윤리적 삶이란 칸트에 따르면 '자기애'와 '법칙에 대한 존경'이라는 두 동기들Triebfedern 사이의 대립과 갈등의 자리이다. 하지만 '도덕적'이라는 수식어가 붙을 수 있는 행위는 오직 법칙에 대한 존경에 따른 행위밖에 없다. 이러한 행위는 도덕 법칙을 수용함으로써 자기애의 억제를 수반할 수밖에 없고 자기애의 억제는 필연적으로 고통을 초래한다. 그러나 이러한 고통은 "한 인격의 존엄성"을 감소시키지 않는다. 오히려 그와는 반대로 행위 주체가 올바르게 행위했을 때 그로 인해 그는 자신에 대한 존경심을 유지할 수 있다. 고통은 도덕적 자율성과 강인성의 표시라고 칸트는 보고 있다.[50] 고통은 이렇게 볼 때 도덕 주체가 이성적이기 때문에 치르는 고통이다. 만일 도덕 주체가 도덕 법칙을 존경하지 않고 단지 감성적 요구에 따라 행위했더라면 이와 같은 고통은 수반되지 않을 수 있었기 때문이다.

타인에 대한 윤리적 책임은 고통이 수반될 수밖에 없다는 데는 레비나스도 동의한다. 하지만 무엇 때문에 받는 고통이냐 하는 점에서는 칸트와 구별된다. 고통은 법칙에 대한 존경 때문에 오는 것이 아니라 고통받는 이웃의 호소와 부름에 응답했기 때문에 오는 것이라고 레비나스는 보고 있다. 여기에서는 감성적 수용과 귀 기울임, 그리고 그에 따른 구체적 행동이 중요하다. 고통받는 타인의 호소에 대한 응답이 없다면 그곳에서는 '윤리적'이라 부를 수 있는 사건은 발생하지 않는다. 부름은 나의 자율적이고 능동적 행위에 의존하는 것이 아니라 밖으로부터 오는 것이기 때문에 타율적이다. 부름에 대한 '응답'으로서의 윤리, 즉 '책임'으로서의 윤리는 이러한 의미에서 타율적인 윤리이다.[51] 그러나 칸트와 레비나스는 '성화된 삶Heiligkeit; Sainteté'을 윤리적 삶의 궁극적 목표로 삼고 있다는 점에서 공통점이 없지 않다. '거룩함'을 칸트는 도덕적 완전성으로 보았다면 레비나스는 '나보다 타자를 앞서 생각하는 것'이라고 본 것을 제외한다면 두 철학자는 다 같이 '거룩함' 또는 '성화된 삶'이 우리의 도덕적 진보를 가져오는 것이고 고통이 여기에 필연적으로 뒤따를 수밖에 없다고 생각하였다.[52] 공리주의자나 행복 윤리를 지지하는 사람들은 이러한 입장에 대해 비판적일 수 있으나 고통 없이는 윤리적 삶이 실현될 수 없다는 점에서는 칸트와 레비나스가 옳았다고 나는 생각한다. 우리 주변의 도덕적 불감증은 기꺼이 고통받고자 하지 않기 때문에 생긴 것이 아닌가 우리는 물어보아야 한다. 타인의 고통에 대한 감수성 없이 과연 윤리가 가능한가?

두번째 문제는 대속적 고통에 관한 것이다. '대속적 고통'은 몇몇 위대한 종교 전통에서는 익숙하지만 철학에서는 거의 찾아볼 수 없는 개념이었다. '주체'가 된다는 것, '주체'로서 선다는 것은 레비나스에 따르면 타인에 대해서, 타인을 대리해서 대신 짐을 짊어질 뿐 아니라 심지어 타인의 잘못을 자신의 잘못으로 수용할 수 있다는 말이다. 앞 장에서도 한 번 인용했듯이 레비나스는 도스토예프스키의 "우리들 각자는 각 사람에 대해서 각 사람에 앞서 잘못이 있고 나는 다른 사람보다 잘못이 더 많다"는 말을 원용해서 "우리는 모든 사람에 앞서, 모든 사람에게 책임이 있고 나는 다른 모든 사람보다 책임이 더 많다"고 말한다.[53] 이것은 내가 보기에는 유대교와 기독교 전통의 메시아(그리스도) 이념을 철학적으로 번역한 것이다. 유대교에 관한 한 저서에서 레비나스는 "메시아, 그것은 나이고, 내가 된다는 것, 그것은 곧 메시아가 된다는 것이다Le Messie, c'est moi, Être moi, c'est être Messie"라고 말한다.[54] 메시아는 "타인의 고통을 짊어진, 고통받는 의인"이다. "타인의 고통이 부과한 짐을 피할 수 없다는 사실, 이것이 자신성 l'ipséité을 정의해준다"는 말을 레비나스는 여기에 덧붙인다.[55] 그리스도교적인 용어로 말하자면 내가 된다는 것, 그것은 곧 그리스도가 된다는 것이다.

그런데 도대체 내가 어떻게 그리스도가 될 수 있는가? 내가 그리스도가 될 수 있는 존재 전환이 어떻게 일어날 수 있는가? 대속적 고통은 단 한 순간, 결정적 한 순간 받을 수 있는가? 아니면 나의 삶 전체가 대속적 고통의 삶을 살아야 한다는 것인가? 나는 그리스도처럼 정말 머리 둘 곳조차 없어야 하는가? 라르스 폰 트리어 감독의 「브레이킹 더 웨이브스Breaking the Waves」의 여주인공 베스처럼 거의 성도착이라 할 수 있을 지경에 이르기까지 남편을 위해 고통받아야 하는 것인가? 그녀를 치료했던 의사는 법정에서 그녀의 죽음은 정신질환 때문이 아니라 '선함 goodness; la bonté' 때문에 초래된 것이라고 할 수밖에 없다고 진술하였다. 베스는 과연 레비나스적 주체의 사례라고 할 수 있는가? 이것은 쉽게 판단할 수 없다. 그러나 확실한 것은 타인을 위한 '대속'을 하나의 보편적 규칙으로 레비나스가 제안하고 있지 않다는 사실이다. 타인을 대신해서, 그를 위해서 고통받는다는 것은 자기 자신을 부름에 내어놓는 일이고 이런 의미에서 가장 뜻깊은 모험이고 지극히 친밀하고 개인적인 일이기 때문에 어떠한 일반적 예를 통해 제시되거나 교훈적인 담론으로 얘기될 수 없다. 만일 이것을 일반적 규칙으로 만들어버릴 경우 대속적 고통의 의미를 왜곡시키는 결과만 초래할 뿐이라고 레비나스는 역설한다.[56]

이러한 지적은 여러 가지로 해석할 수 있다. 타인을 위해 고통의 짐을 짊어지는 것이 시민 사회의 일반적인 삶의 방식이어야 한다는 주장을 레비나스가 하고 싶어하는 것은 아닐 것이다. 모두에 대한 무한 책임 대신 상호성이 시민 사회의 특징이다. 시민 사회는 레비나스의 말처럼 '거래'와 '대차대조표의 작성'에 의해 유지된다. 이러한 질서('존재의 질서' 또는 '도시〔폴리스〕')의 삶은 경제적이고 정치적이며 법에 의해서 유지된다. 그런데 문제는 이러한 질서가 법과 경제, 정치의 논리로만 정말 유지될 수 있는가 하는 것이다. 정의로움, 공정성, 사랑, 신뢰, 희생, 반대 급부에 대한 고려 없이 그냥 줌, 베풂, 이와 같은 것들이 있어야 존재 질서 자체가 유지될 수 있지 않는가? 존재 질서를 가능케 하는 요소들은 존재 질서 '안'에 속한 것이 아니라 '존재와 다른 것'으로 '존재 사건 저쪽'에 있다는 것을 레비나스는 강하게 주장한다. 존재 질서 자체는 그에 따르면 '존재를 유지하고자 하는 노력 conatus essendi'이 지배한다. 그러므로 '가까움' '대리' '타인의 고통을 짊어짐' 등과 같은 주제는 '도시〔폴리스〕'의 삶의 가능 조건으로서, 존재 유지 노력과는 다른 자유롭고 빈 공간을 만들고자 하는 노력으로 볼 수 있다.[57]

세번째 문제가 남아 있다. 레비나스에 따르면 "타인을 위한 나의 의로운 고통"은 의미 있을 수 있다. 뒤집어 보면 '나의' 고통 또는 '너의' 고통이 의미 있다고 말할 수 없다는 말이다. 하지만 인류 역사를 볼 때 사람들이 괴로워한 것은 한 개인이나 집단이 경험한 무의미한 고통이었다. 고통은 언제나 '나의' 고통 또는 '우리의' 고통이었다. 레비나스는 이러한 전통을 뒤집어놓는다. 그의 관심은 내가 받는 고통에 있는 것이 아니라 타인이 받는 고통에 있었다. 좀더 정확하게 말하자면 레비나스의 관심은 타인이 받는 고통에 대해서 내가 어떻게 해야 하는가 하는 것이었다. 고통의 물음에 관련해서 관심의 축을 '나' 또는 '우리'로부터 '타인'으로 회전시킨 점에서 레비나스의 독창성이 있었다. 이성보다는 감성을 더 중요하게 생각한 것도 이러한 관심 축의 전환 때문이었다. 하지만 고통받는 개인이 고통 중에서, 예컨대 아내나 자식을 잃고 슬퍼하는 가운데, 자신의 고통의 의미를 발견하는 과정을 무시할 수가 없다. 고통은 아무리 집단적으로 당하는 고통이라 하더라도, 고통 자체로서는 언제나 지극히 '개인적'이고 '주관적'이며, 그러한 의미에서 '감성적'으로 와 닿는 것이다. 문화적, 상호 주관적 해석의 틀이 매우 중요하게 작용할지라도 그것은 고통 그 자체의 경험에 비하면 역시 부차적이라고 해야 할 것이다. 고통은 고통받는 사람의 품성을 매우 냉소적이고 폐쇄적으로 만들 수도 있고 매우 고상하고 개방적으로도 만들 수 있다. 하지만 끝까지 고통과 씨름하는 사람은 결코 그로 인해서 완전히 절망하지는 않는 경우를 우리는 어렵잖게 찾아볼 수 있다.

『성경』에 등장하는 욥의 경우를 보라. 그의 고통은 타인을 위한 고통이 아니었다. 타인과 아무런 상관이 없이, 그야말로 아무 이유도 없이, 무슨 목적도 없이, 무의미하게 받는 고통이었다. 만일 '타인'을 위한 것이었다면, 또는 '무엇'을 위한 고통이었다면 욥의 고통은 천상에서 내기를 한 하나님을 위한 것이었고 하나님이 그에게 둔 신뢰를 확인하기 위한 것이었다. 설사 그렇다고 하더라도 그의 고통은 결코 대속적 고통은 아니었다. 하지만 욥의 고통이 완전히 무의미한 고통이었다고 할 수 있는가? "내가 주께 대하여 귀로 듣기만 하였삽더니 이제는 눈으로 주를 뵈옵나이다; 그러므로 내가 스스로 한하고 티끌과 재 가운데서 회개하나이다" (「욥기」 42장 5절)라고 욥은 마침내 말하지 않는가? 이와 같은 예는 C. S. 루이스나 월터스토프 또는 박완서의 경우에도 찾아볼 수 있다.[58] 이 모든 예를 통해 우리가 얻을 수 있는 교훈은, 고통을 쉽게 수용하지 않으면서, 참다운 신뢰와 믿음 가운데, '영원자'와 끝까지 싸운 사람은 무의미한 고통 속에서도 결국에는 어떠한 의미를 찾아낸다는 것이다. 아무도 고통을 원치 않는다. 그러나 손봉호 교수의 주장대로 "고통당해본 사람은 그것을 후회하지 않는다."[59] 고통 가운데서 우리는 삶의 의미를 배우고 타인의 존재를 만날 수 있기 때문이다.

6장 주

1 J. A. Baker, *The Foolishness of God*(Darton: Longman & Todd, 1970), pp. 54~55: "Are we to count only the hate, never the love, only the ugliness, never the loveliness, only the misery, never the joy?"

2 도구의 애매성에 관한 논의로는 E. Scarry, *The Body in Pain: The Making and Unmaking of the World*(New York/ Oxford: Oxford University Press, 1985), pp. 172~76 참조.

3 철학이 지금까지 고통에 대해 무관심했던 것에 대해서 손봉호, 『고통받는 인간』(서울: 서울대학교 출판부, 1995), pp. 10~21 참조.

4 이러한 관점에서 헬레니즘 철학을 연구한 책으로는 M. C. Nussbaum, *The Therapy of Desire*(Princeton: Princeton University Press, 1994) 참조.

5 『윤리와 무한』, p. 11.

6 E. Levinas, "La souffrance inutile," in *Entre nous*(Paris: Bernard Grasset, 1991), pp. 107~19. 이 글은 *Gionale di Metafisica* 4(1982), pp. 13~26에 처음 발표되었다. 인용은 1991년판을 따른다. 「쓸모 없는 고통」으로 인용한다.

7 「쓸모 없는 고통」, p. 109.

8 C. S. Lewis, *The Problem of Pain*(1940)(New York: Simon and Schuster, 1996), p. 98; J. Macquarrie, *In Search of Humanity*(London: SCM Press, 1982), p. 225.

9 고통은 진단 재료로 매우 애매하기 때문에 신빙성을 높이기 위해 「맥길 고통 설문지」에서는 예컨대 '약한 통증'이니, '심한 통증'이니 하는 술어보다는 '깜박거리는 flickering' '떨리는quivering' '고동치는pulsing' '채찍질하는beating' 등과 같은 술어를 채택한다. K. Toombs, *The Meaning of Illness*(Dordrecht/Boston/London: Kluwer Academic Publishers, 1992), p. 28 이하; E. Scarry, 앞의 책, p. 7 이하 참조.

10 H. S. Kushner, *When Bad Things Happen to Good People*(New York: Avon Books, 1981), p. 64.

11 I. Kant, *Anthropologie in pragmatischen Hinsicht*, in *Kants Gesammelten Schriften*, VII, pp. 230~35.

12 「쓸모 없는 고통」, p. 112.

13 같은 곳.

14 같은 곳.

15 N. Wolterstorff, *Lament for a Son*(Grand Rapids, Michigan: Eerdmans, 1987), p. 97.

16 「쓸모 없는 고통」, p. 112.

17 같은 글, pp. 112~13 참조.
18 같은 글, p. 107 참조.
19 그 예를 우리는 박완서의 『한 말씀만 하소서』란 글에서 찾아볼 수 있다. 좀더 자세한 논의는 강영안, 「고통의 현상——박완서의 『한 말씀만 하소서』」, 『삶과 기호』(한국기호학회 엮음, 문학과 지성사, 1997), pp. 76~97 참조.
20 「쓸모 없는 고통」, p. 108.
21 같은 곳.
22 「쓸모 없는 고통」은 고통의 현상학의 한 측면만을 보여준다. 『시간과 타자』 그리고 『전체성과 무한』에서는 이와는 다른 측면을 찾아볼 수 있다. 여기 제시된 관찰과 비슷한 예를 H. Vetter, *Der Schmerz und die Wurde der Person*(Frankfurt a. M.: Joseph Knecht, 1980), p. 15 이하에서도 찾아볼 수 있다.
23 「쓸모 없는 고통」, pp. 108~09.
24 같은 글, p. 109.
25 같은 글, pp. 113~14.
26 같은 글, p. 113.
27 변신론의 세 구성 요소와 관련해서는 P. Ricœur, *Le mal: Un défi à la philosophie et à la thélogie*(Genève: Labor et Fides, 1986), p. 26 참조.
28 좀더 자세한 논의는 강영안, 「악에 대한 형이상학적 성찰——악의 형이상학은 어떻게 가능한가?」, 『악이란 무엇인가: 철학 종교에서 본 악과 고통의 문제』(서울: 도서출판 창, 1992), pp. 33~63 참조.
29 I. Kant, *Über das Misslingen aller philosophischen Versuch in der Theodicee* (1791), in *KGS*, VIII, p. 260.
30 칸트가 이해하는 악에 대해서는 강영안, 『도덕은 무엇으로부터 오는가——칸트의 도덕철학』(소나무, 2000) 참조.
31 I. Kant, *Idee zu einer allgemeinen Geschichte in bürglichen Absicht*, in *KGS*, VIII, pp. 20~21; 강영안, 「문화 개념의 철학적 배경」, 『문화철학』(한국철학회 엮음, 서울: 철학과 현실사, 1995) 참조.
32 「쓸모 없는 고통」, p. 114.
33 같은 글, p. 117. '홀로코스트'에 대한 레비나스의 입장은 E. Levinas, "Le 614ᵉ Commandement," dans *L'Arche*, 1981 juni, no. 291, pp. 55~57에도 잘 나타나 있다. 이 문제와 관련된 좀더 자세한 연구는 D. Pollefeyt, "Het kwaad van Auschwitz: een centrale uitdaging in het denken van Levinas," in R. Burggraeve & L. Anckaert(ed.), *De vele gezichten van het kwaad*(Leuven/Amersfort: Acco, 1996), pp. 57~90 참조.
34 I. Kant, *Die Religion innerhalb der Grenzen der blossen Vernunft*, in *KGS*, VI, pp. 36, 42, 43, 46 참조; 칸트 철학에서 악의 문제에 관해서는 『도덕은 무엇으로부터 오는가——칸트의 도덕철학』 5장 참조.
35 「쓸모 없는 고통」, p. 114.
36 같은 글, p. 116.
37 『존재에서 존재자로』, p. 9.
38 「쓸모 없는 고통」, p. 109.

39 『시간과 타자』, p. 55.
40 「쓸모 없는 고통」, pp. 109~10.
41 같은 글, pp. 110~11.
42 『전체성과 무한』, pp. 125~49 참조.
43 같은 책, pp. xii, xvii, 51.
44 『존재와 다르게 또는 존재 사건 저편에』, p. 134.
45 같은 책, p. 94.
46 같은 책, p. 142.
47 같은 책, p. 161.
48 같은 책, pp. 16, 162, 165; 『타인의 인간주의』, pp. 36~53 참조.
49 『존재와 다르게 또는 존재 사건 저편에』, pp. 64, 93, 195 참조.
50 I. Kant, *Kritik der praktischen Vernunft*, in *KGS*, V, pp. 60~73 참조.
51 레비나스의 '타율성'의 이념은 『자유와 명령』, pp. 29~48 참조.
52 I. Kant, *KGS*, V, p. 128; E. Levinas, *Autrement que savoir*(Paris; Osiris, 1988), p. 72 참조.
53 『존재와 다르게 또는 존재 사건 저편에』, p. 186; 『윤리와 무한』, p. 98.
54 『어려운 자유』, pp. 128~29; E. Levinas, "Un Dieu Homme?," in *Entre nous*, pp. 69~76 참조.
55 『어려운 자유』, p. 129.
56 「쓸모 없는 고통」, p. 116.
57 『존재와 다르게 또는 존재 사건 저편에』, pp. 202~03 참조.
58 월터스토프와 박완서의 앞의 책, 그리고 C. S. Lewis의 *A Grief Observed* (London: Faber and Faber, 1961) 참조.
59 손봉호, 『고통받는 인간』, p. 210.

7장 결론: 레비나스는 철학에 어떤 새로움을 가져다주었는가?

이제 마무리를 지어보자. 앞에서 논의했던 내용을 반복하기보다는 레비나스가 철학에 기여한 것이 있다면 과연 그것이 무엇일까 하는 물음에 답을 찾아보는 것으로 전체 결론을 내려보자.

레비나스는 러시아 문학과 히브리어 성경, 프랑스 철학을 대표한다고 할 수 있는 베르그손 그리고 20세기 초반 가장 혁신적인 사상가였던 독일 철학자 후설과 하이데거를 읽으면서 자신의 철학 사상을 가다듬었다. 1장에서도 언급했듯이 레비나스는 문자 그대로 '네 문화의 철학자'였다. 하지만 "위대한 철학자는 하나만 생각한다"는 베르그손의 말처럼 레비나스도 줄곧 하나만 생각한 철학자였다. 그것은 '타자'였다. 레비나스의 철학을 흔히 '타자의 사유'라고 부르는 것도 '타자'가 레비나스 사상을 줄곧 이끌어온 마치 북극성과 같은 존재였기 때문이다. 타자의 사유는 '얼굴의 사유' '얼굴의 철학'이다. 레비나스는 '존재'란 이름으로, '욕망'이란 이름으로, 또는 '체계'라는 이름으로, 익명성을 삶의 근본적 현실로 보고자 하는 철학, 개체성을 무화하고자 시도하는 어떤 철학에도 반대한다. 인간은 저마다 얼굴이 있는 존재요, 이름을 지닌 존재이며 그 무엇으로 환원될 수 없는 고귀한 개체이기 때문이다. 이러한 생각이 왜 그토록 중요한가? 다시 묻자면 레비나스의 이러한 생각이 철학에 가져다준 어떤 근본적인 새로움이 있는가? 만일 있다면 그것을 어디서 찾아야 하는가? 논의를 간략하게 하기 위해 서양 철학 비판, 윤리학으로서의 철학, 신과 종교의 문제, 이 세 주제에 집중해보자.

1. 서양 철학 비판과 비판철학의 가능성

"서양 철학은 대체로 존재론이었다."¹ 『전체성과 무한』 초두에 나오는 이 표현은 서양 철학에 대한 레비나스의 비판적 입장을 한 문장으로 대변해준다. 존재론은 레비나스에 따르면 타자를 동일자의 영역으로 환원하는 이론이다. '물질' '신' '역사' '절대 정신' '자아' '국가'는 존재자 전체를 한곳에 모을 수 있는 지평으로 등장한다. 존재론은 모든 것을 예외 없이 전체 속에 체계화하는 전체성의 철학이다. 전체성의 철학은 지식을 강조한다. 지식은 타자를 중립화하고 마침내는 나의 세계로, 동일자의 세계로 타자를 환원해버린다. 이런 의미에서 서양 철학은 대체로 '자아론'이었다. 초월이 있다면 그것은 자기로 향한 초월이며 안으로 향한 초월일 뿐 외재성이 자리할 여지가 거의 없다. 이와 관련해 "동일자가 아닌 것, 내 속에 있지 않은 것, 나의 자유에 근거를 두지 않는 것에 대해 무조건 거부하라"는 것은 소크라테스의 교훈이었다고 레비나스는 지적한다.² 초월에 대해 그토록 관심을 가졌던 후설과 하이데거의 현상학도 크게 다를 바 없다는 것이 레비나스의 생각이다.

레비나스는 1장에서 본 것처럼 현상학을 통해 입문하고 누구보다 현상학을 잘 알고 있었다. 그러기에 더욱더 레비나스는 현상학을 비판한다. 그런데 사실 현상학은 전통적인 관념론에 비해 훨씬 개방적이다. 의식의 본질을 지향성으로 보았다는 점이 이를 입증한다. 의식은 항상 무엇에 대한 의식이며 이 무엇은 자기가 아닌 것, 자기와 구별되는 무엇이다. 의식은 절대 고독 속에 존재하는 것이 아니라 다른 것과의 관계 속에 존재한다. 그러므로 지향성은 의식이 가진 하나의 '속성'이 아니라 의식의 실체성이다. 의식은 지향성으로서 존재한다. 이런 의미에서 의식은 그 자체 벌써 자기 초월을 특징으로 하고 있다. 레비나스는 그래서 "지향성으로서의 의식의 실체성은 스스로 초월하는 데 있다"고 적절하게 표현한다.³ 후설은 이 점에서 데카르트를 극복했다. 후설은 미리 구성된 주체와 대상에서 출발하지 않는다. 의식이 무엇과 떨어져 따로 존재하는 것이 아니라 항상 무엇에 대한 의식이듯이 사물도 독립해서 존재하는 것이 아니라 의식에 대해, 의식에 의해 나타날 때 비로소 사물로서 존재하게 된다. 의식과 사물은 지향적 관계에 의해 존재한다. 지향적 관계가 있을 때 지향적 관계를 갖는 양극에 대해 비로소 '주체'와 '대상'이란 말이 성립된다. 그럼에도 레비나스의 눈에는 후설의 초월론적 현상학도 본질적으로는 존재론으로 보였다.⁴

후설 철학을 본질적으로 존재론으로 본 까닭이 무엇인가? 후설은 의식뿐만 아니라 사물의 존재 의미도 의식의 구성 활동을 통해 해명한다. '존재'는 의식 앞에 주어진 것, 의식에 의해 의미가 부여된 것으로 의미를 갖는다. 이런 의미에서 후설의 존재론은 관념론적 성격을 띤다. 사물은 의식에 의해 구성되는 한, 의미를 갖는다. 의식 활동의 표상적 측면이 여기서 강조된다. 지향성으로서의 의식은 대상 지각 활동에서 그것의 고유한 작용을 보여 준다. 대상에 대한 의식뿐만 아니라 의식에 대한 의식, 즉 반성조차도 결국은 대상에 대한 지각이며 대상에 대한 표상Vorstellung이다.⁵ 앎은 대상을 표상하고 대상을 내 앞에 재현하는 행위이다. 후설은 표상의 지향성과 구별해서 의욕과 감정의 지향성을 말한다. 하지만 이때의 지향적 작용을 뒷받침해주는 것도 역시 표상이다. 의식의 '객관화하는 작용' 또는 이론적 측면을 후설은 끝까지 놓지 않는다. 레비나스가 후설 철학을 존재론이라 부르는 것도 바로 이 때문이다.

의식과 세계의 관계를 '표상' 또는 의식의 '객관화하는 작용'을 통해서 기술하지 않는다는 점이 하이데거의 독창성이었다고 레비나스는 생각한다. 하이데거에 따르면 인간은 이미 세계 안에 던져져 있다. 인간은 이미 세계와 관계를 맺고 있다. 세계 안에 거주하며, 내일에 대한 불안과 근심을 가지며, 타인과 함께 살고 있다. 자기를 발견하고 자기를 말하기 전에 이미 세계 안에 살고 있다는 점에서 인간 존재는 '초월'로 규정된다. 이러한 관계는 이론적이기 이전에 실천적이다. 의식과 세계의 관계는 무엇보다 실천적 관계이며 세계에 대한 표상적, 이론적 관계는 실천적 관계로부터 파생된 것에 지나지 않는다는 것이 하이데거의 생각이다. 노동, 예술, 놀이, 그리고 인간의 감정은 각각 독특하게 '존재 이해'를 표현하는 방식이다.[6]

4장에서 자세하게 보았듯이 『전체성과 무한』 2부의 존재경제론은 하이데거의 이러한 분석에 대한 근본적인 비판을 담고 있다. 레비나스가 보기에는 하이데거 철학도 존재론의 한계를 역시 벗어나지 못했다. 하이데거는 존재Sein를 '자애'요 '은총'이며, '선물'이요 '구원'이며, '축복'이요 '해방'으로 이해한다. 존재는 우리가 그 안에 깃들어 사는 '집'이요, '줌Geben'이며, 우리의 존재를 밝혀주는 '빛'이다. 존재는 하나의 '사건'이요, 인간은 이 사건 속에서 인간이 된다. 존재는 사건으로 일어나기 위해 사유하는 인간을 '필요로 한다.' 하지만 존재자의 존재 의미는 언제나 존재를 통해 밝혀진다.[7] 그러므로 존재자와 존재자의 관계도 존재를 통해 규정된다. 사람과 사람이 맺는 관계도 존재에 종속된다. 따라서 익명적, 무인격적 존재가 존재자를 사로잡고 지배한다.[8] 이런 이유 때문에 레비나스는 하이데거의 존재론도 다른 존재론과 마찬가지로 역시 '소유와 지배의 철학'이고 심지어는 인격적 자아와 타자, 타자와의 인격적 관계와 책임을 거론하지 않는 '불의한 철학'이며 '중립성의 철학'이라 평가한다.⁹

레비나스는 '존재'를 '존재한다il y a'는 동사적 의미로 이해한다(이 점에서는 하이데거와 차이가 없다). 하지만 존재 사건을 빛의 비춤이나 축복이 아니라 어둠이고, 밤이며, 우리에게 공포를 주는 혼돈 상태로 본다. 사물에게 아직(혹은 더 이상) 이름도 없고, 아무도 그것의 정체를 알 수 없는, 다만 그 안에 종속되어 숨 막히는 공간을 일컬어 레비나스는 '존재'라고 부른다. 동사로서의 '존재'는 어둠이고 악이다.¹⁰ 주체의 출현은 (3장에서 자세히 보았듯이) 익명적 존재 사건을 벗어나 '나'라고 스스로 부르는 존재자의 출현이며 존재를 자기 것으로 소유하는 사건이다. 하지만 주체는 존재 소유로 인해 존재를 하나의 짐으로 짊어지게 되며 이것은 존재의 무거움으로 주체에게 엄습해 온다. 존재의 무게는 타자와의 관계를 통해 비로소 가벼워질 수 있고, 내재성의 세계에서 외재성의 세계로 초월의 길이 열릴 수 있다. 이러한 초월의 과정을 그리는 것이 레비나스에게서는 형이상학의 과제였다(오해를 피하기 위해 '형이상학'과 '존재론'이란 용어에 대해서 간단하게 언급한다. 하이데거는 '기술적 사유' 혹은 '계산하는 사유'에 바탕을 둔 철학을 '형이상학'으로 이해하고 '근원적 사유,' 혹은 '자각적 사유'를 '존재 사유'로 이해한다. 반면 레비나스는 이해와 지배의 틀 안에서 사유하고 행동하는 방식을 '존재론'으로 이해하고 나의 지배와 소유의 틀 안으로 환원할 수 없는 타자와의 관계와 그것에 관한 사유를 '형이상학'으로 이해한다. 그러므로 하이데거는 '형이상학'을 극복하고 '존재 사유'의 필요성을 역설한 반면, 레비나스는 '존재론'을 극복하고 '형이상학'의 필요성을 강조한다).

레비나스가 생각한 형이상학은 무한자와 관련이 있다. '무한자'는 나와 절대적으로 다른, 나에게로 도무지 환원할 수 없는 타자를 말한다. 타자를 '무한자'라고 일컫는 것은 타자의 수가 한없이 많다거나 타자는 도무지 접근할 수 없다거나 하기 때문이 아니다. 타자는 나의 인식과 능력의 테두리 안에 가둘 수 없기 때문에, 바로 그 때문에 무한하다. 타자는 전체화의 틀을 벗어나 있다. 그러므로 타자의 무한성은 수평적 무한이라기보다 수직적 무한이라고 할 수 있다. 타자는 나의 자율적 의식보다 더 깊이 나의 존재에 와 닿아 있다. 타자는 나의 거주와 안락함을 문제시한다. 끝없이 소유하고 지배하고자 하는 나의 자유를 타자는 문제삼는다. 타자의 '얼굴'과 만날 때 그때 비로소 '형이상학적 욕망'이 심겨지고 '초월'에 대한 갈망이 일어난다. 타자와의 윤리적, 사회적 관계와 그것에 대한 사유를 레비나스는 '형이상학'이라 부른다."

형이상학은 레비나스에게는 '윤리학'과 동의어로 쓰인다. 윤리학으로서의 형이상학 또는 제일철학으로서의 윤리학을 조금 더 자세히 보기 전에 레비나스가 서양 철학을 존재론이라 보고 그것을 비판적으로 검토한 이유가 무엇인지 살펴보자. 짧게 말하자면 세 가지 이유를 찾을 수 있다. 첫째는 인격성의 상대화이고, 둘째는 권력의 찬양이고, 셋째는 비판적 이성의 약화이다.

첫째, "서양 철학은 존재론"이라고 할 때 레비나스는 서양 철학은 대체로 인간의 인격을 상대화하는 경향을 본질적으로 지닌 철학이라 규정하고자 한다. 인간은 여기서 익명적 질서의 부분으로 의미를 갖는다. 근대에 이르러 인간을 법칙에 따라 움직이는 역사의 한 계기로 본다든지 존재 사건에 따라 자신의 운명이 정해지는 존재로 본다든지 하는 철학을 염두에 둔 것이다. 만일 이것이 참이라면 예컨대 전쟁의 폭력에 대해서 저항하고 반항할 수 있는 독자적인 이야기를 인간은 소유하고 있지 못하게 될 것이며 저항은커녕 그 질서에 압도, 포섭되고 말 것이다. 만일 그렇다면 인간은 인격적 개체로서의 고유한 의미를 상실하고 단지 "자신도 모르게 자신을 에워싼 힘의 담지자"에 머물거나 "존재에 흡수된 자" "체계의 하수인"에 그치고 말 것이다.[12]

인격을 상대화하는 경향은 60년대 이후 프랑스 철학과 정신분석학, 심리학, 구조언어학, 인류학 등 이른바 '인간과학sciences humain'에도 나타난다. 『존재와 다르게 또는 존재 사건 저편에』보다 2년 앞서 출판한 『타인의 인간주의』에서 레비나스는 이러한 경향을 한 문장으로 이렇게 표현한다. "휴머니즘의 종언, 형이상학의 종말—인간의 죽음, 신의 죽음 〔…〕 이것들은 지성인들의 묵시론적 이념 또는 구호이다."[13] 레비나스는 현대 철학, 그것도 특히 프랑스 철학의 흐름을 이렇게 '종말' '종언' 또는 '죽음'에 관한 묵시론적, 종말론적 담론으로 규정한다. 한마디로 철학과 인간과학에 나타나는 '반인간주의anti-humanism'를 레비나스는 염두에 둔다.[14] 여기서 문제가 된 것은 자기의식이다. 나의 사유 속에서 나와 내 자신의 일치가 발생한다는 생각은 정신분석학에 의해 신랄하게 비판된다. 자기의식은 자기 자신에 대한 현존이 아니라 수많은 충동과 영향, 그리고 언어에 의해 생산되고 만들어진, 부차적 산물에 불과하다는 것이다. 그 결과 이른바 '인격'이란 것이 생기는데 이것은 기껏해야 자신을 감추는 '가면'에 불과하다고 본다. 따라서 인간과학자들은 과학적 엄밀성의 이름으로 인간의 내면성 자체를 부인한다. 인간에게는 어떤 무엇으로도 환원할 수 없는 내면 세계란 존재하지 않을뿐더러 모든 것은 밖으로 열려 있고, 밖과의 관계 그물 속에 인간이 존재한다는 것이다. 그러므로 인간에 대해서는 한 개인의 내면성의 고백이나 내성적 성찰보다 실증과학적인 방법에 따른 객관적, 수량적 연구가 훨씬 더 신뢰할 수 있는 자료를 제공한다. 따라서 현대의 인간과학은 '주체성'을 과학의 영역에서 완전히 제거한다.[15] 인간과 관련된 것은 모두 '바깥에' 있다.¹⁶ 이런 의미에서 방법론적 반휴머니즘은 본질적으로 반형이상학적이고 반철학적이다. 서양 철학은 레비나스가 보기에는 극단적 인간주의와 반인간주의 또는 관념론과 유물론의 일종의 진자 운동의 순환을 벗어나지 못한다. 한때는 인간을 마치 세계의 중심이며 주인처럼 내세우다가 얼마 지나지 않아 철저히 반인간주의적인 철학이나 사상이 대두한다.¹⁷

서양 철학을 존재론이란 이름으로 레비나스가 문제삼는 두번째 이유는 서양 철학이 권력 의지를 미화시켰다는 데 있다. 어느 전통보다 서양 철학 전통은 자유를 중시했다. 여러 철학자들은 자유를 자율성의 토대로 보았다. 자유롭다는 것은 내 자신이 목표를 설정하고 설정한 목표에 이를 수 있는 수단을 스스로 설정할 수 있다는 뜻을 담고 있다. 자유는 따라서 나의 능력, 나의 '할 수 있음pouvoir'의 질서에 뿌리를 둔다. '할 수 있음'으로서의 자유는 그러므로 타자에 대한 '힘' 또는 권력으로 작용한다. 주위 환경을 지배하거나 타자를 지배하는 일을 통해 자유는 힘으로 구체화된다. 우리 모두 알고 있듯이 자유와 자유가 가진 힘은 제한되어 있다. 그런데 바로 한계가 있고 제한이 있기 때문에 자유는 끊임없이 확장을 꾀한다. 당연하게도 이 확장 과정에서 타인의 확장 의지와 충돌을 일으키며, 폭력과 갈등과 전쟁은 상호간의 의지의 충돌에 그 뿌리가 있다.

서양 전통은 개인들의 자유에서 오는 충돌을 공동의 질서, 곧 다양성과 무질서에 확고한 질서를 수립할 수 있는 전체성 곧 국가를 세워 문제를 해결하고자 한다. 개인의 힘은 집단 질서의 수립으로 국가에 이양되고 따라서 제한을 받을 수밖에 없게 된다. 이것이 이른바 근대 정치철학자들이 그린 '사회 계약'이다. 개인의 자유를 제한하지 않고서는 지속적인 전쟁 상태를 벗어날 수 없기 때문에 자신의 자유를 국가 권력에 이양함으로써 개인의 자유에 잠정적인 제한을 가하는 방식으로 문제를 해결하고자 한 것이다. 국가는 개인의 이익을 해결하는 기관으로 집단적 권력 행사의 형식을 띠게 된다. 그 결과 개인의 자유를 옹호하는 자유주의와 집단적 권력 집행을 선호하는 집단주의의 두 극단 사이에 서양의 정치철학이 헤맬 수밖에 없게 된다. 개인의 자유를 옹호할 경우 공동체를 생각할 수 없게 되고 공동체만을 강조하면 개인의 자유가 훼손된다. 레비나스는 둘 다 문제삼는다. 타자를 제어하면서 무한히 자유를 확장하고자 애쓰는 의지와 전체성 속에 개체를 흡수, 환원하려는 의지, 둘 다 문제가 된다. 자유주의와 집단주의는 둘 다 권력 의지로 귀결된다. 권력 의지는 결국 두 경우 모두 구조화된 폭력으로 나타난다. 개인의 자유를 제한하는 형식을 취하는 정치적 폭력(독재)으로 나타날 뿐 아니라 무한한 가치를 지닌 인격을 보지 못하고 개체를 전체의 한 부분으로 축소하는 폭력으로 나타난다. 정치적 전체주의에는 개체를 전체의 부분으로 보는 존재론적 전체주의가 깔려 있다.

　인격의 절대적 가치에 대한 인정은 레비나스에 따르면 정치에 선행해야 한다. 인격의 절대적 가치를 인정할 때 정치적 질서는 독자성과 자족성을 상실하고 윤리에 종속된다. 타자의 얼굴은 타인을 고려하지 않고 내 마음대로 사용하는 자유가 얼마나 폭력적인가 하는 것을 깨닫고 의식하게 해주기 때문에 오직 윤리만이 권력 의지를 의심하고 문제삼을 수 있다. 나의 맹목적 권력 의지가 아니라 힘없는 타인의 얼굴이 나의 자유의 의미를 규정한다. 여기서 자유는 전혀 새로운 의미를 얻게 된다. 나의 '할 수 있음,' 나의 '힘'에서 나오는 자유가 아니라 타인의 부름에 '응답'하고 그의 고통에 '반응'하며 타인에게 책임지는 가운데 나의 자유는 그 참된 의미를 얻게 된다. 인격의 가치를 그토록 강조한 칸트조차도 우리의 도덕적 책임의 근저에 자유가 있다고 보았기 때문에 칸트 도덕철학의 핵심 명제는 "자유는 책임에 선행한다" 또는 "책임은 자유에서 나온다"는 것이다. 그러나 레비나스의 핵심 명제는 "책임은 자유에 선행한다" 또는 "자유는 책임에서 나온다"는 것이다. 인격으로서의 타인, 나와 얼굴을 마주하는 타인, 그리고 레비나스가 '제삼자'라고 부른, 나와 직접 마주하지 않는 저 멀리 있는 타인, 앞으로 지구에 출현할 타인은 나의 자유의 규범이요 의미라는 것이다. 타인에 대한 책임으로서의 나의 자유는 타인에 의해 방향이 잡히게 된다. 따라서 타인의 선을 고려하지 않고 오직 나 자신의 존재만을 고려한 자유의 행사는 악이 될 수 있다.

서양 철학을 존재론이라고 부르면서 레비나스가 문제삼는 세 번째 이유는 존재론으로서의 서양 철학은 진정한 비판적 이성을 가능하게 해주지 않기 때문이다. 존재론은 레비나스에 따르면 '힘의 철학'이다. 힘의 행사가 여기서는 곧 자유이다. 힘의 행사로의 자유는 전체성의 이념에서 완성된다. 전체성의 이념은 포괄될 수 있는 개체들을 인식하고 그것들의 상호 연관을 파악할 수 있는 지적 능력에 의존한다. 그러므로 자유의 근저에는 지식, 곧 앎이 있다. 서양의 주도적 앎의 모형은 대상을 보고 의식하고 손에 넣어 완전히 자기 것으로 만드는 것이다. 쉽게 얘기하자면 앎은 곧 대상에 대한 조종, 곧 기술로 귀착된다. 그러므로 레비나스는 이렇게 말한다. "'나는 생각한다'는 '나는 할 수 있다'는 것과 마찬가지다. 존재하는 것의 소유요 현실의 정복이다. 철학의 기초로서의 존재론은 힘의 철학이다."[18]

서양의 진리 개념을 생각하면 레비나스의 발언이 크게 무리가 아님을 알 수 있다. 진리는 우리 지성과 현실의 일치 또는 진술과 사태의 일치로 정의된다. 하이데거는 비은폐성, 곧 감추어진 것의 드러남을 진리로 이해한다. 여기에 중요한 것은 현실이 의식에게 자신을 보여준다는 것이다. 하이데거의 감추어진 것의 드러남도 이 점에서는 동일하다. 존재는 빛이며 이 빛이 스스로 현상으로 나타난다는 것을 하이데거는 강조하고 싶어한다. 인간 지성에 존재가 스스로 나타난다는 것, 다시 말해 존재의 현상성이 진리거나 아니면 적어도 진리의 조건이다. 그래서 레비나스는 "현상성, 곧 진리 속에서의 존재 본질의 드러남은 서양 철학 전통에 지속적으로 전제되어 있다"고 말한다.[19] 서양의 존재론은 이 전제를 문제삼지 않을뿐더러 문제삼을 수도 없다. 따라서 비판적 이성은 여기서 차단된다. 개방성, 감추어진 것의 드러남, 현상성 이 모든 것은 결국 그것을 의식하고 인식하는 주체의 '눈' 앞에 가시적인 것으로의 개방성이며 드러남이며 현상성이다. 이 자체는 문제시되지 않는다. 왜냐하면 서양 철학은 그 시초부터 현실을 눈 앞에 드러나게 하여 그것을 보고 포착하며 손에 넣어 결국 소유하는 것에 최종적인 목적과 의미가 있기 때문이다. "존재의 이해〔파악〕는 철학의 최종 단어"라는 레비나스의 말은 이 배경에서 이해할 수 있다.[20]

당연히 여기서 물음이 생긴다. 만일 앎을 현실에 대한 파악, 또는 존재자의 지배로 볼 수 없다면 과연 존재론을 떠나 철학할 수 있는 길이 있는가? 존재론이 아닌 철학은 어떻게 가능한가? 이 물음과 관련해서『전체성과 무한』가운데 중요한 한 부분을 읽어보자.

존재자의 이해를 꾀하는 이론에 '존재론'이라는 타이틀이 붙는다. 타자를 동일자에 환원하는 존재론은 타자에 의해 소외되도록 허용하지 않는 자기 동일화의 자유를 촉진한다. 여기서 이론은 형이상학적 욕망을 단념하는 길에, 욕망의 생명줄인 외재성의 경이를 단념하는 길에 들어선다. 그러나 외재성에 대한 존경을 꾀하는 이론은 형이상학에 본질적인 전혀 다른 구조를 기획한다. 존재자의 이해에서는 또는 존재론에서는 비판에 관심을 둔다. 그 자발성의 독단론과 단순한 자의(恣意)를 발견하고 존재론을 행사하는 자유를 문제삼는다. 그리고 이 자유로운 실행의 자의적 독단론의 원천으로 매 순간 돌아가는 방식으로 이 자유를 실행하고자 애쓴다. 이 회귀 자체가 만일 존재론적 운동, 자유의 실행, 한 이론에 머문다면 무한 소급을 피할 수 없을 것이다. 그러나 비판적 의도는 이론과 존재론을 넘어서게 해준다. 비판은 타자를 존재론처럼 동일자로 환원하지 않고 동일자의 실행을 문제삼는다. 동일자의 자아론적 자발성 안에서는 발생할 수 없는, 이 동일자를 문제삼는 일은 타자에 의해서 가능해진다. 타자의 현존이 나의 자발성을 문제삼는 일을 윤리[학이]라고 부른다. 타자의 낯섬, 자아로, 나의 생각과 소유로 환원할 수 없음은 나의 자발성을 문제삼는 일로, 곧 윤리[학으]로 정확하게 수행된다.[21]

레비나스는 여기서 두 가지를 얘기한다. 첫째, 존재자의 이해 또는 현실 파악으로서의 철학(존재론)은 독단론을 벗어날 수 없다. 타인의 개입으로 인해 나의 자유가 문제시되기 전에는 내 자신을, 나의 사유의 틀을, 나의 존재 이해의 틀을 벗어날 수 없다. 다시 말해 존재론으로서의 철학은 대상을 문제삼고 나의 의식의 이해와 파악과 인식을 문제삼을 뿐 나의 의식 자체를 문제삼을 수 없다. 철학은 외재성에 대해 차단한 채 자신의 자유, 자기성, 그리고 이를 중심으로 형성된 전체성의 테두리에 머문다. 자기 자신을, 의식을, 그리고 나의 자유를 문제삼는 일은 타자의 개입을 통해서 가능하다. 타인은 손에 집어넣을 수 없기 때문이다. 타자의 개입, 외재성에 대한 존경을 의도하는 '이론'은 존재자의 이해에 대해서 '비판'을 실행한다. 타자의 얼굴과의 만남, 외재성과의 접촉 없는 이성은 여전히 독단의 잠에 빠져 있다. 타자의 얼굴과의 만남은 나의 자유, 나의 이해, 나의 지식과 존재 기획, 나의 세계 지평 전체를 의심하고 문제시하고 비판할 수 있도록 해준다. 이것이 이 텍스트에서 레비나스가 말하고자 하는 두번째 요점이다. 타자와의 만남을 통해 회의론과 비판적 이성이 가능하다. 레비나스는 타자와의 만남, 타자의 현존으로 인해 나의 존재가 문제시되는 것을 윤리라고 부른다. 따라서 윤리는 회의론과 비판의 조건이고 이런 의미에서 철학의 조건이다. 타자로 인해 나의 내재성의 질서가 교란되지 않는 한 나는 여전히 나의 독단의 잠에 빠져 철학을 할 수밖에 없다.[22]

여기서 비판으로서의 철학의 가능성을 볼 수 있다. 레비나스의 이해에 따르면 현실 이해로서의 존재론은 독단론이다. 그러나 타자의 현존에 의해 나의 존재가 문제시되는 경험, 나의 자유와 나의 지식과 나의 세계를 문제삼는 일, 다시 말해 '회의론'은 타인 없이, 타인에 대한 고려와 배려 없이 이룬 나의 행적과 공적에 대해 비판적으로 논의하도록 길을 터준다. 이런 의미에서 철학은 필연적으로 독단론에서 회의론으로, 회의론에서 비판철학으로 이행할 수밖에 없다. 이것이 존재론 차원에서, '외재성에 대한 존경'에서 우러나온 철학을 할 수 있는 가능성이다. 형식상으로는 칸트가 『순수 이성 비판』 1판 서문에서 근대 형이상학의 행로를 독단론에서 회의론으로, 회의론에서 다시 비판철학으로의 이행으로 밝힌 바와 같다. 그러나 내용상으로는 하이데거가 우리에게 주어진 새로운 사유의 과제로서 표상적 사유의 본질을 다시 생각하는 것으로 설정한 것과 유사하다. 하지만 하이데거가 존재 사유로 전환했다면 레비나스는 실천적, 윤리적 사유로 전환했다는 점에 본질적 차이가 있다. 외재성의 관점, 타인의 얼굴에 의해 내 존재 자체가 문제시된 상황에서 철학은 존재론 비판으로 가능하며 여기서 한 걸음 더 나아가 타자의 사유, 곧 윤리학으로서의 철학이 가능함을 레비나스는 보여주고자 했다.²³ 윤리는, 그리고 윤리학은 레비나스에게 존재론 비판으로서의 비판철학을 가능하게 하는 조건이다.

2. 제일철학으로서의 윤리학

앞에서도 말했듯이 존재론을 통째로 폐기하는 일은 레비나스의 의도와 거리가 멀다. "인간 자신이 존재론"이라는 말에서 보듯이 우리는 존재론을 피할 수 없다. 문제는 존재론과 형이상학의 역할을 바꾸는 일이다. 다시 말해 형이상학(윤리학)을 앞서게 하고 존재론을 뒤따라오게 하는 일이다. 서양 철학은 존재의 문제, 세계의 문제, 신의 문제, 타자의 문제, 자유의 문제, 그리고 나아가 실천 철학 문제를 대체로 존재론으로부터 접근했다. 레비나스는 이 순서를 바꾸고자 한 것이다. 어떤 철학적 문제이든지 그 문제를 다룰 수 있는 출발점은 윤리학이지 존재론이나 인식론이 아니라는 것이다. 윤리학을 통해서 비로소 존재와 세계, 신의 문제, 자유의 문제, 그리고 심지어는 예술의 문제를 다룰 수 있다고 생각한 것이다. 따라서 이제 제일철학으로서의 윤리학이 어떤 것인지, 윤리학을 지탱하는 핵심 이념이 무엇인지 살펴보자.

먼저 윤리학과 관련해 타자 철학을 생각해보자. 타자의 철학은 사실은 결코 전통이 짧지 않다. '존재론적 제국주의'가 서양 철학 전통을 장악했다 하더라도 서양 철학에는 줄곧 타자 철학이 중요한 한 줄기로 제 목소리를 내고 있었다. 간단히 세 철학자를 들 수 있다. 예컨대 플라톤 철학은 레비나스가 볼 때 타자 철학의 한 모형이다. 플라톤은 선의 이념을 존재 이념 저편에 놓았을 뿐 아니라 존재론에 대해 윤리학의 수위성을 선언한 철학자였다. 그래서 레비나스는 "모든 존재 저 너머 선을 둔 것은 신학이 아니라 철학이 가르쳐준 가장 심원한 교훈이요 결정적 가르침이었다"고 말한다.²⁴ 데카르트는 타자 철학의 또 다른 한 예가 된다. 모두 잘 알듯이 데카르트는 생각하는 존재의 존재론적 확실성을 내 속에 있는 무한자의 이념을 통해 그 터를 튼튼하게 닦는다. 이 점에서 데카르트 철학과 레비나스 철학에는 유사성이 있다. 회의로부터 생각하는 나의 존재를 확보한 다음, 다시 생각하는 나를 무한자의 이념을 통해 기초를 놓은 것처럼 레비나스도 나를 엄습하고 탈인격화하는 익명적인 '그저 있음'으로부터 제 발로 서는 명사적, 실체적 존재로서의 주체의 출현을 확보한 다음, 다시 주체를 타자와의 관계를 통해 그 존재 무게를 가볍게 한다. 무한자의 이념을 데카르트가 끌어들인 것과 구조적으로 비슷하다. 아니 그 타자를 레비나스는 데카르트로부터 무한자란 이념을 빌려와 '무한자'라 일컫는다. 데카르트의 무한자의 이념을 레비나스는 윤리적으로 해석해서 자신의 중심 개념으로 사용한다. 이렇게 하는 데는 칸트의 실천 이성의 수위성에 대한 강조가 함께 작용한다. "우리가 분명히 드러내고자 한 것은 특별히 내가 가깝게 느끼는 칸트의 실천 철학이 제시한 것과 비슷하다"고 말할 때 레비나스는 절대자와의 관계는 도덕적 실천 영역에서 가능하다고 본 것을 염두에 두었을 것이다. 존재 지평 안으로 흡수할 수 없는 존재 저 너머의 도덕 세계의 우선성 또는 이론 이성에 대한 실천 이성의 수위성을 강조한 점에서 칸트와 레비나스 사이에는 분명 연속성이 있다. 그러나 레비나스가 자유에 대한 책임의 선행성을 강조한 반면 칸트는 자유의 선행성을 강조한 점은 두 철학자 사이에 그럼에도 큰 차이가 있음을 보여준다. 플라톤, 데카르트, 칸트 외에도 헤겔, 포이어바흐, 사르트르, 마르셀, 부버 등이 레비나스의 타자 철학 형성에 중요한 영향을 준 것도 간과할 수 없다.

레비나스의 타자 철학에 중요한 원천이 된 것은 역시 유대교이다. 레비나스는 그의 철학을 '유대교 철학'이라든지 일종의 위장된 신학이라 보는 것에 대해 매우 민감하다. 푸아리에와 인터뷰할 때 사람들이 흔히 레비나스를 '유대교 사상가un penseur juif'로 보는 것에 대해서 일단 수긍하지만 자신은 성경과 탈무드 전통을 철학적 사유의 전제로 곧장 내세우지 않는다는 점을 강조한다. 『성경』 구절을 예로 사용하지만 결코 논증의 일부로 사용하지 않는다는 것이다.[25] 철학자로서 레비나스는 『성경』에 직접 호소하지 않는다. 철학 저작 안에서 『성경』 구절을 사용하는 경우는 거의 보이지 않는다. 하지만 유대교에 관한 그의 여러 저서 가운데는 그의 철학적 원천이 된 많은 구절에 대한 주석이 발견된다. 성경과 탈무드는 그의 철학적 사유의 풍성한 원천임을 누구도 부인할 수 없을 정도로 밀접하게 관련되어 있다. 그 가운데서 타자의 철학과 관련해서 두 가지 예를 들어보자.

하나는 메시아 사상에 대한 레비나스의 해석이다. 메시아가 누구냐, 어떻게 오느냐 등에 대해서 다양한 해석이 유대교 안에 있다. 레비나스는 유대교의 메시아 사상은 보편적 인간 인격 개념을 혁신하는 데 얼마나 중요한 사상인가를 보여준다. 메시아는 고난받는 종이며 타인에 대해 완전히 책임지는 존재의 모습으로 나타난다. 메시아는 타인의 과오와 고통조차 대신 짊어지는 존재이다. 타인을 위한 볼모로, 인질로, 대신 짐을 짊어지는 대속자로 등장하는 메시아는 저 바깥에서 오는 존재가 아니라 우리 각자, '나moi' 자신이다. 메시아는 내가 되는 것이고 내가 되는 것, 그것은 곧 메시아가 되는 것이다. 레비나스는 고난받는 종 메시아의 모습이야말로 가장 나다운 '나'이며 어떤 누구도 아닌, 바로 내 자신이 타인을 위해 대신 짐을 짊어지고 볼모가 되어줄 수 있음을 말하고자 한다. 타인의 고통과 죄책에 직면해서 나는 누구에게도 대신 짐을 짊어져달라고 요구할 수 없기 때문에 오직 나 자신만이 그 짐을 짊어져야 한다는 요구에 응답할 수 있다는 것이다. 이를 통해 우리 자신은 각각 아무도 대신할 수 없는 독특한 존재가 된다. 따라서 레비나스는 메시아 사상을 특정 인물에서 메시아를 구하는 것이 아니라 세상 고통을 짊어지는 고난받은 종의 모습을 통하여 보편적인 책임적 인간 모습을 보여준 것이라 해석한다.

토라Torah 또는 율법의 의미를 보편적으로 해석한 것도 또 한 예로 들 수 있다. 레비나스는 토라가 지닌 종교적 의미는 철학을 통해서 완전하게 드러날 수 없다는 것을 먼저 인정한다. 하지만 토라는 레비나스에 따르면 단지 유대인에게 준 율법이 아니라 부버가 번역하듯이 인간이 걸어갈 길을 보여준 가르침Weisung이란 뜻으로 보편적인 의미를 띤다. 여기서 말하는 가르침이란 몇몇 구체적인 규칙이나 율례를 뜻하지 않는다. 구체적인 규칙을 제시하고 행동을 규제하기 이전에, 토라는 우리의 사유 이전에, 우리가 스스로 생각해낸 것들 이전에, 본질적인 것들이 앞선다는 사실을, 나 혼자 자유롭게 할 수 있는 결정이나 생각은 내가 져야 할 책임과는 별 관계가 없다는 사실을, 인간의 자율성은 자신 바깥의 규범을 통해서 비로소 자의(恣意)와 폭력으로부터 자유로울 수 있다는 사실을 가르쳐주는 것이다. 나는 토라를 통해 나의 한계를 의식하고 내 자신에 대해 물음을 던지며 내 자신에 대해 비판적으로 생각한다.[26] 철저한 자기 비판은 내가 있기 이전, 기억할 수 없는 먼 과거의 가르침을 통해 비로소 가능하다고 레비나스는 본다. 우리는 이 두 가지 예를 통해 유대교적 이념이 철학적으로 풍성한 내용을 지닌 사상으로 번역된 경우를 본다. 메시아 사상은 책임 이념으로 번역되고 토라(가르침)의 권위는 내 바깥의 무한자, 초월자, 가르침의 이념으로 번역된다.

타자 철학에 이어 레비나스의 제일철학으로서의 윤리학에 중요한 것은 철학 전통에서 빌려온 무한자의 이념에 새로운 생명을 불어넣은 일이다. 부카르트는 이것을 레비나스가 "철학적 사유 발전에 한 가장 중요한 기여"라 말한다.[27] 무한자의 이념에 대한 반성과 철학적 주장은 레비나스를 세계적 철학자의 반열에 들게 한 것이었다. 이 이념은 어떤 다른 이념이나 개념보다 레비나스 철학을 칸트나 피히테 또는 후설의 의식 중심 철학이나 하이데거나 사르트르, 메를로-퐁티의 유한성 철학과 구별해주는 것이다.

무한성의 이념은 통상적 이념이 아니라는 사실에 주목하는 것이 무엇보다 필요하다. 만일 통상적인 이념이라면 레비나스 철학은 의식 철학 전통에 속할 것이다. 예컨대 칸트 철학에서 보듯이 이념은 그것을 통해 우리에게 낯선 것을 대상으로 만들 수 있는 것이다. '신' '세계' '영혼'을 칸트는 우리의 경험할 수 없는 대상을 생각하고 경험에 체계적 통일성을 주기 위해 만들어낸 '초월적 이념'이라 부른다. 이념은 여기서 내가 가진 틀을 통해 포착할 수 없는 타자를 표상하는 방식이다. 칸트 철학에서 보듯이 예컨대 우리는 신을 세계의 창조주로 표상한다. 이때 나의 표상은 표상할 수 없는 대상을 표상하는 '상징'으로 사용된다. 상징은 경험에서 찾은 비슷한 예('유비')에 대한 반성을 통해 형성된다. 그러므로 칸트가 말하는 이념에는 두 가지가 공존한다. 이념은 내가 결코 완벽하게 표상할 수 없는 존재에 대한 모종의 표상이며 이 표상은 언제나 나의 경험과 상상력에 기초하고 있다.[28] 이런 방식으로 생각하면 무한의 이념도 유한의 경험으로부터 유한을 부정하여 얻어낼 수 있다.

레비나스의 무한자 이념은 칸트의 '이념' 형성 과정과 구별된다. 앞에서 언급했듯이 레비나스는 무한자 개념을 데카르트에게서 빌려온다.[29] 데카르트의 무한자의 이념은 나에게서 비롯된 이념이 아니라 바깥에서 내 안으로 들어온 이념이다. 무한자의 이념은 따라서 나의 주도권과 무관하게 나에게 일종의 계시로 주어진다. 그러므로 무한자의 이념은 나의 생각을 항상 초과하는 점에 그 특징이 있다. 따라서 어떤 대상과의 일치를 무한자의 이념에서 기대할 수 없다. 이 때문에 무한자의 이념은 때로는 그 현존 자체가 문제시될 수 있다. 하지만 무한자의 이념은 우리가 그것에 부딪힐 때 우리 의식을 초월해 있는 현실과의 관계를 표현해 주는 것이다. 그래서 레비나스는 무한자의 이념과 관련해서 우리 능력보다 '더한 것'은 포함한다든지 '불일치'라든지 '척도의 불가능에 의한 척도'라든지 하는 표현들을 쓴다.[30] 이처럼 무한자의 이념은 우리 의식과 관계하면서도 항상 이 의식을 초과하고 초월한다. 또 한편, 무한자의 이념은 의식 자체가 자신에 대해서 회의하게 만드는 이념이다. 무한자의 이념이 지닌 이러한 성격, 곧 의식되면서 의식을 초월하고 의식을 비판에 붙이는 이러한 성격은 어떤 무엇으로도 환원할 수 없는 고유한 인격적 존재로서의 타인과의 관계를 보여준다. 무한자의 이념은 이렇게 윤리적 의미를 얻게 된다. 다시 말해 무한자의 이념은 얼굴로서 우리에게 말을 건네면서 초월하고 우리를 비판하고 문제삼고 질책한다. 레비나스의 무한자의 이념이 지닌 독특성이 이 점에서 나타난다.

전통 철학은 무한자 이념을 우리의 유한성을 초월하기 위한 수단으로 보았다. 그러므로 무한자의 이념은 역사와 유한성을 초월할 수 있는 발판을 우리 의식에 마련해준다고 생각하였다. 가변적이고 우연한 세계와 달리 사라지지 않고 없어지지 않는 영원한 세계를 무한자의 이념을 통해서 생각하였다. 그러나 19세기 말과 20세기 초 대두한 유한성의 철학은 이 이념을 팽개쳤다. 인간은 역사와 상황 속에 처한 존재요 우연성이 인간 존재를 특징짓는다. 레비나스도 후설에 반대해서 그리고 하이데거와 함께 인간의 역사성과 상황성, 그리고 이에 수반되는 우연성을 인정한다. 인간 의식은 역사를 통해 형성되는 것이다. 이 점에서 레비나스는 유한성 철학을 수용한다. 그러나 레비나스는 역사나 상황, 우연성이 인간 존재를 대변할 수 없음을 의식하고 역사에 대항해서 역사를 초월할 수 있는 가능성을 모색한다. 타자의 얼굴을 통해 구체화되는 무한성의 이념은 얼굴의 현현이 역사적이고 구체적 사건이란 점에서 역사적이지만, 동시에 전체화하는 역사의 경향에 도전하는 점에서 반역사적 또는 초역사적이다. 얼굴의 현현은 역사에 대한 비판을 담고 있다. 레비나스에 따르면 역사는 결코 최종 단어일 수 없다. 역사 앞에서, 역사를 우상시하지 않고 그것에 대항하여 책임을 호소할 수 있는 가능성을 레비나스는 무한성의 이념에서 찾는다.

여기 하나 덧붙여두자. 무한자의 이념은 영원한 세계를 보게 하는 것이 아니라 역사의 부당함과 나의 책임을 오히려 보게 한다. 타인의 얼굴로서의 무한자는 역사의 강요를 깨뜨리는 역사적 사건이요, 의식에 충격을 가져오는 사건이다. 그러므로 무한성의 이념은 역사를 다시 생각하고 바꿀 수 있는 가능성을 열어준다. 그러나 레비나스는 전통적 이원론에 빠지지 않는다. 만일 이원론자들처럼 무한자와 유한자를 구별하고 자연 세계와 초자연 세계를 구별해서 초자연 세계에 우위를 둔다면 무한자를 다시 하나의 존재자로 만드는 결과를 가져온다. 무한자가 하나의 존재자가 된다면 초월은 가능하지 않다. 무한자는 존재에 속하지 않는다. 존재 질서를 너머, 존재와 다르다. 1974년 작품 『존재와 다르게 또는 존재 사건 저편에』는 레비나스의 이런 면을 극명하게 보여준다. 중요한 것은 '다르게 존재함être autrement'이 아니라 '존재와 다른autrement qu'être' 차원, 존재 사건 너머, 저편으로의 초월이다. '다르게 존재함'은 존재 질서 안에서의 존재 방식인 반면

'존재와 다르게'는 존재를 초월해 존재론과 역사에 대한 비판으로서 또한 무한한 책임에 대한 호소로서 의미를 가진다.

이제 제일철학으로서의 윤리학과 관련해 레비나스의 책임의 이념을 살펴보자. 『전체성과 무한』에서 레비나스가 수차 강조하는 대로 '전체성'과 '자기실현'이란 이념은 존재론적 사유의 초석이다. 반면 철학의 기초를 윤리학으로 볼 때 가장 중요한 이념은 '무한성'과 '책임'이란 이념이다. 레비나스는 1961년에 출판한 『전체성과 무한』에서는 무한자의 이념에 역점을 두고 타자 이념을 부각시키는 데 집중한다. 그러므로 외재성, 초월, 높음, 가르침, 무한자 등이 강조된다. 레비나스의 의도는 인격으로서 타자를 드러내고 그와 관련된 주체의 여러 모습을 향유, 환대 그리고 책임 개념을 통해서 드러내는 것이다. 그러나 1974년의 『존재와 다르게 또는 존재 사건 저편에』에서 레비나스는 자아와 인간 주체의 의미에 훨씬 더 집중하게 된다. 여기서는 타자에 의해 내가 접촉되고 자극되고 부름받는 상황이 묘사되므로 '가까움' '핍박' '겨냥됨' '선택' '사로잡힘' '대속' 등이 핵심 개념으로 등장한다. 이 모든 것을 담는 핵심 개념이 '책임'이다. 타인의 부름에 응답하고 짐을 짊어지며 자기를 비워 희생을 감수한다는 뜻이다.

책임을 얘기할 때 두 가지 측면이 있음에 우리는 주목해야 한다. 첫째, 책임은 내가 먼저 짊어지는 것이 아니라 타인의 작업의 결과라는 점이다. 책임은 나의 자유, 나의 주도권에 항상 앞선다. 책임을 통해 나는 타인에게 '수동적 대상'이 된다. 나는 주격으로 서는 것이 아니라 대격 또는 목적격(영어로 accusative)으로 타인에 대해 마주 선다. 대격으로서의 나는 내가 결정하고 행동하기 이전에, 벌써부터 죄책이 고발되고(영어로 하면 being accused) 짐을 짊어지도록 부름받은 자이다. 둘째, 책임으로 주어진 나의 수동성은 나에게 동시에 선택과 과제로 주어졌다는 면이 있다.

수동성을 통해 나의 자유와 창의성은 무엇과도 비교할 수 없는 절대적 의미를 얻게 된다. 수동성은 타인의 가까움이 나에게 다가오고 나를 덮치는 방식이며 이것에 맞서 대항할 수 있는 가능성이 나에게 없다는 사실을 말해준다. '가까움 proximité'은 타자가 나에게 이웃 le prochain이 되기 때문에, 이웃으로 나에게 호소해오기 때문에 붙인 말이다.

'사로잡힘' '근원 이전' '핍박' 등은 모두 이 가까움, 곧 타자의 이웃함이 그 외재성의 성격을 잃지 않으면서 철저하게 나의 자유와 지식을 문제삼고 나의 응답을 요구하는 측면을 드러내는 말들이다. 이것들은 어떤 신비로운 힘이나 성스러운 매혹에 따라 사로잡히거나 쫓기거나 하는 것이 아니라 윤리적 의미에서 나는 모든 사람을 위해서 책임을 지닌 존재로 세움받았다는 뜻을 담고 있다. 사로잡힘은 내 편에서 아무런 선택 없이 타인의 고통과 잘못으로 짐을 지는 것이다.³¹ 그러므로 나는 이것을 거부할 수 없다. 나는 수동적 존재로 타인을 대신하여, 타인을 속죄하기 위해 대신 고난받는 볼모의 모습을 하고 있다.³² 이렇게 대속적 주체가 됨을 통해 나는 익명적인 역사의 수레바퀴에서 벗어나 하나의 독립적이고 책임적인 주체로서 타인의 고난과 그가 겪는 불의에 책임을 지고 대신 짐을 짊어지는 존재로 돌아간다. 타인을 위한 대속이야말로 나를 한 인격으로, 책임을 갖는 존재로, 이성적이고 합리적인 존재로 만들어준다. 이제 레비나스의 세번째 기여로 신과 종교의 문제를 다루어보자.

3. 신과 종교의 문제

레비나스는 분명 유대교 배경을 지닌 철학자였다. 따라서 당연히 신 문제에 대해 집착할 것이라는 편견을 가질 수 있다. 하지만 말년에 펴낸 두 권의 저서를 제외하고는 그는 신 문제에 관해서 철학적으로 그렇게 많은 글을 쓰지 않았다.[33] 레비나스 철학을 상당히 일찍부터 수용한 가톨릭 철학자들은 레비나스가 타자에 대해 말하는 내용이나 방식을 보면 신적 타자와 인간적 타자가 그렇게 엄밀하게 구별되지 않는다고 생각하였다.[34] 그러나 레비나스는 종교적 담론과 철학적 방식을 의도적으로 분리한다. 철학은 철저히 그리스적이라는 것이 그의 일관된 신념이었다. 종교적 정서와 체험, 그 자신이 유대인으로서 겪은 20세기의 참혹한 경험을 그리스어로 번역하는 것이 그 자신의 과제라 생각한다. 이 점에서 레비나스는 예컨대 20세기 유대인 학자 가운데 게르숌 숄렘Gershom Scholem, 마르틴 부버, 아브라함 헤셸Abraham Heschel과 구별된다. 숄렘은 카발라 전통을 대변하는가 하면 부버와 헤셸은 하시드 전통을 대변한다. 그러나 레비나스는 카발라 전통이든 아니면 하시드 전통이든 간에 신비주의와는 거리를 둔다. 쇼샤니와 그의 제자이면서 소설가인 엘리 위젤Elie Wiesel(1986년 노벨 평화상 수상자)처럼 매우 지적이고 합리적인 전통에 속한다.

미트나게딤의 합리주의적, 지성적 전통에 서 있다고 해서 레비나스가 모든 경험을 그렇게 해석한다고 생각하면 오산이다. 레비나스도 '홀로코스트'라 부르는 '쇼아Shoah'를 경험한 유대인이다. 독일군의 무참한 살상에 직면했던 유대인은 다카우에서나 아우슈비츠, 부헨발트 등에서 "하나님 어디 계십니까?" "하나님, 언제까지 기다려야 합니까?"라는 물음을 던졌다. 아우슈비츠를 회상하는 자리에서 레비나스는 "하늘은 비어 있는 것으로 드러나지 않았던가?"라고 묻는다.[35] 위젤의 자전적 소설 『밤』은 어떤 다른 글보다 하나님의 부재에서 오는 유대인들의 좌절을 생생하게 그려준다. 소설의 주인공이 어느 날 작업장에서 돌아왔을 때 수용소 운동장에 교수대가 마련되었다. 세 사람이 교수대에 올랐다. 그중에 아이가 하나 있었다. 목줄이 세 사람 목에 걸리고 받치고 있던 의자가 치워졌다. 어른들은 곧 죽었다. 하지만 몸무게가 가벼운 그 아이는 30분이나 달랑달랑 목줄에 매달린 채 삶과 죽음 사이를 헤매고 있었다. 등 뒤에서 소리가 들려왔다. "하나님은 어디 있느냐, 하나님은 지금 어디 있는 거냐?" 주인공은 자신 속에서 이렇게 답하는 목소리를 듣는다. "하나님이 어디 있느냐고? 여기, 여기 교수대에 달려 있지······."36

레비나스도 위젤이 겪은 것과 마찬가지로 신앙의 시련을 거쳐 유대교 신앙을 회복한 사람이다. 오죽했으면 독일 포로 수용소에서 개보다 못한 생활을 할 때 작업에서 돌아오던 자신들을 보면서 반갑게 짖어주던 개를―유대인 포로들은 그 개를 '보비'라고 불렀다―"나치 독일의 마지막 칸트주의자"라고 불렀겠는가. 레비나스는 주위 독일 사람들이 자신들을 인간 이하로 볼 때 수단으로서가 아니라 목적으로, 인격으로, 사람으로 자신들을 알아봐 준 자는 그 개밖에 없었다고 말한다.37 레비나스는 전통적 유신론처럼 전지전능하고 사랑이 많으신 하나님이라고 그리 쉽게 말할 수 없었다. 그렇다고 하나님을 부정하지도, 신앙의 의미를 평가 절하하지도, 종교의 중요성을 무시하지 않는다. 오히려 그 반대라고 말하는 것이 옳을 것이다. 하지만 레비나스는 전통 철학과 두 가지 점에서 확연히 구별된다. 첫째, 참된 신앙을 위해서는 반드시 '무신론'을 거쳐야 한다는 점에서 유신론을 단순히 승인하고 받아들이는 태도와 구별된다. 무신론은 사람이 사람으로 자기 발로 서기 위해 필수적이며 이를 통해 신화와 주술로부터 해방될 수 있다고 레비나스는 믿는다. 둘째, 하나님에 대한 신앙은 타자와의 윤리적 관계를 통해 구체화될 수 있을 뿐 어떤 직접적인 관계도 맺을 수 없다고 주장하는 점에서 기독교나 유대교의 주류와도 구별된다. 하나님은 결코 나-너 관계 속에 들어오지 않으므로 제삼자를 통해서 경험할 뿐이며 이런 의미에서 하나님은 우리에게 2인칭적 존재가 아니라 3인칭적 존재라는 것, 다시 말해 하나님은 우리와 직접 대면할 수 있는 존재가 아니라(이런 의미에서 우리에게 부재하는 분이면서) 타자와의 관계 속에 계신 분이다.

먼저 무신론과 종교를 생각해보자. 레비나스는 『전체성과 무한』에서 "무신론이 가능한 한 존재를 자신의 발로 설 수 있게 한 것은 창조주에게는 틀림없이 하나의 큰 영광이다"라고 쓰고 있다.[38] 레비나스가 말하는 '무신론'은 주변 세계와 역사와 존재로부터 스스로 분리해 독립적이 되는 것을 말한다. 우리를 에워싼 어떤 신적인 것, 어떤 신성한 것, 어떤 외적 힘으로부터 분리해서 자신을 고유한 존재자로 세우는 행위를 일컬어 무신론이라 부른다. 레비나스가 말하는 무신론은 그러므로 신이 '없다'는 의미가 아니라 신으로부터 '독립해' 나온다는 뜻이다. 이런 의미의 무신론은 하나님의 존재를 긍정하거나 부정하거나 하기 이전의 태도요, 하나님의 존재를 긍정하거나 부정하거나 어느 것을 하기 위한 전제 조건이다. 만일 스스로 자기 발로 서지 못한다면 하나님의 존재를 긍정하거나 부정하거나 할 수 없다고 보기 때문이다. 그렇기 때문에 홀로 자기 자신으로 자신 안으로 회귀할 수 있는 영혼은 "본성적으로 무신론적"이다.[39] "자연 종교는 없다"는 말은 이를 배경으로 이해할 수 있다.[40] 진정한 초월은 앞에서 여러 차례 보았듯이 자기 자신으로 돌아올 수 있어야 한다. 자신으로 돌아와 '안'이 형성될 수 없다면 '밖'으로의 초월은 가능하지 않다. 그러므로 무신론적인 한 축의 성립, 곧 자아의 독립이 발생하지 않고서는 존재 저 너머의 무한자와의 관계는 없다. "무신론적 분리는 무한의 이념이 요구하는 것"이라고 레비나스가 말하는 것은 바로 이 때문이다.[41]

레비나스는 이 무신론적 태도가 종교적 관계의 조건이라 본다. 왜냐하면 이 태도는 신성한 것에 대한 참여, 주술적인 영향으로부터의 자유를 뜻하기 때문이다. 원시적, 주술적 또는 신화론적 신앙은 참된 신앙이나 종교와 거리가 멀다. 이 속에 유일신 사상의 배아가 담겨 있다는 생각을 레비나스는 거부한다. 유일신 신앙은 신화적 신들의 잔존이 아니라 오히려 철저하게 무신론적 절차를 거친 후 얻어진 것이다. 그러므로 신화적 신들에 대한 경건보다 오히려 무신론이 참된 유일신 신앙에는 훨씬 값진 것으로 이해된다. 레비나스는 종교적인 것의 핵심을 '성스러운 것das Heilige'에서 찾고 이 성스러움을 '매혹과 공포의 신비'로 본 하인리히 오토Heinrich Otto의 시도와 정반대 입장을 취한다. 신성한 것, 신화적인 것, 신비스러운 것은 일종의 폭력의 형태라고 레비나스는 이해한다. 정신을 고양시키고 자기를 무화시키는 가운데는 고유한 인격이나 개체성이나 자아가 들어설 자리가 없다. 유대교는 레비나스의 해석에 따르면 신성시를 거부하고 철저히 탈신화화, 탈신격화하는 데 그 특징이 있다.

레비나스의 이런 논의는 예컨대 「창세기」 1장의 창조 기사를 보면 조금 쉽게 이해할 수 있다. 창조 기사는 우주 기원의 과학적 기록이 아니라 당시 근동 아시아의 신화에 대한 탈신화적 의미가 있다. 예컨대 나흘째 창조한 것 가운데 해와 달이 있다. 그런데 「창세기」 1장은 이들을 '해'와 '달'이라 부르지 않고 그냥 '큰 빛' '작은 빛'이라고 부를 뿐이다. 해를 신격화시켜 태양신을 섬기던 바벨론 신화와 달을 신격화하여 월신을 섬기던 시리아 종교에 대한 비판이 여기에 담겨 있다. 해와 달은 피조물이며 그것도 사람과 자연에게 유익을 끼치기 위해 첫째 날이 아니라 넷째 날에 지음 받았다는 사실이 강조돼 있다. 자연과 세계에 대한 탈신화적이고 탈신성화의 경향을 「창세기」에서 찾아볼 수 있다. 이런 전통에 서서 유대교를 레비나스는 이해할 뿐만 아니라 예컨대 하이데거와 달리 근대 과학과 기술의 중요성을 훨씬 더 적극적이고 긍정적으로 평가한다. 왜냐하면 과학과 기술은 자연을 탈신격화하고 동시에 빈곤과 질병을 없애 사람의 생명을 보존하고 먹이는 데 큰 기여를 할 수 있다고 생각하기 때문이다.[42] 레비나스가 뜻한 무신론은 이런 배경에서 보면 곧 '탈신격화' '탈신성화' 또는 좀더 일반적인 용어로 '세속화'와 동일시될 수 있는 말이다.

레비나스 사상에서 매우 특징적인 점이 바로 여기에 있다. 신화와 열광주의 앞에서 신을 거부할 수 있는 존재만이, 다시 말해 무신론자가 될 수 있는 자만이 참된 하나님을 환영할 수 있다. 무신론, 다시 말해 세속화를 통해 신성한 것으로부터 독립해 스스로 설 수 있는 주체의 출현은 참된 종교, 다시 말해 타자와 관계가 가능한 조건이다. 따라서 무신론에는 한계와 가능성이 동시에 내재한다. 무신론은 만일 그 자체에 머문다면 타자와 관계없는 자신의 반항과 고독에 갇힐 수밖에 없다. 그러나 반대로 신성한 것에 대한 반항과 그로 인한 홀로 섬이 없이는 참된 신앙, 참된 종교가 가능하지 않다. 왜냐하면 레비나스에 따르면 '종교'는 "전체성을 이루지 않고서 동일자와 타자 사이에 확립된 관계"이기 때문이다.[43] 종교를 가리키는 라틴어가 '다시 이어준다 re-ligare'란 뜻을 담고 있듯이 종교는 나와 타자를 서로 이어주는 것이다. 무엇이 이어지기 위해서는 이어지는 것들이 제 발로 서야 한다. 더구나 신화에서 정화된 신앙인 유일신론은 이런 의미에서 무신론을 전제로 한다. 레비나스에 따르면 '계시'는 일종의 대화인데, 내 바깥에서 오는 계시를 받으려면 대화 상대자가 될 수 있는 독립된 자, 분리된 자가 있어야 한다. 그러므로 무신론, 다시 말해 신적인 것, 신성한 것으로부터의 독립은 "참된 하나님 그 자체와 참된 관계를 위한 조건"이 된다.[44]

앞에서 본 대로 종교의 핵심은 타자와의 관계에 있다. 참된 종교는 신적인 황홀이나 열광에서 벗어나, 나를 뛰어넘어, 나 바깥의 초월자와 관계 맺는 데 있다. 이때 타자는 요즘 용어로 말하자면 사회적 약자들이다. 『신약 성경』「야고보서」 1장에서 "참된 경건(종교)은 고아와 과부를 그 환난 중에 돌아봄에 있다"고 말하듯이 나의 바깥의, 나를 초월한 타자와의 만남은 고아와 과부, 나그네와 가난한 자에 대한 관심과 배려에 있다. 하나님은 우리 눈으로, 사물을 포착하고 대상화하는 눈으로는 볼 수 없다. 이런 의미에서 하나님은 볼 수 없는 분이요, 표상할 수 없는 분이다. 그러나 정의를 행할 때, 다시 말해 고아와 과부와 가난한 자와 나그네를 돌아볼 때, 그들의 생존과 권리를 옹호할 때 그때 나는 하나님을 볼 수 있다. 이런 의미에서의 하나님, 대상적으로 비가시적이고 비표상적인 하나님은 "정의 가운데 접근 가능한 하나님un Dieu accessible dans la justice"이다.[45] 윤리란 바로 이렇게 정의를 행하는 일이다. 그래서 레비나스는 윤리가 '하나님을 봄'의 결과가 아니라 하나님을 보는 일 자체라고 말한다. 윤리는 곧 봄 optique이고, 그러므로 내가 하나님에 대해 아는 것은 무엇이나, 하나님의 말씀을 듣고 말하는 것은 무엇이나 윤리적인 방식으로 표현되어야 한다. 그래서 "하나님은 자비로우시다"는 것을 안다는 것은 곧 "그분처럼 너도 자비로워라!"는 명령을 듣고 그렇게 행하는 것이다. 하나님의 속성은 직설법으로 주어진 것이 아니라 명령법으로 주어진다. 하나님에 대한 지식은 명령으로 다가온다. 따라서 하나님을 안다는 것은 우리가 무엇을 해야 할 것인가를 아는 것이다. 나는 이웃에게 정의(선)를 행하는 것으로 하나님께 가까이 다가간다. 정의(선)를 행하는 일은 기도와 예배와 마찬가지로 하나님과 가까움proximité을 얻는 일이다.[46] 타인에 대한 정의로운 선행이 하나님을 알고 하나님과 가까움을 누리는 일이라는 의미에서 레비나스는 윤리를 "영적인 봄l'optique spirituelle"이라고 말하기도 한다.[47]

그렇지만 앞에서도 언급했듯이 하나님을 마치 앞에 계신 분처럼 직접 2인칭으로 부를 수 없다는 것이 레비나스의 주장이다. 내가 2인칭으로 '너' 또는 '당신'이라 부를 수 있는 타자는 나와 이웃한, 나와 대면한 타자밖에 없다. 나는 이 타자를 통해서 하나님을 만난다. 그러나 타자도 내가 내 마음대로 조종할 수 있는 존재는 아니다. 타자는 나의 표상, 나의 기대, 나의 이념, 나의 욕구를 벗어난다. 레비나스가 말하는 타자의 얼굴은 따라서 내가 직접 바라보는 얼굴만을 뜻하지 않는다. 나와 너 두 사람의 은밀한 사귐을 누리는 사랑 관계를 말하는 것은 더욱 아니다. 얼굴로 나에게 현현하는 타자는 나의 권역으로 환원할 수 없는 나그네요 낯선 이로서, 나에게 현재, 이 공간에 부재하는 '제3의 타자들'을 향한 문을 열어주며 이를 통해 인류 보편적인 형제 관계가 형성된다.[48] 이로써 인류는 연대적 공동체가 된다. 레비나스는 이런 의미에서 타자의 얼굴은 전 인류의 차원을 열어준다고 말한다. 말을 바꾸어 표현하자면 타자의 부재성, 다시 말해 내가 나의 힘으로 나에게로 환원할 수 없는 타자의 타자성은 하나님과의 연대를 구체적으로 보여준다. 낯선 이로서의 타자가 나에게 환대를 호소해올 때 그를 영접하고 받아들임은 곧 하나님을 영접하고 받아들이는 일이라는 것이다.

그런데 왜 레비나스는 하나님을 말해야 하는가? 하나님은 우리의 이념이나 표상을 넘어선 분인데 그럼에도 하나님을 말해야 하는 이유가 무엇인가? 또다시 비인격적인 힘의 영역으로 빠지지 않기 위해서라고 답할 수 있다. 3장에서 보았듯이 주체는 한편으로는 '그저 있음il y a'의 익명적 존재 세계와 다른 한편으로는 나의 힘으로 장악할 수 없는, 나에게로 환원할 수 없는 타자의 영역에 맞서 있다. 얼굴을 대면할 수 있는 타인과의 만남으로 타자의 영역은 인격적 의미를 지니게 된다. 그런데 이 타자는 내가 장악할 수 없는 내 바깥의 존재이다. 그런데 만일 내가 그를 표상할 수 없더라도 인격적 존재가 없다면 나는 다시 익명성의 세계로 빠지고 만다. 따라서 익명성에 나와 타인의 존재가 함몰되지 않기 위해서도 신의 존재를 생각하지 않을 수 없다.

「타자의 흔적La trace de l'Autre」이란 논문에서 레비나스는 타자가 나에게 다가오는 저 먼 거리는 일종의 지평, 일종의 익명적 배경이 아닌가 하는 물음을 던진다.[49] 그러나 이 물음에 대해서 레비나스는 부정적으로 답한다. 왜냐하면 지평은 나의 존재 경험의 경계에 지나지 않기 때문이다. 만일 타자가 나의 지평에서 온다면 실제로 내 바깥에서 오는 자가 아닐 것이며 그의 얼굴의 현현은 나의 존재와 나의 자유를 문제삼지 못할 것이다. 만일 타자가 나의 존재 지평 너머, 나의 "존재 저편"에서 오는 자라면 이 '저편'은 어떻게 가능한가? 레비나스는 "얼굴이 오는 저편은 흔적으로 기표한다"[50]고 말한다. '저편' '저 너머'는 '지평'이나 '배경' '배후 세계'나 어떤 현묘한 힘의 장이 아니다. 그것은 '흔적la trace,' 곧 자취요, 남은 자국이다. 흔적은 지나간 무엇을 기표할 뿐 어떤 모습도 보여주지 않는다. 흔적을 남긴 자는 기존 질서를 뒤흔들면서 지나갔을 뿐 더 이상 지금 여기에 현존하지 않는다. 그의 흔적은 부재의 표시이다. 타자의 얼굴은 이런 의미에서 하나의 흔적이다. 지나간 분, 지금 여기에는 없는 분의 흔적을 타자의 얼굴은 담고 있다. 타자의 얼굴의 현현은 지나간 이의 흔적, 하나님의 지나감의 흔적, 또는 하나님의 창조의 흔적을 계시한다. 이 흔적은 창조주를 지금 여기에 현존하는 분으로 만드는 것이 아니라 그의 부재를 단지 표현해줄 뿐이다. 이와 관련해서 레비나스는 "복원 불가능한 부재" 또는 "기억할 수 없는 과거" 등의 표현을 쓴다.[51] 왜냐하면 하나님의 흔적으로서의 고통받는 자의 얼굴은 하나님을 현존자로서 내 앞에 세우지 않고 오히려 부재자로서, 말하자면 '없이 계신 분'으로 세우자마자 그분의 모습을 지워 없애버리기 때문이다.

'흔적'이란 비유를 통해 레비나스는 창조 곧 인간의 절대적 기원을 말하고자 한다. 좀더 쉽게 말해보자. 우리가 존재하게 된 것은 우리 자신의 작업 때문이 아니다. 나는 내가 아닌 하나님의 창조의 결과이다. 나는 나로부터 유래한 것이 아니라 하나님으로부터 유래했다는 점에서 하나님에 대해 의존적이다. 그러나 하나님은 나를 자유롭고 독립적인 존재가 되도록 만들었다. 나는 의존적이면서 독립적인 존재라는 역설에 하나님의 창조의 독특성이 있다. 그래서 레비나스는 이렇게 말한다.

> 창조는 피조물에게 하나의 의존성의 흔적을 남겨주었다. 그러나 이 의존성은 어떤 비슷한 유(類)가 없는 의존성이다. 의존적인 존재자는 이 예외적인 의존성으로부터, 이 관계로부터 자신의 고유한 독립성, 체계 바깥에서의 자신의 위치를 부여한다.[52]

이 문맥에서 레비나스는 '무로부터의 창조'는 한 개인을 전체의 부분이게 하는 체계 자체로부터 자유롭게 한다고 본다. 피조물의 특징적인 면은 유한성에 있는 것이 아니라 무한자로부터 자신을 분리해 자기 자신이 되도록 자신의 존재를 부여받은 사실에 있다는 것이다. 이런 의미에서 누구나, 어떤 개인이나 창조주 하나님의 흔적이다. 하나님께 의존하면서도 독립성을 누릴 수 있는 고귀한 개체들이다. 바로 이 때문에 근원적 의존성에도 불구하고 실제적 독립성을 누릴 수 있기 때문에 각자, 그리고 나와 이웃하거나 멀리 있는 타인이 '하나님의 흔적'이란 사실을 잊어버린다.

이 잊어버림은 각자가 독립적 존재로 지음받았다는 사실에 기초한다. 각자 하나님의 흔적이며, 하나님께 의존해 있으며, 그로 인해 나의 존재 의미를 찾을 수 있는 것은 나와 마주한 타자를, 그리고 그 너머 제삼자로서의 타자를 하나님에게 뿌리를 둔 하나님의 흔적으로 다시 인식할 때 가능하다. 나와 타인과 인류 전체가 이렇게 절대적 기원을 가진 존재임을 인식할 때 비로소 누구나 하나님의 흔적임을 인식한다. 그러나 흔적을 만든 그분은 여기에 부재한 자로, 나와 너 사이에 존재하지 않는 '제3의 격la troisième personne'이다.

> 흔적으로, 돌릴 수 없는 과거를 취한 모습, 그것은 '그II'의 모습이다. 얼굴이 오는 '저편'은 제3의 인칭(인격)이다.[53]

레비나스는 우리가 표상할 수 없고 우리의 권한 안으로 포섭할 수 없는 하나님의 이러한 성격을 3인칭 '그II'를 써서 '그임 illéité'이라 부른다. 라틴어 표현(ille)을 따르면 '저기 있는 저분' 그리고 '저분임'이라 번역해도 무방하다. 하나님을 3인칭을 써 이렇게 '그라고 부르고 '그임' 또는 '그분임'이라 부르는 까닭은 하나님은 결코 우리가 볼 수 없고 표상할 수 없고 따라서 우리가 지배할 수 없다는 사실을 말하고자 한 것이다.[54] 우리는 타인의 얼굴을 떠나 어떠한 형상이나 모습으로도 하나님을 표상할 수 없다. 우리가 하나님에 대해서 말할 수 있는 것은 그저 통상의 "잣대를 벗어나신 분" "무엇으로도 잴 수 없는 분"이라고 부를 수 있을 뿐이다.[55]

이런 의미에서 하나님은 우리에게 '현상'이 아니라 불가해한 분énigme이다.[56] 현상은 스스로 드러내며 자신을 보여준다. 그러므로 우리는 그것을 이해하고 파악할 수 있다. 하지만 불가해한 것, 흔히 우리가 수수께끼라고 말하는 것은 자신을 보여주지 않으면서 나타난다. 그가 누구인지, 그것이 무엇인지 알려주지 않기 때문에 우리는 그것 또는 그를 알 수 없다. 그러나 그것이 무엇인지 또는 그가 누구인지 아는 순간 하나의 현상이 된다. 우리 인간이 하나님께 근원을 두었다는 사실은 이렇게 보면 현상이 아니라 불가해한 수수께끼라는 점을 레비나스는 주장한다. 신학이 흔히 범하는 죄는 불가해한 수수께끼인 하나님의 창조를 마치 현상인 것처럼 원인과 결과의 도식을 적용해 말하는 데 있다. 이 점에서 레비나스는 전통 서양 형이상학은 존재자들을 결과로, 하나님을 원인으로 설명하는 방식에 갇힌 '존재신학'이었다는 하이데거의 비판에 사실상 전적으로 동의한다. 하나님은 원인과 결과 도식에 사용될 수 없는 분이다. 그분은 불가해하고 헤아릴 수 없는 분이다. 이런 의미에서 하나님은 주제Thema로 등장할 수 없다. 어떤 형상이나 모양으로 하나님을 표상할 수 없을 뿐 아니라 어떤 이론을 통해서도 고착시킬 수 없다. 하나님을 타인의 얼굴에 자신의 '흔적'만을 남기고 우리 앞을 '지나간 분'으로 보는 것은 「출애굽기」 33장 모세의 얘기를 상기시킨다. 모세는 하나님의 얼굴을 보기 원했지만 하나님은 지나가는 모습만 보여준다.[57]

　레비나스는 그러나 '계시'를 부인하지 않는다. 그의 전 저작에 걸쳐 '계시'라는 말이 자주 등장한다. 그렇지만 하나님의 계시는 눈앞의 사물을 그려내는 언어와 혼동할 수 없다는 것이 그의 일관된 생각이다. 계시는 그것을 통해 우리가 무한자와 관계하지만 그 자체로는 언제나 불가해한 수수께끼다. 방금 내가 하나님을 본 듯하지만 그러나 조금 지난 뒤 내가 본 것에 대해 의심할 수 있다. 하나님은 타지 않는 가시떨기 가운데서, 번개와 천둥 가운데서, 아니면 엘리야에게 나타나듯 세미한 음성으로 자신을 드러내 보일 수 있다. 하지만 이 모든 것에 대해 "과연 그런가?" 하고 의심할 수 있다. 하나님의 계시를 담고 있는 『성경』조차도 혹시 시인들과 몽상가들의 작품이 아닐까 생각할 수 있다. 존재 질서 속에 속할 수 없는 존재가 이 속에 개입했다가 불현듯 사라질 때 마치 아무 일도 없었던 것처럼, 마치 오직 우리가 경험하는 이 세계만 존재하는 것처럼 생각할 수 있다. 존재 속에 끼어든 존재, 끼어든 사건과 우리가 접촉하려 할 때 그땐 이미 여기에 없다. 그러므로 우리는 신적 현현에 대해서 우리가 본 것에 대해서, 들은 것에 대해서, 읽은 것에 대해서 의심할 수 있다. 회의론은 이런 의미에서 가치가 있다. 어떤 한 고정된 의미에 고착시킬 수 없는 하나님을 고착시키려 할 때 회의론은 고착을 깨고 초월을 초월되게 하는 기능이 있다.[58] 그렇다면 어떤 방식으로도 신에 대해서 말할 수 없는가?

앞에서 우리는 하나님은 '잣대를 벗어난 분' '무엇으로도 잴 수 없는 분'이라고 서술하였다. 그렇다면 "하나님에 대해 말하기"로서의 '신학'은 오직 '부정(否定)신학'으로서만 가능하다고 보아야 하는가? 이 물음에 대해 레비나스는 긍정한다. 하나님을 대상적으로 표상할 수 있는 가능성이 우리에게 없다면 우리는 하나님에 대해서 우리의 경험과 대립되는 술어를 사용할 수밖에 없다. 하지만 레비나스는 부정신학에 머물지는 않는다. 비록 우리가 하나님에 대해서 다른 존재자에 대해 쓸 수 있는 언어, 하이데거의 표현을 빌리자면 '존재적' 언어를 쓸 수 없다 하더라도, 그리고 심지어 존재자들이 존재자로서 현상할 수 있는 지평이 되어주는 '존재'에 관한 '존재론적' 언어조차 쓸 수 없다 하더라도 여전히 우리가 하나님에 대해 말할 수 있는 방식은 존재한다. 타자와의 만남을 통해, 타자와의 만남을 그리는 것으로 우리는 신학적 논의를 할 수 있다. 그러나 크리스천은 곧장 이렇게 물을 것이다. 예수를 통해서 우리 가운데 하나님께서 거주하심을 보았지 않은

가? 지금도 성령 안에서 우리는 하나님이 우리 가운데, 우리가 하나님 안에 거주함을 경험하지 않는가? 만일 예수 그리스도를 통해 하나님이 우리 가운데 오신 '화육(化肉)' 또는 '성육신(成肉身)'을 수용한다면 예수 그리스도를 통해 우리는 하나님에 관해 말할 수 있지 않은가? 레비나스는 이것을 부정하지 않는다. 부정하기는커녕 오히려 자신이 철학에 가져온 새로운 관점, 즉 신의 초월을 다시 새롭게 생각할 수 있는 가능성을 자기를 비우고 낮아진 신-인간Dieu-Homme의 모습에서 찾아볼 수 있을 뿐만 아니라 죽기까지 수난을 받으신 예수 그리스도를 통해 대속적 주체의 모습을 찾아볼 수 있다고 본다. 이 문제에 대해서는 여기서 더 이상 논의하지 않겠다. 좀더 자세하고 치밀한 논의는 1968년 레비나스가 가톨릭 지식인들에게 한 "인간-신?"이라는 강연과 그와 관련된 몇 편의 글들을 바탕으로 이루어져야 할 것이다.[59]

레비나스에게는 자기 자신의 존재에 확실성의 근거를 두면서 결국 무신론에 귀결되는 철학과 제3인칭 존재의 '흔적'과 '수수께끼'를 바라보고 윤리와 종교에 관심을 가진 철학 사이에는 커다란 간격이 있다. 그러므로 전체성의 철학 곧 모든 것을 포섭하는 유한한 존재 지평 안에서 움직이는 철학과 타자의 절대적 기원〔초월〕을 인정하는 철학을 레비나스는 구별한다. 「수수께끼와 현상」이란 글에는 두 철학의 차이가 이렇게 표현되어 있다.

> 현상, 완전한 빛 가운데 나타남, 존재와의 관계는 내재성을 전체성으로, 철학을 무신론으로 보장한다. 수수께끼, 현상을 교란하나 멀어져 가는 발자국 소리에 귀 기울이지 않는다면 불청객으로 물러설 준비가 늘 되어 있는 의미의 개입은 초월 자체요, 타자로서의 타자의 가까움이다.[60]

레비나스 철학은 탈레스에서 헤겔까지의 그리스 철학 전통과는 근본 정신에서 확연히 구별되는 철학의 가능성을 무한자와 책임의 이념으로 시도한 철학이다. 무신론과 유물론에 귀결될 수밖에 없는 철학과 구별해서 이웃의 인격을 존중하고 윤리를 가능케 하며 비록 내가 표상하고 지배할 수 없지만 존중하고 그리워하며 이웃과의 나눔과 평화의 삶을 통해 경험할 수 있는 하나님에 자리 아닌 자리를 부여하는 철학이다. 어떤 철학보다 철저히 비판적인 '비판철학'이요 무한자의 이념, 타인의 얼굴과의 만남을 통해 나의 삶의 의미를 얻게 해주는 '의미의 철학'이며 지극히 일상적이고 물질적인 삶의 차원의 의미를 회복시킨 일상적 '삶의 철학'이다.

이런 배경에서 우리는 "철학의 본질이 만일 모든 확실성에서 원리〔근원〕에까지 소급하는 데 있다면, 철학이 만일 비판으로 먹고산다고 한다면 타인의 얼굴은 철학의 시작이 될 것이다"라는 레비나스의 말을 이해할 수 있다.[61] 타자를 현상이나 개념, 또는 이념으로 환원하기보다는 오히려 철학함의 출발점으로 삼는다면 철학은 인간 이성의 자족성과 모든 선입견을 일단 괄호 속에 넣을 수 있을 것이며 이를 통해 참된 비판철학의 모습을 가질 수 있을 것이다. 철학은 레비나스에 따르면 아테네가 아니라 예루살렘에서 시작하였다. '지혜 사랑'은 '사랑의 지혜'가 될 때 비로소 철학으로서의 온전한 기능을 수행한다.[62] 그래서 레비나스는 말한다. "철학은 사랑에 봉사하는 사랑의 지혜"이다.[63] 지혜 사랑의 존립을 가능하게 하고 의미를 부여하는 것은 사랑의 지혜, 곧 존재사건 저편의 차원, 단순한 대차대조표 작성 이상을 넘어 그저 줌의 차원, 은혜의 차원, 사랑의 차원을 보일 수 있을 때이다.

7장 주

1 『전체성과 무한』, p. 13.
2 같은 책, pp. 13~14.
3 E. Levinas, *La théorie de l'intuition dans la phénoménologie de Husserl* (Paris: V. Vrin, 1930, 1970), p. 70. 이 책은 원래 레비나스의 박사 학위 논문이다. 앞으로는 『후설 현상학에서의 직관 이론』으로 인용한다. 『후설과 하이데거와 더불어 존재를 발견하면서』, p. 60 참조.
4 『후설 현상학에서의 직관 이론』, p. 59.
5 같은 책, pp. 184~85 참조.
6 『후설과 하이데거와 더불어 존재를 발견하면서』, pp. 57, 60, 65 이하 참조.
7 하이데거의 존재 개념에 대한 자세한 논의와 출처, 그리고 레비나스에 대한 비판적 논의는 S. IJsseling, *Heidegger: Denken en Danken, Geven en Zijn* (Antwerpen: De Nederlandsche Boekhandel, 1964), p. 79 이하 참조.
8 『전체성과 무한』, pp. 15~16.
9 같은 책, p. 17. 그리고 pp. 274~75 참조. 레비나스의 하이데거 비판에 관한 비판적인 논의로는 K. Huizing, *Das Sein und der Andere—Levinas' Auseinandersetzung mit Heidegger* (Frankfurt a. M: Athenäum, 1988) 참조.
10 『시간과 타자』, p. 29 참조.
11 『전체성과 무한』, pp. 3~23; S. Strasser, *Jenseits von Sein und Zeit: Eine Einführung in Emmmanuel Levinas' Philosophie*, p. 15 이하; T. de Boer, *Tussen Filosofie en Profetie. De Wijsbegeerte van Emmanuel Levinas* (Baarn: Amboboeken, 1976), pp. 14~15 참조.
12 『전체성과 무한』, p. x. 『존재와 다르게 또는 존재 사건 저편에』, p. 167 이하.
13 『타인의 인간주의』, p. 85.
14 E. Levinas, "The Contemporary Criticism of the Idea of Value and the Prospects of the Humanism," in E. A. Maziarz (ed.), *Value and Values in Evolution* (New York: Gordon and Beach, 1979), pp. 179~88 참조.
15 『타인의 인간주의』, p. 68 참조.
16 같은 책, p. 88 참조.
17 특히 20세기 유럽 철학에서 인간주의와 반인간주의의 경향에 대해서는 강영안, 「20세기 유럽 철학: 휴머니즘과 반휴머니즘 사이」, 『철학과 현실』, 1999년 봄호(통권 40호), pp. 45~59.
18 『전체성과 무한』, p. 16.

19 『존재와 다르게 또는 존재 사건 저편에』, p. 168.
20 『후설과 하이데거와 더불어 존재를 발견하면서』, p. 188.
21 『전체성과 무한』, p. 13.
22 '회의론'의 기능에 대해서 『존재와 다르게 또는 존재 사건 저편에』, p. 210 이하 참조.
23 하이데거 철학에서 표상적 사유 비판과 회상적, 시적 사유로의 전환, 그리고 이와 관련해서 레비나스 철학의 의의는 강영안, 『주체는 죽었는가』 8장을 참조하라.
24 『전체성과 무한』, p. 76.
25 F. Poirié, *Emmanuel Levinas, Qui êtes-vous?*(Lyon: La Manufacture, 1987), p. 110 이하.
26 E. Levinas, *Quatre Lectures Talmudiques*(Paris: Les Édtion de Minuit, 1968), p. 82 참조.
27 L. Bouckaert, *Emmanuel Levinas*(Nijmegen: Gottmet, Brugge: Orion, 1976), p. 86.
28 이념의 문제와 상징과 유비의 관계에 대해서는 Y. A. Kang, *Schema and Symbol* (Amsterdam: Free University Press, 1985), pp. 144~57 참조.
29 『전체성과 무한』, p. 19 이하 참조. 1957년에 레비나스가 발표한 논문 "Philosophie et l'idee de l'Infini"를 보라. 이 논문은 『후설과 하이데거와 더불어 존재를 발견하면서』, pp. 165~78에 실려 있다.
30 『전체성과 무한』, pp. xv, 33, 171~72 참조.
31 『존재와 다르게 또는 존재 사건 저편에』, p. 143, 그리고 그외 참조.
32 같은 책, p. 142: "sous l'accusation de tous, la responsabilité pour tous va jusqu'à la substitution. Le sujet est otage."
33 레비나스는 『이념에 찾아오시는 하나님에 관하여*De Dieu qui vient à l'idée*』를 1986년에, 그리고 『신, 죽음 그리고 시간*Dieu, la Mort et le Temps*』을 1993년에 펴냈다.
34 대표적인 사람이 Kwant와 Plat이다. R. C. Kwant, "De verhouding van mens tot mens bij E. Levinas," in *Streven*(1966년 봄호), pp. 609~21. Plat, "De mens en de oneindige Andere bij Levinas," in *Tijdschrift voor Filosofie* 26집(1964년), p. 496 이하.
35 E. Levinas, "Le 614ᵉ commandement," in *L'Arche*(1981년 6월), pp. 55~57 참조.
36 E. Wiesel, *Night*(Penguin Books, 1981), pp. 75~77.
37 『어려운 자유』, p. 216 참조.
38 『전체성과 무한』, p. 30.
39 같은 책, p. 29.
40 같은 책, p. 33.
41 같은 책, p. 30.
42 과학 기술의 빛과 그늘에 대한 레비나스의 평가는 『어려운 자유』에 실린 「하이데거와 가가린과 우리」(pp. 323~27)라는 글과 E. Castelli 주도 아래 1976년 로마에서 열렸던 모임에서 레비나스가 발표한 「세속화와 배고픔 Sécularisation et faim」이란 논문을 보라. 좀더 쉽게 기술에 대한 레비나스의 입장을 이해하자면 A. Peperzak,

"Levinas on technology and nature," in *Man and World* 25(1992), pp. 469~83을 읽으면 될 것이다. 이 논문은 같은 저자의 *Beyond. The Philosophy of Emmannuel Levinas*, pp. 131~44에 다시 실려 있다. 「창세기」의 '탈신격화' 또는 '세속화' 경향에 대해서는 네덜란드 철학자 반퍼슨도 꼭 같이 강조한다. C. A. van Peursen, *De naam die geschiedenis maakt*(Kampen: Kok, 1991), p. 19 이하.

43 『전체성과 무한』, p. 10.
44 같은 책, p. 50.
45 같은 책, p. 51.
46 『어려운 자유』, pp. 33~34.
47 『전체성과 무한』, p. 51.
48 제삼자로서의 타자에 대한 논의는 1954년 레비나스가 발표한 "Le moi et la totalité"에서 이미 상당히 구체적인 모습으로 등장한다. 레비나스의 이 논문이 실린 *Entre nous*, pp. 25~52 가운데 특히 2절 pp. 30~38 참조.
49 이 논문은 1963년 루뱅에서 나오는 『철학 연구*Tijdschrift voor Filosofie*』 가을호에 실렸다. 나중에 『후설과 하이데거와 더불어 존재를 발견하면서』 2판에 실렸다. 이 책에서 인용한다. '타자의 흔적'을 서동욱 교수는 '타자라는 흔적'이라고 번역하기를 제안한다. 타자가 남긴 흔적, 또는 타자가 소유한 흔적이 아니라 타자가 곧 표상할 수 없는 신의 흔적이기 때문에 이렇게 번역하는 것이 오해를 줄일 수 있다.
50 『후설과 하이데거와 더불어 존재를 발견하면서』, p. 198: "L'au delà dont vient le visage signifie comme trace."
51 같은 책, pp. 198, 200.
52 『전체성과 무한』, p. 78.
53 『후설과 하이데거와 더불어 존재를 발견하면서』, p. 199.
54 '그임'에 관한 자세한 논의는 Bernhard Casper, "Illéité. Zu einem Schlussel 'Begriff' im Werk von Emmanuel Levinas," in *Philosophisches Jahrbuch*, 91(1984), pp. 273~88 참조.
55 『후설과 하이데거와 더불어 존재를 발견하면서』, p. 199.
56 좀더 자세한 논의는 1965년 레비나스가 발표한 "Énigme et phénomène" 참조. 이 글은 『후설과 하이데거와 더불어 존재를 발견하면서』, pp. 203~16에 실렸다.
57 '형상 금지'와 관련된 자세한 논의는 R. Welten, *Fenomenologie en Beeldverbod bij Emmanuel Levinas en Jean-Luc Marion*(Budel:Damon, 2001) 참조. 특히 pp. 86~94를 보라.
58 『후설과 레비나스와 더불어 존재를 발견하면서』, p. 209 참조.
59 여기서 말한 레비나스의 강연은 "Un Homme Dieu?"란 제목으로 레비나스의 『우리 사이』, pp. 69~76에 실려 있다.
60 『후설과 레비나스와 더불어 존재를 발견하면서』, p. 213.
61 같은 책, p. 178.
62 『우리 사이』, p. 122 참조.
63 『존재와 다르게 또는 존재 사건 저편에』, p. 207: "la philosophie: sagesse de l'amour au service de l'amour."

본문에 인용된 문헌

1. 국내 문헌

강영안, 「고통의 현상학—박완서의 『한 말씀만 하소서』」, 『삶과 기호』(한국기호학회 엮음(문학과지성사, 1997), pp. 76~97.
———, 『도덕은 무엇으로부터 오는가: 칸트의 도덕철학』(문예출판사, 2000).
———, 「문화 개념의 철학적 배경」, 『문화철학』(한국철학회 엮음, 서울: 철학과현실사, 1995), pp. 92~116.
———, 『인간의 얼굴을 가진 지식』(소나무, 2002).
———, 『자연과 자유 사이』(문예출판사, 1998).
———, 『주체는 죽었는가?—현대 철학의 포스트모던 경향』(문예출판사, 1996).
———, 「칸트의 초월철학과 형이상학」, 『칸트와 형이상학』(한국칸트학회 편, 민음사, 1995), pp. 35~61.
김상환, 『니체, 프로이트, 맑스 이후』(창작과비평사, 2002).
김진석, 『니체에서 세르까지』(솔, 1994).
박완서, 『한 말씀만 하소서』(솔, 1994).
백승영, 『니체, 디오니소스적 긍정의 철학』(책세상, 2005).
서동욱, 『차이와 타자』(문학과지성사, 2000).
손봉호, 『고통받는 인간』(서울대학교 출판부, 1995).
———, 「레비나스의 철학—'다른 이'의 얼굴」, 『文學과 知性』 15호(1974년 봄호), pp. 61~72.
———, 『現代精神과 基督敎의 知性』(성광문화사, 1978), pp. 152~67.
정동호, 『니이체 연구』(탐구당, 1983).

하재원, 「하이데거 사유에서 죽음의 존재론적 구조」, 『해석학연구』 제11호, 2003, pp. 160~83.

2. 레비나스 문헌

Altérité et transcendance (Paris: Fata Morgana, 1995).

L'au-delà du verset (Paris: Minuit, 1982).

Autrement que savoir (Paris: Osiris, 1988).

De Dieu qui vient a l'idée (Paris: J. Vrin, 1982).

De l'existence à l'existant (1947) (Paris: J. Vrin, 1990): 『존재에서 존재자로』, 서동욱 옮김(민음사, 2003).

De l'evasion (1935), Introduit et annoté par Jacques Rolland (Montpellier: Fata Morgana, 1982).

Dieu, la mort et le temps (Paris: Grasset, 1993).

Difficile liberté (Paris: Albin Michel, 1963, 1976).

En découvrant l'existence avec Husserl et Heidegger (Paris: J. Vrin, 1967, 1982).

Éntre nous. Essais sur le penser-à-l'autre (Paris: Grasset, 1991).

"Éthique comme philosophie première," in G. Hottois(ed.), *Justifications de l'éthique* (Bruxelles: Editions de l'Université de Bruxelles, 1984), pp. 41~51.

Éthique et infini. Dialogues avec Philippe Nemo (Paris: Fayard/Culture France, 1982): 『윤리와 무한』, 양명수 옮김(다산글방, 2000).

Het menselijk gelaat. Essays van Emmanuel Levinas. Gekozen en ingeleid door Ad Peperzak (Bilthoven: Ambo, 1969, 1975).

Humanisme de l'autre homme (Montpellier: Fata Morgana, 1972).

Hors sujet (Montpellier: Fata Morgana, 1987).

"Ideology and Idealism," in M. Fox(ed.), *Modern Jewish Ethics. Theory and Practice* (Ohio: Ohio University Press, 1975), pp. 122~36.

"La souffrance inutile," in *Entre nous* (Paris: Bernard Grasset, 1991), pp.

107~19.

"Le moi et la totalité," in *Entre nous. Essais sur le penser-à-l'autre* (Paris: Bernard Grasset, 1991), pp. 25~52.

Le temps et l'autre (Montpellier: Fata Morgana, 1979): 『시간과 타자』, 강영안 옮김(서울: 문예출판사, 1996).

"Le 614ᵉ commandement," in *L'Arche*, 1981 juni, no. 291, pp. 55~57.

Les imprevues de l'histoire (Montpellier: Fata Morgana, 1994).

Liberté et commandament (Montpellier: Fata Morgana, 1994).

Noms propres (Monpellier: Fata Morgana, 1976).

"Paix et proximité," in *Les cahiers de la nuit surveillée no. 3* (Lagrasse, 1984), pp. 339~46.

"Philosophie et l'idee de l'Infini," in *En decouvrant l'existence avec Husserl et Heidegger* (Paris: J. Vrin, 1967), pp. 165~78.

Sur Maurice Blanchot (Montpellier: Fata Morgana, 1975): 『모리스 블랑쇼에 관하여』, 박규현 옮김(동문선, 2003).

Theorië de l'intuition dans la phénoménologie de Husserl (Paris: V. Vrin, 1930, 1970).

Totalité et Infini. Essai sur l'extériorité (La Haye: Martinus Nijhoff, 1961).

"The Contemporary Criticism of the Idea of Value and the Prospects of the Humanism," in E. A. Maziarz (ed.), *Value and Values in Evolution* (New York: Gordon and Beach, 1979), pp. 179~88.

"Transcendance et hauteur," in Catherine Chalier & Miguel Abensour (eds.), *Levinas* (Paris: Herne, 1991), pp. 92~112

"Un Dieu Homme?," in: *Entre nous. Essais sur le penser-à-l'autre* (Paris: Grasset, 1991), pp. 69~76.

Quatre lectures talmudiques (Paris: Minuit, 1968)

"Quelques reflexions sur la philosophie de l'Hitlérisme," in *Les imprevues de l'histoire* (Montpellier: Fata Morgana, 1994), pp. 25~41.

3. 그외 문헌

Baker, John Austin, *The Foolishness of God* (Darton: Longman & Todd, 1970).

Brüggemann-Kruijff, Atie Th., "De vrouw hart en hoofd van het huis. Levinas' visie op de vrouw als huis," in *Tijdschrift voor Filosofie*, 51(1989), pp. 444~85.

Boehm, R., "Spinoza und die Metaphysik der Subjektivität," in *Zeitschrift für philosophische Forschung*, 22(1968), pp. 173~76.

Bouckaert, Luk, *Emmanuel Levinas* (Nijmegen, Gottmet, Brugge: Orion, 1976).

Burgraeve, Roger, "Het 'il y a' in het heteronemie-denken van Emmanuel Levinas," in *Bijdragen, Tijdschrift voor filosofie en theologie* 44(1983), pp. 266~300.

──, *From Self-Development to Solidarity* (Leuven: Peeters, 1985).

──, & L. Anckaert(eds.), *De vele gezichten van het kwaad* (Leuven/Amersfort: Acco, 1996).

──, *Levinas over vrede en mensrechten* (Leuven: Acco, 1990).

──, *Mens en medemens, verantwoordelijkheid en God. De metafysische ethiek van Emmanuel Levinas* (Leuven : Acco, 1986).

Casper, Bernhard, "Illèitè. Zu einem Schlussel 'Begriff' im Werk von Emmanuel Levinas," in *Philosophisches Jahrbuch*, 91(1984), pp. 273~88.

Critchley, Simon & Bernasconi, Robert, *The Cambridge Companion to Levinas* (Cambridge: Cambridge University Press, 2002).

De Boer, Theo, "Ontologische Differenz(Heidegger) und ontologische Trennung(Levinas)," in Heinz Kimmerle(ed.), *Das Andere und das Denken der Verschiedenheit* (Amsterdam: Gruenner, 1987), pp. 183~84.

──, *Tussen Filosofie en Profetie. De Wijsbegeerte van Emmanuel Levinas* (Baarn: Amboboeken, 1976).

Deleuze, Gilles, *Nietzsche et la philosophie* (Paris: PUF, 1962).

Dondeyne, Albert, "Inleiding tot het denken van E. Levinas," in *Tijdschrift voor Filosofie*, 25(1963), pp. 555~84.

Dudiac, Jeffrey, *The Intrigue of Ethics* (New York: Fordam University Press, 2001).

Ferry, Luc & Renaut, Alain, *La pensée 68. Essai sur l'anti-humanisme contemporain* (Paris: Gallimard, 1985).

Frank, Manfred(ed.), *Die Frage nach dem Subjekt* (Frankfurt a. M.: Suhrkamp, 1988).

Ha, Peter, *The Concept of the Self in Heidegger's Fundamental Ontology. An Investigation on the Concept of the Solipsistic Self of Dasein in Being and Time* (Ph. D. Dissertation at the Katholieke Univesersiteit Leuven, 1999), pp. 151~99.

Habermas, Jürgen, *Der philosophische Diskurs der Moderne* (Frankfurt a. M.: Suhrkamp, 1985).

Heidegger, Martin, *Die Frage nach dem Ding. Zu Kants Lehre von den transzendentalen Grundsätzen* (Tübingen: Max Niemeyer, 19752).

―――, *Holzwege* (Frankfurt a. M.: Klostermann, 19725).

―――, *Wegmarken* (Frankfurt a. M.: Vittorio Klostermann, 1967).

―――, *Nietzsche: Der europäische Nihilismus*, GA Bd. 48 (Frankfurt a. M.: Klostermann, 1986).

―――, *Sein und Zeit* (1927) (Tübingen: Niemeyer, 1979).

―――, *Vorträge und Aufsätze* (Neske: 19784).

Huizing, Klaas, *Das Sein und der Andere—Levinas' Auseinandersetzung mit Heidegger* (Frankfurt a. M.: Athenäum, 1988).

IJsseling, Samuel, *Heidegger: denken en danken, geven en zijn* (Antwerpen: De Nederlandsche Boekhandel, 1964).

Jin-Woo, Lee, *Politische Philosophie des Nihilismus. Nieztsches Neubestimmung des Verhältnisses von Politik und Metaphysik* (Augsburg-Dissertaation, 1988).

Kal, Victor, *Levinas en Rosenzweig* (Zoetermeer: Meinema, 1999).

Kang, Young Ahn, *Schema and Symbol. A Study on Kant's Doctrine of Schematism* (Amsterdam: Free University Press, 1985)

―――, "Levinas on Suffering and Solidarity," *Tijdschrift voor Filosofie*, 59(1997), pp. 482~504.

Kant, Immanuel, *Anthropologie in pragmatischen Hinsicht*, in *Kants Gesammelten Schriften (KGS)*, VII.

―――, *Die Religion innerhalb der Grenzen der blossen Vernunft*, in *KGS*, VI.

―――, *Idee zu einer allgemeinen Geschichte in bürglichen Absicht*, in *KGS*, VIII.

―――, *Kritik der praktischen Vernunft*, in *KGS*, V.

―――, *Ueber das Misslingen aller philosophischen Versuch in der Theodicee* (1791), in *KGS*, VIII

Kierkegaard, Søren, *Philosophical Fragments/Johannes Climacus*, Edited and Translated with Introduction and Notes by Howard V. Hong & Edna J. Hong (Princeton, New Jersey: Princeton University Press, 1985), Kimmerle, Heinz(ed.), *Das Andere und das Denken der Verschiedenheit* (Amsterdam: Gruenner, 1987).

Koslowski, Peter, *Die Prüfungen der Neuzeit* (Wien: Edition Passagen, 1989).

Kushner, Harold S., *When Bad Things Happen to Good People* (New York: Avon Books, 1981).

Kwant, R.C., "De verhouding van mens tot mens bij E. Levinas," in *Streven* 19(1966), pp. 609~21.

Lescourret, Marie-Anne, *Emmanuel Levinas* (Paris: Flammarion, 1994).

Lewis, Clive Staples, *The Problem of Pain* (1940) (New York: Simon and Schuster, 1996).

―――, *A Grief Observed* (London: Faber and Faber, 1961).

Macquarrie, John, *In Search of Humanity* (London: SCM Press, 1982).

Malka, Salomon, *Lire Levinas* (Paris: Les Édition du Cerf, 1984).

―――, *Monsieur Chouchani* (Paris, Editions Jean Claude Lattes, 1994).

Marion, Jean-Luc, *Etant donnée. Essai d'une phénoménologie de la donation*(Paris: PUF, 1997).

Nagl-Docekal, Herta & Vetter, Helmut, *Tod des Subjekt?*(Wien/München: Oldenbourg, 1987)

Nehamas, Alexander, *Nietzsche: Life as Literature*(Cambridge, Massachusetts, 1985).

Niebuhr, Richard, *The Responsible Self. An Essay in Christian Moral Philosophy*, With an Introduction by James M. Gustafson(New York: Harper & Row, 1963).

Nietzsche, Friedrich, *Friedrich Nietzsche Werke I-V*. Karl Schelechta(ed.)(Frankfurt a. M.: Ullstein, 1969)

──, *Der Wille zur Macht. Versuch einer Umwertung aller Werte*, Ausgewählt und geordnet von Peter Gast unter Mitwerkung von Elisabeth Förster-Nietzsche. Mit einem Nachwort von Alfred Bäumler(Stuttgart: Alfred Köner Verlag, 1964)

Nussbaum, Martha C., *The Therapy of Desire*(Princeton: Princeton University Press, 1994).

Peperzak, Adriaan, *Beyond. The Philosophy of Emmannuel Levinas* (Evanston, Illinois: Northwestern University Press, 1997).

──, "Levinas on technology and nature," in *Man and World* 25 (1992), pp. 469~82.

Planty-Bonjour, Guy, "Nietzsche und das 'Cogito' des Descartes," in Busche, H., Heffeman, G., & Lohmar, D.,(eds.), *Bewußtsein und Zeitlichkeit*(Würzburg: K & N, 1990), pp. 159~72.

Pollefeyt, Didier, "Het kwaad van Auschwitz: een centrale uitdaging in het denken van Levinas," in Burggraeve, R. & Anckaert, L.(eds.), *De vele gezichten van het kwaad*(Leuven/Amersfort: Acco, 1996), pp. 57~90.

Poirié, François, *Emmanuel Levinas, Qui êtes-vous?*(Lyon: La Manyfacture, 1987).

Putnam, Hilary, "Levinas and Judaism," in Critchley, Simon &

Bernasconi, Robert, *The Cambridge Companion to Levinas* (Cambridge: Cambridge University Press, 2002), pp. 33~62.

Reed, Charles William, *The Problem of Method in the Philosophy of Emmanuel Levinas* (Yale Dissertation, 1983) (UMI, 1985).

Ricoeur, Paul, *Le mal. Un défi à la philosophie et à la théologie* (Genève: Labor et Fides, 1986).

Rogozinski, Jacob, "Der Aufruf des Fremden. Kant und die Frage nach dem Subjekt," in M. Frank (ed.), *Die Frage nach dem Subjekt* (Frankfurt a. M.: Suhrkamp, 1988), pp. 192~229.

─────, "Wer bin ich, der ich gewiss bin, daß ich bin?," in Nagl-Docekal, Herta & Vetter, Helmut, *Tod des Subjekt?* (Wien/München: Oldenbourg, 1987), pp. 87~106.

Scarry, Elaine, *The Body in Pain: The Making and Unmaking of the World* (New York/ Oxford: Oxford University Press, 1985), pp. 57~90.

Schulz, Walter, *Subjektivität im nachmetaphysischen Zeitalter* (Pfullingen: Günther Neske, 1992).

Simon Critchley, "Introduction," in Critchley, Simon & Bernasconi, Robert, *The Cambridge Companion to Levinas* (Cambridge: Cambridge University Press, 2002), pp. 3~4.

Rosen, Stanley, *The Ancients and the Moderns. Rethinking Modernity* (New Haven/London : Yale University Press, 1989).

Strasser, Stephan, "Emmanuel Levinas: Ethik als erste Philosophie," in Waldenfels, B., *Phänomenologie in Frankreich* (Frankfurt a. M.: Suhrkamp, 1983), pp. 220~21.

─────, *Jenseits von Sein und Zeit. Eine Einführung in Emmmanuel Levinas' Philosophie* (Den Haag: Martinus Nijhoff, 1978).

Toombs, Kay, *The Meaning of Illness* (Dordrecht/Boston/London: Kluwer Academic Publishers, 1992).

Van Peursen, C. A., *De naam die geschiedenis maakt* (Kampen: Kok, 1991).

──, "Philosophie der Kontingenz," in *Philosophische Rundschau* 12 (1964), pp. 1~12.

Van Riessen, Renée D. N., *Erotitiek en Dood* (Kampen: Kok Agora, 1991).

Vasey, Craig R., "Emmanuel Levinas: from Intentionality to Proximity," in *Philosophy Today* 25(1981), pp. 178~95.

Vetter, Helmuth, *Der Schmerz und die Würde der Person* (Frankfurt a. M.: Joseph Knecht, 1980)

Walsh, R. D., *The Priority of Responsibiity in the Ethical Philosophy of Emmanuel Levinas* (Dissertation of Marquette University, 1989).

Welten, Ruud, *Fenomenologie en Beeldverbod bij Emmanuel Levinas en Jean-Luc Marion* (Budel: Damon, 2001).

Wiesel, Elie, *Night* (Penguin Books, 1981).

Wolterstorff, Nicholas, *Lament for a Son* (Grand Rapids, Michigan: Eerdmans, 1987).

부록 1__레비나스의 저작과 2차 문헌

가장 중요한 두 작품

레비나스의 작품 가운데 가장 중요한 저술은 『전체성과 무한 *Totalité et infini*』과 『존재와 다르게 또는 존재 사건 저편에 *Autrement qu'être ou au-delà de essence*』, 이 두 책이다. 네덜란드 헤이그의 마르티누스 네이호프Martinus Nijhoff 출판사를 통해 '현상학 연구 총서Phänomenologica' 8권과 54권으로 각각 1961년과 1974년 출판되었다. 이 두 책은 레비나스 연구자에게는 아직도 정본으로 통한다. 프랑스에서 1990년과 2004년에 각각 문고판이 나왔다. 문고판은 손쉽고 싸게 구해볼 수 있는 장점이 있지만 레비나스 전문 연구서들은 문고판 면수를 쓰지 않아 정본이 없는 사람들이 원전의 면수를 찾는 데 어려움이 있다.

레비나스의 『전체성과 무한』은 1966년 네덜란드어로 번역되었다. 『전체성과 무한』 영어 번역은 *Totality and Infinity*란 제목으로, 『존재와 다르게 또는 존재 사건 저편에』는 *Otherwise than Being or Beyond Essence*란 제목으로 각각 1969년과 1981년에 출판되었다. 둘 다 루뱅에서 박사 학위를 마친 알퐁소 링기스 Alphonso Lingis가 번역하여 1960년대 이후 미국에서의 현상학 연구의 센터 역할을 했던 듀케인Duquesne 대학 출판부에서 나왔다. 어떤 번역이나 마찬가지로 영어 번역에도 가끔 오역이 있다. 특히 『존재와 다르게 또는 존재 사건 저편에』는 지나친 의역 탓이기도 하나 오역이라 볼 수 있는 번역이 상당히 담겨 있다.

독일어로는 『전체성과 무한』은 *Totalität und Unendlichkeit*란 제목으로 니콜라우스 크레바니Nikolaus Krewani가 1987년 번역하고 『존재와 다르게 또는 존재 사건 저편에』는 토마스 비머 Thomas Wiemer가 *Jenseits des Seins oder anders als Sein geschieht*란 제목으로 1992년 각각 번역하여 출판하였다. 둘 다 알버Karl Alber 출판사를 통해 나왔다. 『전체성과 무한』 독일어 번역판은 레비나스가 따로 붙인 서문이 유명하다. 『존재와 다르게 또는 존재 사건 저편에』는 독일어로는 『존재 저편에 또는 존재 사건과는 다르게』로 번역돼 있다. 흔히 '본질을 넘어서' 또는 '본질 저편에'라고 하는 것을 '존재 사건과는 다르게'라고 번역한 것은 레비나스의 원래 의도를 정확하게 포착한 것이다. 왜냐하면 레비나스가 말하는 '에쌍스'는 '본질'이 아니라 '존재가 발생하는 사건'을 뜻하기 때문이다.

앞에서도 언급한 것처럼 『전체성과 무한』은 1966년 네덜란드어로 번역된 적이 있으나 절판된 후로 더 이상 나오지 않다가 다시 *De totaliteit en het Oneindige*란 제목으로 테오 드부르Theo de Boer와 크리스 브렘머르스Chris Bremmers가 번역하여 드부르가 각주를 붙여 바른의 암보 출판사를 통해 1987년 출판되었다. 레비나스의 원주 외에 드부르는 각주를 412개를 붙여 텍스트를 이해하는 데 도움을 준다. 드부르의 각주는 지금까지 나온 어느 판의 각주보다 우수하며 현상학자로서의 레비나스의 모습을 잘 부각시켰다. 『존재와 다르게 또는 존재 사건 저편에』는 *Anders dan zijn of het wezn voorbij*란 제목으로 압 칼스호픈Ab Kalshoven의 손으로 번역되어 같은 출판사를 통해 1991년 출판되었다. 이 번역도 각주가 148개 붙어 있지만 드부르의 각주에 비해 전문성이 떨어진다.

초기 저작

레비나스 초기 사상 가운데 중요한 것은 제2차 세계대전 때 독일군 전쟁 포로 수용소에서 초고를 썼다고 하는 『존재에서 존재자로De l'existence à l'existant』(1947년 J. Vrin 출판사)와 장 발의 철학 학교에서 1947년 네 차례 강연한 원고였던 『시간과 타자Le temps et l'autre』이다. 이 두 저술은 '존재론적 모험'을 현상학적으로 그려낸 작품으로 존재론을 벗어나 타자 철학으로의 전환을 보여준다. 『시간과 타자』는 등사된 형태로 회람되던 것으로 장 발, 알퐁스 드발른스, 장 에르쉬, 레비나스 이름으로 1947년 아르토Artaud 출판사를 통해 『선택-세계-실존Le Choix-Le Monde-L'existence』이란 제목으로 나온 책의 한 부분으로 실렸다가 1979년 파타 모르가나Fata Morgana 출판사를 통해 뒤늦게 단행본으로 출판된다. 이 책은 PUF 출판사를 통해 지금도 계속 나온다. 우리말로는 각각 서동욱이 번역한 『존재에서 존재자로』(민음사)와 강영안이 번역한 『시간과 타자』(문예출판사)가 있다.

이 책과 더불어 레비나스의 초기 철학을 자세히 알기 위해 반드시 읽어야 할 책은 『도피에 관해서De l'évasion』이다. 이 책은 1935년 발표한 논문으로 레비나스 철학의 여러 문제들의 맹아를 담고 있다. 레비나스의 제자 자크 롤랑Jacques Rolland이 1982년 파타 모르가나 출판사를 통해 출판했다. 지금은 문고판으로 나와 있다. 영어판은 2003년 미국 스탠퍼드 대학 출판사를 통해 베티나 버고Bettina Bergo가 번역한 *On Escape/De l'Évasion*이 있다. 1934년 『에스프리Esprit』 2집 199~208쪽에 실린 「히틀러주의 철학에 관한 몇 가지 반성Quelques reflexion sur la philosophie de l'hitlérisme」은 초기 철학뿐만 아니라 레비나스의 철학적 동기를 이해하는 데 중요한 단서가 되는 문서이다. 이 글은 피에르 아야Pierre Hayat 편집으로 파타 모르가나에서 1994년 나온 『역사에서 예측하지 못한 것들Les imprévus de l'histoire』 27~41쪽에 실려 있다. 1997년 미구엘 아벤소어Miguel Abensour 의 해설과 함께 Payot & Rivages에서 단행본으로도 출판되었다. 이 단행본에는 레비나스가 1934년의 이 글을 회상하면서 1990년 에 쓴 「후기」가 수록되어 있다.

익명적인 존재 경험에 관한 글로 초기 철학에 중요한 것으로 1946년 『두칼리옹Deucalion』이란 잡지에 실린 「그저 있음Il y a」 이란 논문이 있으며 비슷한 생각을 현대 예술에 적용하여 쓴 것 으로 사르트르가 주도한 잡지 『현대Les Temps modernes』에 실린 「실재와 그 그림자La réalité et son ombre」라는 논문이 있다. 이 글에 대해서 메를로-퐁티가 사르트르 입장에서 비판적인 서문을 썼다. 앞의 글은 『존재에서 존재자로』에 통합되어 실렸고 뒤의 글은 위에서 언급한 아야 편집의 『역사에서 예측하지 못한 것들』 123~48쪽에 실려 있다. 영어 번역본은 알퐁스 링기스가 번역, 편집하여 마르티누스 네이호프에서 낸 『레비나스의 철학 논문 선 집E. Levinas, *Collected Philosophical Papers*』 1~13쪽에 실려 있다. 레비나스는 이 글에서 예술과 비평을 대비시키면서 예술은 '익명적으로 존재함il y a'에 상응하는 익명적 이미지를 보여준다 면 비평은 이 익명적 예술 안에 '타자와의 관계'라는 인격적, 윤 리적 관계를 도입한다고 역설한다. 예술철학에 관한 레비나스의 논의는 러시아 출신 유대 조각가 소스노Sosno의 작품에 대해, 레 비나스 예술철학을 전문적으로 연구한 프랑수아즈 아르망고F. Armengaud와 대담한 『마모에 관하여De l'oblitération』(1990년 Éd. de Différence)에서도 찾아볼 수 있다. 이 대담은 단행본으로 나온 레비나스의 유일한 미술론이다.

『전체성과 무한』 주변 논문

『전체성과 무한』을 이해하는 데는 1961년 이전과 그 직후에 쓴 몇 편의 논문이 좋은 길잡이가 될 수 있다. 무엇보다 「존재론은 근본적인가?L'ontologie est-elle fondamentale?」라는 논문이 중요하다. 이 논문은 서양의 존재론 전통을 문제삼으면서 타자에 관한 사유 가능성을 모색한 글이다. 원래 프랑스의 유수한 철학 전문 잡지 『형이상학과 도덕 평론Revue de Métaphysique et de Morale』 56집(1951년 1~3월호) 88~98쪽에 실렸었는데 『우리 사이: 타자의 사유 연구Entre nous. Essais sur le penser-a-l'autre』 13~24쪽에 다시 실려 있다. 영어 번역은 마이클 스미스 Michael B. Smith와 바바라 하새브Barbara Harshav가 번역, 뉴욕의 컬럼비아 대학 출판부를 통해 나온 Entre Nous. Thinking-of-the-Other 1~11쪽에 실려 있다.

「자유와 명령Liberté et commandement」이란 논문도 중요하다. 이 논문은 원래 같은 잡지 58집(1958년 7~9월호) 264~72쪽에 실렸었는데 피에르 아야의 편집으로 1994년 파타 모르가나를 통해 단행본으로 출판되었다. 책 제목은 논문 제목과 같다.

세번째로 중요한 논문은 같은 잡지 59집(1954년 10~12월호)에 실린 「자아와 전체성le moi et la totalité」이란 논문이다. 이 논문은 자기 의식과 전체성 개념의 긴밀성을 보여줄 뿐 아니라 제삼자의 의미, 돈의 의미 등을 함께 다룬다. 프랑스 원문과 영어 번역은 앞에서 소개한 『우리 사이』 프랑스어판과 영어 번역판에서 손쉽게 찾을 수 있다. 그외에도 링기스의 『레비나스의 철학 논문 선집』에도 앞에 언급한 「자유와 명령」과 함께 실려 있다.

네번째로 중요한 논문은 「철학과 무한의 이념La philosophie et l'dée de l'infini」이다. 이 논문도 같은 잡지 62집(1957년 7~9월호)에 실렸고 나중에 『후설과 하이데거와 더불어 존재를 발견하면서 *En découvrant l'existence avec Husserl et Heidegger*』(1982년 개정 3판) 165~78쪽에 실렸다. 페이프르작Peperzak이 1993년 퍼듀 대학 출판부를 통해 펴낸『타인에게. 에마뉘엘 레비나스 철학 입문 *To the Other. An Introduction to the Philosophy of Emmanuel Levinas*』에는 이 논문이 자세하게 논의되어 있다. 프랑스어 원문, 영어 번역, 그리고 페이프르작의 소상한 주석이 달려 있다. 페이프르작의 이 책은 레비나스의『전체성과 무한』을 읽고자 하는 사람은 반드시 참고해야 할 책이다.

끝으로『전체성과 무한』을 이해하는 데 반드시 읽어야 할 논문으로는 이 책 직후(1962년) 프랑스 철학회에서 당대의 대표적인 프랑스 철학자들 앞에서 발표한「초월과 높음 Transcendance et hauteur」이 있다. 이 논문은『전체성과 무한』의 중요 논제를 요약, 변호한 글이다. 장 발, 민코브스키Minkowski, 앙리 구이에 Henri Gouhier 등과 가진 토론이 흥미롭다. 앞에서 언급한 아야 편집의『자유와 무한 *Liberté et commandement*』(1994) 49~100쪽에 원문이 실려 있다. 영어 번역문은 페이프르작과 버나스코니가 함께 편집하여 인디아나 대학 출판부에서 1996년 펴낸『에마뉘엘 레비나스 철학의 기본 문헌 *Emmanuel Levinas, Basic Philosophical Writings*』11~31쪽에 실려 있다.

『존재와 다르게 또는 존재 사건 저편에』

레비나스의 후기 철학을 대변하는『존재와 다르게 또는 존재 사건 저편에』도『전체성과 무한』과 마찬가지로 선행 작업을 바탕으로 완성되었다. 1963년 벨기에 루뱅에서 주로 네덜란드어로 나오는 철학 전문 잡지『철학 연구 *Tijdschrift voor Filosofie*』25집 3호 (9월호)에 실린 논문「타자의 흔적 La trace de l'autre」, 그 이듬해 이 글을 더 확장해『형이상학과 도덕 평론 *Revue de Métaphysique et de Morale I*』에 실린「의미 작용과 의미 La signification et le sens」,『철학 국제지 *Revue Internationale de Philosophie*』19집(1965년호)에 실린「지향성과 감각 작용 Intentionalité et sensation」,『에스프리』33집 1965년 6월호 1128~142쪽에 실린「불가해한 일과 현상 Énigme et phénomène」, 1968년 프랑스 기독교 지식인들에게 했던 강연「신-인? Un Dieu Homme?」그리고 벨기에 루뱅에서 나오는 프랑스어 중심의 철학 전문 잡지『루뱅 철학 평론 *Revue Philosophique de Louvain*』66집(1968년)에 실린「대속 La substitution」등 중요한 논문들이 있다.「대속」이란 논문은『존재와 다르게 또는 존재 사건 저편에』에 포함된 글 중에서도 가장 중요한 글로 다른 부분은 이 부분을 중심으로 논의된다.

방금 언급한 레비나스의 여러 논문은 지금은 여러 저작에 흩어져 실려 있다.「타자의 흔적」은『후설과 하이데거와 더불어 존재를 발견하면서』187~202쪽에, 그리고 다시「의미 작용과 의미」의 한 부분으로 통합된 글은『타인의 인간주의 *Humanisme de l'autre homme*』(1972)에 실려 있다.「지향성과 감각 작용」과「불가해한 일과 현상」은『후설과 하이데거와 존재를 발견하면서』137~44쪽에 실려 있다.「신-인?」은『우리 사이』에 실려 있다.「대속」은 완전히 새로 써『존재와 다르게 또는 존재 사건 저편에』에 실렸다. 원래 잡지에 실은 형태는 페이프르작과 버나스코니가 번역 편집한 앞의 책 79~95쪽에 실려 있다.

현상학과 레비나스

레비나스는 누가 뭐래도 처음부터 끝까지 현상학자였다. 현상학적 방법을 통해 현상학이 안고 있는 한계를 극복하고자 시도하였다. 그러므로 현상학은 20세기 어떤 철학 사조보다 레비나스를 읽고 이해하는 데 중요하다. 『존재에서 존재자로』와 『시간과 타자』 『전체성과 무한』 『존재와 다르게 또는 존재 사건 저편에』 이 모든 레비나스의 주요 저서는 현상학적 방법론을 실천하면서 동시에 그 한계를 드러낸 현상학적 작업의 소산이다. 레비나스는 현상학을 자신의 철학적 도구로 사용했지만 현상학을 대상으로 삼아 쓴 글도 꽤 많이 남겼다.

『후설의 현상학에서 직관의 이론 La théorie de l'intuition dans la phénoménologie de Husserl』(1930년 파리 J. Vrin 출판사에서 출판)은 레비나스의 박사 학위 논문으로 단행본으로 출판되자마자 프랑스어권에 현상학을 소개하는 데 결정적인 역할을 했다. 이 책은 지금도 후설 철학에 대한 충실한 안내서로 정평이 나 있다. 영어 번역판은 앙드레 오리앤 Andre Orianne이 번역하여 1973년 노스웨스턴 대학 출판부를 통해 나왔다.

『후설과 하이데거와 더불어 존재를 발견하면서』도 현상학에 대한 소개이면서 동시에 그 자체 현상학의 실천으로 볼 수 있다. 이 책은 원래 1949년 초판이 나왔으나 그뒤 두 번이나 증보판을 내었다. 후설에 관한 부분은 리처드 코헨이 *Discovering Existence With Husserl*이란 제목으로 번역, 1998년 노스웨스턴 대학 출판부를 통해 냈다. 그러나 나머지 부분은 번역되지 않았다. 이 책 후반부에는 후설이나 하이데거에 관한 글 외에 레비나스의 『전체성과 무한』과 후기 철학으로의 이행을 이해하는 데 필수적인 논문이 여러 편 실려 있다. 이 가운데 예컨대 「철학과 무한의 이념」 「불가해한 일과 현상」 「언어와 가까움」이 링기스가 번역 편집한 『레비나스의 철학 논문 선집』에 실려 있다.

앞에서 이미 언급한 『우리 사이』 그리고 피에르 아야가 편집하여 1995년 파타 모르가나에서 펴낸 레비나스의 『타자성과 초월 Altérité et transcendance』, 아래에서도 언급하겠지만 『이념에 찾아오시는 하나님에 관하여 *De Dieu qui vient à l'idée*』도 현상학의 연장선 위에서 읽을 수 있다. 『우리 사이』에는 예컨대 비지향적 의식, 초월과 시간, 통시성과 표상, 철학과 일깨움 등 현상학적으로 중요한 주제들이 논의되며 『타자성과 초월』에는 레비나스의 핵심 개념인 '초월' '전체성과 전체화' '무한' 그리고 타자의 가까움, 표상에 대한 금지와 인권 문제 등이 거론된다.

철학적 신학 관련 문헌

레비나스는 후기로 갈수록 철학적으로 다루기를 꺼려했던 종교와 신의 문제를 좀더 적극적으로 거론한다. 유대교에 관한 여러 글들을 제외하면 철학적으로 신의 문제를 다룬 글로는 앞에서 언급했던「타자의 흔적」과「불가해한 일과 현상」이 1960년대 쓴 글로는 비교적 빠른 편에 든다. 1968년 '대속'에 관한 사상이 나올 즈음 비슷한 시기에 쓴 예수 그리스도에 관한 글「신-인?」은 레비나스가 그리는 주체의 모습이 타자를 위해 스스로 죄짐을 짊어진 메시아, 곧 그리스도의 모습과 일치함을 보인다. 이 점에서 레비나스는 유대교 전통에 서 있으면서도 사실상 누구보다 더 깊이 그리스도교 전통의 핵심에 뛰어든다. 예수 그리스도야말로 온 세상을 그의 어깨에 메고 온 세상을 그 밑에 서서 지탱한 주체의 참된 모습을 보였기 때문이다. 참된 주체가 된다는 것은 내 자신이 곧 그리스도가 되는 것이다. 전통적인 그리스도교의 교리와 레비나스의 주체 사상은 다르다. 그리스도교 전통에서 그리스도는 고유명사며 유일하다. 그분은 삼위일체 하나님의 한 구성원이다. 그러나 레비나스에게서 그리스도는 말하자면 보통명사다. 우리 모두가 바로 각각 그 유일한 그리스도이며 우리 모두가 각각 타자를 위해 짐을 짊어지도록 부름받은 선택자들이다. 레비나스의 이 사상은 유대교의 메시아 사상에 관한 문헌에서는 이미 드러났지만 완전히 드러나기는 1974년 주저 『존재와 다르게 또는 존재 사건 저편에』에서이다. 주체의 모습을 타인을 위해 고통받는 자로 그릴 때 예수 그리스도의 고통을 묘사하는 '받아들임' '수용' '수난' 등의 용어를 사용한 데서 이 점이 분명하게 드러난다.

'신' 또는 '하나님'의 문제에 대해 본격적으로 다루기 시작한 글은 『존재와 다르게 또는 존재 사건 저편에』가 나온 이듬해인 1975년(사실은 벌써 1973년부터 여기저기서 강의하기 시작한 내용이) 「신과 철학Dieu et philosophie」이란 제목으로 『새로운 교류 Le Nouveau Commerce』라는 잡지에 실린다. 이 글은 다시 1982년 다른 글들과 함께 파리 브랭에서 1982년 나온 『이념에 찾아오시는 하나님에 관하여』라는 글 모음집에 실려 출판된다. 이 책은 『도피에 관하여』를 번역한 베티나 버고의 손으로 번역되어 *Of God Who Comes to Mind*란 제목으로 1998년 스탠퍼드 대학 출판부를 통해 나왔다. 1983년 레비나스는 지식과 계시 문제에 대해 주네브 대학에서 특강을 한다. 특강이 끝난 뒤 가톨릭과 프로테스탄트 신학자, 그리고 유대교 배경 학자들과 토론을 한 내용을 담은 『초월과 인식 가능성Transcedance et intelligibilité』이 1984년 주네브 노동과 신앙Labor et Fides란 출판사를 통해 나왔다.

소르본에서 마지막 강의를 하던 해(1975/6) 레비나스는 신 문제를 다시 다룬다. 하이데거에서부터 다시 시작해 존재와 의미, 존재와 세계 문제를 논의하면서 윤리학을 기초로 하나님에 관해 생각할 수 있는 가능성을 모색한다. 이 강의는 그 전해 출판한 『존재와 다르게 또는 존재 사건 저편에』의 핵심 주제를 반복한다. 그러므로 이 저작을 이해하는 데도 레비나스의 소르본 마지막 강의는 크게 도움이 된다. 프랑스어로는 1993년 『신, 죽음 그리고 시간*Dieu, la Mort et le Temps*』으로 나왔고 영어판은 2000년 스탠퍼드 대학 출판부를 통해 *God, Death and Time*으로 나왔다. 베티나 버고가 번역하였다.

유대교 관련 문헌

이 책 1장에서 얘기한 것처럼 1946년부터 레비나스는 '동방 이스라엘 사범학교' 교장으로 재직한다. 1947년부터 그의 친구 네르송과 쇼샤니의 영향 아래 탈무드 공부를 본격적으로 시작한다. 하지만 이미 그 이전부터 레비나스는 유대교 전통에 관심을 보였다. 1934년에는 마이모니데스에 관해서 『세계 이스라엘 연맹지 Les Cahiers de l'Alliance Israélite Universelle』에 글을 실었고 1937년에는 스피노자에 관한 글을 유대계 잡지에 쓴 적이 있다. 그러다가 1946년부터 규칙적으로 『세계 이스라엘 연맹지』와 『에비당스 Evidences』 등 유대인들의 매체에 투고한다. 레비나스는 이 글 가운데서 십 수 편을 골라 1963년 알뱅 미셸에서 『어려운 자유: 유대교에 관한 에세이 Difficile liberté: essais sur le judaïsme』를 낸다. 이 책은 1976년 2판 증보판을, 그리고 최종적으로 1984년 포켓북 Le Livre de Poche 4019권으로 나오면서 다시 수정, 증보되었다. 유대교의 문제를 다룬 책이지만 레비나스 철학의 정신을 이해하는 데는 어떤 책보다 중요한 책이다. 예컨대 1952년 『에비당스』에 실었던 「윤리와 정신 Éthique et esprit」을 비롯해서 「메시아에 관한 텍스트」 「유대교와 여성적인 것」 등은 레비나스 철학의 근본 정신이 유대교적 배경과 얼마나 밀착되어 있는가 하는 것을 보여주며 유대교의 근본 정신이 단지 이스라엘이나 유대인에게 국한된 것이 아니라 얼마나 보편적인 것인가를 보여준다. 레비나스 자신의 지적 편력을 기록한 자전적인 글 「서명」이 책 끝에 붙어 있다. 『전체성과 무한』이나 『존재와 다르게 또는 존재 사건 저편에』와 마찬가지로 프랑스에서 나온 문고판을 값싸게 구할 수 있다. 영어 번역은 *Difficult Freedom*이란 제목으로 볼티모어의 존스 홉킨스 대학 출판부에서 숀 핸드Seán Hand가 번역하여 1990년 출판한 것이 있다.

『어려운 자유』이후 레비나스는 유대교에 관한 글과 탈무드 연구 결과를 미뉘 출판사Les Editions de Minuit를 통해 여러 책으로 출판한다. 1968년에는 『탈무드 4강Quatre lectures talmudiques』을, 1977년에는 『신성함에서 거룩함으로: 새로운 탈무드 5강Du sacré au saint. Cinq nouvelle lectures talmudiques』을, 그리고 1982년에는 『성구(聖句) 저편에: 탈무드 강의 및 담론L'au-dela verset. Lectures et discours talmudiques』을, 1988년에는 『이방 민족의 시대에A l'heure des nations』를 그리고 1995년에는 『탈무드 신강Nouvelle lectures talmudiques』을 낸다. 탈무드의 여러 주제들을 강의하고 있지만 그 내용은 레비나스 철학의 핵심 개념들과 밀접한 관련을 맺고 있다. 예컨대 용서할 수 없는 것의 용서라든지 무한 자유에 관한 물음, 국가 제도의 폭력성이라든지 정치와 윤리의 관계, 유대교와 혁명, 탈신격화 또는 세속화의 문제, 성경과 그리스 문화, 유대교와 기독교 문제 등이 논의된다. 종교와 정치, 종교와 윤리, 종교와 문화 문제 등에 대한 레비나스의 독특하고도 폭넓은 이해를 통해 접할 수 있다.

이 책들은 대부분 영어로 번역되어 있다. 앞의 두 강의는 아네트 아로노비츠Annette Aronowitz의 번역으로 블루밍턴의 인디아나 대학 출판부를 통해 1990년 *Nine Talmudic Readings*란 제목으로 나왔다. 그 다음 책은 *Beyond the Verse: Tamudic Readings and Lectures*란 제목으로 1994년 영국 런던의 애스론 출판사The Athlone Press을 통해 나왔다. 번역은 개리 몰Gary D. Mole이 하였다. 『이방 민족의 시대에』는 *In the Time of the Nations*란 제목으로 마이클 스미스Michael B. Smith가 번역하여 같은 해, 같은 출판사를 통해 출판되었다. 이 책의 제목을 우리말로 '이방 민족'이라 한 것은 이때 'nations'가 유대인들 주위의 여러 민족들을 뜻하는 히브리어의 고임goyim을 번역한 말이기 때문이다. 『탈무드 신강』은 리처드 코헨 번역으로 1999년 듀케인 대학 출판부를 통해 New Talmudic Readings란 제목으로 나왔다.

레비나스와 타인들

타자 철학이 줄곧 강조하듯이 사람은 홀로 존재하지 않는다. 글을 쓰거나 말을 할 때 명시적이든 암묵적이든 언제나 독자와 청자가 있다. 사상가로서 레비나스도 홀로 존재하지 않았고 홀로 생각하지 않았다. 관심 가진 텍스트, 개인적으로 관계했던 사상가들, 친구들이 많이 있었다. 그들에 관해 그의 생각을 밝힌 것들이 여러 곳에 실려 있다. 예컨대 앞에서 이미 언급한 유대교에 관한 글을 보면 자신이 관심을 두었던 여러 사상가들에 대한 논의가 나온다. 예컨대 『어려운 자유』에는 스피노자, 시몬 베이으, 헤겔 등이 논의되며 『이방 민족의 시대에』는 모세 멘델스존과 프란츠 로젠츠바이크가 논의된다. 『우리 사이』에는 레비-브륄, 가브리엘 마르셀을 현대 사상과 현대의 새로운 합리성 이념과 관련해 논의한다.

레비나스 저작 가운데 특별히 사람들과 관련된 것으로는 블랑쇼에 관한 네 편의 글을 묶은 『모리스 블랑쇼에 관하여 Sur Maurice Blanchot』가 있다. 이 책은 레비나스의 책을 여러 권 낸 파타 모르가나를 통해 1975년에 나왔다. 우리말로는 동문선을 통해 『모리스 블랑쇼에 대하여』(박규현 옮김)로 나와 있다. 1976년 같은 출판사에서 나온 『고유명사 Noms propres』도 사람들에 대한 책이다. 유대인으로 최초로 1966년 노벨 문학상을 받은 슈무엘

아그논, 마르틴 부버, 파울 첼란, 델옴므, 데리다, 키에르케고어, 라크로와, 피카르, 반브레다 신부 등에 관한 글이 실려 있다. 같은 출판사 파타 모르가나에서 1987년에 낸 『주체 바깥 Hors sujet』에는 로젠츠바이크와 부버, 자신을 이끌어주었던 가브리엘 마르셀과 장 발, 블라디미르 얀켈레비치, 그리고 가까이 교류했던 루뱅의 알퐁스 드발튼스에 관한 글을 싣고 있다. 2003년에는 파타 모르가나에서 레비나스가 쓴 첼란에 관한 글을 모아 『파울 첼란, 존재에서 타자로 Paul Celan, de l'etre a l'autre』가 나왔다. 『고유명사』는 영어로는 Proper Names란 제목으로 마이클 스미스가 번역하여 스탠퍼드 대학 출판부가 1997년 출판했다. 『주체 바깥』은 애슬론 출판사가 Outside the Subject란 제목으로 1993년 출판했다.

레비나스의 문헌 목록, 전기, 인터뷰

레비나스의 저작과 번역, 2차 문헌, 그리고 심지어는 레비나스의 영향을 받은 작품에 대해서는 벨기에 루뱅 대학교 신학부 교수 로제 부르흐라브 Roger Burggraeve의 『E. 레비나스: 1차 문헌과 2차 문헌 E. Levinas. Une Bibliographie primaire et secondaire』 (1929~1989)(Leuven: Peeter, 1990)이 가장 완벽한 정보를 제공해준다. 221쪽 분량으로 1989년까지 서양 언어권에서 나온 2,119편의 문헌에 관한 서지 사항을 자세히 소개한다. 레비나스의 저술과 논문뿐만 아니라 레비나스의 영향으로 형성된 사상과 저술까지 목록에 담겨 있다. 영미권을 중심으로 최근 이룬 성과는 사이먼 크리츨리 Simon Critchley와 로버트 버나스코니 Robert Bernasconi가 편집한 『케임브리지의 레비나스 안내 The Cambridge Comapanion to Levinas』(2002년 케임브리지 대학 출판부)에 실린 도서 목록을 통해 확인할 수 있다. 영어로 번역된 1

차 자료와 2차 자료, 선집에 실려 있는 레비나스의 글과 선집에는 실리지 않았지만 영어로 구해볼 수 있는 1차 논문과 2차 자료를 총론과 각론으로 나누어 실어놓았다. 레비나스 철학을 예컨대 데리다, 페미니즘, 하이데거, 유대교, 문학과 예술, 정치, 철학사와 관련해서 다룬 자료 목록이 풍부하게 담겨 있다.

레비나스 전기로는 1994년 플라마리옹에서 나온 마리안 르쿠레 Marie-Anne Lescourret의 『에마뉘엘 레비나스 *Emmanuel Levinas*』가 있다. 레비나스의 어린 시절과 학창 시절, 2차 대전 이전 파리에서의 생활, 2차 대전 후 『전체성과 무한』을 출판하기 전 이스라엘 사범학교 교장 시절과 파리의 철학자들과의 교류, 『전체성과 무한』 출판 이후 세계적 명성을 얻기 시작하면서 푸아티에, 낭테르, 소르본 등 프랑스 대학에 진입하여 활동하던 시기 등에 관한 자세한 내용을 전해준다. 하지만 철학적으로는 깊이 있게 다루지 못했다. 최근에는 쇼샤니의 전기를 출판한 적이 있고 레비나스의 제자였던 살로몽 말카 Salomon Malka가 쓴 『에마뉘엘 레비나스, 삶과 흔적 *Emmanuel Levinas. La vie et la trace*』(Lattès, 2002)이 나왔다.

그외 레비나스의 삶과 사상을 볼 수 있는 자료는 수많은 인터뷰 속에 담겨 있다. 그 가운데 가장 중요한 것은 아무래도 필립 네모와의 인터뷰 『윤리와 무한 *Éthique et infini*』(Paris: Libraire Arthème Fayard et Radio-France, 1982)일 것이다. 이 책은 레비나스 사상을 주요 주제를 중심으로 초기부터 후기까지 다루었다. 인터뷰에서조차도 레비나스의 말투와 내용은 문어(文語)에 가깝지만 자신의 사상을 직접 풀어 설명하고 있기 때문에 이해에 도움이 된다. 우리말로는 다산글방을 통해 2000년에 출판된 양명수 교수의 번역이 있다. 영어로는 피츠버그의 듀케인 대학 출판사에서 1985년 출판된 번역(*Ethics and Infinity*)이 있다. 미국의 레비나스 전문가 중 한 사람인 리처드 코헨Richard Cohen이 번역하였다. 프랑수아 푸와리에François Poirié의 『에마뉘엘 레비나스, 당신은 누구십니까?Emmanuel Levinas, Qui êtes-vous?』(1987년 리용의 라 마뉘팍튀르La Manufacture 출판사)는 앞의 인터뷰 못지않게 중요하다. 네모의 인터뷰가 주로 철학적 주제에 집중했다면 푸와리에의 인터뷰는 시대적 정황, 철학자들과의 관계, 중심 사상 등 비교적 다양한 주제들을 심도 있게 다루었다. 질 로빈스Jill Robbins가 편집한 『존재하는 것은 정당한가Is It Righteous to Be』(2001년 스탠퍼드 대학 출판부)에는 푸와리에의 인터뷰 본문만 뽑아 영어로 번역해놓았다. 로빈스의 책에는 이외에도 중요한 인터뷰들이 여러 편 실려 있다. 레비나스 철학을 이해하는 데 모두 큰 도움을 주는 것들이다. 2003년 4월 19일자로 나온 『마가진 리테레르Magazine littéraire』에 실린 레비나스 특집도 참고해야 할 것이다.

레비나스 연구서들

레비나스에 관한 연구서는 수없이 많다. 그 많은 책들을 열거하거나 설명하는 일은 크게 의미가 없으리라 생각하고 몇몇 전문가들의 주요 저작을 소개하는 것으로 만족해야 할 것이다.

프랑스어권에서는 가장 고전적인 연구로는 역시 데리다를 들 수 있다. 『전체성과 무한』에 대해 데리다는 「폭력과 형이상학 Violence et métaphysique」이라는 장문의 논문을 써 『형이상학과 도덕 평론』에 두 차례 나누어 싣는다. 이 글은 1967년 데리다의 『글쓰기와 차연L'ecriture et la différence』에 약간 개정된 형태로 다시 실린다. 후설과 하이데거의 존재론적 사유를 극복하려는 레비나스의 시도에 대해 철학을 하는 한 결코 존재론적 사유를 벗어날 수 없음을 데리다는 지적한다. 데리다는 1980년에 『존재와 다르게 또는 존재 사건 저편에』에 관한 글 「바로 이 순간,

이 작품 속에 제가 여기 있습니다En ce moment même dans cet ouvrage me voici」를 발표한다. 데리다는 말년에 갈수록 초기 비판보다 훨씬 더 레비나스 철학에 가까이 다가간다. 레비나스 장례식 때 데리다가 했던 조사와 1주기 추모 강연을 담고 있는 『에마뉘엘 레비나스여 안녕 Adieu à Emmanuel Levinas』를 보면 데리다가 얼마나 가까이 레비나스에게 다가섰는지 드러난다. 이 책은 1997년 파리 갈릴레 출판사에서 나왔고 영어 번역판은 스탠퍼드 출판사에서 1999년 나왔다. 데리다의 후기 철학은 전적으로 레비나스의 영향 아래 있다고 해도 과언이 아니다. 가령 『환대에 관하여』(1997)는, 레비나스와 클로소프스키의 환대 개념을 데리다가 자기 식으로 수용하는 방식을 보여주고 있으며 『법의 힘』(1994)에서는 타인에 대한 무조건적 환대라는 레비나스적 '정의'를 세속적인 '법'과 대립시키고 있다. 리쾨르의 경우는 1990년 파리 쇠이으에서 나온 『자기 자신을 타인처럼 Soi-même comme un autre』 10장과 1997년 P.U.F.에서 나온 『다르게 Autrement』라는 책에서 레비나스에 대해 물음을 제기한다. 레비나스를 좀더 적극적으로 수용, 발전시킨 경우는 장-뤽 마리옹의 『존재 없는 신 Dieu sans l'être』(1982년)과 『주어진 것 Étant donné』(1997년)에서 찾아볼 수 있다. 두 책 모두 PUF에서 나왔다.

일찍이 프랑스어권에 레비나스 철학을 소개한 책으로는 포르톰므 B. Forthomme가 쓴 『초월의 철학. 에마뉘엘 레비나스의 형이상학 Une philosophie de la transcendance. La métaphysique d'Emmanuel Levinas』(1979년 파리 La pensee universelle 출판), 실바노 페트로시노 Silvano Petrosino와 자크 롤랑 Jacques Rolland의 『유목민적 진리 La vérité nomade』(1984년 파리 La decouverte 출판사), 살로몽 말카의 『레비나스 읽기 Lire Levinas』(1984년 파리 세르프 출판사), 파비오 치아라멜리 Fabio Ciaramelli

의 『초월과 윤리 Transcendance et éthique』(1989년 브뤼셀 우시아Ousia 출판사), 에쉴리만J.-C. Aeschlimann이 편집한 『타인의 응답. 에마뉘엘 레비나스Répondre d'autrui. Emmanuel Levinas』(1989년 스위스 부드리-뉴샤틀의 바코니에르 출판사) 등이 있다. 카트리느 샬리에Catherine Chalier의 『여성적인 것의 비유. 레비나스 읽기 Figures du féminin : Lecture d'Emmanule Levinas』(1982년 파리 La nuit surveillée 출판사), 『레비나스: 인간적인 것의 유토피아 Levinas : l'utopiede l' humain』(1993년 파리 알뱅 미셸 출판사), 그리고 같은 저자의 『지식 저편의 도덕을 위하여. 칸트와 레비나스 Pour une morale au-delà du savoir : Kant et Levinas』(1998년 파리 알뱅 미셸 출판사)는 레비나스 철학의 여러 측면을 다룬다.

그 외에도 제라르 벨라쉬Gérard Bailhache의 『에마뉘엘 레비나스에서의 주체: 연약성과 주체성 Le sujet chez Emmanuel Levinas. Fragilité et subjectivité』(1994년 파리 PUF), 레비나스의 책을 여러 권 편집한 피에르 아야의 『레비나스에서의 윤리적 개인주의와 철학 Individualisme éthique et philosophie chez Levinas』(1997년 파리 키메 출판사), 미셸 뒤퓌Michel Dupuis의 『대명사와 얼굴들: 레비나스 읽기 Pronoms et visages : Lecture d'Emmanuel Levinas』(1996년 네덜란드 도르트레흐트의 클뤼버 출판사), 시몬느 플루르드Simonne Plourde의 『에마뉘엘 레비나스, 타자성과 책임: 읽기 안내 Emmanuel Levinas, altérité et responsabilité : Guide de lecture』(1996년 파리 세르프 출판사), 자크 롤랑Jacques Rolland의 『다르게의 과정: 에마뉘엘 레비나스 읽기 Parcours de l'autrement : Lecture d'Emmanuel Levinas』(2000년 파리 PUF), 알랭 토르네Alain Tornay의 『선의 망각: 레비나스의 응답 L'oubli du bien : La résponse de

Levinas』(1996년 제네바의 스라틴 출판사), 크리스틴 드바우 Christine De Bauw의 『주체로 향해: 에마뉘엘 레비나스 다르게 읽기 L'envers du sujet : lire autremnet Emmanuel Levinas』(1997년 브뤼셀 우시아 출판사), 디디에 디켄스 Didier Dekens의 『타인의 정치학: 레비나스와 철학의 정치적 기능 Politique de l'autre homme : Levinas et la fonction poltitique de la philosophie』 (2003년 파리 Ellipses 출판사) 등도 레비나스 철학의 여러 측면을 이해하는 데 도움을 준다.

독일어권에서는 슈테판 슈트라서 Stephan Strasser의 『존재와 시간 너머 Jenseits von Sein und Zeit』(1978년 네덜란드 마르티누스 네이호프 출판사)가 아직도 가장 좋은 레비나스 안내서로 자리 잡고 있다. 슈트라서는 루뱅에 후설 문서 보관소가 문을 열었을 때 후설 유고 정리 작업을 한 철학자로 네덜란드 네이메이흔 대학에서 철학을 가르쳤다. 슈트라서의 책 외에도 미카엘 마이어 Michael Mayer와 마르쿠스 헨첼 Markus Hentschel의 『레비나스: 예언자적 철학의 가능성을 위하여 Levinas : zur Möglichkeit einer prophetischen Philosophie』(1990년 기센의 포쿠스 Focus 출판사), 볼프강 니콜라우스 크레바니 Wolfgang Nikolas Krewani의 『에마뉘엘 레비나스: 타자의 사상가 Emmanuel Levinas : Denker des Anderen』(1992년 카를 알버 출판사) 등이 입문 성격을 띤 책들이다. 엘리자벳 베버 Elisabeth Weber의 『핍박과 외상 Verfolgung und Trauma』(1989년 빈 파사겐 출판사)은 레비나스의 『존재와 다르게 또는 존재 사건 저편에』를 철저하게 읽은 책이다. 현상학과 관련해 레비나스를 탐구한 책으로는 우베 베른하르트 Uwe Bernhart의 『타자에서 동일자로: 레비나스에 대한 현상학적 읽기를 위해서 Vom Anderen zum Selben : Für eine phänomenologische Lektüre von Emmanuel Levinas』(1996년 본

부비에 출판사)가 있다.

가다머와 대화를 시도한 책으로 위르겐 베커Jürgen Becker의 『만남-가다머와 레비나스: 해석학적 순환과 타자성, 하나의 윤리적 사건Begegnung-Gadamer und Levinas: der Hermeneutische Zirkel and die Alteritas, ein ethisches Geschehen』(1981년 프랑크푸르드 페터 랑 출판사) 그리고 하이데거 철학 관점에서 레비나스를 비판적으로 논의한 책으로는 클라스 하위징Klaas Huizing의 『존재와 타자: 레비나스와 하이데거의 대결Das Sein und der Andere. Levinas' Auseinandersetzung mit Heidegger』(1988년 프랑크푸르트 아테네움 출판사)가 있다. 아도로노와 레비나스를 비교한 연구로는 헨트 드 프리스Hent de Vries의 『피아니시모의 신학과 합리성과 해체 사이: 아도로노와 레비나스라는 사유상(思惟像)의 시의성(時宜性)Theologie im Pianissimo und zwischen Rationalität und Dekonstruktion: Die Aktualität der Denkfiguren Adornos and Levinas'』(1989년 캄픈 콕 출판사)가 있다. 루돌프 푼크Rudolf Funk의 『에마뉘엘 레비나스의 사유에서 언어와 초월: 하나님에 관한 새로운 철학적 담론의 물음을 위하여Sprache und Transzendenz im Denken von Emmanuel Levinas: Zur Frage einer neuen philosophischen Rede von Gott』(1989년 카를 알버 출판사)는 드 프리스의 책과 마찬가지로 신학적 문제를 언어 문제와 관련해 매우 심도 있게 다룬다.

이 밖에도 파스칼 델옴Pascal Delhom의 『제삼자: 책임과 정의 사이에서의 레비나스의 철학Der Dritte: Levinas' Philosophie zwischen Verantwortung und Gerechtigkeit』(2000년 뮌헨 핑크 출판사), 자비네 귀르틀러Sabine Gürtler의 『기초 윤리학: 에마뉘엘 레비나스에서 타자성, 세대성, 성 관계Elementare Ethik: Alterität, Generativität und Geschlechterverhältnis bei Emmanuel Levinas』

(2001년 뮌헨 핑크 출판사), 프란츠 케르닉Franz Kernic의 『죽음과 무한성: 에마뉘엘 레비나스에서의 죽음의 현상에 관하여Tod und Unendlichkeit: Über das Phänomenon des Todes bei Emmanuel Levinas』(2002년 함부르크 코박 출판사), 주잔네 잔트헤어Susanne Sandherr의 『은밀한 주체의 탄생: 에마뉘엘 레비나스의 사유에서의 주체와 주체의 생성Die heimliche Geburt des Subjekts: das Subjekt und sein Werden im Denken Emmanuel Levinas』(1998년 슈트트가르트 콜하머 출판사), 주잔네 휘터Susanne Hütter의 『타인에 직면한 도전Herausforderung angesichts des Anderen』 (2000년 알버 출판사), 울리히 딕스크만Ulrich Dixckmann의 『책임으로서의 주체성: 에마뉘엘 레비나스에게서의 인간적인 것의 애매성과 신학적 인간학에 대한 그 중요성Subjektivität als Verantwortung: die Ambivalenz des Humanum bei Emmanuel Levinas und ihre Bedeutung für die theologische Anthropologie』 (1999년 튀빙겐 프랑케 출판사), 요제프 볼무트Josef Wohlmuth가 편집한 『에마뉘엘 레비나스: 기독교 신학에 대한 도전Emmanuel Levinas-eine Herausforderung für die christliche Theologie』 (1998년 파더보른 페르디난트 쇠닝 출판사) 등도 레비나스 철학의 여러 측면들을 다룬다.

영어권에서는 에디스 와이스코그롯Edith Wyschogrod의 『에마뉘엘 레비나스: 윤리적 형이상학의 문제Emmanuel Levinas: The Problem of Ethical Metaphysics』(1974년 네이호프 출판사)가 비교적 일찍 나온 소개서였다. 그러나 출판사는 현상학 관련 책을 많이 출판해온 네덜란드의 네이호프였다. 이 책은 최근(2000년) 포담 대학 출판부에서 다시 개정판이 나왔다. 벨기에 루뱅대 신학부의 로제 부르흐라브의 『자기 발전에서 연대성으로: 에마뉘엘 레비나스에 따라 인간의 욕망을 그 사회적 정치적 관련에서 윤리적으로 읽음 *From Self-Development to Solidarity. An Ethical Reading of Human Desire in its Socio-Political Relevance according to Emmanuel Levinas*』(1985년 벨기에 루뱅의 페이드르스Peeters 출판사), 리처드 코헨의 『레비나스와 얼굴을 마주하여 *Face to Face with Levinas*』(1986년 올바니Albany의 뉴욕 주립대 출판부), 버나스코니와 데이빗 우즈David Woods가 편집한 『레비나스의 도전: 타자를 다시 생각함 *The Provocation of Levinas: Re-thinking the Other*』(1988년 런던 루트릿지와 케건 폴), 버나스코니와 사이몬 크리츨리가 편집한 『레비나스를 다시 읽음 *Re-reading Levinas*』(1991년 블루밍턴 인디아나 대학 출판부) 등도 영어권에서 레비나스 입문서로 제몫을 한 책들이다.

네덜란드 네이메이흔 대학 교수였다가 미국 시카고 로욜라 대학으로 옮겨 활동하고 있는 아드리안 페이프르작의 『타인에게 *To the Other*』(1993년 퍼듀 대학 출판부), 그가 편집한 『제일철학으로서의 윤리학 *Ethics as the First Philosophy*』(1995년 뉴욕의 루틀릿지), 그리고 『너머: 에마뉘엘 레비나스의 철학 *Beyond: The Philosophy of Emmanuel Levinas*』(1997년 노스웨스턴 대학 출판부)은 영어권 독자들이 레비나스를 이해하는 데 많은 도움을 준 책이다. 1994년 시카고 대학 출판부를 통해 나온 리처드 코헨의 『높이 들어 올림 *Elevations: the Height of the Good in Rosenzweig and Levinas*』은 레비나스와 로젠츠바이크를 연구한 책이다. 존 륄린John Llewelyn의 『에마뉘엘 레비나스 윤리의 계보 *Emmanuel Levinas The Geneology of Ethics*』(1995년 런던과 뉴욕의 루틀릿지 출판사)도 영어권에서 잘 알려진 레비나스 연구서이다. 1989년 영국 블랙웰 출판사를 통해 『레비나스 독본 *The Levinas Reader*』을 낸 숀 핸드Sean Hand의 『타인을 마주함: 에마뉘엘 레비나스의 윤리학 *Facing the Other: the Ethics of Emmanuel Levinas*』

(1996년 리치몬드 쿠르존Curzon 출판사), 콜린 데이비스Colin Davis의 『레비나스 입문Levinas: An Introduction』(1996년 미국 노트르데임 대학 출판부), 암스테르담 자유대학교의 테오 드 부르가 그간 쓴 논문을 영어로 번역해 묶어낸 『초월의 합리성The Rationality of Transcendence』(1997년 암스테르담 기벤 J. C. Gieben 출판사), 데니스 키넌Dennis Keenan의 『죽음과 책임 Death and Responsibility』(1999년 올바니 뉴욕 주립대 출판부), 루뱅대 철학과에서 현대 철학을 가르치고 있는 루디 비스커Rudi Visker의 『진리와 단일성Truth and Singularity』(1999년 네덜란드 도르트레흐트의 클루버 출판사)이 90년대에 영어로 나온 책들이다.

2000년 들어 레비나스에 관한 뛰어난 연구서들이 눈에 보인다. 제프리 블레츨Jeffrey Bloechl이 편집한 『타인의 얼굴과 하나님의 흔적: 에마뉘엘 레비나스의 철학 연구The Face of the Other and the Trace of God: Essays on the Philosophy of Emmanuel Levinas』(2000년 뉴욕 포담 대학 출판부)은 레비나스의 윤리학과 종교철학에 관한 유럽과 미국의 레비나스 전문가들의 정교한 논문을 모아놓았다. 블레츨은 루뱅의 자신의 박사 학위 논문을 다듬어 『이웃의 예전: 에마뉘엘 레비나스와 책임의 종교Liturgy of the Neighbor: Emmanuel Levinas and the Religion of Responsibility』(2000년 듀케인 대학 출판부)이란 제목으로 내놓았다. 존 륄린은 칸트와 레비나스를 비교한 『가식적 상상력The Hypocritical Imagination. Between Kant and Levinas』(2000년 루틀지)을 내어놓았다. 토론토의 기독교학문연구소에서 공부하고 암스테르담 자유대학교에서 박사 학위를 취득한 제프리 두디악Jeffrey Dudiac의 『윤리의 매혹The Intrigue of Ethics』(2001년 포담대 출판부)은 레비나스의 언어철학과 윤리학에 관한 탁월한 연구서이다. 시카고 대학에서 마리옹의 지도를 받은 제프리 코스키Jeffrey Kosky의 『레비나스와 종교철학Levinas and the Philosophy of Religion』(2001년 인디아나 대학 출판부)도 종교철학과 관련해 레비나스의 위치를 분명히 알게 한다. 2001년 케임브리지 대학 출판부에서 나온 리처드 코헨의 『윤리, 주석 그리고 철학: 레비나스에 따른 해석Ethics, Exegesis and Philosophy: Interpretation after Levinas』은 레비나스 철학의 해석학적 가능성을 심도 있게 다룬 책이다. 티나 챈터Tina Chanter가 편집하여 펜실베이니아 주립대 출판부를 통해 2001년에 낸 『페미니스트적인 방식으로 해석한 에마뉘엘 레비나스Feminist Interpretations of Emmanuel Levinas』는 제목 그대로 레비나스 철학을 페미니스트적 관점에서 본 글들을 모아놓았다. 사이먼 크리츨리와 로버트 버나스코니가 케임브리지 대학 출판부를 통해 2002년 낸 『케임브리지 레비나스 안내』는 유럽 학자와 미국 학자들이 쓴 레비나스 논문을 중요 주제별로 모아두었다. 주요 철학자의 사상을 여러 측면에서 접근한 논문들을 모아 시리즈로 낸 바 있는 루틀지에서 최근(2005년) 동일한 시리즈를 네 권 내어놓았다. 1권은 『레비나스, 현상학, 그의 비판자들Levinas, Phenomenology and His Critics』, 2권은 『레비나스와 철학사Levinas and the History of Philosophy』, 3권은 『레비나스와 종교의 물음Levinas and the Question of Religion』, 4권은 『레비나스를 넘어서Beyond Levinas』란 제목을 달고 있다. 관련 주제의 대표 논문들이 모여 있다. 클레어 카츠Claire Elise Katz가 편집하였다. 이외에도 최근 영어로 나온 책 가운데 주목할 책은 방금 소개한 카츠의 『레비나스, 유대교, 페미니즘Levinas, Judaism and the Feminism: In Silent Footsteps of Rebecca』(2003년 인디아나 대학 출판부), 루디 비스커의 『비인간적 조건The Inhuman Condition Looking for *the Difference after Levinas and Heidegger*』(2004년 도르트레흐트의 클루버 출판사) 등이 있다.

끝으로 **네덜란드어권**에서 나온 대표적인 레비나스 연구서를 몇 가지만 소개하겠다. 레비나스 연구로는 가장 선두에 서 있었지만 소수 언어이기 때문에 그 연구가 그렇게 일찍 바깥으로 알려지지 않았다. 이미 1960년대부터 중요한 연구 논문들이 많았다. 하지만 단행본으로 연구서가 나오기 시작한 것은 역시 70년대 이후였다. 1976년 바른의 암보 출판사를 통해 나온 테오 드 부르의 『철학과 예언 사이 *Tussen filosofie et profetie*』는 네덜란드어권에서 레비나스 철학에 관해 처음 나온 단행본 가운데 하나였다. 같은 해 뤽 부카르트Luc Bouckaert의 『에마뉘엘 레비나스 *Emmanuel Levinas*』가 네이메이흔과 브뤼허에서 나왔다.

레비나스의 서지 목록을 편찬해낸 로제 브르흐라브는 1985년에 루뱅의 아코 출판사를 통해 『인간과 동료 인간, 책임과 하나님. 에마뉘엘 레비나스의 형이상학적 윤리학 *Mens en medemens, verantwoordelijkheid en God. De metafysische ethiek van Emmanuel Levinas*』을 내었다. 이 책은 이 시기까지 나온 레비나스의 모든 저작을 다룬 가장 포괄적인 연구서이다. 『해방의 얼굴. 에마뉘엘 레비나스의 자취를 따른 구원 사유 *Het gelaat van de bevrijding. Een heilsdenken in het spoor van Emmanuel Levinas*』는 브르흐라브가 1986년 틸트의 란노 출판사를 통해 낸 책이다. 브르흐라브는 다시 1990년에 『평화와 인권에 대한 레비나스의 사유 *Levinas over vrede en mensrechten*』를 아코 출판사를 통해 출판했다. 이 책은 최근 영어로도 번역되었다.

90년대에는 앙리 펠트하위스Henri Veldhuis의 『타인에 대한 몰이해: 후설과 하이데거 사유를 중심으로 한 서양 철학에 대한 에마뉘엘 레비나스의 비판 *Geen begrip voor de ander. De kritiek van Emmanuel Levinas op de westerse filosofie, in het bijzonder op het denken van Husserl en Heidegger*』(1990년 우트레흐트 대학 신학부 출판), 얀 오토 크루즌Jan Otto Kroesen의 『악과 의미: 악에 대한 신학의 물음에 대한 레비나스 철학의 의미에 관하여 *Kwaad en zin, over de betekenis van de filosofie van Emmanuel Levinas voor de theologische vraag van het kwade*』 (1991년 캄픈의 콕 출판사), 르네 반리슨Renee van Riessen의 『레비나스 철학에서 초월 문제를 중심으로 본 성애와 죽음*Erotiek en dood met het oog op transcendentie in de filosofie van Levinas*』(1991년 캄픈 콕-아고라 출판사), 얀 케이Jan Keij의 『발전 과정의 관점에서 본 레비나스 사상의 구조*De stuktuur van Levinas' denken in het perspektief van een ontwikkelingsgang*』(1992년 캄픈 콕-아고라 출판사), 루트 벨튼Ruud Welten의 『존재와 각성: 에마뉘엘 레비나스의 자취를 따른 사유*Zijn en waken. Denken in het spoor van Emmanuel Levinas*』(1995년 베스트 다몬 출판사), 빅토르 칼Victor Kal의 『레비나스와 로젠츠바이크 철학과 종교로의 회귀*Levinas en Rosenzweig. De filosofie en de terugkeer tot de religie*』(1996년 주트르메이르 메이느마 출판사), 그리고 루트 벨튼의 최근 저서 『에마뉘엘 레비나스와 장-뤽 마리옹에 나타난 현상학과 형상 금지*Fenomenolige en beeldverbod bij Emmanuel Levinas en Jean-Luc Marion*』(2001년 부델의 다몬 출판사) 등이 있다.

레비나스 관련 인터넷 사이트

레비나스에 관한 자료는 인터넷을 통하여 찾아볼 수 있다. 대표적인 경우는 예루살렘에 위치한 '레비나스 연구소Institut d'études lévinasiennes'에서 운영하는 웹 사이트이다. 여기에는 레비나스의 생애, 1차 자료, 2차 자료 목록이 풍부하게 담겨 있다. 주소는 http://www.levinas.co.il이다. 프랑스어로 운영한다. 그외에도 http://espacethique.ifrance.com과 http://en.wikipidepia.org/wiki/Emmanul_Levinas를 통해서 레비나스의 저작, 생애 등에 관한 다양한 자료를 볼 수 있다. 에섹스 대학의 피터 애터턴Peter Atterton이 운영하는 레비나스 웹 페이지가 있다. 주소는 http://home.pacbell.net/atterton/index.ht이다. 1차 자료와 2차 자료에 대한 정보, 그리고 다른 링크들에 대한 안내가 있다. 일본에서 운영하는 레비나스 관련 사이트로는 나카야마의 홈페이지로 레비나스 관련 부분이 있다. 주소는 http://polylogos.org/philosophers/levinas이다. 일본어와 영어로 되어 있고 레비나스, 유대교, 홀로코스트 등에 관한 글을 볼 수 있다. 국내에서는 한신대에서 레비나스 논문으로 석사를 마친 김성호 선생이 운영하는 Levinas Archive가 있다. 레비나스 관련 문서와 논평을 많이 접할 수 있다. 주소는 http://theology.co.kr/levinas이다.

부록 2__국내 번역된 레비나스 문헌과 2차 연구 문헌 및 학위 논문

1. 레비나스 저서 한국어 번역본

『시간과 타자』(강영안 옮김), 문예출판사, 1996.

『윤리와 무한』(필립 네모와의 대화)(양명수 옮김), 다산글방, 2000.

『존재에서 존재자로』(서동욱 옮김), 민음사, 2003.

『모리스 블랑쇼에 대하여』(박규현 옮김), 동문선, 2003.

2. 레비나스에 관한 2차 문헌(단행본)

김연숙, 『레비나스 타자 윤리학』, 인간사랑, 2001.

콜린 데이비스, 『엠마누엘 레비나스—타자를 향한 욕망』(김성호 옮김), 다산글방, 2001.

베른하르트 타우렉, 『레비나스』(변순용 옮김), 인간사랑, 2004.

3. 레비나스에 관한 2차 문헌(논문)

강영안, 「20세기 유럽 철학: 휴머니즘과 반휴머니즘 사이」, 『철학과 현실』, 통권 40호 1999년 봄호, pp. 45~59.

─────, 「고통과 윤리」, 『서강인문논총』(서강대학교 인문과학연구원), 제8호(1998), pp. 3~29.

──, 「고통의 현상학──박완서의 『한 말씀만 하소서』」, 『삶과 기호』(한국기호학회 엮음), 문학과지성사, 1997, pp. 76~97.

──, 「나에 대한 관심과 타인에 대한 관심: 레비나스와 로티의 경우」, 김동식 엮음, 『로티와 사회와 문화』, 철학과현실사, 1997, pp. 275~94.

──, 「엠마누엘 레비나스」, 『103인의 현대 사상』, 민음사, 1996, pp. 131~35.

──, 「레비나스의 윤리학과 "타자"의 사유」, 『자유의 빛, 행복에의 염원』, 신지 서원, 2005, pp. 213~33.

──, 「레비나스의 인간존재론 소묘」, 『예술과 비평』 제23호(1991), pp. 107~28.

──, 「레비나스 철학에서 주체성과 타자──후설의 자아론적 철학에 대한 레비나스의 대응」, 『철학과 현상학 연구: 후설과 현대 철학』(한국현상학회 편, 1990) 제4호, pp. 243~63.

──, 「레비나스: 타자성의 철학」, 『철학과 현실』 제25호(1995), pp. 147~66.

──, 「레비나스의 평화의 형이상학」, 『평화의 형이상학』(서강대 철학연구소 편), 철학과현실사, 1995, pp. 219~40.

──, 「일상성과 주체성──레비나스의 경우」, 『정신문화연구』(한국정신문화연구소) 제67호(1997), pp. 61~78.

──, 「존재 경험과 주체의 출현──레비나스의 존재론」, 『철학연구』(대한철학회), 제47호(1991), pp. 47~65.

──, 「존재, 주체, 타자: 엠마누엘 레비나스의 '존재론적 모험'에 관하여」, 『세계의문학』 제66호(1992), pp. 192~222.

──, 「주체」, 『현대 비평과 이론』, 제7권 2호(통권 14호)(1997), pp. 292~98.

──, 「주체의 자리」, 길희성 외, 『전통, 근대, 탈근대의 철학적 조명』, 철학과현실사, 1999, pp. 77~120.

──, 「철학의 종말과 주체의 미래」, 『철학의 위기와 인간의 미래』(서강대학교 인문과학연구원), 제27호(1999), pp. 53~79.

──, 「책임으로서의 윤리―레비나스의 윤리적 주체 개념」, 『철학』(한국철학회), 제81호(2004), pp. 51~85.

──, 「타인의 얼굴―레비나스의 새로운 주체성 모색을 위한 철학」, 『이 땅에서 철학하기』(우리사상연구소 논총 제2집), 솔, 1999, pp. 175~203.

──, 「텍스트와 철학」, 『기호학연구―기호와 해석』(한국기호학회), 제4집(1998), pp. 26~63.

──, 「향유와 거주―레비나스의 존재경제론」, 『철학』(한국철학회), 제43호(1995), pp. 305~32.

김연숙, 「가족의 타자 윤리적 이해: 엠마누엘 레비나스의 사상을 중심으로」, 『동아시아문화와 사상』, 제5호(2000), pp. 105~12.

──, 「레비나스의 "윤리적 주체"에 관한 연구」, 『철학연구』(철학연구회), 제53호(2001), pp. 269~87.

──, 「레비나스 타자윤리에서 "대면적 관계윤리"에 관한 연구」, 『동서철학연구』(한국동서철학연구회), 제19호(2000), pp. 125~41.

──, 「레비나스 타자윤리의 선진유가적 이해」, 『유교사상연구』(한국유교학회), 제14호(2000), pp. 537~68.

──, 「레비나스 타자윤리학과 탈현대윤리학」, 『철학논총』(새한철학회), 제23호(2001), pp. 33~52.

──, 「레비나스, 타자의 얼굴과 사랑의 윤리 : 타자라는 문제 설정」, 『문학마당』, 제9호(2004), pp. 41~56.

김정현, 「이미지의 현상학―『실재와 그림자』를 중심으로 본 레비나스의 예술론」, 『철학과 현상학 연구』(한국현상학회), 제22호(2004), pp. 181~94.

김창환, 「교육과 윤리관계의 새로운 지평 : 한스 요나스와 에마뉘엘 레비나스의 사상을 중심으로」,『교육개발』(한국교육개발원), 제119호 (1999), pp. 150~53.

노상우, 신미경,「여성성과 타자성의 도덕교육적 함의: 길리간과 레비나스를 중심으로」,『교육논총』(전북대학교교육대학원, 2001), 제21호, pp. 45~63.

민경석,「무한성, 전체성, 그리고 연대성: 레비나스의 사상과 탈근대사회에서의 변증법적 이성의 역할」,『철학연구』(고려대학교 철학연구소), 제20호(1997), pp. 1~22.

문성원,「책임 문제에 대한 철학적 일고찰」,『시대와 철학』(한국철학사상연구회) 제22호(2001), pp. 33~54.

———,「이미지와 표현의 문제: 무한의 거울로서의 영화?」,『시대와 철학』(한국철학 사상연구회), 제28호(2004), pp. 33~52.

박준상,「환대로서의 책 또는 행위로서의 철학—레비나스에게서 말함」,『철학과 현상학 연구』(한국현상학회), 제19호(2002), pp. 273~300.

———,「이름 없는 공동체 : 레비나스와 블랑쇼에 대해」,『철학과 현상학 연구』(한국현상학회), 제18호(2002), pp. 96~141.

변순용,「타자의 윤리학—레비나스(1906~1995)를 중심으로」,『국민윤리연구』(한국국민윤리학회), 제45호(2000), pp. 47~66.

서동욱,「경험론과 철학」,『들뢰즈의 철학—사상과 그 원천』(서울: 민음사, 2002), pp. 58~72.

———,「들뢰즈와 레비나스에서 감성의 중요성—"상처"의 경험에 관해서」,『철학과 현상학 연구』(한국현상학회), 제20호(2003), pp. 171~89.

———,「사르트르의 타자 이론: 레비나스와의 비교」,『현대비평과 이론』, 제17호 (1999), pp. 80~128.

———,「아이와 초월: 레비나스, 투르니에, 쿤데라」,『세계의문학』(서울: 민음사, 1999), 제93호, pp. 302~26.

―――,「예술의 비인격적 익명성―레비나스와 들뢰즈의 예술철학」,『철학연구』(철학연구회), 제46호(1999), pp. 362~95.

―――,「얼굴」,『문학동네』, 제28호(2001), pp. 353~76.

―――,「예술의 비인격적 익명성」,『차이와 타자』(서울: 문학과지성사, 2000), pp. 362~95.

―――,「예언이란 무엇인가?」,『철학과 현상학 연구』(한국현상학회), 제21집(2003), pp. 273~96.

―――,「일요일이란 무엇인가?」,『차이와 타자』(서울: 문학과지성사, 2000), pp. 341~61.

―――,「잠이란 무엇인가?」,『문학동네』, 제26호(2001), pp. 316~38.

―――,「주체의 근본 구조와 타자: 레비나스와 들뢰즈의 타자 이론」,『차이와 타자』(서울: 문학과지성사, 2000), pp. 139~60.

손봉호,「레비나스의 철학―'다른 이'의 얼굴」,『문학과 지성』, 제15호(1974), pp. 61~72.

신옥희,「여성학적 시각에서 본 레비나스: 타자성의 윤리학」,『철학과 현실』(철학문화연구소), 제29호(1996), pp. 236~52.

신인섭,「레비나스와 메를로-퐁티의 타자문제」,『철학논총』(새한철학회), 제24호(2001), pp. 51~67.

―――,「메를로-퐁티의 타자경험에 대한 레비나스와 리쾨르의 논쟁―타자를 위한 삶과 타자와 더불어 삶」,『철학과 현상학 연구』(한국현상학회), 제20호(2003), pp. 137~70.

―――,「제2인칭을 위한 윤리학의 현상학적 근거―메를로-퐁티의 레비나스 비판」,『철학연구』(철학연구회, 2002), 제58호, pp. 323~53.

양명수,「그리스도교 윤리의 자리」,『인문논총』(배재대학교인문과학연구소), 제10호(1996), pp. 427~44.

원정갑,「레비나스의 에세이적 인간관」,『수필학』(한국수필학연구소), 제1호(1994), pp. 69~83.

윤대선,「레비나스에 있어 주체의 본래적인 감수성과 그 초월구조」,『철학연구』(철학연구회), 제63호(2003), pp. 177~200.

―――,「레비나스 윤리의 해석적 기원과 유다이즘」,『철학』(한국철학회), 제76호 (2003), pp. 181~207.

―――,「레비나스의 에로스의 현상학 또는 형이상학에 관한 이해」,『철학연구』(고려대학교 철학연구소), 제28호(2004), pp. 55~68.

―――,「레비나스의 신의 관념과 메시아니즘」,『철학연구』(고려대학교 철학연구소), 제26호(2003), pp. 77~105.

―――,「레비나스의 얼굴개념과 타자철학」,『철학과현실』(철학문화연구소), 제61호(2004), pp. 112~23.

―――,「존재에 관한 레비나스의 탈실체론적인 이해」,『해석학연구』(한국해석학회), 제10호(2002), pp. 376~403.

―――,「타자의 얼굴에 나타난 레비나스의 형이상학과 그 존재 윤리」,『해석학연구』(한국해석학회), 제12호(2003), pp. 300~27.

윤병렬,「레비나스의 하이데거 윤리학 비판과 하이데거의 존재사유에 드러난 윤리학」,『철학과 현상학 연구』(한국현상학회), 제22호(2004), pp. 55~82.

―――,「존재에서 존재자로?―E. 레비나스의 존재 이해와 존재 오해」,『철학과 현상학 연구』(한국현상학회), 제21호(2003), pp. 297~333.

이남인,「상호주관성의 현상학」,『철학과 현상학 연구』(한국현상학회), 제18호(2002), pp. 13~175.

이명곤,「레비나스―제일철학으로서의 윤리학」,『동서철학연구』(한국동서철학회) 제26호(2002), pp. 137~61.

이성림,「레비나스와 그의 하이데거 비판」,『신학사상』(한국신학연구소), 제124호 (2004), pp. 139~66.

이영경,「레비나스의 철학 이념에 관한 성찰 : 후설의 그리스적 전통 철학 이념과 대비하여」,『철학과 현상학 연구』(한국현상학회), 제17집

(2001), pp. 202∼33.

──, 「사람다운 사람이란 누구인가?: 레비나스에게서 사람됨의 의미」, 『철학과 현상학 연구』(한국현상학회), 제13집 (1999), pp. 394∼423.

이재성, 「무한과 비평이론 :레비나스와 들뢰즈, 가타리」, 『새한영어영문학』(새한영어영문학회), 제46호(2004), pp. 91∼111.

──, 「레비나스의 '제일철학'의 이념: 20세기 윤리학의 전회」, 『철학연구』(대한철학회), 제83호(2002), pp. 285∼306.

정기철, 「레비나스와 리쾨르의 윤리와 해석」, 『해석학연구』(한국해석학회), 제6호(1999), pp. 306∼28

──, 「레비나스의 시간의 종말」, 『조직신학논총』(한국조직신학회), 제5호(2000), pp. 300∼25.

최상욱, 「하이데거와 레비나스에 있어서 "이웃" 개념에 대하여」, 『철학연구』(철학연구회), 제62호(2003), pp. 129∼47.

최태연, 「엠마뉘엘 레비나스에서 윤리의 기원」, 『해석학연구』(한국해석학회), 제4호(1997), pp. 279∼92.

한정선, 「신의 흔적: 레비나스의 한계 현상에 대한 현상학」, 『철학과 현상학 연구』(한국현상학회), 17집(2001), pp. 114∼41.

──, 「레비나스: 신의 흔적에 대한 현상학」, 『신학과 세계』(감리교 신학대학교), 42호(2001), pp. 336∼55.

──, 「흔적과 차연의 형이상학: 레비나스 그리고 데리다」, 『신학과 세계』(감리교신학대학교), 제 29호(1994), pp. 369∼88.

황덕형, 「레비나스의 삼자적 타자성의 해석학」, 『조직신학연구』(한국복음주의조직신학회), 제4호(2004), pp. 91∼102.

홍경실, 「키에르케고어와 레비나스의 주체성 비교──우리 시대의 새로운 인간 이해를 위하여」, 『철학연구』(고려대학교 철학연구소), 제27호(2004), pp. 143∼72.

4. 좌담

비들로브스키 미셸 외(서동욱 정리), 「이타성의 철학자, 엠마누엘 레비나스」, 『세계의 문학』(서울: 민음사, 1996), 제79호, pp. 105~22.

5. 박사 학위 논문

김연숙, 「레비나스의 타자윤리에 관한 연구」, 서울대학교(사범대학 윤리교육과), 1999.

6. 석사 학위 논문

고영아, 「철학적 인간학의 관점에서 본 엠마누엘 레비나스의 타자성의 윤리에 관한 연구」, 서울대학교, 1997.

김대년, 「레비나스의 타자성 철학에서의 신 이해」, 감리교신학대, 2003.

김성열, 「칼 바르트의 타자적 계시 이해: 틸리히, 레비나스의 비교 연구」, 서울신학대, 2000.

김성호, 「엠마누엘 레비나스의 타자의 윤리가 갖는 신학적 의미」, 한신대학교, 2003.

김태순, 「레비나스의 윤리사상 연구: 자리 없는 주체를 중심으로」, 이화여자대학교, 2004.

도세훈, 「엠마누엘 레비나스에 있어서 타자성의 교육적 의미연구」, 2003.

박미경, 「레비나스 타자윤리의 도덕교육적 함의」, 청주대학교, 2003.

박충효, 「셔우드 앤더슨의 『와인즈버그, 오하이오』와 레비나스의 윤리학」, 경희대학교, 2000.

손영실, 「레비나스의 윤리적 형이상학에 대한 연구」, 숭실대학교, 1999.

안대진, 「엠마누엘 레비나스의 정의론 연구」, 부산대학교, 2005.

안필용, 「정치적 관계에서 자아와 타자에 관한 연구: 레비나스의 윤리적 관계를 중심으로」, 경희대학교, 2001.

양미란, 「레비나스의 "타자"에 대한 이해와 여성철학적 비판—신학적 적용 가능성」, 감리교신학대, 2000.

임미희, 「엠마누엘 레비나스의 철학에서 예술과 타자성의 의미」, 홍익대학교, 2005.

전창현, 「레비나스 철학에서 주체의 초월과 구원」, 서강대학교, 2005.

정미경, 「레비나스의 타자의 무한성과 윤리적 주체성에 관한 연구」, 부산대학교, 2005.

찾아보기__용어

| ㄱ |

가까움 258~59, 265, 294
감성 134, 217~18, 222, 233
감정 21, 68, 126, 227, 241
감정 이입 109, 111, 115
개별성 129~30, 132, 174, 196
개인 173~75, 197, 214, 233, 246~47
개체 131, 133, 172, 238, 244, 246~47, 263, 268
거주 16, 34, 37, 40~41, 123, 125, 136~37, 140~41, 144, 146, 153, 169, 171, 226, 271~72
경제 140~41, 152, 169, 190~91, 227, 232
경험 105, 107, 112, 114, 117, 120, 138~39, 146, 150, 154, 157, 180, 193, 198, 212, 216, 220~22, 250, 255, 262, 273
계시 35, 147~48, 180~81, 264, 270~71
고독 108~09, 212, 239
고통 16, 37, 75, 79, 104, 106, 114~15, 117, 126, 151, 154, 171, 182, 186, 188, 190, 192, 207~18, 220~27, 229~30, 232~35, 253~54, 295
——, 대속적 228~32, 234
——, 도덕적 218
——, 신체적 106, 218, 221
——, 타인의 185, 192, 225~28, 231
공간 60, 126, 132, 136~83, 141~42

공동체 67, 165, 198~99, 215, 226
과학 103, 105, 142~44, 209, 221, 244, 263~64, 275
관념론 46, 55, 60~62, 71, 75, 97, 117, 138, 240, 245
구원 166, 241
구조 67, 76, 78, 195, 204, 207, 248
국가 76, 173, 193, 195~96, 215, 239, 245~47, 297
권력 68, 75, 87, 143, 171, 178, 215, 243, 245~46
그리스도 18, 205, 231, 272, 294~95
근대 46, 53~54, 57, 63, 70, 74~76, 83, 227, 243, 264
기독교 46, 209, 231, 261, 297
기술 142~44, 221, 247, 264, 275

| ㄴ |

내면성 21, 78, 80, 109, 118, 124~25, 131~33, 137~38, 145, 152, 167, 177, 244
내재성 41, 80, 86, 91, 94, 118, 147, 152, 242, 250, 272
노동 16, 34, 37, 40~41, 55, 105, 123~24, 126, 135~36, 140~42, 144~46, 153, 241
노출 79, 185, 211, 218, 225, 227

| ㄷ |

다원성 86~87, 115, 117~18
대리 32, 80
대상 20, 22, 56, 58~59, 125~28, 131, 133, 138, 142~44, 165, 240, 249, 256, 265
대속 184, 186, 193, 204, 228, 232, 253, 258
동일성 101~02, 115, 117, 145, 148
동일자 76, 132, 142~43, 146~47, 152, 158, 173, 181, 224, 239, 248~49

| ㅁ |

말함 183, 203, 224
말해진 것 203, 224
메시아 188, 231, 253~54, 294
명령 149, 181, 198, 265
모성성 186, 204
목적론 165, 198, 215, 219~20
몸 67~68, 92, 193, 227
무 87~90, 220
무규정성 34, 133~34, 141~42
무신론 135, 261~64, 272~73
무의미 92, 146, 228
무한 32, 86, 146~47, 220, 224, 243, 294
무한성 25, 36, 146, 151, 156, 220, 243, 258
무한자 32, 124, 146~47, 242~43, 255~58, 262, 268, 270
문화 73, 214, 297
미트나게딤 20~21, 260

| ㅂ |

밤셈족주의(반유대주의) 23
반인간주의 244~45, 274
범주 143, 174, 178, 217
법 169, 194, 209, 232, 302
벌거벗음 180~81

변신론 209~12, 218~20, 222~24, 226, 236
볼모(인질) 80, 182, 187, 203, 211, 228, 253, 259
부모 자식 관계 115
부재 85, 90, 92, 134, 151, 260, 262, 266~67
분리 33, 37, 75, 117, 123~24, 131~32, 142, 145, 152~53, 158, 164, 169, 262
불면 40, 91~92, 117, 185
불안 34, 38, 88, 126, 133, 156, 168, 241
비대칭성 151, 227
비판철학 250, 273
빛 113, 125, 241, 248, 272, 275

| ㅅ |

사랑 38~39, 41, 69, 127, 156, 189~90, 207~08, 232, 266
사물 91, 103~04, 123~24, 126~30, 140~42, 146~48, 164, 177~79, 240, 242, 265
사유 20, 22~23, 48~50, 70, 76~78, 80, 95~96, 118, 142, 163, 219, 238, 242~43, 249~50,
사회 123, 175, 195, 215, 232
상처 79, 180, 203, 218
상호(성) 73, 111, 199, 227, 213, 232~33
선(선함) 231, 252, 265
선물 193, 228, 241
성 관계 113, 116~17, 156~58
성경 22, 199, 233, 238, 253, 271, 297
성애 112, 114, 157
성화된 삶 230
세계 33, 41, 52, 54, 59~61, 64~65, 69~71, 91, 95, 97, 103, 105, 120, 124, 126, 128~31, 137~38, 140~44, 152~53, 169~70, 176, 241~42, 245,

251, 255~56, 263
세속화 191, 264, 276, 297
소유 103, 129~30, 140, 142~43, 171, 182, 242~43, 247~48
속죄 187
쇼아 260
수동성 79~80, 106, 225
순간 98~100, 117, 121
스탈린주의 221
스토아 209, 212
시간 15, 25, 156, 158~59, 175, 294
신 59, 61, 63~65, 71, 134, 210, 238~39, 251, 255, 259, 263, 271, 294~95
신비 109, 113, 122, 133, 155, 157
신비주의 260
신앙 21, 135, 224, 261, 263~64
신-인간 Dieu-Homme 272
신체 15, 40, 64, 67~68, 70, 95, 97, 120, 137~38, 140, 144, 175, 198, 213~16
신학 61, 226, 252~53, 270~71
신화 261, 263~64
실체 49, 50~51, 58~61, 65, 70, 74, 93, 95, 100, 128~29, 141, 167~68, 180, 240

| ㅇ |

아우슈비츠 211, 221, 260
아이 116, 119, 158~59, 223
악 23, 58, 88, 189, 210, 218, 220~22, 242
애무 39, 114~16, 140, 157
언어 15, 73, 76, 203, 270~71
얼굴 16, 35~36, 39, 110, 128, 131, 134, 139, 146~49, 177~80, 182, 184, 216, 224, 226, 238, 257, 266~67
──, 타인의 147~48, 150, 152~53, 176~77, 179, 182, 191, 226, 243,

246, 249, 257, 266, 270, 273
에로스 16, 37, 40, 112, 114, 116~17, 122, 156, 190
에피쿠로스 209, 212
여성적인 것 15, 39, 112~13, 122, 136, 139, 156~57, 161
역사 15, 76, 117, 219, 221, 239, 257~59
연대 199, 228, 266
연약성 139, 149
영혼 48, 51, 66, 70, 83, 159, 181, 214, 255
예술 15, 120, 215, 241, 251, 289, 300
외재성 36, 80, 86, 91, 94, 104, 109, 118, 124~25, 155, 178, 239, 242, 248~50, 258~59
요소 128~30, 134~35, 140, 142, 174, 196, 204
욕구 35, 67, 87, 131, 150, 157, 169
욕망 35, 41, 51, 62, 67, 69, 73~74, 85, 87, 93, 143, 150, 157, 167~68, 190, 238, 343, 248
유대교 20~22, 29~98, 209, 231, 253, 259, 261, 263~64, 294, 300
유물론 40, 190, 245, 273
유아론 80, 104, 118
유일신론 264
유한성 39, 60, 87, 116, 147, 168, 220, 255~57, 268
윤리 172, 175~76, 182, 184, 195, 197, 203, 207, 212, 223~24, 227, 229~30, 246, 249~50, 256, 266, 273, 297
윤리학 163, 165, 174, 197, 199, 203, 212, 227, 238, 243, 249, 250~51, 258, 295
──, 응답으로서의 165, 197
──, 제일철학으로서의 243, 251, 255
은혜 189, 273
음식 40, 125~26, 130~31
응답 182~83, 246, 254
의미 부여 Sinngebung 178

의식 48, 61, 91~92, 96, 97~98, 104, 120, 127, 137, 167, 212, 216, 239~41, 243, 247, 249, 254~56, 294
의존성 130~31, 133~34, 169, 268
의지 68, 217, 246
이기주의 39, 41, 116, 158, 175, 184, 196, 221
이념 61, 198, 228, 244, 254~58, 262, 266, 275
이데올로기 83, 223
이방인 181, 225
이성 22, 48~49, 55, 61~62, 68, 173, 196, 198, 211, 214, 221~22, 233, 243, 247, 250, 252, 273
익명성 34, 39, 78, 88, 90, 94, 97, 101, 134~35, 141, 151, 158, 238
익명적 존재 사건 117
인간주의 245, 274
인격 130~32, 134, 195, 198, 246, 253, 258, 261, 263, 267, 273
인격성 75~76, 130, 172, 243
인식 59, 63, 96, 103~05, 107, 114, 124, 143, 146, 174, 179, 243, 249, 269
인정 113, 143, 175
일 125, 141, 165
있다(있음)il y a 90, 93, 94, 98, 104, 109, 119~20, 134, 147, 168, 242, 266

| ㅈ |

자기 74, 82, 100~01, 116, 136, 158, 167, 177~78, 193, 199, 205, 244, 249, 252, 258, 263, 268, 289
자기 동일성 100, 105, 167, 248
자기성(자신성) 33~34, 37, 40~41, 123, 125, 130, 132~33, 146~47, 167, 169, 231
자기의식 56, 60~61, 66, 138, 244, 290
자기중심주의 166~67, 171, 189

자발성 181~82, 217, 249
자신 117, 130, 132, 136, 143~44, 149, 158, 167, 177~78, 181, 193, 244, 249, 253, 268
자아 39, 47, 49, 54, 58, 59~64, 70, 73~74, 80, 83, 100, 104, 115, 117~18, 124, 131~32, 135, 142, 239, 258, 263
자아, 다른alter ego 109, 117
자연 53, 57~58, 61, 76, 83, 135, 137, 172, 219~20, 263
자유 34, 38, 41, 61, 69, 83, 91, 100~01, 106~07, 113, 131, 133, 135, 142, 150, 154, 166~67, 169~70, 172, 175~76, 182, 184, 186~87, 245~50, 252, 297
자율 169, 184, 229, 254
잠 33, 40, 96, 98, 119, 125~26, 136, 208
전쟁 172, 175, 245
전체성 30, 74, 76, 86, 103, 108, 112, 117, 123, 146~47, 224, 239, 245~46, 258, 272, 290, 294
전체주의 30~31, 35, 204, 246
전체화 123, 131, 133, 142, 243, 257, 294
전향(내면으로의 전향)le recueillement 137~40
절대 타자 109
정신 40, 48~49, 64, 90, 214, 263
정의 176, 193~95, 197, 265, 302
정치 175~76, 195, 223, 232, 246, 297, 300
제국주의 251
제삼자 36, 151, 193, 247, 262, 269, 290
존경 167, 173, 175, 226, 248~50
존엄성 106, 133
존재 23, 26, 32, 37, 38, 40, 49~51, 54, 56~60, 63, 65~66, 71, 72, 74, 78, 86~89, 91, 94, 96~100, 103~

10, 113, 117, 120, 125, 129, 132~33, 138, 141~42, 145, 147~48, 152~54, 163~64, 167~68, 177, 179, 185, 193, 197, 199, 204, 217, 220, 224, 228, 231, 238~40, 241~44, 247~52, 257~58, 262, 267~69, 271~72, 287

존재 경제 l'economie de l'etre 115, 144~45

존재경험 91~92, 146, 289

존재론 58, 76, 86~88, 117, 119, 123~25, 142~3, 163, 185, 199, 224, 239~43, 245, 247~51, 258, 288, 290

존재론적 모험 85, 87, 104, 108, 116, 288

존재론적 차이 87~88

존재 사건 102, 117, 168

존재신학 220, 224, 270

존재 유지 170~71, 174~77, 181, 193

존재자 59, 86~89, 94, 102, 104, 109, 116, 123, 167, 178, 180, 239, 241, 248, 257, 270~71

존재하려는 노력 conatus essendi 102, 166, 232

종교 15, 24, 42, 208, 215, 230, 259, 261~65, 297

종족(종족주의) 133, 170, 215, 221

주체 15, 17, 31, 37, 40, 45, 47~48, 50, 52~53, 55, 57, 59~68, 70~80, 82~83, 85, 87, 91~94, 96~97, 100~05, 107~09, 113, 115, 118, 120, 123~25, 130~31, 133~34, 137~38, 141~42, 144, 154, 159, 173~74, 177, 184, 197~98, 211, 217, 228, 230~31, 240, 242, 252, 258, 264, 294~95

──, 대속적 163, 188, 259, 272

──, 도덕적(도덕적) 74, 80, 152~53, 165, 183, 188, 192, 200

──, 비움의 188

──, 책임적 188, 191, 205, 259

──, 향유의 137, 139, 152, 191

──, 환대의 189

주체성 31~32, 34, 37, 40~41, 53, 55, 57~58, 61~63, 74, 75, 78~79, 87, 97, 118, 124, 130~32, 135, 144~46, 153, 168, 196~97, 211, 224, 228, 244

죽음 16, 37~38, 63~64, 104~07, 110~11, 113, 115, 119, 122, 126, 147, 152~56, 167~68, 207, 212~13, 220, 222, 231, 244

줌 189~92, 193, 205, 227~28, 241, 273

지금 93, 98, 100, 102

지성 49, 195, 247

지식 142~44, 167, 221, 239, 247, 250, 265

지향성 32, 34, 104, 106, 144, 180, 239~40

진리 48, 65, 72, 78, 117, 174, 176, 247~48

질료 59, 65, 132, 141, 169, 216~17

집 136~38, 140, 145, 152, 161, 241

| ㅊ |

참여 142, 263

창조주 255, 262, 267

책임 12, 15, 23, 41, 79, 150, 152, 154, 163, 165~67, 169~70, 176, 182~89, 193~94, 197~99, 204, 206, 212, 220~21, 224~25, 227~28, 230~32, 247, 252, 254, 258

체계 130, 143, 148, 173, 203~04, 227, 238, 244

초월 20, 25, 36~39, 41, 71, 80, 85~86, 94, 97, 104, 118, 124, 133, 145, 156, 176~77, 180, 186, 191, 239~42, 256~58, 262, 271~72, 294

초월성 115, 155

출산성 38~39, 116, 156, 158~59
친밀성 138~39, 140, 145

| ㅋ |

카발라 260
케노시스 192
코기토 55~57, 59, 61, 63, 82, 95
쾌락주의 35, 198

| ㅌ |

타율성 184, 186
타인 31, 33, 35~37, 40, 68, 74, 80, 105, 110~11, 113, 123~24, 133, 138~40, 146, 151, 170~72, 176~78, 180~83, 185, 187~93, 203, 207, 211~12, 221, 224~25, 227~28, 230~33, 253, 267, 269, 295, 298
타자 23, 35~39, 41, 73, 74, 76, 85~86, 109~11, 113, 116~18, 124, 132, 134, 139~40, 142~43, 145~47, 149~52, 155~56, 158~59, 163, 170, 173, 177, 181, 185~86, 194~95, 203~04, 224~25, 227, 238~39, 243, 248~49, 251~53, 255, 258~61, 264, 265~67, 269, 272~73, 276, 288, 294, 298
──, 제삼자로서의 266, 276
타자성 74~75, 108, 112~13, 115~16, 133, 142, 155, 157, 175, 180, 225, 266
탈무드 21~22, 199, 253, 296~97
탈신격화 191, 263~64, 297
탈신성화 263~64
탈인격화 92, 212
토라 254
통시성 294

| ㅍ |

페미니즘 300
평등 36~37, 151
평화 172~76, 273
폭력 23, 30, 153, 155~56, 173, 195, 197, 245~46, 254, 263, 297
폴리스 232
표상 53, 125, 143~44, 178~79, 240~41, 255, 265~66, 269, 273, 276, 294
핍박 182, 188, 203, 227, 258~59

| ㅎ |

하나님 21, 187, 191, 204, 210, 215, 219~20, 224, 260~61, 264~66, 268~70, 272, 295
하시디즘 20~21, 260
합리성 55, 215, 220, 222
합목적성 212, 219
──, 생물학적 214~15
행복 126, 135, 143, 152, 166, 169, 171, 226
향유 16, 33, 40~41, 103, 105, 108, 121, 125~35, 138, 140, 145, 258
헌신 150, 158, 227
현상 134, 147, 179, 216, 218, 269~70, 272~73
현상성 141, 248
현상학 27~28, 46, 105, 145, 177, 199~200, 212, 216, 218, 223~24, 236, 239, 286, 293~94, 304, 306
현재화 143~44
현존 90, 92, 100, 146, 164, 174, 182, 244, 249~50, 256
현존재 89, 117
현현 35, 146, 148~50, 155, 179, 226, 257, 267, 271
형이상학 47, 49~51, 53, 55, 57, 59, 61, 64~65, 80, 86, 147, 176, 242~

44, 248, 251, 270
호소 147~50, 158, 181~82, 187, 189, 191, 224~25, 258, 266
홀로서기 hypostase 93~94, 98~99, 103~04, 109~10, 123, 182
홀로코스트 236, 260, 312
화육 185, 272
환대 23, 32, 37, 41, 75, 140, 142, 145, 152~53, 189~90, 258, 266, 302
환원 113, 117, 128, 132~33, 142, 146, 148, 169, 173, 178, 188, 225, 239, 243~44, 248~49, 256, 266, 273
회의론 250, 252, 271, 275
휴머니즘 80, 244, 274
흔적 267~70, 272, 276
희생 172, 189~90, 192, 232, 258
히틀러주의 221
힘 68, 72, 91, 134, 148, 150, 172, 222, 245~47, 266
힘에의 의지 51, 68~70, 245~46

찾아보기__인명

| ㄱ |

가다머 H. Gadamer 305
강영안 18, 82, 236, 274~75, 288
고메즈-뮬러 A. Gomez-Mueller 84
공자 209
괴테 68
구이에 291
귀르틀러 S. Gürtler 305
김상환 84
김성호 312
김진석 84

| ㄴ |

네르송 H. Nerson 21, 296
네모 P. Nemo 24~25, 119, 300
네이글-도체칼 H. Nagl-Docekal 45, 81
네하마스 A. Nehamas 67, 83
노자 209
누스바움 M. C. Nussbaum 235
니버 R. Niebuhr 165, 198~200, 205~06
니체 F. W. Nietzsche 23, 46~47, 49, 51, 53, 64~69, 72, 77, 81~84, 163

| ㄷ |

단테 A. Dante 122
데리다 J. Derrida 15, 45, 47, 205, 299, 301~02
데이비스 C. Davis 308

데카르트 R. Descartes 15, 17, 46~49, 53, 55, 57~59, 62~63, 77, 81~82, 95, 240, 252, 255
델옴 P. Delhom 299, 305
도스토예프스키 F. M. Dostoevskii 20, 186, 231
돈데이느 A. Dondeyne 12, 18
두디악 J. Dudiac 204, 308
뒤르케임 E. Durkheim 117
뒤피 M. Dupuis 303
드바우 C. De Bauw 303
드발른스 288, 299
드부르 T. de Boer 13, 119, 122, 287, 308, 310
드 프리스 H. de Vries 305
들뢰즈 G. Deleuze 83
디오니소스 Dionysos 68~69
디켄스 D. Dekens 304
딕스크만 U. Dixckmann 306

| ㄹ |

라스무센 D. Rasmussen 84
라이프니츠 G. W. Leibniz 55, 132, 210
라캉 J. Lacan 64, 84, 204
라크로와 299
레닌 N. Lenin 22
레비-브륄 L. Levy-Bruhl 298
로고진스키 J. Rogozinski 82~83
로젠츠바이크 F. Rosenzweig 26, 29, 44, 298~99, 307

로젠 S. Rosen　83
로빈스, 질 J. Robbins　301
로흐마르 D. Lohmar　81
롤랑, 자크 J. Rolland　29, 288, 302~03
루이스 C. S. Lewis　213, 234, 235
룰린 J. Llewelyn　308
르노 A. Renaut　84
리쾨르 P. Ricœur　15, 220, 236, 302
링기스 A. Lingis　286, 289~90, 293

| ㅁ |

마르셀 G. Marcel　28~29, 252, 298~99
마르크스 K. Marx　71, 76
마리옹 J. L. Marion　302, 309
마이어 M. Mayer　304
말카 S. Malka　43, 300, 302
맹자　209
맨 드 비랑 Maine de Biran　190
머코리　213
메를로-퐁티 M. Merleau-Ponty　120, 255, 289
멘델스존 M. Mendelssohn　298
모세 Moses　270
몰 G. D. Mole　297
미드 G. H. Mead　199
민코브스키 Minkowski　291

| ㅂ |

바세이 C. R. Vasey　161
박완서　234, 236~37
반리슨 R. van Riessen　122, 311
반브레다　299
반퍼슨 C. A. van Peurson　12, 276
발 J. Whal　28, 196, 288~91, 299
백승영　84
백종현　14
버고, 베티나 B. Bergo　288, 295
버나스코니 R. Bernasconi　291~92, 299, 307, 309
베르그손 H. Bergson　15, 25, 110, 238
베르나우어 J. Bernauer　84
베른하르트 Uwe Bernhart　304
베버 E. Weber　304
베이으 S. Weil　298
베이커 J. A. Baker　208, 235
베커 H. Becker　45, 84
베커 J. Becker　305
베터 H. Vetter　45, 81, 84, 236
벨라쉬 G. Bailhache　303
벨튼 R. Welten　311
보엠 R. Boehm　82
본회퍼 D. Bonhoeffer　19
볼로지너 C. Voloziner　21
볼무트 J. Wohlmuth　306
브루그만-크루이프
　A Th. Brüggemann-Kruijff　161
부버 M. Buber　29, 139, 150, 190, 199, 252, 254, 260, 299
부르흐바흐 R. Burggraeve　161, 204, 299, 306, 310
부카르트 L. Bouckaert　255, 310
블랑쇼, 모리스　24, 298
브렘머르스 C. Bremmers　287
브룅슈빅 L. Brunschvicg　26~27
블레츨 J. Bloechl　308
블롱델 C. Blondel　24
비머 T. Wiemer　287
비스커 R. Visker　308~09

| ㅅ |

사르트르 J. P. Sartre　27, 46, 110, 122, 252, 255, 289
샬리에 C. Chalier　303
서동욱　276, 288
셸링 F. W. J. Schelling　46~47, 60~63, 83
셰익스피어 W. Shakespeare　20

소스노 Sosno　289
소쉬르 F. de Saussure　204
소크라테스 Socrates　181, 200, 209, 239
손봉호　12, 18, 234~35
솔로몬 E. B. Solomon　21
쇼샤니 Chouchani　21~22, 43, 260, 296, 300
쇼펜하우어 A. Schopenhauer　70
숄렘 G. Scholem　260
스미스 M. B. Smith　290, 297, 299
슈트라서 S. Strasser　13, 18, 117, 122, 160, 274, 304
슐츠 W. Schulz　45, 81
스피노자 B. de Spinoza　60~61, 76, 83, 167, 296, 298
스캐리 Scarry　235
싯다르타 Siddhartha　208

| ㅇ |

아그논 S. Y. Agnon　299
아도르노 Th. W. Adorno　305
아로노비츠 A. Aronowitz　297
아르망고 F. Armengaud　289
아리스토텔레스 Aristotle　58, 132, 163, 198
아리스토파네스　112
아벤수르 M. Abensour　289
아브라함 Abraham　203
아야 P. Hayat　288, 290, 303
아퀴나스 T. Aquinas　59, 77, 198
애쉴리만 J. -C. Aeschlimann　303
애터턴 P. Atterton　312
얀켈레비치 V. Jankelevitch　299
양명수　300
에르쉬 J. Ersch　288
에링 J. Hering　26
에이슬링 S. IJsseling　274
엘리야　270
엘리에제르 I. B. Eliezer　20

예수　182, 186, 271~72, 294~95
오디세우스 Odysseus　158
오리앤 A. Orianne　293
오스틴 J. L. Austin　224
오토 H. Otto　263
와이스코그롯 Edith Wyschogrod　306
요나 Jonas　187
요나스 H. Jonas　198
욥 job　233~34
우즈 D. Woods　307
월쉬 R. D. Walsh　161
월터스토프 N. Wolterstorff　214, 234~35, 237
위젤 E. Wiesel　260~61, 275
이삭 Isaac　203
이진우　81

| ㅈ |

잔트헤어 S. Sandherr　306
장자　209
정동호　84

| ㅊ |

첼란 P. Celan　299
챈터 T. Chanter　309
치아라멜리 F. Ciaramelli　302

| ㅋ |

카스텔리 E. Castelli　275
카스퍼 B. Casper　276
카시러 E. Cassirer　26~27
카츠 C. E. Kats　309
카트롱　24
칸트 I. Kant　15, 46, 55, 58~63, 66, 70, 76~77, 80, 82, 163, 189, 198, 210~11, 213~14, 217~18, 220~22, 227, 235, 237, 246, 250, 252, 255, 261

칼V. Kal 311
칼스호픈A. Kalshoven 287
케르닉F. Kernic 305
케이J. Keij 311
코스키J. Kosky 309
코슬로프스키P. Koslowski 83
코헨R. Cohen 293, 298, 301, 307, 309
쿠쉬너H. Kushner 213, 235
크레바니W. N. Krewani 287, 304
크리츨리S. Critchley 18, 299, 307, 309
크루즌J. O. Kroesen 311
크완트Kwant 275
클로소프스키P. Klossowski 302
쿠쉬너H. S. Kushner 235
키넌D. Keenan 308
키에르케고어S. A. Kierkegaard 61, 71, 200, 299

| ㅌ |

탈레스Thales 273
토르네A. Tornay 303
톨스토이L. N. Tolstoi 20
툼브스K. Toombs 235
트라클G. Trakl 22

| ㅍ |

페리L. Ferry 84
페이페르G. Pfeiffer 27
페이프르작A. Peperzak 13, 204, 276, 291~92, 307
페트로시노S. Petrosino 302
펠트하위스H. Veldhuis 310
포르넷-베탄쿠르트R. Fornet-Betancourt 84
포르톰므B. Forthomme 302
포이어바흐L. A. Feuerbach 71, 252
폴라니M. Polanyi 76
폴레파이트D. Pollefeyt 236
플라트Plat 275
플랑티-봉쥬르G. Planty-Bonjour 81
플루르드S. Plourde 303
푸슈킨A. S. Pushkin 20
푸와리에F. Poirie 43~44, 253, 301
푸코M Foucault 45, 47, 64, 71~72, 204
프라딘M. Pradine 24
프랑크M. Frank 45, 81
프로이트S. Freud 115
플라톤Plato 15, 46~47, 51, 70, 77, 86, 112, 209, 251
플라트Plat 275
피카르Picard 299
피히테J. G. Fichte 46~47, 60, 63, 255
핑크O. Pink 26

| ㅎ |

하버마스J. Habermas 45, 81
하위징K. Huizing 274, 305
하새브B. Harshav 290
하이데거M. Heidegger 13, 15, 19, 25, 27~28, 46~47, 53~55, 57~58, 62~63, 80~82, 84, 87~89, 107~08, 111, 117~19, 121, 124, 126, 144~45, 154, 163, 199, 204, 238~39, 241, 247~48, 250, 255~56, 264, 271, 274~75, 293, 295, 301
하재원 121
핸드S. Hand 297, 307
헤겔G. W. Hegel 15, 45~46, 63, 76~77, 113, 116~17, 210, 273, 298
헤셀A. Heschel 260
헤퍼만G. Hefferman 81
헨첼M. Hentschel 304
호메로스Homeros 22
홉스T. Hobbes 76, 167, 171~72
홍 E. J. Hong 203
홍 H. V. Hong 203
후설E. Husserl 13, 15, 18~19, 25~

28, 46, 61, 89, 104, 117, 144, 177, 199,
238~41, 255~56, 293, 301, 304
휘터 S. Hutter 306
횔덜린 F. Hölderlin 22
흄 D. Hume 46
히틀러 A. Hitler 23, 170

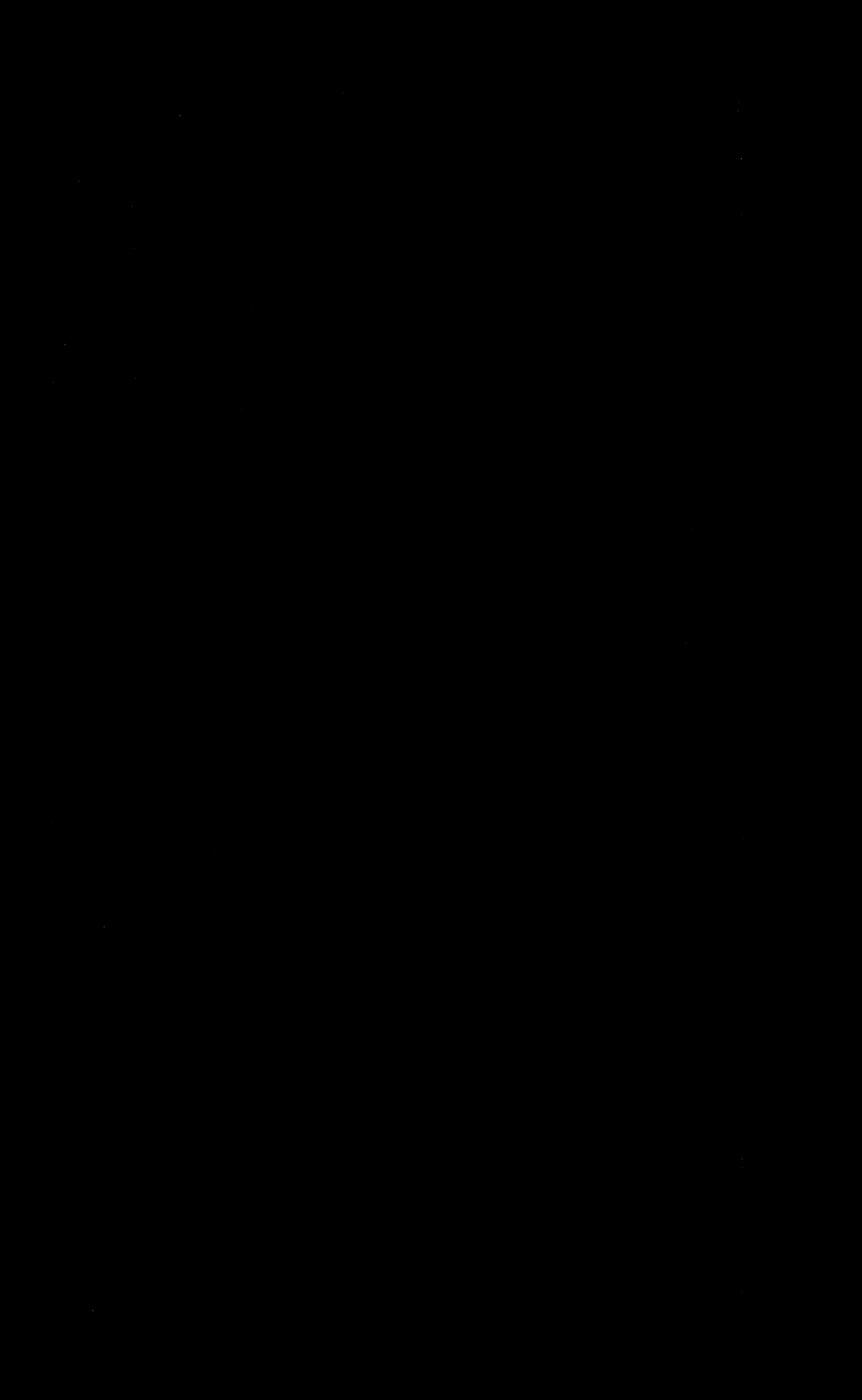